医药高等院校规划教材

供高专高职医药卫生类专业使用

医用化学

主　编　陈哲洪　于　辉

副主编　郭丽霞　穆春旭　赵桂欣　何文涛

编　者（按姓氏汉语拼音为序）

陈　霞（廊坊卫生职业学院）

陈哲洪（遵义医药高等专科学校）

范　宏（承德护理职业学院）

冯　瑞（南阳医学高等专科学校）

郭丽霞（邢台医学高等专科学校）

何文涛（河西学院医学院）

李兆君（宁夏医科大学高职学院）

罗小叶（遵义医药高等专科学校）

马　浩（宁夏医科大学高职学院）

穆春旭（辽宁医药职业学院）

于　辉（承德护理职业学院）

赵桂欣（南阳医学高等专科学校）

科学出版社

北　京

内 容 简 介

本书为普通高等教育“十二五”国家级规划教材及全国医药高等学校规划教材。全书共 15 章，主要内容有溶液的浓度及配制、溶液的渗透压、电解质溶液、缓冲溶液、胶体溶液、配位化合物、电极电势；各类有机化合物的结构特征、主要理化性质及其应用等理论内容和 10 个实验内容。本书在编写过程中力求体现高等职业教育的特点，严格贯彻培养目标，强调基本理论知识和实践技能，教材内容紧密结合医学实践，穿插在教材中的链接是课堂知识的外延、补充和发展，目的是调动学生的学习积极性、主动性，提高学生的学习兴趣和效率。本书内容简明扼要、重点突出、理论与实际联系紧密，突出技能培养，体现了“贴近学生、贴近社会、贴近岗位”的职业教育特色，适合高专、高职学院校培养实用型人才的需要。

本书可供高专高职医药卫生类专业学生使用。

图书在版编目（CIP）数据

医用化学 / 陈哲洪，于辉主编．—北京：科学出版社，2016．3

医药高等院校规划教材

ISBN 978-7-03-047966-2

Ⅰ．医… Ⅱ．①陈… ②于… Ⅲ．医用化学-医学院校-教材 Ⅳ．R313

中国版本图书馆 CIP 数据核字（2016）第 063261 号

责任编辑：张映桥 / 责任校对：刘亚琦

责任印制：赵　博 / 封面设计：张佩战

科学出版社 出版

北京东黄城根北街 16 号

邮政编码：100717

http://www.sciencep.com

三河市骏杰印刷有限公司　印刷

科学出版社发行　各地新华书店经销

*

2016 年 3 月第　一　版　　开本：787×1092　1/16

2020 年 8 月第七次印刷　　印张：12 3/4

字数：302 000

定价：29. 80 元

（如有印装质量问题，我社负责调换）

前　言

为了贯彻落实《国务院关于加快发展现代职业教育的决定》(国发〔2014〕19号)文件精神,进一步推动高职高专医药卫生类专业的教学改革与发展,积极探索纸质教材与数字化教学资源平台有机融合的创新模式,配合教育部《高等职业学校专业教学标准》的颁布与实施,根据《教育部关于"十二五"职业教育教材建设若干意见》做好本次教材的修订工作,科学出版社组织全国医药院校对高职公共课、专业基础课、护理专业课、临床专业课教材进行修订。

《医用化学》在编写中淡化了学科意识,突出应用型、技能型知识内容,注重教材的相对独立性以及与相关专业的协调性,突出以学生为本,力求达到使学生在有限的时间内能学到更多、更有用的基础理论知识和基本操作技能。本次编写采纳了各方面的意见和建议,对每章的内容进行了必要的取舍,并且注意引进学科的前沿知识,使本教材在基础理论知识、基本操作技能训练方面与医药学的联系更紧密,进一步符合学生对未来职业岗位的需求,符合行业和职业发展的实际。

全书共15章,本次修订增加了绪论及电极电势等章节,在各章中穿插了与正文内容相关的考点要求,以及与生活、医药有关的知识链接,丰富了教材内容,增加了教材的可读性和学生的学习兴趣。另外,为了方便使用,除绪论外,每章均附有目标检测题,书后还有教学大纲。

教材的内容、学时分配和教学大纲均是在参编院校中充分调研的基础上形成的,各院校可根据实际教学情况选择使用。建议学时数为72学时,其中理论为57学时,实验为15学时。

本书在编写过程中,得到了科学出版社、各位编者所在院校及有关专家的大力支持,在此致以衷心的感谢!同时,对本书所引用文献资料的原作者深表谢意。

限于编者的知识水平有限,在教材修订再版中,缺点和错误仍可能存在,恳请专家、读者能提出批评与改正意见,以便完善。

编　者

2015年8月

前言

目　录

第1章 绪 论

学习目标

1. 理解化学的研究对象,化学与医学科学的关系。
2. 了解医用化学的学习方法。

一、化学的研究对象

自然界是由物质组成的,物质可分为实物和场两种基本形态。实物具有静止质量,如电子、原子和分子等;场没有静止质量,如电场、磁场等。化学的研究对象主要是实物,习惯上将实物也称为物质。

化学是研究物质的组成、结构、性质及其变化规律和应用的一门科学,属于自然科学的基础课程。物质是人类赖以生存的基础,化学是人类用以认识和改造物质世界的主要方法和手段。化学已被公认是一门中心性的、实用性的和创造性的学科。

化学是一门历史悠久而又充满活力的学科,在化学学科本身飞速发展的过程中,其也推动了其他学科的发展及相互渗透。由于化学研究的范围非常广泛,依照所研究的粒子、手段、目的和任务的不同,可以分成若干门分支学科。研究无机化合物的组成、结构、性质和无机化学反应与过程的化学称为无机化学;研究碳氢化合物及其衍生物的化学称为有机化学。此外还有研究物质的组成和含量的分析化学,研究化学反应机制、反应中的能量变化和反应速率理论以及物质结构的物理化学,研究有机体生命过程的生物化学等。

二、化学与医学科学

化学不仅与国民经济和科学技术的发展有着密切关系,也与人们的衣、食、住、行和健康密切相关。早在16世纪,欧洲化学家就提出要为医治疾病而制造药物;1800年,英国化学家Davy发现了一氧化二氮的麻醉作用。后来,乙醚、普鲁卡因等更加有效的麻醉药物的发现,使无痛外科手术成为可能。1932年,德国科学家Domagk找到一种偶氮磺胺染料,使一位患细菌性败血症的孩子得以康复。在此启发下,化学家制备了许多新型的磺胺药物,开创了今天的抗生素领域。

现代化学与现代医学的关系更加密切。医学的主要任务是研究人体中生理、心理和病理现象变化的规律,从而寻求预防和治疗疾病的有效方法,以保障人类健康。

人体的一切生理现象都和体内的化学变化有关,人体本身是一个复杂的化学反应体系,生命现象和生命过程就是一系列复杂的生命物质之间相互作用、相互制约、彼此协调的变化过程。人体各种组织是由蛋白质、脂类、糖类、无机盐和水等物质组成。人体的生命活动,如呼吸、消化、排泄、循环以及各种器官的活动等,都是由体内的化学变化促成的。研究生命活动的生物化学就是从无机化学、有机化学和生理学等学科发展起来的,其利用化学的原理和方法,研究人体各组织的组成、亚细胞结构和功能、物质代谢和能量变化等生命活动。

医学研究的目的是防病、治病,为人类的健康服务。预防和治疗疾病主要依靠药物,可以用药物来调整因疾病而引起的种种异常变化。药物的药理作用与药物的化学结构和化学性质有关。例如,碳酸氢钠为抗酸药,用于糖尿病昏迷及急性肾炎等引起的代谢性酸中毒。临床上使用的生理盐水是 $9g \cdot L^{-1}$ 的氯化钠溶液，用于出血过多、严重腹泻等引起的脱水病症，也可用来洗涤创伤或灌肠。氯化钾可用于治疗低血钾症。钙是人体的必需元素，钙的缺乏将造成骨骼畸形、手足抽搐、骨质疏松等许多疾病，儿童与老人常需要补钙。此外，中草药有效成分的提取、分离、结构测定、人工合成等，都离不开化学的基本理论和实验方法。

临床上常运用化学原理和化学方法对血、尿、胃液等进行医学检验，为诊断疾病提供科学依据。例如，尿中葡萄糖、丙酮含量的测定能够为糖尿病的诊断提供科学依据，其测定可以通过化学反应来实现。

在卫生监督、疾病预防等方面，如环境卫生、营养卫生、劳动卫生等工作中，常需进行饮用水分析、食品检验、环境监测等，这些内容无一不涉及丰富的化学知识。

纵观人类医学的发展史，医学的发展和前进离不开化学。真正的医学快速发展就是建立在化学发展之后，化学在其中起到了关键作用。随着医学科学的发展，人造器官、血管、皮肤、代血浆等用于临床，放射性核素疗法被广泛应用，分子生物学、分子生理学、分子遗传学不断取得新进展，这些使化学与医学的联系更加密切。美国医学家、诺贝尔奖获得者 Kornberg 提出了“把生命理解为化学”的著名论断，对化学与医学的关系做了十分精辟的论述和定位。因此，化学对于高职、高专的医学专业学生来说，既是一门普通文化课，又是重要的基础课程。

三、学习要求与方法

由于医学与化学的关系密切，医学化学的任务是使学生获得学习医学所必需的化学基础理论知识和基本技能。在学习化学的过程中，要注意科学的学习方法。

（一）养成良好的学习习惯，培养自主学习能力

尽快适应大学课程的教学规律，养成良好的学习习惯，并根据个人的特点、学习习惯，寻找适合自己的学习方法。在学习过程中要注意课前预习，认真听课，及时复习，学会自主学习、自觉学习，这是提升自己、获取化学知识的重要途径。

（二）分析归纳，理解记忆

医用化学的特点是理论性强，涉及的概念多，要求学生在学习中要着重理解、掌握化学的基本概念和有关计算。学习中要注意对有关内容进行分析、比较、归纳和综合，从中找出共性和差异。注重弄懂，切忌死记硬背，在理解的基础上力求融会贯通。要学会利用各种参考资料，运用所掌握的理论知识去分析和解决实际问题。

（三）重视实验

化学是一门以实验为基础的学科，许多化学定律、化学理论都是在实验的基础上提出的，实验中既要重视化学实验操作技能的训练，又要钻研各类化学反应的基本原理。实验前做好实验预习，实验中注意观察各类化学反应现象，并掌握化学实验的基本操作，培养独立工作的能力、严谨的科学态度和思维方法，实验后做好分析和总结，完成实验报告。

（陈哲洪）

第2章 溶液

学习目标

1. 掌握溶液的配制和稀释方法;渗透现象产生的条件,渗透压与溶液浓度、温度之间的关系。

2. 理解物质的量浓度、质量浓度、质量分数、体积分数的定义及有关溶液浓度计算;理解溶液的渗透压,学会比较溶液渗透压的大小,能判断渗透压方向。

3. 了解渗透压在医学上的意义。

一种物质以分子、原子或离子状态分散于另一种物质中所构成的均匀而稳定的分散体系称为溶液。溶液可分为固态溶液(如铜银合金)、液态溶液(如蔗糖水)、气态溶液(如空气)。本章所说的溶液是指液态溶液。

溶液与人体、医学有着密切联系。例如,人体内的血浆、淋巴液、组织液等都是溶液;体内物质的新陈代谢在溶液中进行;食物经消化形成溶液才能被人体吸收利用;许多药物需配成溶液才能使用。临床上给患者输液时要特别注意溶液的浓度,如果输液的浓度不当,过浓或过稀都将产生不良后果,甚至造成死亡,这和溶液的渗透压有密切关系。因此,掌握溶液的浓度、溶液的配制和溶液的渗透压等基本知识对医护人员有重要的实践意义。

第1节 溶液的配制

一、物质的量

(一) 物质的量及其单位

在自然界中,我们能感知到水、氧气、钢铁等物质的存在,这些物质称为宏观物质,常用质量单位 g、kg 或体积单位 m^3、cm^3、dm^3、L、ml 等进行计量。而这些物质又是由许多肉眼看不见的分子、原子、离子等微观粒子构成的,在实际化学反应中不是几个或者几十个分子、离子、原子参与反应,而是可以称量的成千上万亿个分子、原子、离子按照一定的数量关系参加反应的。如何将宏观物质的量与其所含的微粒数目联系起来呢?这里引入一个新的物理量,以在宏观物质的质量与微观的基本粒子数目之间建立起联系,这个新的物理量称为“物质的量”。

国际单位制(SI)中7个基本物理量

物理量		单位	
名称	符号	名称	符号
长度	l	米	m
质量	m	千克	kg
时间	t	秒	s
电流	I	安[培]	A
热力学温度	T	开[尔文]	K
发光强度	I	坎[德拉]	cd
物质的量	n	摩[尔]	mol

链接

物质的量是指给定的某一系统中所包含某种特定粒子(基本单元)的数量,其单位为摩尔(mol)。摩尔是描述微观粒子的数量单位,而不是质量单位,它与长度、时间、质量等一样,是国际单位制(SI)的7个基本物理量之一。物质的量用符号 n_B 或 $n(B)$ 表示,B表示这种基本单元粒子的化学式(分子式、原子符号或离子符号等),基本单元可以是分子、原子、离子及其他粒子或是这些粒子的特定组合,所以在使用单位摩尔时,必须注明基本单元,如氢原子的物质的量 n_H 或 $n(H)$,钠离子的物质的量 n_{Na^+} 或 $n(Na^+)$,硫酸的物质的量 $n_{H_2SO_4}$ 或 $n(H_2SO_4)$。

(二)有关物质的量的计算

当某一定量的物质中所包括的基本单元数与0.012kg ^{12}C 中所含的碳原子数目相等,则称该系统的物质的量为1mol。0.012kg ^{12}C 的原子数目等于阿伏伽德罗常量,约为 6.02×10^{23},由这些粒子所构成的物质的量就称为1摩尔(mol)。

1mol物质所具有的质量称为摩尔质量,用符号 M_B 或 $M(B)$ 来表示。其单位用 $g \cdot mol^{-1}$ 表示,数值上等于该物质的化学式量。例如,O的摩尔质量是16 $g \cdot mol^{-1}$,Na^+ 的摩尔质量是 23$g \cdot mol^{-1}$。

物质B的物质的量(n_B)与物质的质量(m_B)、摩尔质量(M_B)之间的关系可用式(2-1)表示:

$$n_B = \frac{m_B}{M_B} \tag{2-1}$$

[例2-1] 29 g纯净氯化钠含NaCl的物质的量为多少摩尔?

解 NaCl的摩尔质量为58.5$g \cdot mol^{-1}$,根据式(2-1),NaCl的物质的量为

$$n_{NaCl} = \frac{m_{NaCl}}{M_{NaCl}} = \frac{29}{58.5} = 0.5mol$$

二、溶液浓度的表示方法

溶液的浓度是指在一定溶液或溶剂中所含溶质的量。根据不同的需要,溶液的浓度可用多种不同的方法来表示,医学上常用的溶液浓度表示方法主要有以下几种。

(一)物质的量浓度

物质的量浓度定义为单位体积溶液中所含溶质B的物质的量。用符号 c_B 表示,其定义式为

$$c_B = \frac{n_B}{V} \tag{2-2}$$

医学上常用的单位是 $mol \cdot L^{-1}$、$mmol \cdot L^{-1}$、$\mu mol \cdot L^{-1}$ 等。在使用浓度时必须指明基本单元,如 c_{HCl}、c_{H^+}、c_{Cl^-} 等。

[例2-2] 临床上用的生理盐水(NaCl注射液)的规格为0.5L含NaCl 4.5g,求生理盐水的物质的量浓度。

解 已知 $m_{NaCl}=4.5g$,$M_{NaCl}=58.5g \cdot mol^{-1}$,$V=0.5L$

根据式(2-1)和式(2-2)得

$$n_{NaCl} = \frac{m_{NaCl}}{M_{NaCl}} = \frac{4.5}{58.5} = 0.077mol$$

$$c_{NaCl} = \frac{n_{NaCl}}{V} = \frac{0.077}{0.5} = 0.154mol \cdot L^{-1}$$

(二)质量浓度

质量浓度定义为单位体积溶液中所含溶质B的质量,用符号 ρ_B 表示,其定义式为

$$\rho_B = \frac{m_B}{V} \tag{2-3}$$

医学上常用的单位是 $g \cdot L^{-1}$ 或 $mg \cdot L^{-1}$ 等。

要注意 ρ_B 与 ρ 的区别。ρ 是溶液的密度，它等于溶液的质量除以溶液的体积（$\rho = \frac{m}{V}$），单位多用 $kg \cdot L^{-1}$。因此，在书写质量浓度时，溶质 B 应以下角标或括号的形式加以说明。例如，氢氧化钠的质量浓度记为 ρ_{NaOH} 或 ρ（NaOH）。

［**例 2-3**］ 《中华人民共和国药典》规定，生理盐水注射液的规格是 500ml 生理盐水中含 4.5gNaCl。求生理盐水的质量浓度。

解 已知 $m_{NaCl} = 4.5g, V = 500ml = 0.5L$

根据式(2.3)得

$$\rho_{NaCl} = \frac{m_{NaCl}}{V} = \frac{4.5}{0.5} = 9g \cdot L^{-1}$$

世界卫生组织提议，未知相对分子质量的物质在溶液中的含量仍用质量浓度表示。世界卫生组织还认为，在绝大多数情况下，注射液应同时表明物质的量浓度和质量浓度。例如，正常人体血糖含量为 $3.9 \sim 6.1mmol \cdot L^{-1}$（或 $0.70 \sim 1.10g \cdot L^{-1}$）

钠离子在人体中的作用

人体内钠离子是细胞外液中主要的阳离子，可起到调节体液平衡，维持神经、肌肉兴奋和细胞膜通透性的作用。如果体内缺乏钠离子将导致肌肉痉挛、头痛等，如果过量将导致水肿、高血压、贫血等。我国居民人均食盐摄入量为 13.6g/d（钠 5.4g/d），是世界卫生组织建议值的 2 倍以上。为预防高血压的发生，中国营养学会在 1997 年颁布的《中国居民膳食指南》中指出"吃清淡少盐的膳食"，并采用世界卫生组织的建议值，即每人每天食盐用量不超过 6g。

链接

（三）质量分数

质量分数定义为溶质 B 的物质的量（m_B）与溶液的质量（m）之比，符号为 w_B，即

$$w_B = \frac{m_B}{m} \tag{2-4}$$

质量分数是一个无单位的量，可用小数表示，也可以用百分数表示，如市售浓硫酸的质量分数为 $w_B = 0.98$ 或 $w_B = 98\%$。

［**例 2-4**］ 将 10g NaCl 溶于 100g 水中配成溶液，计算溶液中 NaCl 的质量分数。

解 根据式(2-4)

$$w\,(NaCl) = \frac{m_{NaCl}}{m} = \frac{10}{110} = 0.091$$

（四）体积分数

体积分数定义为物质 B 的体积 V_B 除以溶液的体积 V，用符号 φ_B 表示，即

$$\varphi_B = \frac{V_B}{V} \tag{2-5}$$

体积分数同样是一个无单位的量，可用小数表示，也可以用百分数表示。体积分数常用来表示溶质为液体的溶液。例如，医疗常用的消毒酒精的体积分数为 0.75（或 75%）。

［**例 2-5**］ 取 750ml 纯乙醇加水配成 1000ml 医用消毒酒精溶液，计算消毒酒精溶液中乙醇的体积分数。

解 根据式(2-5),此消毒酒精溶液中乙醇的体积分数为

$$\varphi_{C_2H_5OH}=\frac{V_{C_2H_5OH}}{V}=\frac{750}{1000}=0.75$$

(五) 溶液浓度的换算

在实际工作中,溶液浓度往往需要从一种表示方法换算成另一种表示方法。换算过程中只是单位的变化,溶质和溶液的量都没有发生变化。因此,我们只要充分理解了溶液浓度表示方法的定义,就能顺利地进行换算。

1. 物质的量浓度和质量浓度之间的换算

$$\because\ c_B=\frac{n_B}{V},\ n_B=\frac{m_B}{M_B},\ \rho_B=\frac{m_B}{V}\ (M_B\text{ 是溶质 B 的相对分子质量})$$

$$\therefore\ c_B=\frac{m_B}{VM_B}=\frac{\rho_B}{M_B} \tag{2-6}$$

2. 物质的量浓度和质量分数之间的换算

$$\because\ c_B=\frac{n_B}{V},\ w_B=\frac{m_B}{m},\ \rho=\frac{m}{V}\ (\rho\text{ 是溶液的密度})$$

$$\therefore\ c_B=\frac{m_B}{VM_B}=\frac{m_B\rho}{mM_B}=\frac{w_B\rho}{M_B} \tag{2-7}$$

[**例 2-6**] 市售浓硫酸的密度为 $1.84\text{kg}\cdot\text{L}^{-1}$,$H_2SO_4$ 的质量分数为 96%,计算浓硫酸的物质的量浓度。

解 $M_{H_2SO_4}=98\text{g}\cdot\text{mol}^{-1}$,根据式(2-7)

$$c(H_2SO_4)=\frac{1000w_{H_2SO_4}\rho}{M_{H_2SO_4}}=\frac{1000\times 96\%\times 1.84}{98}=18\text{mol}\cdot\text{L}^{-1}$$

三、溶液的配制与稀释

(一) 溶液的配制

溶液的配制方法一般分为两种。一种是配制用质量分数表示的溶液时,计算出溶液中溶质、溶剂的质量后,分别称取溶质和溶剂,混合均匀即可。另一种是配制用物质的量浓度、质量浓度、体积分数表示的溶液时,根据要求不同又可分为粗配和精配两种。粗配是用托盘天平称量,用量筒(或量杯)量取液体,在烧杯、量筒中配制溶液;精配则用分析天平称量,用移液管(或吸量管)量取液体,在容量瓶中配制溶液。通常分以下几步(图 2-1):

(1) 计算:计算出配制一定体积溶液所需溶质的质量或体积。

(2) 称取或量取:用天平称取固体溶质或用量器量取液体溶质。

(3) 溶解:将溶质置于一定的容器中,加适量纯化水,搅拌使其完全溶解。

(4) 转移、洗涤:将上述溶液转移到一定的容器中,再用少量纯化水洗涤溶解时的容器 2~3 次,并将洗涤液也转移到容器中。

(5) 稀释、定容:向容器中加纯化水稀释,当液面距刻度或标线约 1cm 处时,改用滴管逐滴滴入纯化水至刻度或标线。

(6) 混匀。

(7) 装瓶贴签:将配好的溶液倒入试剂瓶中,贴上标签,备用。

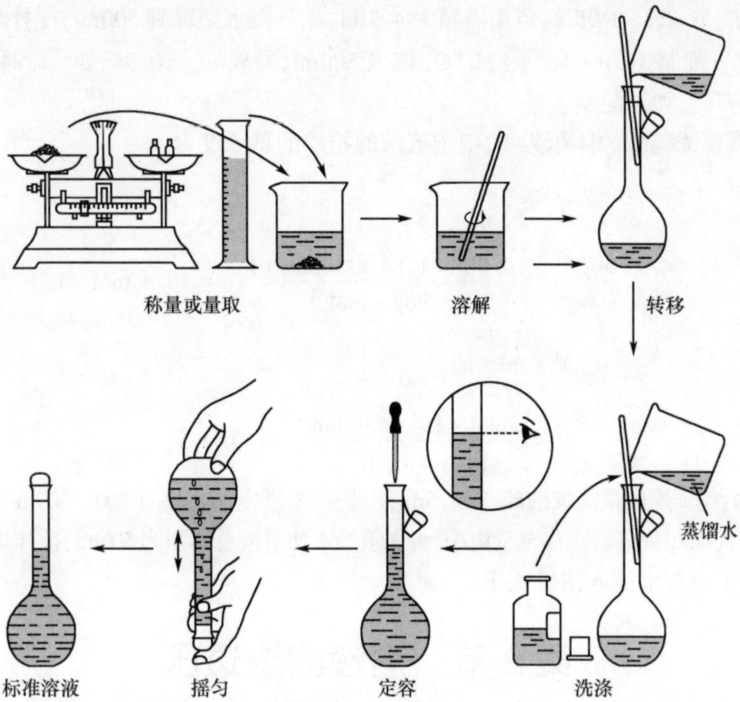

图 2-1 溶液的配制

[例 2-7] 如何配制 $9g \cdot L^{-1}$NaCl 溶液 500ml?

解 500ml NaCl 溶液中含 NaCl 的质量为

$$m_{NaCl} = 9g \cdot L^{-1} \times 0.5L = 4.5g$$

配制方法:称取 4.5g 干燥的 NaCl,放入烧杯中,加适量的蒸馏水完全溶解后移至 500ml 的量筒中,然后用少量水冲洗烧杯 2~3 次,冲洗液一并注入量筒中,最后加水至刻度线,搅拌均匀即可。

(二)溶液的稀释

溶液的稀释是指在原有浓溶液中加入溶剂,使原溶液的浓度降低的过程。稀释的特点是溶液的浓度变小、体积变大,而溶质的量保持不变,即

稀释前溶质的量=稀释后溶质的量

设下标"1"代表溶液稀释前的状态,下标"2"代表溶液稀释后的状态,稀释公式则为

$$c_{B_1} \cdot V_1 = c_{B_2} \cdot V_2$$
$$\varphi_{B_1} \cdot V_1 = \varphi_{B_2} \cdot V_2$$
$$\rho_{B_1} \cdot V_1 = \rho_{B_2} \cdot V_2$$
$$w_{B_1} \cdot m_1 = w_{B_2} \cdot m_2$$

应用稀释公式时,稀释前后的浓度表示法必须相同,稀释前、后溶液的量的单位必须一致。

[例 2-8] 怎样用 $\varphi_B = 0.95$ 的药用酒精配制 500ml$\varphi_B = 0.75$ 的消毒用酒精?

解 设需要药用酒精的体积为 V_1,根据 $c_1V_1 = c_2V_2$得

$$V_1 = \frac{c_2V_2}{c_1} = \frac{0.75 \times 500ml}{0.95} = 394.7ml$$

配制方法:取 $\varphi_B = 0.95$ 的药用酒精 394.7ml,加蒸馏水稀释到 500ml,搅拌均匀即可。

[例 2-9] 配制 $3mol \cdot L^{-1}$ 的 H_2SO_4 溶液 500ml,需要 $w_B = 0.98$, $\rho = 1.84kg \cdot L^{-1}$ 的浓 H_2SO_4 多少毫升?如何配制?

解 设需要浓硫酸的体积为 V,则浓硫酸的物质的量浓度为

$$c_1 = \frac{w_{H_2SO_4} \cdot \rho}{M_{H_2SO_4}}$$

$$= \frac{0.98 \times 1.84 \times 1000g \cdot L^{-1}}{98g \cdot mol^{-1}} = 18.4\ mol \cdot L^{-1}$$

$$V_1 = \frac{c_2 V_2}{c_1}$$

$$= \frac{3mol \cdot L^{-1} \times 500ml}{18.4mol \cdot L^{-1}} = 81.5ml$$

配制方法:用干燥的量筒取浓硫酸 81.5ml,沿烧杯壁慢慢加入盛有 200 ~ 300ml 蒸馏水的烧杯中,边加边搅拌,冷却后定量转移至量筒中,再加蒸馏水使溶液总体积为 500ml,搅拌均匀即得。

注意:切不可将水倒入浓硫酸中。

第 2 节 溶液的渗透压

为什么人在淡水池中游泳时间过长会感觉眼睛胀痛,而在大海中游泳就没有这种感觉?为什么淡水鱼与海水鱼互换环境不能生存?为什么临床上给患者大量输液时要用 $9.0g \cdot L^{-1}$ NaCl 和 $50g \cdot L^{-1}$ 葡萄糖溶液?这些都和溶液的渗透现象和渗透压有密切的关系。

一、渗透现象和渗透压

(一) 扩散现象

在一杯纯水中慢慢加入一定量的蔗糖溶液,静置一段时间后,整杯水都会有甜味。这是由于分子本身的热运动,使得蔗糖分子向水中运动,而水分子向蔗糖溶液中运动,最后形成一个均匀的蔗糖溶液,这个过程称为扩散。扩散是一种双向运动,是溶质分子和溶剂分子相互运动的结果。

如果用半透膜将蔗糖溶液和纯水隔开,情况就不同了。

半 透 膜

半透膜是一种允许某些物质透过,而不允许另一些物质透过的多孔性薄膜。生物体内的细胞膜、毛细血管壁、膀胱膜都是半透膜。每一种半透膜的通透性不同,有的半透膜只允许水分子透过而不允许溶质分子透过;而有些半透膜除允许水分子透过外,还允许小分子化合物及电解质离子透过,但不允许大分子化合物透过。

链接

(二) 渗透现象和渗透压

若用一种只允许水分子透过而不允许蔗糖分子透过的半透膜将蔗糖溶液与纯水隔开,分别装入 U 形管两侧,并使其液面处于同一水平[图 2-2(a)]。过一段时间后,可看到蔗糖一侧的液面不断升高,说明水分子不断地通过半透膜转移到蔗糖溶液中。若将两个不同浓度的溶液用半透膜隔开时,也会有此种现象发生。这种溶剂分子通过半透膜由纯溶剂进入溶液或由

稀溶液进入浓溶液的现象称为渗透现象,简称渗透。渗透现象的产生必须具备两个条件:一是要有半透膜存在;二是半透膜两侧溶液的浓度不等。渗透的方向总是从纯溶剂向溶液的方向或从稀溶液向浓溶液的方向渗透。

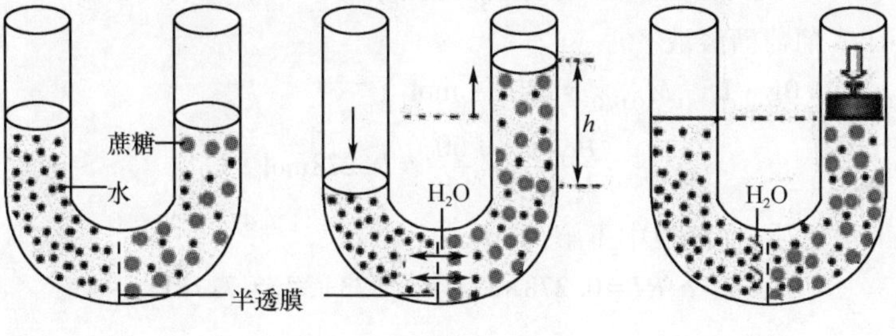

图 2-2 渗透现象示意图

产生渗透的原因是膜两侧单位体积内的水(溶剂)分子数不等,使得在单位时间内由纯溶剂通过半透膜进入溶液的溶剂分子数比由溶液中进入纯溶剂的多,致使溶液的液面升高[图 2-2(b)]。随着溶液液面的升高,水柱的静压力增大,使水分子从溶液进入纯水中的速度加快。当液面升至一定高度后,单位时间内进出的水分子数目相等,即达到渗透平衡状态。

为了阻止渗透现象发生,必须在溶液液面上施加额外压力。这种恰能阻止纯溶剂与溶液间渗透现象的发生而需施加在溶液液面上的压强称为该溶液的渗透压[图 2-2(c)]。溶液的渗透压用 π 表示,单位为 Pa 或 kPa。

二、渗透压与溶液浓度、温度的关系

考点提示: 溶液渗透压的概念和渗透现象产生的两个条件

渗透压是溶液的一个重要性质,凡是溶液都有渗透压。渗透压的大小与溶液的浓度和温度有关。

1886 年,荷兰化学家范特霍夫根据实验数据得出一条规律:难挥发非电解质稀溶液的渗透压与溶液的浓度和温度成正比。这条规律称为范特霍夫定律,用公式表示如下:

$$\pi = c_B RT \tag{2-8}$$

式中,π 为稀溶液的渗透压,其单位为 kPa;c_B 为溶质 B 的物质的量浓度,其单位为 $mol \cdot L^{-1}$;R 为摩尔气体常量,取值 8.314($kPa \cdot L \cdot mol^{-1} \cdot K^{-1}$);$T$ 为热力学温度,其单位为 K。

范特霍夫定律表明,在一定温度下,溶液的渗透压与单位体积溶液中所含溶质的粒子数(分子数或离子数)成正比,而与溶质的本性无关。例如,蛋白质溶液与蔗糖溶液的浓度相等时,它们的渗透压也相等,即渗透压与溶质颗粒的种类、大小无关。

对于电解质溶液,溶质会解离,单位体积溶液中的粒子数要比相同浓度的非电解质溶液多,渗透压也会增大。因此,在计算电解质溶液的渗透压时,范特霍夫公式必须引入一个校正系数 i。

$$\pi = i c_B RT \tag{2-9}$$

对于强电解质溶液,i 是指 1mol 电解质在溶液中解离出离子的物质的量。例如,对于 Na_2SO_4,$i=3$;对于 NaCl,$i=2$。

[例 2-10] 计算质量浓度为 $9.0g \cdot L^{-1}$ 生理盐水和 $50g \cdot L^{-1}$ 葡萄糖溶液在 37℃时的渗透压。

解 (1)$9.0g \cdot L^{-1}$ 生理盐水

已知 $\rho_{NaCl} = 9.0g \cdot L^{-1}$,$M_{NaCl} = 58.5g \cdot mol^{-1}$

$$c_{NaCl}=\frac{\rho_{NaCl}}{M_{NaCl}}=\frac{9.00}{58.5}=0.154mol\cdot L^{-1}$$

氯化钠是强电解质,在溶液中全部解离,$i=2$,则

$$\pi=ic_BRT=2\times0.154\times8.314\times(273+37)=794kPa$$

(2) $50g\cdot L^{-1}$ 葡萄糖溶液

已知 $\rho_{C_6H_{12}O_6}=50.0g\cdot L^{-1}$,$M_{C_6H_{12}O_6}=180g\cdot mol^{-1}$

$$c_{C_6H_{12}O_6}=\frac{\rho_{C_6H_{12}O_6}}{M_{C_6H_{12}O_6}}=\frac{50}{180}=0.278mol\cdot L^{-1}$$

葡萄糖是非电解质,在溶液中不解离,则

$$\pi=c_BRT=0.278\times8.314\times(273+37)=717kPa$$

考点提示: 溶液渗透压与溶液浓度的关系

三、渗透压在医学上的意义

(一) 渗透浓度

人体体液中含有电解质组分和非电解质组分。由范特霍夫定律可知,当温度一定时,渗透压的大小只与单位体积溶液内溶质的粒子数(分子数或离子数)成正比,而与溶质的性质无关。因此,常用溶质的分子或离子总浓度的高低来衡量溶液渗透压的大小。医学上将溶液中能产生渗透效应的各种分子和离子(渗透活性物质)的总浓度称为渗透浓度。用符号 c_{os} 表示,单位为 $mol\cdot L^{-1}$,由于体液中渗透活性物质的物质的量相对较小,渗透浓度单位又常表示为 $mmol\cdot L^{-1}$。

$$c_{os}=ic_B \tag{2-10}$$

[**例 2-11**] 分别计算 $0.278mol\cdot L^{-1}$ 葡萄糖溶液和生理盐水($0.154mol\cdot L^{-1}$ NaCl)的渗透浓度。

解 $0.278\ mol\cdot L^{-1}$ 葡萄糖溶液的渗透浓度为

$$0.278\times1000=278\approx280\ mmol\cdot L^{-1}$$

生理盐水的渗透浓度为

$$0.154\times2\times1000=308\ mmol\cdot L^{-1}$$

表 2-1 列出了正常人血浆中各种渗透活性物质的渗透浓度。

表 2-1 正常人血浆中各种渗透活性物质的渗透浓度

渗透活性物质	渗透浓度($mmol\cdot L^{-1}$)	渗透活性物质	渗透浓度($mmol\cdot L^{-1}$)
Na^+	144	SO_4^{2-}	0.5
K^+	5	氨基酸	2
Ca^{2+}	2.5	肌酸	0.2
Mg^{2+}	1.5	乳酸盐	1.2
Cl^-	107	葡萄糖	5.6
HCO_3^-	27	蛋白质	1.2
HPO_4^{2-}、$H_2PO_4^-$	2	尿素	4

体 液

人体内含有大量的水分,这些水和溶解在水里的各种物质的总称为体液,质量约占人体体重的60%。体液可分为两大部分:细胞内液和细胞外液。细胞内液主要有水、电解质、脂类、糖类、氨基酸和核苷酸等,约占体重的40%。细胞外液又分为两大类:一类是

链接

存在于组织细胞之间的组织间液(包括淋巴液和脑脊液),约占体重的16%;另一类是血液的血浆。血液由血浆和血细胞两部分组成(约占体重的4%),血液中血浆占55%,是水、糖、脂类、蛋白质、钠盐和钙盐等的混合物,也包含了许多止血必需的血凝块形成的化学物质。

链接

(二)等渗溶液、低渗溶液、高渗溶液

相同温度下,渗透压相等的两种溶液称为等渗溶液。渗透压不同的两种溶液中,渗透压相对较高的溶液称为高渗溶液;渗透压相对较低的溶液称为低渗溶液。在发生渗透作用时,溶剂会从低渗溶液进入高渗溶液。

正常人的血浆渗透浓度为280~320mmol · L^{-1}。临床上衡量溶液渗透压的大小是以正常人的血浆渗透浓度为标准的。如果渗透浓度为280~320mmol · L^{-1},此溶液为等渗溶液;小于280mmol · L^{-1}的溶液为低渗溶液;大于320mmol · L^{-1}的溶液为高渗溶液。临床上常用的等渗溶液有:生理盐水(0.154mol · L^{-1} NaCl溶液),渗透浓度为308mmol · L^{-1};葡萄糖注射液(0.278mol · L^{-1}),渗透浓度为278 mmol · L^{-1}(近似于280mmol · L^{-1}),碳酸氢钠溶液(0.149mol · L^{-1}),渗透浓度为298mol · L^{-1}。

临床上给患者大量输液时必须使用等渗溶液,否则,红细胞将变形或被破坏而失去生理功能。这可通过红细胞在不同浓度的NaCl溶液中的形态变化来说明其原因。

将红细胞置于低渗NaCl溶液(如2g · L^{-1}NaCl溶液)中,则水分子透过细胞膜进入红细胞内液,使红细胞逐渐膨胀甚至破裂,这种现象称为溶血[图2-3(a)]。如果将红细胞置于高渗NaCl溶液(如30g · L^{-1}NaCl溶液)中,则红细胞内的水分子透过细胞膜进入NaCl溶液,使红细胞逐渐萎缩,这种现象称为胞浆分离[图2-3(b)],严重者可能粘成团块,形成血栓。只有将红细胞置于等渗溶液(如9g · L^{-1}NaCl溶液)中,红细胞的形态才能不发生变化[图2-3(c)],保持正常的生理功能。

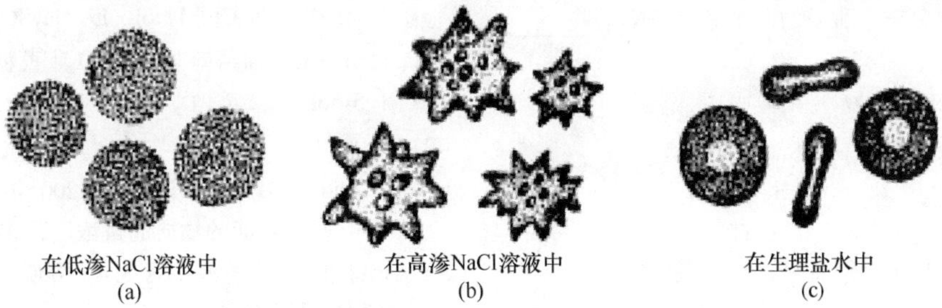

图2-3 红细胞在不同浓度NaCl溶液中的形态

有时为了治疗上的需要,临床上也用高渗溶液进行静脉注射,但用量不宜太多,且注射速度要缓慢,这样其可被体液稀释成等渗溶液。

(三)晶体渗透压和胶体渗透压

人体血浆中含有小分子或离子的晶体物质(如葡萄糖、尿素、Na^+、K^+等)和大分子的胶体物质(如蛋白质等)。血浆中的渗透压是这两类物质所产生渗透压的总和,其中由小分子或离子所产生的渗透压称为晶体渗透压,由大分子胶体物质所产生的渗透压称为胶体渗透压。血浆总渗透压约为770kPa,其中胶体渗透压约为4.0kPa。血浆渗透压主要来源于晶体渗透压。

由于人体内半透膜对各种物质的通透性不同,晶体渗透压和胶体渗透压的功能也不相同,但在体内都起着重要的调节作用。晶体渗透压主要调节细胞内外(细胞膜为半透膜)水分

的相对平衡，维持细胞的正常形态和功能。胶体渗透压主要调节血液与组织间液（毛细血管壁为半透膜）内外水、盐平衡。

组织水肿原因

组织水肿是由组织液中水分增多引起的。在通常情况下，血浆中的蛋白质是不能通过毛细血管壁的，血浆与组织液之间的渗透压差主要取决于血浆与组织液之间的蛋白质分子的浓度差。如果因某种原因导致血浆中的蛋白质含量减少或组织液中的蛋白质含量增加，就会相应地造成血浆的渗透压降低，组织液的渗透压增加，这时组织液增加，就会出现组织水肿的现象。

链接

考点提示：比较溶液渗透压大小、能判断渗透压方向

目标检测

一、名词解释

1. 物质的量　2. 物质的量浓度
3. 体积分数　4. 渗透现象

二、填空题

1. 物质的量的符号是________，单位是________。阿伏伽德罗常量的数值是________。
2. 溶液的稀释只是改变了________，而________在稀释前后保持不变。
3. 正常人血浆总渗透浓度范围为________mmol · L^{-1}，临床上，高于________mmol · L^{-1}的溶液称高渗溶液，低于________mmol · L^{-1}的溶液称低渗溶液。
4. 渗透现象产生所需的两个条件分别为________和________。

三、单项选择题

1. 摩尔质量的符号为（　）
   A. n_B　B. mol
   C. M_B　D. N
2. 物质的量浓度的符号是（　）
   A. c_B　B. ρ_B
   C. w_B　D. φ_B
3. 100ml 溶液中含有 23mg Na^+，则溶液中 Na^+ 的物质的量浓度是（　）
   A. 1mol · L^{-1}　B. 2.3mol · L^{-1}
   C. 0.23mol · L^{-1}　D. 0.01mol · L^{-1}
4. 将 10ml 纯乙醇稀释制成 1L，则此乙醇的体积分数约为（　）
   A. 1　B. 0.1
   C. 0.0　D. 0.001
5. 医学上 9g · L^{-1} 的 NaCl 溶液是（　）
   A. 低渗溶液　B. 高渗溶液
   C. 等渗溶液　D. 高分子溶液
6. 当红细胞放置在低渗溶液中，细胞（　）
   A. 皱缩　B. 溶血
   C. 形态不变　D. 发生变性
7. 下列溶液中渗透压最大的是（　）
   A. 0.5mol · L^{-1} NaCl
   B. 1mol · L^{-1} 葡萄糖
   C. 1.5mol · L^{-1} $MgSO_4$
   D. 2mol · L^{-1} 蔗糖
8. 下列各组的两种溶液用半透膜隔开，水的渗透方向由右向左的是（　）
   A. 1mol · L^{-1} NaCl ‖ 1mol · L^{-1} 葡萄糖
   B. 1mol · L^{-1} NaCl ‖ 1mol · L^{-1} Na_2SO_4
   C. 1mol · L^{-1} 葡萄糖 ‖ 1mol · L^{-1} 蔗糖
   D. 1.5mol · L^{-1} 蔗糖 ‖ 1mol · L^{-1} NaCl

四、计算题

1. 将 10mol · L^{-1} NaOH 溶液 200 ml 稀释到 1000ml，所得溶液的物质的量浓度是多少？
2. 200ml 碳酸氢钠溶液中含 8.4g 溶质，求该溶液的物质的量浓度。
3. 某患者需补充 Na^+ 10.0 g，如用 ρ（NaCl）= 9.0g · L^{-1} 生理盐水来补充，应需多少体积？
4. 100ml 葡萄糖注射液中含 10g 葡萄糖，计算此葡萄糖注射液中葡萄糖的质量浓度和物质的量浓度。
5. 临床上需 1/6mol · L^{-1} 乳酸钠（$NaC_3H_5O_3$）溶液 360ml。现有 112g · L^{-1} 乳酸钠注射液（规格为每支 20ml），问需用这种注射液多少支来配制？

（郭丽霞）

第3章　电解质溶液

学习目标

1. 掌握溶液的酸碱性及一元弱酸、弱碱溶液 pH 的近似计算。

2. 理解电离平衡、电离常数、电离度的含义；同离子效应对弱电解质电离平衡的影响；弱电解质浓度、电离常数、电离度三者之间的关系。

3. 了解酸碱质子理论的概念以及酸碱反应的实质。

在水溶液中或熔融状态下能导电的化合物称为电解质，如 NaCl、H_2SO_4、HAc、NaOH 等，而油、蔗糖等是非电解质。电解质在水溶液中或熔融状态下能产生自由移动的阴、阳离子，这个过程称为电离，这也是电解质能导电的原因。根据电解质在水溶液中电离程度的不同，将其分为强电解质与弱电解质两类。强电解质是指在水溶液中几乎完全电离的电解质，如 HCl、NaOH、Na_2SO_4 等，其电离过程是不可逆的。而弱电解质在水溶液中仅能部分电离，如 HAc、$NH_3 \cdot H_2O$ 等，其电离过程是可逆的。

在人的体液和组织中存在多种电解质离子，如 Na^+、K^+、Ca^{2+}、HCO_3^-、$H_2PO_4^-$，它们是维持体液的渗透平衡、酸碱平衡等不可缺少的成分，同时对神经、肌肉等组织的生理、生化活动也发挥着重要的作用。

第1节　酸碱质子理论

酸和碱是两类重要的电解质。随着科学的发展及人们认识的不断深入，酸、碱的范围也越来越广泛，在对酸碱的性质与组成、结构关系的研究过程中提出了一系列的酸碱理论。

瑞典化学家阿伦尼乌斯(Arrhenius)于 1887 年提出酸碱的电离理论，该理论认为：在水中电离产生的阳离子全部是 H^+ 的化合物为酸；电离出的阴离子全部是 OH^- 的化合物为碱；酸碱反应的实质是 H^+ 和 OH^- 相互作用生成 H_2O 的反应。酸碱的电离理论是人们对酸碱的认识从现象到本质的一次飞跃，对化学学科的发展起了重要作用。但该理论将酸碱限定在以水为溶剂的体系，而且将碱限定为氢氧化物，无法解释 NaAc、Na_2CO_3 等物质的碱性以及不在水中进行和没有氢氧化物参加的酸碱反应。

为了克服电离理论的局限性，1923 年，丹麦化学家布朗斯泰德(Brnsted)和英国化学家劳里(Lowry)分别提出了酸碱的质子理论。它不仅适用于水溶液体系，也适用于非水溶液体系和无溶剂体系，大大扩展了酸碱的范围。

酸、碱理论的发展

人们对于酸、碱的认识是从它们所表现的性质开始的。例如，酸具有酸味，能使紫色石蕊变红，与碱作用以后，酸性消失；碱有涩味，能使红色石蕊变蓝，并能与酸中和生成盐和水。18 世纪后期，法国的拉瓦锡提出酸是含氧的化合物。1810 年，英国的戴维发现盐酸不含氧，提出了“所有的酸都含有氢”的观点。1887 年，阿伦尼乌斯创立了电离理论，在

链接

此基础上，富兰克林在1905年提出了溶剂理论，把以水为溶剂的个别现象推广到适用更多溶剂的一般情况。1923年，丹麦的布朗斯泰德和英国的劳里分别提出酸碱质子理论。同年，美国的路易斯提出了酸碱电子理论，认为酸是电子对的接受体，碱是电子对的给予体。近年来，又发展了把路易斯酸碱分为软、硬和交界三类的皮尔逊软硬酸碱理论。

链接

一、酸碱的定义

（一）酸碱的定义

酸碱质子理论认为：凡能给出质子（H^+）的物质都是酸，凡能接受质子的物质都是碱，即酸是质子的给予体，碱是质子的接受体。例如，HAc、HCl、NH_4^+、$H_2PO_4^-$、H_2CO_3 等能够给出质子，都是酸。而 PO_4^{3-}、OH^-、Cl^-、HCO_3^-、NH_3 等能够接受质子，都是碱。酸和碱既可以是分子，也可以是阴、阳离子。

（二）酸碱的共轭关系

酸和碱不是孤立的，而是矛盾的统一体。一种酸给出一个质子后变成了碱，碱接受一个质子后又变成了酸。酸和碱的对应关系表示如下：

$$\text{酸} \rightleftharpoons \text{质子} + \text{碱}$$

$$HAc \rightleftharpoons H^+ + Ac^-$$

$$NH_4^+ \rightleftharpoons H^+ + NH_3$$

$$H_2CO_3 \rightleftharpoons H^+ + HCO_3^-$$

$$HCO_3^- \rightleftharpoons H^+ + CO_3^{2-}$$

$$H_2O \rightleftharpoons H^+ + OH^-$$

$$H_3O^+ \rightleftharpoons H^+ + H_2O$$

酸与碱依赖质子的给出与获得相互依存、相互转化，这种关系称为共轭关系。酸失去质子后形成的碱为该酸的共轭碱，碱得到质子后形成的酸为该碱的共轭酸。酸与其共轭碱、碱与其共轭酸称为共轭酸碱对，如 HAc/Ac^-、NH_4^+/NH_3、H_3O^+/H_2O、HCO_3^-/CO_3^{2-} 等。

考点提示： 根据酸碱质子理论判断物质的酸碱性及共轭酸碱的书写

（三）酸碱的相对性

酸碱不是绝对的，而是相对的。有些物质如 HPO_4^{2-}、HCO_3^-、H_2O 等在一个共轭体系中是酸，在另一个共轭体系中却是碱。它们既有给出质子的能力又有接受质子的能力，既可以是酸又可以是碱，被称为两性物质。

（四）关于盐

在酸碱质子理论中，没有盐的概念。酸碱电离理论中的盐在质子理论中是酸或碱，或酸和碱的混合物。例如，NaAc 在水溶液中全部电离为 Na^+ 和 Ac^-，由于 Na^+ 不参与质子的接受与给予，而 Ac^- 是阴离子碱，故 NaAc 是碱。NH_4Ac 则是含阳离子酸（NH_4^+）和阴离子碱（Ac^-）的混合物。

二、酸碱反应

质子非常小，电荷密度非常大，性质非常活泼，以至于不能单独存在。一种酸要转化为它的共轭碱，所给出的质子必须有另一种碱接受。反之，碱也必须从另一种酸得到质子，才能转变为它的共轭酸。因此，酸碱反应就是一种酸将质子传递给另一种碱，各自转变为其共轭物，即

$$\overset{H^+}{\text{酸1} + \text{碱2}} \rightleftharpoons \text{酸2} + \text{碱1}$$

质子的传递过程既不要求反应必须在溶液中进行，也不是生成独立的质子后再加到碱上，而只是质子从一种物质(酸1)转移到另一种物质(碱2)上。因此，酸碱反应既可以在水溶液中进行，也可以在非水溶剂和无溶剂条件下进行。例如，氯化氢与氨气的反应：

$$\overset{H^+}{HCl(g) + NH_3(g)} \rightleftharpoons NH_4Cl\ (s)$$

按照质子理论观点，电离理论中的电离作用、中和反应、水解反应等都属于酸碱反应。例如

$$\overset{H^+}{H_2O + NH_3} \rightleftharpoons OH^- + NH_4^+ \qquad \text{(弱碱的电离)}$$

$$\overset{H^+}{HAc + H_2O} \rightleftharpoons Ac^- + H_3O^+ \qquad \text{(弱酸的电离)}$$

$$\overset{H^+}{H_3O^+ + OH^-} \rightleftharpoons H_2O + H_2O \qquad \text{(酸碱中和)}$$

$$\overset{H^+}{H_2O + Ac^-} \rightleftharpoons OH^- + HAc \qquad \text{(盐的水解)}$$

考点提示： 酸碱反应的实质

酸碱反应的方向取决于酸碱的相对强度。一般来讲，反应总是由较强的酸与较强的碱作用，向着生成较弱的碱和较弱的酸的方向进行。相互作用的酸、碱越强，反应进行得就越完全。

三、酸碱的强度

酸碱的强度是相对的。酸越强，它给出质子的能力越强，其共轭碱接受质子的能力就越弱，即碱性越弱；反之，酸越弱，其共轭碱的碱性越强。化合物酸碱性的强弱除与物质的本性有关外，还与反应对象及溶剂有关。同一种酸(碱)在不同溶剂中，由于溶剂接受(或给出)质子的能力不同，显示不同的酸性(碱性)。例如，HAc在水中为弱酸，在液氨中却为强酸；HNO_3在水中的酸性比在乙酸中的酸性强，而在纯硫酸中却变成了碱。

溶剂的拉平效应与区分效应

拉平效应：将某些酸如$HClO_4$、H_2SO_4、HBr及HCl等分别溶于水中，得到的溶液的酸强度一样。这是由H_2O夺取质子的能力比这些酸的共轭碱夺取质子的能力强，在水溶液中能存在的最强酸是H_3O^+所致。像这种由于溶剂作用使不同强度的酸调整到同一强度水平的现象，称为溶剂的拉平效应。溶剂的碱性越强，它对酸的拉平效应越大。

区分效应：$HClO_4$、HNO_3、H_2SO_4及HCl等酸在水中的强度无法区别，若将溶剂换为酸性溶剂冰醋酸，则各种酸给出质子的能力就显现出了差异，其顺序是：$HClO_4 > HBr > HCl > H_2SO_4 > HNO_3$。由于溶剂作用，使溶质酸或碱的强弱得以区分的这种作用，称为溶剂的区分效应。一般来讲，酸性溶剂对酸产生区分效应，而对碱产生拉平效应；碱性溶剂对酸产生拉平效应，而对碱产生区分效应。

链接

第2节 水溶液的酸碱性

一、水的电离平衡

按照酸碱质子理论，水是两性物质，在两个水分子之间能发生质子的传递反应，此反应称为水的质子自递反应：

$$H_2O + H_2O \rightleftharpoons H_3O^+ + OH^-$$

根据化学平衡原理

$$K_i = \frac{[H_3O^+][OH^-]}{[H_2O]^2}$$

K_i 为水的平衡常数。在纯水或稀溶液中，一般将$[H_2O]$视为常数，它与 K_i 合并成一个新常数 K_w，则

$$K_w = [H_3O^+][OH^-]$$

实验证明，水具有微弱的导电能力。25℃时，1L 纯水（55.5mol）中只有 10^{-7}mol 的 H_2O 发生电离，生成 10^{-7}mol 的 H_3O^+和 OH^-，即$[H_3O^+]=[OH^-]=10^{-7}\ mol\cdot L^{-1}$，则

$$K_w = [H_3O^+][OH^-] = 10^{-7}\times10^{-7} = 10^{-14}$$

K_w 称为水的质子自递常数，又称水的离子积常数，简称水的离子积。实验表明，在相同条件下，纯水及任何一种稀溶液中的 H_3O^+和 OH^-浓度的乘积都是一个常数。为了简便起见，用$[H^+]$代表$[H_3O^+]$，则有

$$H_2O \rightleftharpoons H^+ + OH^-$$

$$K_w = [H^+][OH^-] = 10^{-14}$$

考点提示： 利用水的离子积计算溶液中$[H^+]$或$[OH^-]$的浓度

因此，无论是中性、酸性或碱性溶液，只要知道了 H^+或 OH^-其中一种离子的浓度，就能计算出另一种离子的浓度。例如，$[H^+]=10^{-4}\ mol\cdot L^{-1}$，则

$$[OH^-] = \frac{[K_w]}{[H^+]} = \frac{10^{-14}}{10^{-4}} = 10^{-10}mol\cdot L^{-1}$$

水的离子积虽然是常数，但当外界条件改变时，其数值也会发生变化。水的离子积主要受温度的影响，因为水的电离反应是吸热反应，水的离子积随温度的升高而增大，随温度的降低而减小。室温范围内，K_w 值变化不大，常采用 $K_w=10^{-14}$进行有关计算。

二、溶液的酸碱性和 pH

（一）溶液的酸碱性与氢离子浓度的关系

水的离子积不仅适用于纯水，也适用于以水为溶剂的稀溶液体系。

常温下，在纯水中，$[H^+]=[OH^-]=1.0\times10^{-7}\ mol\cdot L^{-1}$，所以纯水既不显酸性也不显碱性，是中性的。

若向纯水中加入酸，酸电离出的 H^+使溶液中$[H^+]$增大，水的电离平衡向左移动，达到新的平衡时，$[H^+]>[OH^-]$，溶液呈酸性。

若向纯水中加入碱，碱电离出的 OH^-使溶液中$[OH^-]$增大，水的电离平衡向左移动，当达到新的平衡时，$[OH]^->[H^+]$，溶液呈碱性。

综上所述，常温下，溶液的酸碱性与$[H^+]$及$[OH^-]$的关系可表示为

中性溶液：$[H^+]=[OH^-]=1.0\times10^{-7}\ mol\cdot L^{-1}$

酸性溶液：$[H^+]>1.0\times10^{-7}\ mol\cdot L^{-1}>[OH^-]$

碱性溶液：$[H^+]<1.0\times10^{-7}\ mol\cdot L^{-1}<[OH^-]$

由此可见，由于存在水的电离平衡，无论是中性、酸性或碱性溶液，都同时含有H^+和OH^-，只不过两种离子浓度的相对大小不同而已。H^+浓度越大，溶液的酸性越强；OH^-浓度越大，溶液的碱性越强。

（二）溶液的 pH

溶液的酸碱性可以用$[H^+]$或$[OH^-]$表示，习惯上常用$[H^+]$表示。在实践活动中，经常遇到一些$[H^+]$和$[OH^-]$都较小的溶液，如血浆中$[H^+]=3.98\times10^{-8}\ mol\cdot L^{-1}$，无论描述还是计算时都不方便。为便于书写、记忆和计算，在化学上常用 pH 表示溶液的酸碱性。溶液的 pH 定义为氢离子浓度的负对数，即

$$pH=-\lg[H^+]$$

常用 pH 范围为 0～14，适用于表示$[H^+]$和$[OH^-]$在$1\sim1\times10^{-14}\ mol\cdot L^{-1}$溶液的酸碱性。例如

$$[H^+]=1\times10^{-7}\ mol\cdot L^{-1},pH=-\lg(1\times10^{-7})=7$$

$$[H^+]=1\times10^{-4}\ mol\cdot L^{-1},pH=-\lg(1\times10^{-4})=4$$

$$[H^+]=1\times10^{-12}\ mol\cdot L^{-1},pH=-\lg(1\times10^{-12})=12$$

$$[OH^-]=1\times10^{-5}\ mol\cdot L^{-1},[H^+]=\frac{K_w}{[OH^-]}=\frac{10^{-14}}{10^{-5}}=10^{-9}mol\cdot L^{-1},$$

$$pH=-\lg(1\times10^{-9})=9$$

（三）溶液的酸碱性与 pH 的关系

常温下，溶液的酸碱性与$[H^+]$、pH 的对应关系见表 3-1。

表 3-1 溶液的酸碱性与$[H^+]$($mol\cdot L^{-1}$)、pH 的对应关系

$[H^+]$	10^0	10^{-1}	10^{-2}	10^{-3}	10^{-4}	10^{-5}	10^{-6}	10^{-7}	10^{-8}	10^{-9}	10^{-10}	10^{-11}	10^{-12}	10^{-13}	10^{-14}
pH	0	1	2	3	4	5	6	7	8	9	10	11	12	13	14
酸碱性				←酸性增强 酸性				中性				碱性增强→ 碱性			

因此，溶液的酸碱性和 pH 的关系为

中性溶液：pH=7

酸性溶液：pH<7

碱性溶液：pH>7

从表 3-1 可以看出，$[H^+]$越大，pH 越小，溶液的酸性越强；$[H^+]$越小，pH 越大，溶液的碱性越强。应当注意，如果溶液的$[H^+]>1\ mol\cdot L^{-1}$，一般不用 pH 而直接用$[H^+]$表示溶液的酸碱性。

考点提示： 判断溶液的酸碱性、氢离子浓度、pH 三者之间的关系

pH 不仅在化学上有重要的意义，在生物学和医学上也有实际应用。例如，人和动物体内存在的多种生物催化剂——酶，只有在一定的 pH 范围内才有催化活性，因此生物体内的生化反应也只能在一定的 pH 范围内才能正常发生。又如，正常人体血浆的 pH 总是维持在 7.35～7.45，如果小于 7.35 称为酸中毒，大于 7.45 称为碱中毒。人体的体液各自都有一定的 pH 范围，见表 3-2。

表 3-2 人体各种体液的 pH

体液	pH	体液	pH
成人胃液	0.9~1.5	大肠液	8.3~8.4
婴儿胃液	5.0	乳汁	6.0~6.9
唾液	6.35~6.85	泪水	7.4
胰液	7.5~8.0	尿液	4.8~7.5
小肠液	7.6	脑脊液	7.35~7.45

智商与酸度

1996 年,牛津约翰·拉德克利夫医院的科学家公布了他们的研究成果:人类的智商(IQ)与大脑皮质的酸碱度(pH)直接相关。大脑皮质的 pH 越高,人的智商也就越高。他们用磁共振光谱法对 6~13 岁的男孩进行测试,发现 pH 在 6.99~7.09 的 0.1 个单位变化范围内,IQ 值却有着非常显著的变化,从 63 到 138。而且 IQ 值与大脑皮质的 pH 的关联程度大于 0.5。现在还不能肯定大脑皮质的酸度是否完全决定人的智商。北爱尔兰大学的理查德·莱恩教授指出:"对于有些人来说,其智商高低取决于体内神经纤维传导信号的速度。但是,如果脑物质的 pH 能够影响这种信号的传导速度,那么很显然,它也能影响到人的智商。"

链接

食物的酸碱性

判断食物的酸碱性,并非根据人们的味觉,也不是根据食物溶于水中的化学性质,而是由食物进入人体后所生成的最终代谢物的酸碱性而定。酸性食物通常含有丰富的蛋白质、脂类和糖类,含成酸元素(硫、磷、氯等)较多,在体内代谢后形成酸性物质,可降低血液、器官内的 pH。蔬菜、水果、豆制品、菌类和海藻类等含有钾、钠、钙、镁等元素,在体内代谢后生成碱性物质,能阻止血液向酸性方面变化。所以,味道酸甜的水果为碱性食物而不是酸性食物;鸡、鱼、肉、蛋、豆类、谷类、糖类等味虽不酸但却是酸性食物。

链接

三、酸碱指示剂

(一) 酸碱指示剂

酸碱指示剂是指在不同 pH 溶液中能显示不同颜色的化合物。一般是有机弱酸或弱碱,其分子与其电离出的离子显示不同的颜色。下面以石蕊为例讨论酸碱指示剂的变色原理。石蕊(HIn)是一种有机弱酸,在溶液中存在下列电离平衡:

$$\underset{\substack{\text{石蕊分子}\\(\text{红色})}}{\text{HIn}} \rightleftharpoons H^+ + \underset{\substack{\text{石蕊离子}\\(\text{蓝色})}}{\text{In}^-}$$

溶液中同时存在红色的石蕊分子和蓝色的石蕊离子,因而显示出红色与蓝色的混合色——紫色。如果向此溶液中加入酸,溶液中的 H^+ 浓度增加,使平衡向左移动,即向生成 HIn 的方向移动,导致 In^- 浓度减小,HIn 浓度增大。当 H^+ 浓度增大至 pH≤5.0 时,溶液的颜色以

HIn 的颜色为主，呈现红色，称为酸色；反之，向此溶液中加入碱，H^+的浓度因中和 OH^-而减小，使平衡向右移动，即向生成 In^-的方向移动，导致 HIn 的浓度减小而 In^-的浓度增大，当 OH^-浓度增大到 pH≥8.0 时，溶液的颜色以 In^-的颜色为主，呈现蓝色，称为碱色。可见，石蕊溶液由红色变为蓝色时，溶液的 pH 由 5.0 变化到 8.0。溶液颜色的变化取决于溶液的 pH，化学上把酸碱指示剂由一种颜色过渡到另一种颜色时溶液 pH 的变化范围称为酸碱指示剂的变色范围。常见酸碱指示剂及其变色范围见表 3-3。

表 3-3 常见的酸碱指示剂及其变色范围

指示剂	变色范围	酸色	混合色	碱色
酚酞	8.0～10.0	无色	浅红色	红色
石蕊	5.0～8.0	红色	紫色	蓝色
甲基橙	3.1～4.4	红色	橙色	黄色
甲基红	4.4～6.2	红色	橙色	黄色
溴麝香草酚蓝	6.2～7.6	黄色	绿色	蓝色
溴酚蓝	3.1～4.6	黄色	蓝紫	紫色

利用酸碱指示剂的颜色变化，可以粗略地测出溶液的 pH。例如，在某溶液中加入甲基橙指示剂，若呈红色，可知溶液的 pH 小于 3.1；若呈黄色，其 pH 大于 4.4；若呈橙色，则 pH 为 3.1～4.4。在实际工作中，往往用几种指示剂的混合液配成混合指示剂，它在各种不同的 pH 溶液中呈现不同的颜色，变色明显，测得的溶液的 pH 相对准确。

酸碱指示剂的发现

著名化学家罗伯特·波义耳在一次实验中不小心将盐酸溅到紫罗兰花瓣上，他惊奇地发现花瓣上出现了红点点。他对这种意外的发现做了种种假设，经过多次实验验证，终于获知：有些有机染料在不同的酸碱性溶液中能显示不同的颜色。于是，人们就利用它们来确定溶液的 pH。

链接

（二）酸碱试纸

将干净、中性的滤纸在混合指示剂中浸透、晾干后制得广泛 pH 试纸。使用时，将待测液滴在试纸上，然后将试纸显示的颜色与标准比色卡对照，即可确定待测溶液的近似 pH。除广泛 pH 试纸外，还有 pH 范围较小的精密 pH 试纸，可分为多种区域。用它测出的溶液 pH 比广泛 pH 试纸更为准确。用来大致判别溶液或气体的酸碱性时，常使用石蕊试纸。石蕊试纸有蓝色和红色两种。检验挥发性气体的酸碱性时，要先将石蕊试纸用蒸馏水润湿，然后悬空放在气体出口处，观察其颜色的变化。如果红石蕊试纸变蓝，说明气体显碱性；蓝石蕊试纸变红，说明气体显酸性。

考点提示： 根据酸碱指示剂及 pH 试纸的颜色变化判断溶液的酸碱性

（三）pH 计

pH 计又称酸度计，是测量溶液 pH 常用的仪器，有笔式（迷你型）、便携式、台式，还有在线连续监控测量的在线式。若要精密测定溶液的 pH，则要利用 pH 计，pH 计的原理及使用方法详见第 7 章。

第3节 弱电解质溶液

一、弱电解质的电离平衡

弱电解质在水溶液中只有小部分发生电离形成阴、阳离子,大部分以分子状态存在,导电能力较弱。例如,在乙酸水溶液中只有少数乙酸分子在水分子的作用下电离成氢离子和乙酸根离子;同时,一部分氢离子和乙酸根离子又相互吸引、相互碰撞而重新结合成乙酸分子,乙酸的电离方程式为

$$CH_3COOH \rightleftharpoons H^+ + CH_3COO^-$$

由此可知,弱电解质的电离过程是可逆的,溶液中存在着未电离的分子与电离产生的离子间的平衡。

(一)电离平衡

弱电解质的电离过程实质上就是弱电解质与溶剂水分子间的质子传递反应。以一元弱酸(HAc)为例:

$$HAc + H_2O \rightleftharpoons H_3O^+ + Ac^-$$

在一定条件下,当弱电解质分子电离成离子的速率与离子重新结合成分子的速率相等时,溶液中电解质的分子浓度和离子浓度均不再随时间而改变,电离过程达到平衡状态。根据化学平衡原理,电离平衡常数表达式为

$$K = \frac{[H_3O^+][Ac^-]}{[H_2O][HAc]}$$

在稀的水溶液中,$[H_2O]$可视为常数,将其与 K 合并为另一个常数 K_a:

$$K_a = \frac{[H_3O^+][Ac^-]}{[HAc]}$$

即当弱电解质在溶液中达到电离平衡时,弱电解质各离子浓度幂的乘积与未电离的分子浓度之比值为一常数,称为弱电解质的电离常数。通常用 K_a 表示弱酸的电离常数,简称酸常数;用 K_b 表示弱碱的电离常数,简称碱常数。

类似地,弱碱氨的电离常数可表示为

$$K_b = \frac{[NH_4^+][OH^-]}{[NH_3]}$$

K_a 和 K_b 的大小可表示弱酸和弱碱在水溶液中的电离程度。K 值越大,说明弱酸(或碱)的电离程度越高,对应的酸(或碱)就越强;反之,K 值越小,说明弱酸(或碱)的电离程度越低,对应的酸(或碱)就越弱。

K_a 和 K_b 具有平衡常数的一般属性,取决于电解质本身的性质,而且与温度、溶剂有关,但与电解质的浓度无关。

(二)电离度

电离度是弱电解质电离程度的另一种表示方法。一定温度下,弱电解质在溶液中达到电离平衡时,已电离的弱电解质分子数与电离前该电解质分子总数的比率,称为该电解质的电离度,用 α 表示:

$$\alpha = \frac{\text{已电离的电解质分子数}}{\text{电解质分子总数}} \times 100\%$$

例如,在 298K 时,0.1mol · L^{-1} HAc 水溶液的电离度为 1.33%,表示溶液中每 10000 个

HAc分子中有133个分子电离形成了H_3O^+和Ac^-。

弱电解质电离度的大小取决于电解质的本性，同时也与温度和弱电解质的浓度有关。弱电解质电离时，一般需要吸热，升高温度，电离平衡向电离方向移动，从而使电离度增大；溶液越稀，阴、阳离子相互接触形成分子的机会越少，则电离度就越大。所以在表示弱电解质的电离度时，必须指出溶液的浓度和温度。

常见弱电解质的电离度见表3-4。

表3-4 常见弱电解质的电离度(0.1 mol·L^{-1},25℃)

电解质	化学式	电离度(%)	电解质	化学式	电离度(%)
乙酸	CH_3COOH	1.33	甲酸	HCOOH	4.24
碳酸	H_2CO_3	0.17	氢氰酸	HCN	0.01
氢硫酸	H_2S	0.07	氨水	$NH_3 \cdot H_2O$	1.33

(三) 多元弱酸的电离平衡

能在水溶液中释放出两个或更多质子的弱酸称为多元弱酸，如H_2CO_3、H_2S、H_3PO_4等。多元弱酸在水溶液中的电离是分步进行的，每一步电离都有对应的电离常数，分别用K_{a1}、K_{a2}、K_{a3}表示。以室温下H_3PO_4的解离为例：

第一步：$H_3PO_4+H_2O \rightleftharpoons H_3O^++H_2PO_4^-$　　$K_{a1}=7.52\times10^{-3}$

第二步：$H_2PO_4^-+H_2O \rightleftharpoons H_3O^++HPO_4^{2-}$　　$K_{a2}=6.23\times10^{-8}$

第三步：$HPO_4^{2-}+H_2O \rightleftharpoons H_3O^++PO_4^{3-}$　　$K_{a3}=2.2\times10^{-13}$

多元弱酸的分步电离常数一般相差10^4倍以上。这表明多元弱酸的高一级电离比低一级电离难得多，溶液中的H_3O^+主要来自于第一步电离，多元弱酸酸性的强弱取决于K_{a1}的大小。K_{a1}越大，多元弱酸的酸性越强。由于多元弱酸的高级电离比较困难，所以多元弱酸根离子的浓度很小，若需要较高浓度的多元弱酸根离子时，应该用相对应的盐。

(四) 同离子效应和盐效应

弱电解质在水溶液中的电离平衡和其他化学平衡一样，是一个暂时的、相对的平衡状态。当外界条件改变时，就会发生平衡移动，使弱电解质的电离程度有所改变。

1. 同离子效应　在弱电解质溶液中加入一种与弱电解质具有相同离子的强电解质，可使弱电解质的电离度降低，这种现象称为同离子效应。例如，向HAc溶液中加入NaAc，由于NaAc为强电解质，完全电离，HAc溶液中[Ac^-]大大增加，使HAc的电离平衡向逆反应方向移动。[H_3O^+]降低，HAc的电离度减小。例如，向0.10mol·L^{-1} HAc溶液中加入NaAc，使其浓度也为0.10mol·L^{-1}，HAc的电离度将由原来的1.33%下降至0.018%。可见，同离子效应的作用是非常显著的。向$NH_3 \cdot H_2O$溶液中加入强电解质NH_4Cl，同样会产生同离子效应，$NH_3 \cdot H_2O$的电离度减小，碱度下降。

考点提示： 同离子效应的定义及判断依据

2. 盐效应　若在弱电解质溶液中加入与弱电解质不具有相同离子的强电解质，则该弱电解质的电离度将会增大，这种现象称为盐效应。例如，向0.10mol·L^{-1}HAc溶液中加入固体NaCl，使其浓度也为0.10mol·L^{-1}，则HAc的电离度由1.33%增大到1.68%。盐效应的产生是由于强电解质的加入增大了离子浓度，使溶液中离子间的相互牵制作用增强，H_3O^+与Ac^-结合成分子的机会减少，降低了分子化速率，因而增大了电离度。同离子效应与盐效应的作用相反。在产生同离子效应的同时，必然伴随着盐效应的发生，但因同离子效应远超过盐效应，在离子浓度较小的溶液中，常常忽略盐效应的影响。

二、一元弱酸、弱碱溶液 pH 的近似计算

（一）一元弱酸溶液的 pH 计算

在一元弱酸(HA)溶液中，存在以下两个质子转移平衡：

$$HA+H_2O \rightleftharpoons H_3O^++A^-$$

$$H_2O+H_2O \rightleftharpoons H_3O^++OH^-$$

弱酸的电离和水的电离对 H_3O^+ 的浓度都有贡献。由于水的电离程度本来就很低，弱酸电离产生的 H_3O^+ 又抑制水的电离，当弱酸的 $K_a \cdot c_a \geqslant 20K_w$ 时，忽略水的电离对 H_3O^+ 浓度的影响，只考虑弱酸的电离。

所以，$[H_3O^+] \approx [A^-]$，$[HA] \approx c_a-[H_3O^+]$，则

$$K_a=\frac{[H_3O^+][A^-]}{[HA]}=\frac{[H_3O^+]^2}{c_a-[H_3O^+]}$$

$$[H_3O^+]=\frac{-K_a+\sqrt{K_a^2+4K_a c_a}}{2} \tag{3-1}$$

式(3-1)是一元弱酸溶液$[H_3O^+]$计算的近似式，适用条件是 $K_a \cdot c_a \geqslant 20K_w$ 和 $c_a/K_a<500$。

当 $c_a/K_a \geqslant 500$ 时，$c_a-[H_3O^+] \approx c_a$，式(3-1)可简化为

$$[H_3O^+]=\sqrt{K_a c_a} \tag{3-2}$$

[例 3-1] 计算 298K 时 0.10 $mol \cdot L^{-1}$ HAc 的 α 和 pH。（已知 HAc 的 $K_a=1.76\times10^{-5}$）

解 已知 $c_a=0.10\ mol \cdot L^{-1}$，$K_a=1.76\times10^{-5}$

因 $K_a c_a=1.76\times10^{-5}\times0.10>20K_w$，$c_a/K_a=0.10/(1.76\times10^{-5})>500$，故可用最简式(3-2)计算：

$$[H_3O^+]=\sqrt{K_a c_a}=\sqrt{1.76\times10^{-5}\times0.10}=1.33\times10^{-3}(mol \cdot L^{-1})$$

$$pH=-lg[H_3O^+]=-lg(1.33\times10^{-3})=2.88$$

$$\alpha=\frac{[H_3O^+]}{c_a}\times100\%=\frac{1.33\times10^{-3}}{0.10}\times100\%=1.33\%$$

（二）一元弱碱溶液 pH 的计算

考点提示：一元弱酸、弱碱 pH 的计算

对于浓度为 c_b 的一元弱碱溶液，与一元弱酸相似。当 $K_b \cdot c_b \geqslant 20K_w$ 且 $c_b/K_b \geqslant 500$ 时，可用最简式(3-3)进行计算：

$$[OH^-]=\sqrt{K_b c_b} \tag{3-3}$$

[例 3-2] 计算常温下 0.10 $mol \cdot L^{-1}$ $NH_3 \cdot H_2O$ 的 pH。（已知 $NH_3 \cdot H_2O$ 的 $K_b=1.79\times10^{-5}$）

解 已知 298K 时，$NH_3 \cdot H_2O$ 的 $K_b=1.79\times10^{-5}$，$c_b=0.10\ mol \cdot L^{-1}$

因 $K_b \cdot c_b=1.79\times10^{-5}\times0.10>20K_w$，$c_b/K_b=0.10/(1.79\times10^{-5})>500$，故可用式(3-3)计算：

$$[OH^-]=\sqrt{K_b c_b}=\sqrt{1.79\times10^{-5}\times0.10}=1.34\times10^{-3}(mol \cdot L^{-1})$$

$$pOH=-lg[OH^-]=-lg(1.34\times10^{-3})=2.87$$

$$pH=14-pOH=14-2.87=11.13$$

目标检测

一、名词解释

1. 电离度
2. pH
3. 酸碱指示剂
4. 同离子效应

二、填空题

1. 酸碱质子理论认为：凡能给出质子的物质称为________；凡能与质子结合的物质称为______；酸碱反应是______在酸碱之间的转移过程。
2. 根据酸碱质子理论：HCO_3^-、Ac^-、NH_4^+ 三种物质中，①可为酸的是______、______，其共轭碱分别为______、______；②可为碱的是______、______，其共轭酸分别为________、________。
3. 在 S^{2-}、CO_3^{2-}、H_2CO_3、$H_2PO_4^-$、HPO_4^{2-} 五种物质中，既可作酸也可作碱的是________、________。
4. ①H_2O 的共轭酸为________，共轭碱为______；②$H_2PO_4^-$ 的共轭酸为______，共轭碱为______。
5. HAc 在水溶液中电离的质子转移平衡为______________。在 HAc 溶液中加入少量固体 NaAc 后，平衡向________移动，使 HAc 的电离度________，此现象称为________。

三、单项选择题

1. 下列弱电解质溶液中，pH 最大的溶液为(　　)
   A. 0.010mol·L^{-1} NH_3·H_2O
   B. 0.010 mol·L^{-1} HAc
   C. 0.10 mol·L^{-1}HAc
   D. 0.10 mol·L^{-1} NH_3·H_2O
2. 欲使 HAc 电离度下降，而溶液 pH 升高，应加入的物质是(　　)
   A. NaCl　　B. NH_4Cl
   C. NaAc　　D. HCl
3. 下列电解质溶液中，电离度 α 最小的溶液为(　　)
   A. 0.10 mol·L^{-1} NaAc
   B. 0.01 mol·L^{-1} NH_3·H_2O
   C. 0.10 mol·$L^{-1}$$NH_3$·$H_2O$
   D. 0.10 mol·L^{-1} HCl
4. 欲获得较高浓度的 S^{2-}，需向饱和 H_2S 水溶液中加入(　　)
   A. 适量的 NaOH 溶液
   B. 适量的硫粉末
   C. 适量的蒸馏水
   D. 适量的 HCl 溶液
5. 婴儿胃液 pH=5，成人胃液 pH=1，则成人胃液 [H^+] 是婴儿的倍数为(　　)
   A. 10^4 倍　　B. 5 倍
   C. 10^{-4} 倍　　D. 10^5 倍

四、简答题

1. 在氨水中加入下列物质时，NH_3·H_2O 的电离度和溶液的 pH 将如何变化？
   (1) NH_4Cl　(2) NaOH　(3) HCl　(4) 水
2. 计算 298K 时下列溶液的 pH：
   (1) 0.010 mol·L^{-1}HAc
   (2) 0.010 mol·L^{-1} NH_3·H_2O
3. 将 0.40 mol·L^{-1} 乳酸($K_a = 1.37\times10^{-4}$)溶液 100.0ml 加水稀释至 500.0ml，求稀释后溶液的 pH。

（范　宏）

第4章 缓冲溶液

学习目标

1. 掌握缓冲溶液的概念、缓冲作用原理、缓冲溶液在医学上的意义。
2. 理解缓冲溶液 pH 的计算。
3. 了解缓冲容量、缓冲溶液的配制。

许多化学反应,特别是生物体内发生的化学反应,必须在一定的 pH 条件下才能正常进行。参与生化反应的许多酶也需要一个稳定的 pH 环境才能发挥其活性;生物体在代谢过程中不断地产生酸和碱,但是各种体液仍需维持自身的 pH 在一定范围内。例如,人体血液的 pH 在 7.35 ~7.45 的范围内才能维持机体的酸碱平衡,否则将会引起机体功能失调而生病;许多药物的制备和分析测定等,都需要控制溶液的酸碱性;一些药物制剂需要保存在一定 pH 的溶液中才不会失效等。因此,如何控制溶液的 pH 是一个很重要的问题,而缓冲溶液能很好地使溶液的 pH 保持稳定。

第1节 缓冲溶液的组成及原理

一、缓冲溶液的概念和组成

(一)缓冲溶液的概念

在室温条件下,纯水的 pH 为 7,如果在 50ml 纯水中加入 0.05ml 1.0mol · L^{-1} 的 HCl 溶液,水的 pH 将由 7 变为 3;若在纯水中加入 0.05ml 1.0mol · L^{-1} 的 NaOH 溶液,水的 pH 将由 7 变为 11,pH 都发生了显著变化。如果用 50ml 0.10mol · L^{-1}NaCl 溶液代替纯水做上述实验,pH 仍会发生同样的变化。如果用 50ml 0.10mol · L^{-1} HAc 与 0.10 mol · L^{-1}NaAc 的混合溶液代替纯水做上述实验,溶液的 pH 变化很小。三种溶液的 pH 变化见表 4-1。

表 4-1 加酸或加碱后溶液 pH 的变化

溶液	H_2O	0.1mol · L^{-1}NaCl	0.1mol · L^{-1}HAc 和 0.1mol · L^{-1}NaAc
加酸(碱)前溶液的 pH	7.0	7.0	4.75
加酸后溶液的 pH	3.0	3.0	4.74
加碱后溶液的 pH	11.0	11.0	4.76

在三种溶液中加入等量的 HCl 或 NaOH 后,pH 变化是不同的,在纯水中和 NaCl 溶液中加入少量 HCl 或 NaOH 后 pH 均改变了 4 个单位;而 HAc 和 NaAc 混合溶液的 pH 仅改变了 0.1 个单位。这说明 HAc 和 NaAc 混合溶液具有抵御外来酸或碱的影响而保持溶液 pH 相对稳定的能力。我们把这种能够抵抗外加少量酸、碱或适当稀释而保持溶液 pH 基本不变的作用称为缓冲作用。具有缓冲作用的溶液称为缓冲溶液。

(二) 缓冲溶液的组成

缓冲溶液具有缓冲作用,是因为缓冲溶液中有抗酸成分和抗碱成分,它们之间是互为共轭酸碱的关系。其中,能对抗外来强碱的称为共轭酸,能对抗外来强酸的称为共轭碱,这一对共轭酸碱通常称为缓冲对或缓冲系。常见的缓冲对主要有三种类型。

1. 弱酸及其对应的盐　例如，HAc-NaAc；H_2CO_3-$NaHCO_3$；$H_2C_8H_4O_4$-$KHC_8H_4O_4$（邻苯二甲酸-邻苯二甲酸氢钾）。

2. 多元弱酸的酸式盐及其对应的次级盐 例如，$NaHCO_3$-Na_2CO_3；NaH_2PO_4-Na_2HPO_4；$KHC_8H_4O_4$-$K_2C_8H_4O_4$。

3. 弱碱及其对应的盐　例如：$NH_3 \cdot H_2O$-NH_4Cl。

二、缓冲作用的原理

缓冲溶液为什么具有抗酸、抗碱、抗稀释的作用？现以 HAc-NaAc 缓冲溶液为例来进行讨论。按照酸碱质子理论，在水溶液中，共轭酸碱对存在着如下质子传递平衡：

$$HAc \rightleftharpoons H^+ + Ac^-$$

$$NaAc \rightleftharpoons Na^+ + Ac^-$$

在缓冲溶液中，由于 NaAc 完全电离，溶液中 Ac^- 的浓度较高，同时由于同离子效应的影响，HAc 的电离度减小，HAc 的浓度接近未电离时的浓度。因此缓冲溶液中 HAc 和 Ac^- 的浓度都较大，即弱酸和弱酸根离子的浓度都较大。

当向 HAc-NaAc 缓冲溶液中加入少量强酸时，强酸电离出的 H^+ 就与溶液中的 Ac^- 结合生成难电离的 HAc：

$$H^+ + Ac^- \rightleftharpoons HAc$$

促使 HAc 的电离平衡向左移动。由于溶液中 Ac^- 浓度较大，加入的少量酸电离出的 H^+ 几乎全部转变为 HAc。当达到新的平衡时，H^+ 浓度没有明显增加，溶液的 pH 几乎不变。此时 Ac^- 起到了抵抗酸的作用，称为抗酸成分。

若加入少量强碱，由于强碱的电离，溶液中 OH^- 增加，OH^- 就会与 HAc 结合生成难电离的 H_2O 和 Ac^-：

$$HAc + OH^- \rightleftharpoons H_2O + Ac^-$$

促使 HAc 的电离平衡向右移动。由于溶液中 HAc 浓度较大，加入的少量碱电离出的 OH^- 几乎全部转变为 H_2O。当达到新的平衡时，OH^- 浓度没有明显增加，溶液的 pH 几乎不变。此时 HAc 起到了抵抗碱的作用，称为抗碱成分。

若向 HAc-NaAc 缓冲溶液中加水进行稀释，溶液中 HAc 和 Ac^- 的浓度同时减少，HAc 的电离平衡几乎不移动，H^+ 浓度没有明显改变，溶液的 pH 同样几乎保持不变。

其他缓冲溶液的缓冲作用原理，都与此相似。

需要注意，如果向缓冲溶液中加入大量的强酸、强碱或对其进行显著稀释，溶液中足够浓度的共轭酸、共轭碱将被消耗尽，缓冲溶液就不再具有缓冲能力了。所以缓冲溶液的缓冲能力是有一定限度的。

考点提示： 缓冲溶液的组成和原理

第2节　缓冲溶液 pH 的计算

一、缓冲溶液 pH 的计算公式

缓冲溶液的 pH 可依据质子传递平衡进行计算。我们以弱酸及其共轭碱组成的缓冲溶液为例，在弱酸及其共轭碱组成的缓冲溶液中存在如下质子传递平衡，并设弱酸及其共轭碱的初始浓度分别为 $c_{酸}$ 和 $c_{共轭碱}$，平衡时 $[H^+] = x$。

$$HA \rightleftharpoons H^+ + A^-$$

平衡浓度 $c_{酸}-x$ x $c_{共轭碱}+x$

由于同离子效应的结果，$[HA]=c_{酸}-x\approx c_{酸}$

$$[A^-]=c_{共轭碱}+x\approx c_{共轭碱}$$

$$K_a=\frac{[H^+][A^-]}{[HAc]}$$

$$[H^+]=K_a\frac{[HA]}{[A^-]}=K_a\frac{c_{酸}}{c_{共轭碱}}$$

等式两边各取负对数得

$$pH=pK_a+\lg\frac{c_{共轭碱}}{c_{酸}} \tag{4-1}$$

式(4-1)即为弱酸及其共轭碱组成的缓冲溶液 pH 的计算公式，也称为亨德森-哈塞尔巴赫(Henderson-Hasselbalch)公式，可以近似计算各种弱酸及其共轭碱组成的缓冲溶液的 pH。

同理，可以推导出弱碱及其共轭酸组成的缓冲溶液 pH 的计算公式。

$$pOH=pK_b+\lg\frac{c_{共轭酸}}{c_{弱碱}}$$

根据 $pH+pOH=pK_w$

$$pH=pK_w-pK_b-\lg\frac{c_{共轭酸}}{c_{弱碱}}$$

由缓冲溶液 pH 的近似计算可知：

(1) 缓冲溶液的 pH 主要取决于 pK_a，同时与共轭酸碱对的浓度比有关。对于某一种缓冲液，pK_a 一定，pH 随共轭酸碱对的浓度比(缓冲比)而变。外加少量酸(或碱)，$\frac{[共轭碱]}{[共轭碱]}$比值不会变化太大。取对数后是一个更小的值，pH 基本不变。

(2) 当温度一定时，溶液的 pH 不因稀释而产生明显变化。缓冲溶液又具有一定的抗稀释作用。当缓冲溶液加水稀释时，由于共轭碱和共轭酸受到同等程度的稀释，缓冲比是不变的；在一定的稀释度范围内，缓冲溶液的 pH 实际上也几乎不变。

若混合前共轭酸的浓度是 $c_{酸}$，体积是 $V_{酸}$，共轭碱的浓度是 $c_{碱}$，体积是 $V_{碱}$，则缓冲溶液 pH 的近似计算公式可改写为

$$pH=pK_a+\lg\frac{c_{碱}V_{共轭碱}}{c_{酸}V_{共轭酸}}$$

若共轭酸碱的浓度相等，则

$$pH=pK_a+\lg\frac{V_{共轭碱}}{V_{共轭酸}}$$

若是等体积的两溶液相混合，则

$$pH=pK_a+\lg\frac{c_{碱}}{c_{酸}}$$

以上几种形式都称为亨德森方程式，可用以计算各种组成类型缓冲溶液的 pH 近似值。

二、缓冲溶液 pH 的计算示例

[例 4-1] 0.2 mol·L^{-1} 的 HAc 溶液和 0.2mol·L^{-1} 的 NaAc 溶液等体积混合配成 100ml 缓冲溶液，已知 HAc 的 $pK_a=4.75$，求：

(1) 此缓冲溶液的 pH；

(2) 在此溶液中加入 1ml 1.0mol · L^{-1}HCl 后溶液的 pH;

(3) 在此溶液中加入 1ml 1.0mol · L^{-1} NaOH 后溶液的 pH;

(4) 若在此溶液中加入 10mL 水稀释,溶液的 pH。

解 (1)∵
$$pH = pK_a + \lg\frac{c_{共轭碱}}{c_{酸}}$$

∴
$$pH = 4.75 + \lg\frac{0.2\times\frac{1}{2}}{0.2\times\frac{1}{2}} = 4.75$$

(2) 加入 1ml 1mol · L^{-1}HCl 后,HCl 电离出的 H^+便会结合 Ac^-生成 HAc,则

$$c_{HAc} = \frac{0.2}{2} + \frac{1\times10^{-3}\times1.0}{(100+1.0)\times10^{-3}} = 0.101mol\cdot L^{-1}$$

$$c_{Ac^-} = \frac{0.2}{2} - \frac{1\times10^{-3}\times1.0}{(100+1.0)\times10^{-3}} = 0.099mol\cdot L^{-1}$$

∴
$$pH = 4.75 + \lg\frac{0.099}{0.101} = 4.74$$

溶液的 pH 比原来降低了约 0.01 个单位,几乎未改变。

(3) 加入 1ml 1.0mol · L^{-1}NaOH 溶液,增加的 OH^-便与 HAc 结合生成 H_2O,则

$$c_{HAc} = \frac{0.2}{2} - \frac{1\times10^{-3}\times1.0}{(100+1.0)\times10^{-3}} = 0.099mol\cdot L^{-1}$$

$$c_{Ac^-} = \frac{0.2}{2} + \frac{1\times10^{-3}\times1.0}{(100+1.0)\times10^{-3}} = 0.101mol\cdot L^{-1}$$

∴
$$pH = 4.75 + \lg\frac{0.101}{0.099} = 4.76$$

溶液的 pH 比原来升高了约 0.01 个单位,也几乎未改变。

(4) 加入 10ml 水稀释后,溶液中 HAc 和 NaAc 的浓度均以相同倍数减小,$\frac{c_{共轭碱}}{c_{酸}}$值不变,所以 pH 几乎不变。

通过以上计算可以清楚地看出,缓冲溶液的缓冲作用是十分明显的。但是一切缓冲溶液的缓冲能力都是有一定限度的,超过这个限度,缓冲溶液就会失去缓冲作用。

[例 4-2] 测得某人细胞中$[HPO_4^{2-}] = 2.4\times10^{-3}$ mol/L,$[H_2PO_4^-] = 1.5\times10^{-3}$ mol · L^{-1},求其细胞液的 pH。(已知 $H_2PO_4^-$ 的 $K_a = 6.23\times10^{-8}$;$pK_a = 7.21$)

考点提示: 缓冲溶液 pH 的计算

解 $H_2PO_4^-$-HPO_4^{2-} 是缓冲对,$[HPO_4^{2-}] = 2.4\times10^{-3}$ mol · L^{-1},$[H_2PO_4^-] = 1.5\times10^{-3}$ mol · L^{-1},$pK_a = 7.21$。

根据式
$$pH = pK_a + \lg\frac{c_b}{c_a}$$

细胞液的 pH 为
$$pH = pK_a + \lg\frac{[HPO_4^{2-}]}{[H_2PO_4^-]}$$

$$pH = 7.21 + \lg\frac{2.4\times10^{-3}}{1.5\times10^{-3}}$$

计算得
$$pH = 7.41$$

第3节　缓冲容量与缓冲溶液的配制

缓冲溶液通常是由一或两种化合物溶于溶剂(即纯水)所得的溶液,溶液内所溶解的溶质(化合物)称为缓冲剂,调节缓冲剂的配比即可制得不同 pH 的缓冲液。

一、缓冲容量

(一)缓冲容量的概念

为了定量地表示缓冲溶液缓冲能力的大小,采用缓冲容量(也称缓冲指数或缓冲值)β 来衡量。

$$\beta=\frac{\Delta b}{|\Delta \mathrm{pH}|} \tag{4-2}$$

式中,Δb 为单位体积缓冲溶液的 pH 改变 ΔpH 个单位时所加一元强酸或一元强碱的物质的量。缓冲容量均为正值。通常缓冲容量的单位为 $\mathrm{mol \cdot L^{-1} \cdot pH^{-1}}$。其定义为:使 1L 或 1ml 缓冲溶液的 pH 改变一个单位所需加入一元强酸或一元强碱的物质的量(mol 或 mmol),称为该缓冲溶液的缓冲容量。

(二)影响缓冲容量的因素

1. 缓冲溶液总浓度　当缓冲比一定时,缓冲溶液的总浓度越大,缓冲能力就越大。在一定范围内稀释时,缓冲容量也减小。

2. 缓冲比　当缓冲溶液的总浓度一定时,若[共轭碱]/[共轭酸]=1,则缓冲容量最大。此时,溶液的 $\mathrm{pH}=\mathrm{p}K_a$。缓冲比离 1 越远,pH 偏离 $\mathrm{p}K_a$ 越远,缓冲容量越小。实验和计算表明,当缓冲比在 1/10 和 10/1 之间时,即溶液的 pH 在 $\mathrm{p}K_a$-1 和 $\mathrm{p}K_a$+1 之间时,溶液具有较大的缓冲能力。在化学上把具有缓冲作用的 pH 范围,即 $\mathrm{pH}=\mathrm{p}K_a \pm 1$ 称为缓冲溶液的缓冲范围。表 4-2 列出的是几种常用缓冲溶液中共轭酸的 $\mathrm{p}K_a$ 及缓冲系的缓冲范围。

表 4-2　几种常用缓冲溶液中共轭酸的 $\mathrm{p}K_a$ 及缓冲系的缓冲范围

缓冲溶液的组成	弱酸的 $\mathrm{p}K_a$	缓冲范围
HCl-KCl	强电解质	1.2～2.2
$H_2C_8H_4O_4$(邻苯二甲酸)-NaOH	2.9($\mathrm{p}K_{a1}$)	2.2～4.0
$KHC_8H_4O_4$(邻-苯二甲酸氢钾)-NaOH	5.4($\mathrm{p}K_{a2}$)	4.0～5.8
HAc-NaAc	4.75	3.7～5.6
KH_2PO_4-Na_2HPO_4	7.2($\mathrm{p}K_{a2}$)	5.8～8.0
H_3BO_3-NaOH	9.2	8.0～10.0
$NaHCO_3$-Na_2CO_3	10.3($\mathrm{p}K_{a2}$)	9.2～11.0

3. 不同缓冲对组成的缓冲溶液　对于不同缓冲对组成的缓冲溶液,由于共轭酸的 $\mathrm{p}K_a$ 不同,因此它们的缓冲范围也各不相同。

二、缓冲溶液的配制

(一)缓冲溶液的配制方法

在配制具有一定 pH 的缓冲溶液时,为了使所得溶液具有较好的缓冲能力,应注意以下原则:

(1) 选择适当的缓冲对,使配制溶液的 pH 在所选择的缓冲对的缓冲范围内,这个范围大约在 $pK_a \pm 1$ 之内。例如,HAc-Ac^-缓冲对的范围是 3.7～5.6,要配制 pH 为 3.7～5.6 的缓冲溶液可选用这一缓冲对。

(2) 缓冲对中作为共轭酸的 pK_a,应尽量接近于配制溶液的 pH。例如,要配制 pH 为 5.3 的缓冲溶液,可以选用 HAc-Ac^- 或 $HC_8H_4O_4^-$—$C_8H_4O_4^{2-}$ 缓冲对,因为 pH5.3 恰恰在这两种缓冲对的缓冲范围内。但是,前者的共轭酸的 pK_a 为 4.75;后者共轭酸的 pK_a 为 5.4,所以选用 $HC_8H_4O_4^-$—$C_8H_4O_4^{2-}$ 配制的缓冲溶液较选用前者有更大的缓冲容量。

(3) 要有一定的总浓度(通常为 0.05～0.20 mol·L^{-1})使所配成溶液具有足够的缓冲容量,并采用适当的缓冲比使溶液的 pH 恰好等于所需要的 pH。

(4) 用酸度计进行校正,由于计算时采用的是近似公式,忽略了溶液中各种离子、分子之间的相互影响。如果对所需配制缓冲溶液的 pH 要求较高,在按上述方法配制完成后,还需用酸度计进行精确测定并加以校正,必要时可加入少量的强酸或强碱来调节,使所配制溶液的 pH 与要求的数值一致。

(二) 缓冲溶液配制示例

[例 4-3] 如何配制 1000ml pH=5.0 的缓冲溶液?

解 (1)选择缓冲对。由于 HAc 的 pK_a=4.75,接近于 5.0,所以可选用 HAc-NaAc 缓冲对。

(2) 求所需的浓度比。

根据

$$pH = pK_a + \lg \frac{c_{共轭碱}}{c_{酸}}$$

$$5.0 = 4.75 + \lg \frac{c_{共轭碱}}{c_{酸}}$$

$$\lg \frac{c_{共轭碱}}{c_{酸}} = 0.25$$

$$\therefore \quad \frac{c_{共轭碱}}{c_{酸}} = 1.78$$

(3) 求所需溶液的体积。根据要求具有中等缓冲能力,并且为了计算方便,选用 0.1 mol·L^{-1} 的 HAc 和 0.1mol·L^{-1} 的 NaAc 来配制。

$$\because \quad \frac{c_{共轭碱}}{c_{酸}} = 1.78$$

$$\therefore \quad \frac{V_{共轭碱}}{V_{酸}} = 1.78$$

$$V_{共轭碱} = 1.78\, V_{酸}$$

因为总体积为 1000ml,所以:

$$V_{共轭碱} + V_{酸} = 1000\text{ml}$$

$$1.78V_{酸} + V_{酸} = 1000\text{ml}$$

$$V_{酸} = 359\text{ml}$$

$$V_{共轭碱} = 641\text{ml}$$

考点提示:缓冲溶液的配制方法

量取 641ml 0.10mol·L^{-1} 的 NaAc 溶液和 359ml 0.1mol·L^{-1} 的 HAc 溶液并混合,即可配制成 1000ml pH=5.0 的缓冲溶液(假设混合后体积不变)。

配制缓冲溶液还可采用共轭酸中加氢氧化钠或共轭碱中加盐酸的办法。两种方法都可配制有足够浓度共轭酸碱对的缓冲溶液。

［例 4-4］ 欲配制 pH 为 5.10 的缓冲溶液，计算在 50ml 的 0.1mol·L^{-1}HAc 溶液中应加 0.1mol·L^{-1}NaOH 溶液多少毫升？

解 设加入 NaOH 溶液 x ml。

$$pH = pK_a + \lg \frac{n_{Ac^-}}{n_{HAc}} = pK_a + \lg \frac{0.1x}{0.5\times(50-x)}$$

$$5.0 = 4.75 + \lg \frac{0.1x}{0.1\times(50-x)}$$

故 $$x = 32(ml)$$

在 50ml 0.1mol·L^{-1}HAc 溶液中加入 32ml 0.1 mol·L^{-1}NaOH 溶液即得所需缓冲溶液。

在实际应用中，常常不用计算，可以从有关手册中查到缓冲溶液的配制方法，依照这些现成的配方进行配制，就可以得到所需准确 pH 的缓冲溶液，见表 4-3。

表 4-3 几种简易缓冲溶液的配制

pH 值	配制方法
4.0	NaAc·$3H_2O$ 20g 溶于适量水中，加入 6 mol·L^{-1} HAc 134ml，稀释至 500ml
5.0	NaAc·$3H_2O$ 50g 溶于适量水中，加入 6 mol·L^{-1} HAc 134ml，稀释至 500ml
7.0	NH_4Ac 77g 溶于适量水中，稀释至 500ml
8.0	NH_4Cl 50g 溶于适量水中，加入 15mol·L^{-1} 氨水 3.5ml，稀释至 500ml
9.0	NH_4Cl 35g 溶于适量水中，加入 15mol·L^{-1} 氨水 24ml，稀释至 500ml
10.0	NH_4Cl 27g 溶于适量水中，加入 15mol·L^{-1} 氨水 197ml，稀释至 500ml
11.0	NH_4Cl 3g 溶于适量水中，加入 15mol·L^{-1} 氨水 207ml，稀释至 500ml

HEPES 缓冲溶液的配制

在细胞培养过程中，经常少不了 HEPES 缓冲溶液。HEPES 常用作生物缓冲剂，pH 缓冲范围为 6.8～8.2，用在生化诊断试剂盒、DNA/RNA 提取试剂盒及 PCR 诊断试剂盒里。在开放式的培养条件中若加入 HEPES，可防止培养基内 pH 氧化升高，从而将 pH 维持在 7.0 左右。HEPES 化学名：4-羟乙基哌嗪乙磺酸，分子式：$C_8H_{18}N_2O_4S$。根据用途，一种是单纯的 HEPES+NaOH，另一种是 HEPES+盐。配制方法如下：

1. 500ml 1mol·L^{-1}HEPES，pH=7.0 储备溶液的配制

将 119.15 g HEPES 溶解在 400ml 蒸馏水中，加 0.5～1mol·L^{-1} 的 NaOH 水溶液调节至所需 pH(HEPES 的有效 pH 范围是 6.8～8.2)，然后用蒸馏水定容至 500ml，于 4℃保存。

2. 加少量盐的 HEPES 缓冲溶液配方(500ml)

取 HEPES6.5g、NaCl 8.0g、Na_2HPO_4·$7H_2O$ 0.198g、用 0.5mol/L NaOH 水溶液调节 pH，最后定容。

链接

第 4 节 缓冲溶液在医学上的意义

缓冲溶液在医学中非常重要。在体外，细菌培养、组织染色、血液冷藏保存都需要一定 pH 的缓冲溶液；在药剂生产上，根据人的生理状况及药物稳定性和溶解度等情况，选择适当

的缓冲溶液来稳定pH，才能达到预期效果；人体内极为复杂的物质代谢反应都是受各种酶控制的，而每种酶又只有在一定pH范围的体液中才具有活性。例如，成人胃蛋白酶的适宜pH为1.5~2.0，pH>4.0时即完全失去活性。

人体内各种体液的pH具有十分重要的意义。体液pH通常控制在一小范围内，才能保证机体各种功能活动的正常进行。在体内，几乎每项代谢的结果都有酸产生。例如，有机食物被完全氧化产生碳酸，嘌呤被氧化产生尿酸，碳水化合物的厌氧分解产生乳酸以及因氧化作用不完全而导致乙酰乙酸和β-羟基丁酸的生成等。体内代谢也生成磷酸和硫酸，代谢过程也可以产生$NaHCO_3$。这些代谢产生的酸或碱进入血液并没有引起pH发生明显的变化，这说明血液具有足够的缓冲作用，也说明体内有着有效的生理作用，其支配着体内能及时得到缓冲物的不断补充。

正常人血浆的pH相当恒定。血液之所以具有缓冲作用，是因为血液是一种很好的缓冲溶液。血液是一种缓冲溶液，含有多种缓冲体系。

血浆中：$\frac{NaHCO_3}{H_2CO_3}$［或$\frac{NaHCO_3}{CO_2(aq)}$］，$\frac{\text{Na-血浆蛋白}}{\text{H-血浆蛋白}}$，$\frac{Na_2HPO_4}{NaH_2PO_4}$

红细胞中：$\frac{KHCO_3}{H_2CO_3}$，［或$\frac{KHCO_3}{CO_2(aq)}$］，$\frac{\text{K-血红蛋白}}{\text{H-血红蛋白}}$（或$\frac{KHb}{HHb}$），$\frac{\text{K-氧合血红蛋白}}{\text{H-氧合血红蛋白}}$（或$\frac{KHbO_2}{HHbO_2}$），$\frac{K_2HPO_4}{KH_2PO_4}$

上述缓冲系中，碳酸-碳酸氢盐缓冲对在血液中浓度最高，缓冲能力最强，对维持血液正常的pH也最重要。该缓冲系来源于呼吸作用产生的CO_2溶于血液生成的H_2CO_3，与其解离产生的HCO_3^-以及血液中储存的HCO_3^-保持下列平衡：

$$CO_2(aq)+H_2O \rightleftharpoons H_2CO_3 \overset{pK_{a1}}{\rightleftharpoons} H^+ + HCO_3^-$$

血液pH应为

$$pH = pK_{a1} + \lg\frac{[HCO_3^-]}{[H_2CO_3]}$$

$$H_2CO_3 \rightleftharpoons H_2O + CO_2\uparrow$$

形成的二氧化碳由肺部呼出，消耗掉的HCO_3^-可通过肾脏的调节得以补偿，这样就能抑制酸度变化，使血液中的pH保持在正常范围。在临床检验中，常把血液中HCO_3^-的浓度看作“碱储备”，作为一种常规来检查。

肺气肿而引起的肺部换气不足、充血性心力衰竭、支气管炎、糖尿病以及食用低碳水化合物和高脂肪食物等，常引起血液中H^+浓度增加，但通过血浆内的缓冲系统和机体补偿功能的作用，可使血液中的pH保持基本恒定。但在严重腹泻时，由于丧失碳酸氢盐（HCO_3^-）过多或因肾功能衰竭引起H^+排泄减少，缓冲系统和机体的补偿机能往往不能有效地发挥作用而使血液的pH下降，则易引起酸中毒。高烧、气喘、摄入过多的碱性物质或严重呕吐等，都会引起血液里的碱性物质增加。身体的补偿机制则通过降低肺部二氧化碳的排出量和通过肾脏增加对HCO_3^-的排泄来配合缓冲系统，使pH维持正常。若通过缓冲系统和补偿机制尚不能阻止血液中pH的升高，则易引起碱中毒。

在红细胞内的缓冲对中，以血红蛋白（HHb）和氧合血红蛋白（$HHbO_2$）最为重要，因为血液对CO_2的缓冲作用主要靠它们来实现。例如，正常人体代谢产生的CO_2进入静脉血液后，绝大部分与红细胞内的血红蛋白离子（Hb^-）发生下列反应：

$$CO_2+H_2O+Hb^- \rightleftharpoons HHB+HCO_3^-$$

反应产生的 HCO_3^- 由血液运送至肺，并与氧合血红蛋白（$HHbO_2$）反应：

$$HCO_3^- + HHbO_2 \rightleftharpoons HbO_2^- + H_2O + CO_2$$

反应生成的 CO_2 从肺部呼出。这说明由于血红蛋白（HHb）和氧合血红蛋白（$HHbO_2$）的呼出作用，在大量的 CO_2 从组织细胞运送至肺部的过程中，血液的 pH 不致受到太大的影响。

总之，由于血液中缓冲对的缓冲作用和肺、肾的调节作用，正常人血液的 pH 才能保持恒定，维持在 7.35～7.45 的范围以内。

考点提示：缓冲溶液在医学上的意义

人体内的酸碱平衡紊乱

人体之所以能使血液的 pH 稳定为 7.35～7.45，是因为人体内有一整套调节酸碱平衡的机制。首先依赖于血液内的缓冲体系来完成，而这种比例的恒定又有赖于肺和肾等脏器的调节作用，把过剩的酸或碱给予消除，使体内酸碱度保持相对平衡状态。体内酸性或碱性物质过多，超出机体的调节能力，或者肺和肾功能障碍使调节酸碱平衡的功能受阻，均可使血浆中 HCO_3^- 与 H_2CO_3 浓度及其比值的变化超出正常范围而导致酸碱平衡紊乱，如酸中毒或碱中毒。酸碱平衡紊乱是临床常见的一种症状，各种疾患均有可能出现。

链接

目标检测

一、计算下列溶液的 pH。

1. 0.10mol/L HCl 溶液与 0.10mol/L $NH_3 \cdot H_2O$ 等体积混合；
2. 0.10 mol/L $NaHCO_3$ 溶液和 0.10 mol/L Na_2CO_3 溶液各 100ml 混合；
3. 0.20 mol/L NaOH 溶液和 0.20 mol/L CH_3COOH 溶液等体积混合。

二、临床检验测得三人血浆中 HCO_3^- 和溶解的 CO_2 的浓度如下：

甲：[HCO_3^-] = 24.00mmol/L，[CO_2(aq)] = 1.20mmol/L；

乙：[HCO_3^-] = 20.1mmol/L，[CO_2(aq)] = 1.34mmol/L；

丙：[HCO_3^-] = 56.00mmol/L，[CO_2(aq)] = 1.40mmol/L。

试求此三人血浆的 pH，并判断是否正常（37℃时血浆中 H_2CO_3 的 $pK_{a1}=6.10$）。

（李兆君）

第5章 胶体溶液

学习目标

1. 掌握胶体的基本概念和溶胶的基本性质。
2. 理解分散系的概念和分类。
3. 了解高分子溶液的基本特性、对溶胶的保护作用。

胶体在自然界中普遍存在,它不仅和工农业生产有着密切的关系,而且和生命科学紧密相关。从胶体化学的观点来说,人体就是典型的胶体体系,因为细胞、血液、淋巴液、肌肉、脏器、软骨、皮肤、毛发等都属于胶体体系。在人体生命过程中,构成机体组织和细胞的基础物质,如蛋白质、核酸、糖原等都是胶体物质,而体液如血浆、细胞内液、组织液、淋巴液等都是胶体溶液;许多药物如胰岛素、缩宫素、血浆代用液以及疫苗等也是以胶体形式生产和使用。生物体内发生的许多生理变化和病理变化都与胶体的性质密切相关。

第1节 分 散 系

一、分散系的概念

一种或几种物质分散在另一种(或多种)物质里所形成的体系称为分散系。在分散系中,被分散的物质称为分散质(或分散相),容纳分散质的物质称为分散剂(或分散介质)。例如,黏土分散在水中成为泥浆,水滴分散在空气中成为云雾,奶油、蛋白质和乳糖分散在水中成为牛奶,聚苯乙烯分散在水中形成乳胶等都是分散系,其中黏土、水滴、奶油、蛋白质、乳糖、聚苯乙烯等是分散质,水、空气是分散剂。医药上用的各种注射液、合剂、洗剂、乳剂、气雾剂都是分散系。

二、分散系的分类

根据分散质和分散剂之间是否有界面存在,分散系可分为均相分散系和非均相(多相)分散系。均相分散系又称单相分散系,指只含有一个相的分散系;非均相分散系又称多相分散系,指含有两个或两个以上相的分散系。非均相分散系的分散质和分散制为不同的相,如云雾中的水滴和空气(液相和气相),泥浆中的分散质粒子和分散剂也具有不同的相。

按照分散质粒子的大小(粒子直径)不同,分散系可分为分子(离子)分散系(又称为真溶液)、胶体分散系和粗分散系三类(表5-1)。

表5-1 分散系的分类

分散质粒子大小	分散系类型	分散质粒子组成	实例	一般性质
<1nm	分子、离子分散系(真溶液)	低分子或离子	生理盐水、医用酒精、蔗糖等水溶液	均相,稳定体系,分散质粒子扩散快,能透过滤纸、半透膜,形成真溶液

续表

分散质粒子大小	分散系类型		分散质粒子组成	实例	一般性质
1～100nm	胶体分散系	溶胶	胶粒（原子或分子、离子的聚集体）	氢氧化铁、硫化砷、碘化银及金、银、硫等单质溶胶	非均相，不稳定体系，分散质粒子扩散速度慢，不能透过半透膜，能透过滤纸
		高分子溶液	有机大分子	蛋白质、核酸等水溶液	均相，稳定体系，分散质粒子扩散慢，不能透过半透膜，能透过滤纸，形成真溶液
>100nm	粗分散系	悬浊液	固体粒子	泥浆	非均相，不稳定体系，分散质粒子扩散速度很慢或不扩散，较快地下沉，不能透过滤纸和半透膜
		乳状液	液体小滴	乳汁、豆浆	

考点提示： 分散系概念和分类

胶体分散系（简称胶体）是分散质粒子大小为1～100nm的一种特殊分散状态。自然界中的云、雾、烟尘都是胶体，分散质是微小的尘埃或液滴，分散剂是空气。

胶体主要包括溶胶和高分子溶液两类，两者粒子大小相仿，性质上有相似之处，但又有本质的区别，前者是非均相（多相）、不稳定体系，后者是均相（单相）、稳定体系。

以上三类分散系之间虽然有明显的区别，但没有明显的界线，三者之间的过渡是渐变的，某些体系可以同时表现出两种或者三种分散系的性质。因此，以分散质粒子大小作为分散系分类的依据是相对的。

第2节 溶　胶

溶胶是难溶性固体分散在液体介质中所形成的胶体分散系，其分散质粒子（胶粒）的直径为1～100nm，是由数目巨大的分子、原子或离子构成的聚集体，分散质和分散剂之间具有明显的界面，所以溶胶是多相分散体系。由于溶胶具有多相性、高度分散性和不稳定性，所以它在光学、动力学和电学等方面具有一些特殊性质。

一、溶胶的性质

（一）溶胶的光学性质——丁铎尔现象

1869年英国物理学家丁铎尔（Tyndall）研究发现，在暗室中将一束经聚集的强光通过溶胶时，从垂直于入射光前进的方向（或从入射光侧面）观察，可看到胶体溶液中出现一条明亮的“光路”（图5-1），而真溶液中无此现象，人们把这种现象称为丁铎尔现象（或乳光现象）。

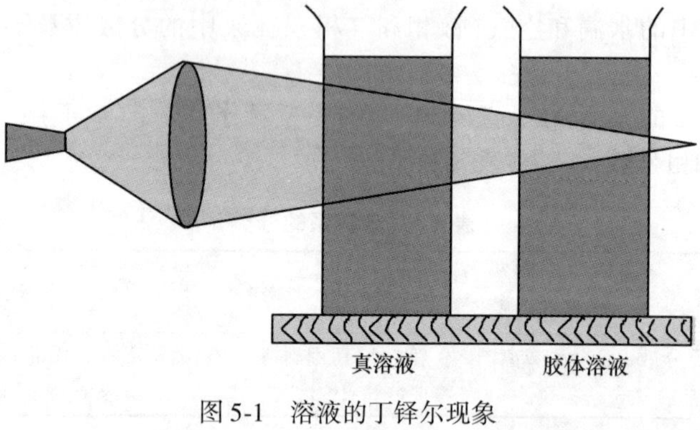

图5-1　溶液的丁铎尔现象

丁铎尔现象与胶粒大小及入射光波长有关,该现象实质上是胶粒强烈散射光的结果。其产生是由于胶粒的直径(1~100nm)小于可见光波的波长(400~760nm),因此主要发生光的散射。当可见光照射在胶粒上时,此时光波绕过粒子向各个方向散射出去,这样就形成了一束发亮的光柱。散射出来的光称为散射光或乳光。若分散质粒子直径远小于入射光的波长(小于1nm),则大部分光线直接透射过去,光的散射十分微弱,故真溶液无明显的丁铎尔现象。若分散质粒子的直径过大,大于入射光波的波长,则主要发生光的反射或折射现象。例如,粗分散系发生光的反射而呈浑浊状态,也无明显的丁铎尔现象。而高分子溶液,分散质与分散剂之间折射率差值小,对光的散射作用也很弱。胶体体系的丁铎尔现象最明显,这是胶体溶液的重要特征。因此,利用丁铎尔现象常可以区别溶胶与真溶液、悬浊液和高分子溶液。

考点提示: 溶胶与溶液及高分子溶液的鉴别

在日常生活中也经常会见到丁铎尔现象。例如,清晨,在茂密的树林中,常常可以看到从枝叶间透过的一道道光柱;晚上用探照灯照射向天空时,空气中也出现了明亮的光柱,这些都是由丁铎尔效应产生的。

临床上,注射所用的真溶液在灯光(强光)照射下应无乳光现象,若出现乳光则为不合格,不能作注射用,这种检测方法称为灯检。

(二)溶胶的动力学性质

1. 布朗运动 溶胶的胶粒在介质中不停地做不定向的、无规则运动的现象,称为布朗运动。1827年,英国植物学家布朗(Brown)在显微镜下观察到悬浮在水中的花粉微粒不停地做不定向的、无规则的运动,在超显微镜下观察,胶粒在分散介质中也做这种无规则运动(图5-2)。

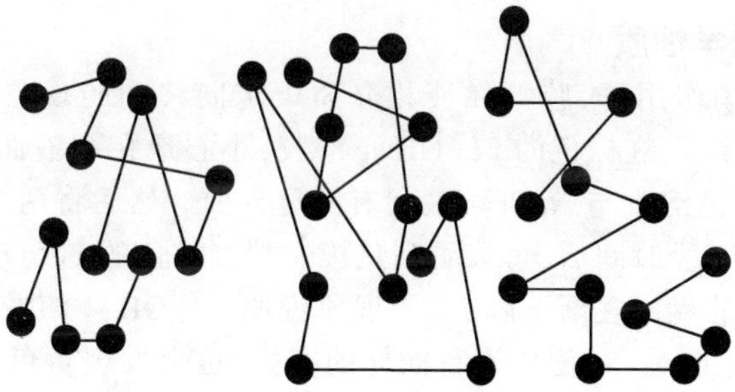

图5-2 溶胶粒子的布朗运动

布朗运动是分散介质热运动的结果。由于胶粒在某一瞬间受到的来自周围各个方向介质分子碰撞的合力未被完全抵消,因此胶粒处于不断地无秩序运动状态。胶粒越小,温度越高,运动速度越快,布朗运动就越剧烈。运动着的胶粒可使其本身不下沉,这是溶胶的一个稳定因素,即溶胶具有动力学稳定因素。

2. 扩散与渗透 当溶胶中的胶粒存在浓度差时,由于布朗运动,胶粒从高浓度区域向低浓度区域的自动迁移过程称为扩散。研究表明,胶粒越小,温度越高,溶胶黏度越小,越容易扩散。

胶粒能透过滤纸,但不能透过半透膜,因此溶胶也具有渗透压。利用胶粒不能透过半透膜这一性质,可除去溶胶中的小分子杂质,使溶胶净化。净化溶胶常用的方法是透析(或渗析)。透析时,可将溶胶装入半透膜袋内,放入流动的净水中,溶胶中的小分子杂质可透过半透膜进入水中而流走。

血液透析

血液透析简称血透,通俗的说法也称为人工肾、洗肾,是血液净化技术的一种。其利用半透膜原理,通过扩散,把体内各种有害以及多余的代谢废物和过多的电解质移出体外,达到净化血液的目的,并达到纠正水电解质及酸碱平衡的目的。用于尿毒症的"血透"疗法,就是将患者的血液引出体外,使血液和透析液在透析器(人工肾)内半透膜两侧接触,通过透析使血液中的代谢废物透过膜扩散至透析液中(血液中的蛋白质、红细胞则不能透过),同时也从透析液中扩散入所需用的营养物质或治疗药物,帮助肾脏病患者清除血液中的毒素,使血液净化,延长生命。

链接

3. 沉降　分散系中的溶胶粒子受重力作用逐渐下沉的现象称为沉降。粗分散系的分散质粒子大而重,在重力作用下很快下沉,可认为无扩散现象。而溶胶胶粒较小,扩散和沉降两种作用同时存在。当布朗运动的向上扩散作用与重力的向下沉降作用速度相等时,体系处于平衡状态,称为沉降平衡。平衡时,胶粒的浓度从上到下逐渐增大,形成一个稳定的浓度梯度。由于溶胶中的胶粒很小,在重力场中沉降速度很慢,往往需要很长时间才能达到沉降平衡。为了加速沉降平衡的建立,使用超速离心机,在比地球引力大1万~100万倍离心力的作用下,可使溶胶或蛋白质溶液的胶粒迅速沉降。目前超速离心机广泛用于医学研究中,以测定各种蛋白质的相对分子质量及用于病毒的分离提纯。

(三)溶胶的电学性质

1. 电泳 在外电场作用下,胶粒在液相介质中定向移动的现象称为电泳。如图5-3所示,在一U形管中注入红棕色的$Fe(OH)_3$溶胶,小心地在两液面上方加一层NaCl溶液(导电用),并使有色溶胶与NaCl溶液间有明显界面。然后将两个惰性电极插入NaCl溶液中,通入直流电一段时间后,可以看到负极一端红棕色的$Fe(OH)_3$溶胶界面逐渐上升,而正极一端溶胶的界面逐渐下降,这一现象说明$Fe(OH)_3$溶胶的胶粒带正电,向负极移动。若换用黄色的As_2S_3溶胶进行同样的实验,也会发现黄色的As_2S_3胶粒将向正极移动,带负电。因此,通过电泳的涌动方向,可以确定胶粒带何种电荷。大多数金属氧化物、金属氢氧化物溶胶的胶粒带正电荷,为正溶胶;大多数金属硫化物、硅胶、金、银、硫等溶胶的胶粒带负电荷,为负溶胶。电泳现象在蛋白质、氨基酸和核酸等高分子化合物的分离和鉴定方面有着重要的作用,临床检验中,应用电泳法可分离血清中各种蛋白质,为疾病的诊断提供依据。

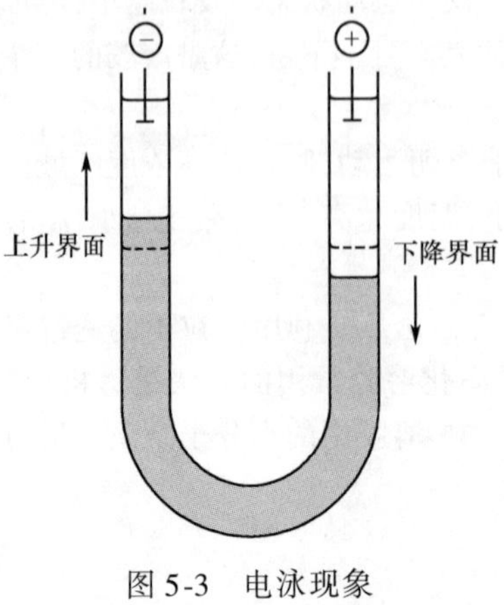

图5-3　电泳现象

2. 胶粒带电的原因

(1)选择性吸附:溶胶是多相、高度分散体系,因其具有很大的表面积和表面能,所以胶粒很容易吸附溶液中的离子以降低表面能。胶粒总是选择性地吸附与其组成相似的离子,当吸附正离子时,胶粒带正电;吸附负离子时,胶粒带负电。例如,对于AgI溶胶,若制备时KI过量,则I^-被优先吸附,使胶粒带负电;若制备时$AgNO_3$过量,则Ag^+被优先吸附,使胶粒带正电。

(2)表面分子解离:胶核和介质接触后,表面层上的分子与介质作用而解离,其中一种离子扩散到介质中去,这时胶核表面便带相反的电荷。例如,硅胶的胶核是由很多 SiO_2 分子组成的,其表面分子和水作用生成硅酸,经部分电离生成 SiO_3^{2-} 和 H^+,H^+扩散到介质中后 SiO_3^{2-} 留在胶核表面,结果使胶粒带负电荷,形成负溶胶。

二、溶胶的稳定性和聚沉

(一)溶胶的相对稳定性

溶胶虽是表面积和表面能都很大的多相不稳定体系,但大多纯化的溶胶具有稳定性,可存放数月或更长时间而不至于下沉,其主要原因除了胶粒的布朗运动克服了沉降作用以外,还有以下两个方面。

1. 胶粒带同性电荷　同种溶胶的胶粒带有同性电荷,使胶粒之间相互排斥不易聚集,带电越多,排斥力越大,胶体越稳定。

2. 水化膜的保护作用　胶团具有水化双电层结构,即在胶粒外面包有一层水化膜,这层水化膜犹如一层弹性隔膜将胶粒彼此隔开,不易聚集。同时,在一定程度上也阻止了胶粒和带相反电荷离子的结合。水化膜越厚,溶胶越稳定。

(二)溶胶的聚沉

溶胶的稳定性是相对的、有条件的,当溶胶的稳定因素受到破坏时,胶粒聚集成较大的颗粒沉淀下来,此过程称为聚沉。使溶胶聚沉的主要方法有以下几种。

1. 加入电解质　胶粒带电荷,加入少量的电解质就能促使溶胶聚沉。加入电解质时,扩散层中的反离子将受到来自电解质同种符号离子的排斥作用,进入吸附层,致使胶粒之间的相互排斥力减少甚至消失,从而使溶胶失去其主要稳定因素,胶粒迅速凝集而聚沉。

可使溶胶聚沉的电解质有效部分的离子是与胶粒带相反电荷的。使一定量溶胶在一定时间内完全聚沉所需电解质的最小浓度,称为该电解质的聚沉值,单位为 $mmol \cdot L^{-1}$。不同的电解质对溶胶的聚沉能力不同,通常用聚沉值来衡量电解质对某一溶胶的聚沉能力。聚沉值越小,聚沉能力越强。与胶粒带相反电荷的同价离子的聚沉能力几乎相等,而反离子的价数越高,则聚沉能力越强,聚沉值越小。例如,海水比河水清澈、江河入海口易形成三角洲,是因为海水中含有大量电解质促使泥沙沉淀的缘故。

2. 加入带相反电荷的溶胶　将两种带相反电荷的溶胶按一定比例混合,由于不同电性的溶胶相互吸引,相互中和彼此所带的电荷,所以共同聚沉下来,称为相互聚沉现象。溶胶相互聚沉的程度与两溶胶的混合比例有关。实际生活中,明矾净水就是利用溶胶的相互聚沉原理。将明矾 $KAl(SO_4)_2 \cdot 12H_2O$ 放入浑浊的水中,此时明矾中的硫酸铝水解生成的带正电荷的氢氧化铝溶胶与浑浊水中带负电荷的泥沙胶粒相互碰撞、相互中和聚沉下来。另外,电解质也能聚沉溶胶,通过 $Al(OH)_3$ 絮状物的吸附作用吸附污物,使水很快变得清澈干净。

3. 加热　许多溶胶在加热时也可以发生聚沉。因为加热不但增加了胶粒的运动速度和相互碰撞频率,同时也减小了胶核对离子的吸附作用和胶粒表面的溶剂化作用,使胶粒所带电荷减少,水化程度降低,以致碰撞时聚沉。

考点提示: 溶胶的主要性质、聚沉及主要方法

胶体在医药上的应用

在医学上，已越来越多地利用高度分散的胶体来检验或治疗疾病。例如，胶态磁流体治癌术是将磁性物质制成胶体粒子，作为药物的载体，在磁场作用下将药物送到病灶，从而提高疗效。许多金属胶体，如胶体银、胶体汞、胶体锑等，都是利用胶体的特性而具有较强的杀菌力。另外，血液本身就是由血红细胞在血浆中形成的胶体分散系，与血液有关的疾病的一些治疗、诊断方法就利用了胶体的性质，如血液透析、血清纸上电泳等。

链接

第3节 高分子溶液

一、高分子化合物的概念

高分子化合物又称高聚物或大分子化合物，它的分子比低分子有机化合物的分子大得多，其相对分子质量为 10^4 ~10^6。它包括天然高分子化合物和合成高分子化合物两类。例如，蛋白质、酶、核酸、糖原、淀粉、纤维素等属于天然高分子化合物，而树脂、聚乙烯塑料、合成橡胶、合成纤维等属于人工合成的高分子化合物。

高分子化合物的相对分子质量虽然很大，但组成较简单，其分子往往都是由特定的结构单元重复连接而成。每个结构单元称为链节，链节重复的次数称为聚合度，以 n 表示。同种高分子化合物的分子链所含的链节数并不相同，所以高分子化合物实质上是由许多链节结构相同的化合物所组成的混合物。例如，聚糖类的高分子化合物纤维素、淀粉、糖原等分子由数千个葡萄糖残基（$—C_6H_{10}O_5—$）连接而成，通式可写成（$C_6H_{10}O_5$）$_n$，但各物质的分子链长度和链节的连接方式不同，则形成了线型和体型结构的高分子化合物。

高分子化合物的性质与其结构有关。高分子化合物的链很长，且长链上相邻的链节之间的单链可围绕固定的键角（109°28′）自由旋转，以致高分子化合物有良好的柔韧性，易发生形变。高分子化合物具有很好的弹性，常态时，线状分子会自动卷曲成团状，在拉力的作用下会被伸直；一旦除去拉力，被拉直的高分子链也有自动弯曲恢复原来团状的趋势。

二、高分子溶液的特性

高分子溶液是一种在合适的介质中高分子化合物能以分子状态自动分散成均匀溶液的胶体。例如，将蛋白质加入水中、将橡胶加入苯中均能自动分散形成高分子溶液。

在高分子溶液中，分散质的粒子是单个的高分子，与分散剂之间无界面存在，因而与低分子溶液一样属于均相、稳定体系。另外，因分散质粒子的大小已属于胶体范围（1 ~ 100nm），与溶胶也具有相似的性质，如分散质粒子扩散速度慢、不能透过半透膜、能透过滤纸等，因此高分子溶液也被列入了胶体分散系。但是，由于高分子溶液的分散质粒子是单个的高分子，其组成和结构与溶胶的胶粒不同，因此高分子溶液与溶胶又存在一定的区别。

1. 稳定性较大　高分子溶液比溶胶稳定，与真溶液相似，在无菌、溶剂不蒸发的情况下，可以长期放置不沉淀，这与高分子化合物本身的结构有密切关系。高分子化合物分子结构中的大量亲水基团(如—OH、—COOH、—NH_2 等)与水的亲和力很强,当高分子化合物溶解在水中时,大量的水分子将牢固地吸附在其分子的表面上,形成一层厚且紧密的水化膜,因而它在水溶液中比溶胶粒子稳定得多,具有稳定性。

当加入大量的电解质时,高分子化合物将从溶液中析出。例如,向蛋白质溶液中加入大量中性盐,高浓度盐溶液中的相反离子将中和蛋白质颗粒的表面电荷,从而破坏蛋白质颗粒表面的水化层,这样,蛋白质胶体溶液的稳定因素将受到破坏,大大降低溶解度,使蛋白质从水溶液中沉淀析出。这种通过加入大量电解质使高分子化合物从溶液中沉淀析出的过程称为盐析。加入的电解质称为盐析剂。盐析一般是可逆的,加水后高分子化合物又可重新溶解。

不同的高分子溶液其稳定性不同,盐析时加入的电解质的量也不同。对于混合高分子溶液,由于沉淀时所需盐析剂的浓度各不相同,因此调节加入电解质的浓度,使不同的高分子化合物从溶液中分步沉淀析出,达到净化、分离高分子化合物的目的,这种方法称为分段盐析法。例如,往血清中加入$(NH_4)_2SO_4$,当浓度达到2.0mol ·L^{-1}时,血清中球蛋白首先析出,分离后,再向血清中加入$(NH_4)_2SO_4$至3~3.5mol·L^{-1}时,清蛋白沉淀析出。这是由于不同蛋白质沉淀时所需盐析剂的浓度各不相同。

2. 黏度较大 高分子溶液的黏度远大于真溶液或溶胶。高分子化合物具有线状、分支状或网状结构,分子链很大,在溶液中能牵引介质,阻碍溶剂分子移动,加之高分子化合物的高度溶剂化,使得自由流动的溶剂减少,因而黏度较大。另外,高分子溶液的黏度受到浓度、温度和时间的影响。增加溶液浓度,由于受到高分子化合物网状结构的影响,介质流动困难,黏度增大;升高溶液温度时,分子热运动加快,将降低溶液黏度;延长放置的时间,更有利于分子网状结构的发展,可增加溶液黏度。

高分子溶液和溶胶在性质上既有相似之处,也有特殊的性质,见表5-2。

考点提示: 高分子溶液的特性

表5-2 高分子溶液和溶胶的性质比较

高分子溶液	溶胶
胶粒是原子或分子、离子的聚集体	胶粒是有机大分子
均相、稳定体系	非均相、不稳定体系
丁铎尔现象不明显	丁铎尔现象明显
加入大量电解质可盐析	加入少量电解质可聚沉
分子柔顺性对溶液有重要影响	相界面对溶胶有重要影响
黏度大	黏度小

高分子溶液和溶胶在性质上的差异如表5-2所列,它们也具有相同的特点:胶粒大小为1~100nm,扩散速度慢,不能透过半透膜,能透过滤纸。

三、高分子溶液对溶胶的保护作用

在溶胶中加入一定量的高分子溶液,使其受到外界因素的影响时(如加入电解质),不易发生聚沉,可有效提高溶胶稳定性的作用称为高分子溶液对溶胶的保护作用。高分子化合物和溶胶都具有较大的表面积,而且高分子化合物是能卷曲的线型分子,当将其加入溶胶中时,就很容易地被吸附到胶粒的表面,并将胶粒包裹起来形成一层厚且紧密的水化层,大大地阻止了溶胶粒子的聚沉,从而保护了溶胶的稳定。

人类健康与高分子

高分子溶液对溶胶的保护作用在生命活动和人体生理过程中有重要的意义。例如，血液中的$CaCO_3$、$Ca_3(PO_4)_2$等微溶性无机盐类，它们以溶胶的形式存在于血液中。由于受到血清蛋白质的保护作用，当浓度比其在水中的浓度大5倍时，仍能稳定存在而不沉淀。但人体一旦发生某些疾病导致血清蛋白质大量减少，就会减弱或失去蛋白质对这些微溶性盐的保护作用而引起聚沉，微溶性盐类就有可能沉积在胆囊、肾等器官中，形成胆囊、肾部位的结石，这就是人体形成各种结石的原因之一。

链接

目标检测

一、单项选择题

1. 据中央电视台报道，近年来，我国的一些沿江或沿海城市多次出现大雾天气，致使高速路关闭、航班停飞，雾属于分散系中的(　　)
   A. 溶液　　B. 悬浊液
   C. 乳浊液　　D. 胶体
2. 胶体和其他分散系的本质区别是(　　)
   A. 分散质微粒直径的大小
   B. 是否为大量分子或离子的集合体
   C. 能否透过滤纸或半透膜
   D. 是否均一、稳定透明
3. 在电力场作用下，下列溶胶的胶粒向阴极移动的是(　　)
   A. 硅酸溶胶
   B. 硫化砷溶胶
   C. 氢氧化铁溶胶
   D. 氯化银溶胶
4. 下列溶液属于真溶液的是(　　)
   A. 氢氧化铁溶胶
   B. 泥浆
   C. 乳状液
   D. 溶液
5. 丁铎尔现象产生的原因是(　　)
   A. 布朗运动　　B. 光的散射
   C. 光的折射　　D. 光的散射和折射
6. 溶胶稳定性的原因不是下列哪种情况(　　)
   A. 胶粒的布朗运动
   B. 胶粒带同性电荷
   C. 水化膜的保护作用
   D. 光的散射
7. 以水为分散剂的分散系，按稳定性由弱到强顺序排列的是(　　)
   A. 溶液、胶体、悬浊液
   B. 胶体、悬浊液、溶液
   C. 悬浊液、胶体、溶液
   D. 悬浊液、溶液、胶体

二、简答题

1. 如何定义胶体系统？胶体系统的主要特征是什么？
2. 溶胶为热力学非平衡系统，但它在相当长的时间范围内可以稳定，其主要原因是什么？
3. 什么是高分子对溶胶的保护作用，这种保护作用在生理上有何重要意义？

（罗小叶）

第6章 配位化合物

学习目标

1. 掌握配合物的概念、组成和命名方法。
2. 理解配位平衡、稳定常数及配位平衡的移动。
3. 了解配合物在医学上的意义。

配位化合物简称配合物,又称络合物,是一类组成比较复杂且应用广泛的重要化合物。配合物不仅在化学领域里得到广泛的应用,而且对生命现象也具有重要的意义。例如,在人和动物血液中起着输送氧气作用的血红素是一种含有亚铁的配合物;维生素 B_{12} 是一种含钴的配合物;人体内各种酶(生物催化剂)分子几乎都以配合物的形式存在。另外,临床生化检验、药物分析和环境监测等都与配合物的应用密切相关,因此学习有关配合物的基本知识,对医学相关专业的学生来说是十分必要的。

第1节 配合物的基本概念

一、配合物的定义及其组成

(一) 配合物的定义

常见的酸、碱、盐和氧化物等都是简单的化合物,在大量的无机化合物中,有一些化合物是由简单的化合物加合而成的复杂化合物。如果在 $CuSO_4$ 溶液中滴加氨水,首先有浅蓝色 $Cu(OH)_2$ 沉淀生成,继续滴加氨水,沉淀逐渐消失,最终生成深蓝色的透明溶液。若再向溶液中加入稀 NaOH 溶液,无浅蓝色 $Cu(OH)_2$ 沉淀和氨气生成,再加入 Ba^{2+} 则有白色 $BaSO_4$ 沉淀生成。以上实验说明溶液中有大量的 SO_4^{2-} 存在,而游离的 Cu^{2+} 较少。显然由于加入过量的氨水,NH_3 分子与 Cu^{2+} 间已发生了某种反应。经研究确定,在上述溶液中生成了深蓝色的复杂离子 $[Cu(NH_3)_4]^{2+}$。从溶液中还可结晶出深蓝色 $[Cu(NH_3)_4]SO_4$ 晶体。这说明 $CuSO_4$ 溶液与过量氨水发生了下列反应:

$$CuSO_4+4NH_3 \rightleftharpoons [Cu(NH_3)_4]SO_4$$

$$[Cu(NH_3)_4]SO_4 \rightleftharpoons [Cu(NH_3)_4]^{2+} + SO_4^{2-}$$

又如,$[Ag(NH_3)_2]NO_3$、$K_4[Fe(CN)_6]$ 等在水溶液中也能解离出如 $[Ag(NH_3)_2]^+$、$[Fe(CN)_6]^{4-}$ 等复杂离子,具有较高的稳定性。像这类由简单阳离子(或原子)和一定数目的中性分子或阴离子通过配位键结合,并按一定的组成和空间结构所形成的复杂离子称为配离子。若所带电荷为零,则称为配位分子,如 $[Fe(CO)_5]$、$[Ni(CO)_4]$ 等。通常把含有配离子的化合物和配位分子统称为配位化合物,简称配合物。

(二) 配合物的组成

配合物一般由配离子和带相反电荷离子通过离子键结合而成。以配合物 $[Ag(NH_3)_2]NO_3$ 为例,其组成可表示为:

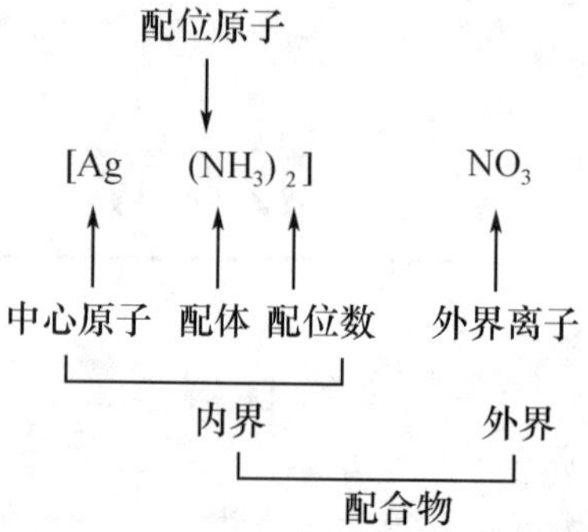

1. 内界和外界　通常把配合物分为内界和外界两部分。配离子是配合物的特征部分，也称为配合物的内界，通常把内界写在方括号内。方括号以外的部分称为配合物的外界，是与配离子所带电荷相反的离子。配位分子只有内界，没有外界。配合物的内界和外界之间是以离子键相结合，所以在水溶液中配合物的内界和外界是完全解离的。例如

$$[Cu(NH_3)_4]SO_4 \rightleftharpoons [Cu(NH_3)_4]^{2+} + SO_4^{2-}$$

2. 中心原子　在配合物的内界中，能接受孤对电子的阳离子或原子称为中心原子，也称配合物的形成体。中心原子位于配离子的中心位置，其是配合物的核心部分。常见的中心原子是金属离子，以过渡元素金属离子最多，如$[Ag(NH_3)_2]NO_3$中的Ag^+、$[Cu(NH_3)_4]^{2+}$中的Cu^{2+}；也有中性原子，如$[Fe(CO)_5]$中的Fe原子，还有一些高氧化态的非金属元素，如$[SiF_6]^{2-}$中的Si^{4+}。

考点提示： 配合物的概念、配合物的组成

3. 配位体和配位原子　在配离子中，同中心原子以配位键相结合的阴离子或中性分子称为配位体，简称配体。$[Cu(NH_3)_4]^{2+}$、$[Pt(NH_3)Cl_4]$中的NH_3、Cl^-都是配体。配位体中直接同中心原子结合成键的原子称为配位原子，如NH_3分子中的N原子、Cl^-中的Cl原子都是配位原子。配位原子主要属于周期表中Ⅴ、Ⅵ、Ⅶ三个主族的元素。

配位体按所含配位原子的数目，可分为单齿配体和多齿配体。含有一个配位原子的配位体，称为单齿配体，如F^-、Cl^-、Br^-、I^-、CN^-、NO_2^-、NH_3、H_2O等。含有两个或两个以上配位原子的配位体，称为多齿配体。例如，乙二胺$H_2NCH_2CH_2NH_2$中，两个氨基中的N都是配位原子。又如，乙二胺四乙酸根$(^-OOCCH_2)_2NCH_2CH_2N(CH_2COO^-)_2$中，除有两个氨基氮是配位原子外，还有四个羟基氧也是配位原子。常见的配位体见表6-1。

表6-1　常见的配位体

配位原子	配位体举例
卤素	F^-、Cl^-、Br^-、I^-
O	H_2O、$RCOO^-$、$C_2O_4^{2-}$(草酸根离子)
N	NH_3、NO(亚硝基)、NO_2^-、NO_3^-、NCS^-、$NH_2-CH_2-CH_2-NH_2$(乙二胺)
C	CN^-(氰离子)、CO
S	SCN^-(硫氰根离子)

4. 配位数　在配合物中，与中心原子以配位键结合的配位原子的个数称为配位数。一般中心离子的配位数为2、4、6、8，最常见的是4和6(表6-2)。

表6-2　常见离子的配位数

配位数	金属离子	实例
2	Ag^+、Cu^{2+}、Au^+	$[Ag(NH_3)_2]^+$、$[Cu(CN)_2]^-$

续表

配位数	金属离子	实例
4	Zn^{2+}、Cu^{2+}、Hg^{2+}、Ni^{2+}、Co^{2+}、Pt^{2+}、Pd^{2+}、Si^{4+}、Ba^{2+}	$[PtCl_3NH_3]^-$、$[Cu(NH_3)_4]^{2+}$、$[Pt(NH_3)_2Cl_2]$、$[Hg(CN)_4]^{2-}$、$[Zn(NH_3)_4]^{2+}$、$[Zn(CN)_4]^{2-}$
6	Fe^{2+}、Fe^{3+}、Co^{2+}、Co^{3+}、Cr^{3+}、Pt^{4+}、Pd^{4+}、Al^{3+}、Si^{4+}、Ca^{2+}、Ir^{3+}	$[Co(NH_3)_3(H_2O)Cl_2]$、$[Fe(CN)_6]^{4-}$、$[PtCl_6]^{2-}$、$[Co(NH_3)_2(en)_2]^{3+}$

在确定中心离子的配位数时，一般是先在配合物中确定中心离子和配位体，接着再找出配位原子的数目。如果配位体是单齿的，配位体的数目就是中心原子的配位数。例如，$[Pt(NH_3)_4]Cl_2$ 和 $[Pt(NH_3)_2Cl_2]$ 中的中心离子都是 Pt^{2+}，而配位体前者是 NH_3，后者是 NH_3 和 Cl^-，这些配位体都是单齿的，因此它们的配位数都是 4。如果配位体是多齿的，那么配位体的数目显然不等于中心离子的配位数。

二、配合物的分类

配合物在自然界广泛存在，范围很广，种类很多，主要可分为以下两大类。

（一）简单配合物

简单配合物是由单齿配体和中心原子结合而形成的配合物。配位体大多数是简单的无机分子或离子（如 NH_3、H_2O、X^- 等），这类配合物分子中没有环状结构。根据配体物质的多少，又可分为单纯配体配合物和混合体配合物。例如，$[Cu(NH_3)_4]SO_4$、$K_4[Fe(CN)_6]$ 等为单纯配体配合物，$[Co(NH_3)_3(H_2O)Cl_2]$、$[Pt(NH_3)_2Cl_2]$ 等为混合体配合物。

（二）螯合物

1. 螯合物的概念　螯合物又称内络合物，是中心离子和某些合乎一定条件的螯合剂（配位体）配合而成的具有环状结构的配合物。“螯合”即成环的意思，如螃蟹的两个螯把形成体（中心离子）钳住似的，故称螯合物。一些生命必需的物质是螯合物。例如，血红蛋白和叶绿素中卟啉环上的 4 个氮原子把金属原子（血红蛋白含 Fe^{2+}，叶绿素含 Mg^{2+}）固定在环中心。

2. 螯合剂　能与中心离子形成螯合物的多齿配体称为螯合剂，螯合剂应具备两个条件：①必须有两个或两个以上能给出电子对的配位原子（主要是 N、O、S 等原子）；②配位原子之间应间隔着两个或三个其他原子，可以形成稳定的五元环或六元环。常用的螯合剂是氨羧螯合剂，应用最广泛的是乙二胺四乙酸（EDTA），其结构如下：

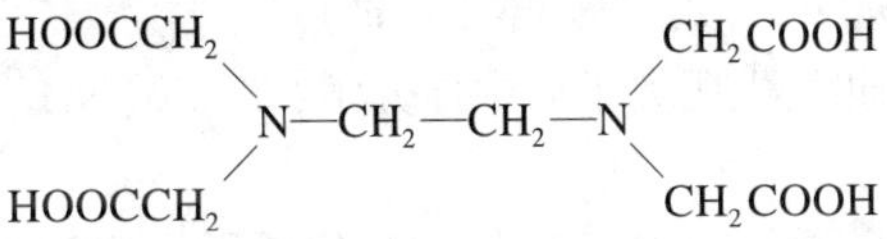

乙二胺四乙酸

由于乙二胺四乙酸在水中的溶解度比较小，而其二钠盐在水中的溶解度比较大，因此在实际应用中人们常采用 EDTA 二钠盐。除碱金属离子外，EDTA 几乎能与所有的金属离子形成稳定的金属螯合物。在一般情况下，无论金属离子是几价，都能与 EDTA 形成螯合比为 1∶1 的可溶性稳定螯合物。

用 EDTA 标准液可以滴定几十种金属离子，这种方法就称 EDTA 滴定法。目前所谓螯合滴定法主要指的就是 EDTA 滴定。

氨基酸螯合锌

锌是多种酶的组成成分或激活剂，在DNA合成、核酸和蛋白质代谢、排除血液中二氧化碳，以及在角化和钙化等过程中起重要作用，同时锌改善了动物的体液免疫与细胞免疫水平。锌的吸收程度受锌的化学形式及组成的影响。氨基酸螯合锌的分子结构更接近于Zn在体内的作用形式，可以完整的螯合物形式被盲肠细胞吸收并参与代谢。

链接

3. 螯合物的稳定性　具有五元环和六元环的螯合物比具有相同配位数的简单配合物要稳定的多，环越多，螯合物越稳定。Ca^{2+}与乙二胺四乙酸在碱性溶液中形成的螯合物[Ca-EDTA]的结构如图6-1所示。

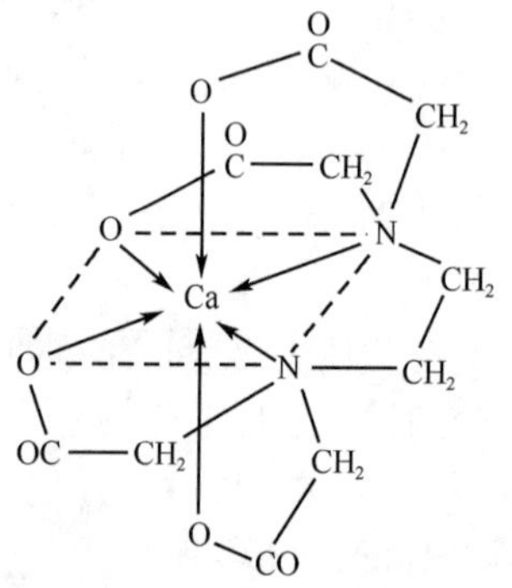

图6-1　螯合物[Ca-EDTA]的结构

由于螯合物的特殊稳定性，已很少能反映金属离子在未螯合前的性质。金属离子在形成螯合物后，颜色、氧化还原稳定性、溶解度及晶形等性质发生了巨大的变化。很多金属螯合物具有特征性的颜色，而且这些螯合物可以溶解于有机溶剂中。利用这些特点，可以进行沉淀、溶剂萃取分离、比色定量等分析和分离工作。

三、配合物的命名

配合物的命名方法与一般无机化合物的命名原则相同，阴离子名称在前，阳离子名称在后；像一般无机化合物中的二元酸、碱、盐一样称为“某化某”、“某酸某”、“某某酸”、“氢氧化某”等。

考点提示： 配合物的命名

在命名配离子时，要在形成体与配体的名称间加个“合”字，并按下列顺序列出其组成部分的名称：配体数+配体名称+“合”字+形成体名称+形成体价态（用罗马数字Ⅰ、Ⅱ、Ⅲ表示）。配体的个数用一、二、三等表示，不同配体之间以中圆点“·”分开，当配位体个数为一时，有时可将“一”字省去。如果内界中含有不止一种配体，命名时配体列出的顺序按如下规定：

(1) 在配体中既有无机配体又有有机配体时，先无机配位体后有机配位体，如$[Co(NH_3)_2(en)_2]Cl_3$，氯化二氨·二(乙二胺)合钴(Ⅲ)。

(2) 若配体的电荷不同时，先阴离子后中性分子，如$[Co(NH_3)_4Cl_2]Cl$，氯化二氯·四氨合钴(Ⅲ)。

(3) 若配体均为阴离子(或中性分子)时，按配位原子元素符号的英文字母顺序排列，如$[CoCl_2(NH_3)_3(H_2O)]Cl$，氯化二氯·三氨·水合钴(Ⅲ)。

根据上述命名原则，列举以下命名实例：

$[Cu(NH_3)_4]^{2+}$	四氨合铜(Ⅱ)配离子
$[Cu(en)_2]^{2+}$	二(乙二胺)合铜(Ⅱ)配离子
$[Fe(CN)_6]^{3-}$	六氰合铁(Ⅲ)配离子
$[Cu(NH_3)_4]SO_4$	硫酸四氨合铜(Ⅱ)
$K_2[PtCl_6]$	六氯合铂(Ⅳ)酸钾
$Na_4[Fe(CN)_6]$	六氰合铁(Ⅱ)酸钠
$[Ni(CO)_4]$	四羰基合镍(O)

$[Ag(NH_3)_2]OH$ 氢氧化二氨合银(Ⅰ)

第2节 配位平衡

一、配位平衡及稳定常数

将氨水加到硝酸银溶液中,则有$[Ag(NH_3)_2]^+$生成,反应式为

$$Ag^+ + 2NH_3 \longrightarrow [Ag(NH_3)_2]^+$$

此反应称为配位反应(也称络合反应)。若向此溶液中加入 NaCl,没有 AgCl 白色沉淀产生,似乎Ag^+已完全与NH_3配位生成了$[Ag(NH_3)_2]^+$。但是,若向溶液中加入 KI,却有黄色的 AgI 沉淀生成,说明溶液中仍有未配合的Ag^+,也就是说,$[Ag(NH_3)_2]^+$可以发生如下解离反应:

$$[Ag(NH_3)_2]^+ \longrightarrow Ag^+ + 2NH_3$$

一定温度下,当配位反应与解离反应速率相等时,体系达到平衡,可表示为

$$Ag^+ + 2NH_3 \rightleftharpoons [Ag(NH_3)_2]^+$$

配位平衡的平衡常数称为稳定常数,用$K_{稳}$表示:

$$K_{稳} = \frac{[Ag(NH_3)_2]^+}{[Ag^+][NH_3]^2} \tag{6-1}$$

式中,$[Ag^+]$、$[NH_3]$和$[Ag(NH_3)_2]^+$分别为Ag^+、NH_3和$[Ag(NH_3)_2]^+$的平衡浓度。

配合物稳定常数是配合物在水溶液中稳定程度的量度,通常用$K_{稳}$的大小来衡量配离子的稳定性。对于配体个数相同的配离子,$K_{稳}$越大,配合物越稳定。例如,已知 298.15K 时,$[Ag(CN)_2]^-$和$[Ag(NH_3)_2]^+$的$K_{稳}$分别为1.3×10^{21}和1.1×10^{7},因此$[Ag(CN)_2]^-$比$[Ag(NH_3)_2]^+$更稳定。但是配体个数不等的配离子之间,不能根据$K_{稳}$的大小来判断其稳定性,而需要通过计算才能比较配离子的稳定性。例如,$[CuY]^{2-}$的$K_{稳}$为5×10^{18},$[Cu(en)_2]^{2+}$的$K_{稳}$为1.0×10^{21},但是,$[CuY]^{2-}$比$[Cu(en)_2]^{2+}$更稳定。

一般配合物的$K_{稳}$数值都很大,为方便起见,常用$\lg K_{稳}$表示。常见配离子的$K_{稳}$和$\lg K_{稳}$见表 6-3。

表 6-3 常见配离子的 $K_{稳}$ 和 $\lg K_{稳}$

配离子	$K_{稳}$	$\lg K_{稳}$	配离子	$K_{稳}$	$\lg K_{稳}$
$[Ag(NH_3)_2]^+$	1.1×10^{7}	7.05	$[HgI_4]^{2-}$	6.8×10^{29}	29.38
$[Ag(CN)_2]^-$	1.3×10^{21}	21.10	$[Hg(CN)_4]^{2-}$	2.5×10^{41}	41.40
$[Ag(S_2O_3)_2]^{3-}$	2.9×10^{13}	13.46	$[Co(NH_3)_6]^{2+}$	1.3×10^{5}	5.11
$[Cu(CN)_2]^-$	1.0×10^{24}	24.00	$[Cd(NH_3)_6]^{2+}$	1.4×10^{5}	5.15
$[Cu(NH_3)_4]^{2+}$	2.1×10^{13}	13.32	$[Ni(NH_3)_6]^{2+}$	5.5×10^{8}	8.74
$[Au(CN)_2]^-$	2.0×10^{38}	38.30	$[AlF_6]^{3-}$	6.9×10^{19}	19.84
$[Zn(NH_3)_4]^{2+}$	2.9×10^{9}	9.46	$[FeF_6]^{3-}$	2.0×10^{14}	14.30
$[Zn(CN)_4]^{2-}$	5.0×10^{16}	16.70	$[Co(NH_3)_6]^{3+}$	2.0×10^{35}	35.30

二、配位平衡的移动

配位平衡与其他化学平衡一样,也是一种相对的、有条件的动态平衡。如果改变平衡系统的条件,原来的平衡就被破坏,平衡发生移动而产生新的平衡。溶液酸度的变化,沉淀剂、

氧化剂或还原剂以及其他配体的存在，都可能导致配位平衡的移动。

（一）溶液 pH 的影响

1. 酸效应　根据酸碱质子理论，一些常见的配体一般都可认为是碱。例如，常见的 NH_3 和酸根离子如 F^- 等，可与 H^+ 结合而形成相应的共轭酸，使游离状态的配位剂浓度减小，减小的程度取决于配体碱性的强弱，碱性越强就越易与 H^+ 结合。这种因溶液酸度增大而导致配离子稳定性降低的现象称为酸效应。例如：

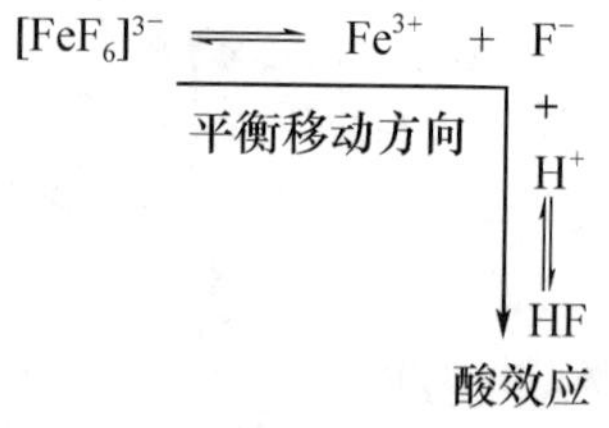

当溶液中 H^+ 浓度增大时，配体 F^- 会与 H^+ 作用生成弱酸 HF，降低了溶液中配体的浓度，使配位平衡向 $[FeF_6]^{3-}$ 解离的方向移动。溶液的酸度越强，配离子越不稳定；当溶液的酸度一定时，配体的碱性越强，配离子越不稳定，酸效应就越明显。配离子的抗酸能力与配离子的稳定常数 $K_{稳}$ 有关，$K_{稳}$ 值越大，配离子的抗酸能力越强。例如，$[Ag(CN)_2]^-$ 的 $K_{稳}$ (1.3×10^{21}) 比 $[Ag(NH_3)_2]^+$ 的 $K_{稳}$ (1.1×10^{7}) 大，所以 $[Ag(CN)_2]^-$ 的抗酸能力强，在酸性溶液中仍能稳定存在。

2. 水解效应　配离子的中心原子大多是过渡金属离子，它在水溶液中往往发生水解，导致中心原子浓度降低，使配位平衡向解离的方向移动。这种因金属离子与溶液中的 OH^- 结合而导致配离子解离的作用称为水解效应。溶液的 pH 越高，越有利于中心原子水解反应的进行。例如

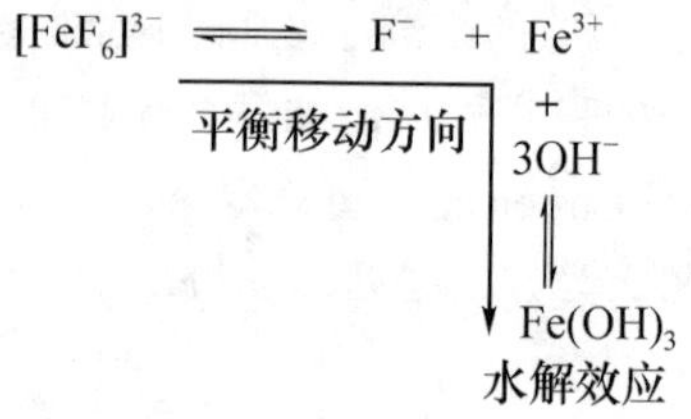

当溶液中 OH^- 浓度增大时，中心原子 Fe^{3+} 会与 OH^- 作用生成 $Fe(OH)_3$ 而使 Fe^{3+} 浓度降低，导致配位平衡向解离方向移动。

考点提示： 溶液的 pH 与配合物稳定性的关系

从上述两种效应来看，酸度对配合物稳定性的影响是复杂的，既要考虑配体的酸效应，又要考虑金属离子的水解效应，而酸效应和水解效应两者的作用刚好相反，因为酸度对配体和金属离子浓度的影响完全相反，所以在考虑酸度对配合物稳定性的影响时，要全面地考虑这些因素。为使配离子稳定，从减少中心原子水解角度考虑，pH 越低越好；从配离子的抗酸能力考虑，则越高越好。在一定酸度下，究竟哪种效应为主导，需要对配离子的稳定常数、配体的碱性强弱和中心原子氢氧化物的溶解度等因素进行综合考虑，一般在保证不发生水解效应的前提下来提高溶液的 pH，以保证配离子的稳定性。

（二）配位平衡与沉淀的生成和溶解

当配合物溶液中加入某种沉淀剂时，沉淀剂可能与配合物的中心离子或配位体形成难溶物，导致配位平衡破坏，使配位平衡发生移动，最终使配合物解离。例如，在 $[Ag(NH_3)_2]^+$ 的溶液中加入 KI 溶液，就有浅黄色 AgI 沉淀生成，$[Ag(NH_3)_2]^+$ 发生解离，原来的配位平衡被破坏，而代之以沉淀平衡。

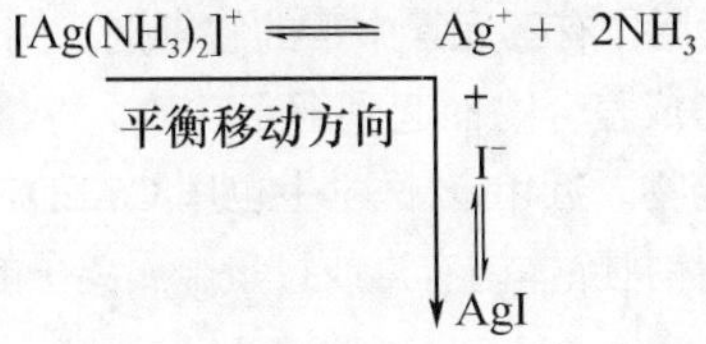

若在沉淀中加入能与金属离子形成配合物的配位剂，则沉淀可以转化为配离子而溶解。例如，当向含有氯化银沉淀的溶液中加入氨水时，由于沉淀物 AgCl 中的 Ag^+ 与所加的配位剂 NH_3 形成了稳定的配离子 $[Ag(NH_3)_2]^+$，白色 AgCl 沉淀溶解。反应如下：

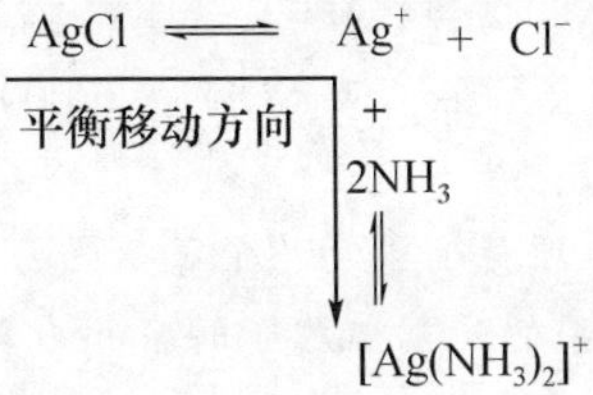

在上述反应中，前者因加入较强的沉淀剂 KI 使配位平衡转化为沉淀平衡，后者因加入氨水使沉淀平衡转化为配位平衡。配离子的稳定性越小，沉淀剂与中心原子形成沉淀的溶解度越小，配位平衡越易转化为沉淀平衡；配体的配位能力越强，沉淀的溶解度越大，就越容易使沉淀平衡转化为配位平衡。在上述例子中，AgI 的溶解度远小于 AgCl 的溶解度，故 I^- 可使配位平衡破坏，而氨水只能使 AgCl 溶解却不能使 AgI 溶解为 $[Ag(NH_3)_2]^+$。

（三）配位平衡与氧化还原平衡的关系

溶液中的配位平衡与氧化还原平衡可以相互影响，使配离子解离或使物质的电极电势改变。例如，I^- 可将 Fe^{3+} 还原为 Fe^{2+}，而使 $[FeCl_4]^-$ 解离。在加入 F^- 后，由于生成 $[FeF_6]^{3-}$，降低了 Fe^{3+} 的浓度，Fe^{3+}/Fe^{2+} 的电极电势下降，使氧化还原反应方向逆转。

第 3 节　配合物在医学上的意义

配合物在自然界存在比较广泛，并且对生命现象有着重要的作用，在医学上有重要的意义。

（1）配合物在生命过程中起重要作用。例如，人体内输送氧气和运送二氧化碳的血红素是 Fe^{2+} 的卟啉配合物；对恶性贫血有防治作用的维生素 B_{12} 是一种含钴的配合物；对调节体内的物质代谢（尤其是糖类代谢）有重要作用的胰岛素是含锌的配合物。生物体内还有一类比一般催化剂的效能高千万倍甚至十亿万倍的生物催化剂——酶，大多数都含有以配合物形态存在的金属离子，这些金属离子往往起着活性中心的作用。

（2）有些药物本身就是配合物。有些用于治疗疾病的金属离子，因其毒性、刺激性、难吸收性等不适合临床应用，将它们转变成螯合物后就可以降低其毒性和刺激性，帮助吸收，如补给缺铁性贫血患者铁质的柠檬酸铁铵，治疗糖尿病的胰岛素，用于抗癌的药物顺二氯二氨合铂（Ⅱ）、氯化二茂铁等。

正确服用螯合药物

正确服用螯合药物的某患者在口服诺氟沙星后马上喝牛奶，这种服药方法正确吗？医师提示：诺氟沙星结构中 3、4 位的羧基和酮羰基极易和钙离子等金属离子形成螯合物。药师分析：这种服药方法不对。诺氟沙星和牛奶中的钙离子形成螯合物，降低了诺氟沙星的抗菌活性。所以这类药物不宜和牛奶等含钙等金属离子丰富的食物同时服用。

链接

（3）有些配位剂在医药上可用作有毒元素中毒的解毒剂。例如，二巯基丁二酸钠可以和进入人体内的砷、汞以及某些重金属形成螯合物而起到解毒功效。柠檬酸钠可以和铅形成稳定的螯合物，是防治职业性铅中毒的有效药物。近年来，医学上也用Ca-EDTA治疗职业性铅中毒，得到非常好的效果。这种通过选择合适配体排除体内有毒或过量金属离子的方法称为螯合疗法。

金属硫蛋白的自解毒能力

金属硫蛋白是存在于人体及哺乳动物肝内的一种富含金属和半胱氨酸的小分子蛋白质，在体内具有拮抗重金属（镉、汞和铝）和抗辐射（包括紫外线），消除自由基，修复受损组织等功效，其清除羟基自由基的能力比SOD高10000多倍，尤其他能为生物体提供多种微量元素（如锌、铜、钴等）。

金属硫蛋白（MT）的解毒原理是哺乳动物金属硫蛋白的每个分子都结合7个金属离子，不同金属离子对胱氨酸（Cys）的巯基硫原子的亲和力又有差别，其顺序为：

$$Zn^{2+}<Pb^{2+}<Cd^{2+}<Cu^{2+}、Ag^{+}、Hg^{2+}$$

生物体内存在大量Zn-MT，当Hg^{2+}、Cd^{2+}进入体内时会把Zn^{2+}取代出来生成Hg-MT和Cd-MT，使有毒的Hg^{2+}、Cd^{2+}失去毒性。

但是金属硫蛋白的自身解毒作用是有一定限度的。一旦有毒金属离子的量超过了金属硫蛋白的承受能力，多余的有毒金属离子就与其他生物配体结合引起中毒。

链接

（4）有些配合物可用作抗凝血剂，防止血液凝固。Ca^{2+}是血液凝固的必要条件之一，保存血液时常加入少量的枸橼酸钠，其可与血液中的Ca^{2+}结合成稳定的螯合物，从而防止血液凝固。

（5）一些临床生化检验常利用配合物的形成反应。利用离子在生成配合物时常显示某种特征的颜色，可进行离子的定性与定量检验。例如，检验人体是否是有机汞农药中毒，取检液经酸化后，加入二苯胺基脲醇溶液，若出现紫色或蓝紫色，即证明有Hg^{2+}存在。再如，检测血清中铜的含量，可于血清中加三氯乙酸除去蛋白质后，向滤液中加入铜试剂（二乙胺基二硫代甲酸钠），从而生成黄色配合物，就可用比色法测其含量。

此外，抗癌金属配合物的研究也取得很大进展。科学研究表明，凡具有顺式结构的中性配合物均具有抗癌活性。

目标检测

一、判断题

1. 配位体数目称为中心离子的配位数。
2. 配合物的内界和外界之间是以离子键相结合。
3. 二巯丁二钠可与进入人体内的砷、汞以及某些重金属形成螯合物而解毒。
4. 人体内输送氧气和运送二氧化碳的血红素就是一种含铁的配合物。
5. 溶液pH越大，配合物越稳定。

二、填空题

1. 配合物$[Co(NH_3)_4(H_2O)_2]Cl_3$的内界是______，外界是______，中心原子是______，配体是______和______，配位原子是______和______，中心原子的配位数为______，配离子的电荷______，是______配合物。
2. $[Cr(NH_3)_6]Cl_3$的中心原子为______，配位体为______，配位原子为______，配位数为______，内界为______，外界为______，命名为______。
3. 写出下列各配合物的化学式：

（1）氯化二氯·四氨合钴(Ⅲ)________；

（2）六氯合铂(Ⅳ)酸________。

4. 配合物中内界与外界通过________键相结合，中心离子与配体间以________键相结合。

三、单项选择题

1. 下列物质不能作配体的是(　　)

A. CH_4　　B. NH_3

C. H_2O　　D. CN^-

2. 配合物$[Cr(H_2O)_5Cl](OH)_2$的中心离子的氧化数为(　　)

A. +2　　B. +3

C. +4　　D. +5

3. 配合物中的特征化学键是(　　)

A. 离子键　　B. 共价键

C. 配位键　　D. 氢键

4. 下列说法中不正确的是(　　)

A. 配合物的配位体数目不一定等于配位数

B. 配离子的配位键越稳定，其稳定常数越大

C. 配合物就是复杂化合物

D. 螯合环一般为五元环或六元环

5. 下列不能作为配位体的物质是(　　)

A. $C_6H_5NH_2$　　B. CH_3NH_2

C. NH_4^+　　D. NH_3

6. 下列化合物中属于配合物的是(　　)

A. $Na_2S_2O_3$　　B. H_2O_2

C. $[Ag(NH_3)_2]Cl$　　D. $KAl(SO_4)_2 \cdot 12H_2O$

7. 在$[Co(en)(C_2O_4)_2]^-$中，Co^{3+}的配位数是(　　)

A. 3　　B. 4　　C. 5　　D. 6

8. 下列物质中(　　)可作螯合剂。

A. $H_2N—NH_2$　　B. $NH_2—OH$

C. CH_3COO^-　　D. $H_2N—CH_2—CH_2—NH_2$

9. 在$[Ru(NH_3)_4Br_2]^+$中，Ru的氧化数和配位数分别是(　　)

A. +2和4　　B. +2和6

C. +3和6　　D. +3和4

10. 配合物$[Co(NH_3)_4(H_2O)_2]Cl_3$中配位原子是(　　)

A. N、O、Cl　　B. N、H

C. O、H　　D. N、O

11. 根据所给出的$\lg K_稳$判断，下列配离子中最不稳定的是(　　)

A. $[Cu(NH_3)_4]^{2+}$($\lg K_稳=13.32$)

B. $[Zn(NH_3)_4]^{2+}$($\lg K_稳=9.46$)

C. $[Ni(NH_3)_4]^{2+}$($\lg K_稳=8.74$)

D. $[Ni(CN)_4]^{2-}$($\lg K_稳=31.3$)

12. 在相同浓度的下列溶液中，$[Zn^{2+}]$最小的是(　　)

A. $[Zn(NH)_3]_4^{2+}$($\lg K_稳=9.46$)

B. $[Zn(Cl)_4]^{2-}$($\lg K_稳=0.20$)

C. $[Zn(SCN)_4]^{2-}$($\lg K_稳=1.60$)

D. $[Zn(CN)_4]^{2-}$($\lg K_稳=16.7$)

四、简答题

1. 若在含有Fe^{3+}的溶液中加入KSCN，则由于生成$[Fe(SCN)_6]^{3-}$而使溶液显血红色。将KSCN溶液加入下列溶液中能否显色？说明原因。

（1）铁铵矾$(NH_4)Fe(SO_4)_2$溶液；

（2）铁氰化钾$K_3[Fe(CN)_6]$溶液

2. $AgNO_3$能从$Pt(NH_3)_6Cl_4$的溶液中将所有的氯沉淀为AgCl，但在$Pt(NH_3)_3Cl_4$溶液中仅能沉淀出1/4的氯，试根据这些事实定出这两种配合物的化学式。

(何文涛)

第7章 电极电势

学习目标

1. 掌握电极反应及应用电极电势判断氧化剂和还原剂的相对强弱。
2. 熟悉运用 Nernst 方程计算非标准状态下的电极电势。
3. 了解电极电势的产生、电势法测定溶液 pH 的原理和方法。

氧化还原反应是非常重要的一类化学反应，其不仅广泛存在于日常生活和工农业生产中，而且与生命活动密切相关。人类的一些生命活动如肌肉收缩、神经传导、体内营养物质的代谢等都离不开氧化还原反应。氧化还原反应产生电极电势，学习电极电势的相关知识可以进一步理解氧化还原反应的规律。本章主要介绍原电池的组成、电极电势的产生及其影响因素、电极电势的主要应用等内容。

第1节 标准电极电势

一、原电池

如果我们将一块 Zn 片插入 $CuSO_4$ 溶液中，Zn 片将逐渐溶解，而 Cu 将从溶液中析出，自发进行的反应为 $Zn+Cu^{2+}=Zn^{2+}+Cu$。

将该反应设计成如图 7-1 所示的装置，两个烧杯中分别加入 $ZnSO_4$ 和 $CuSO_4$ 溶液。在盛有 $CuSO_4$ 溶液的烧杯中插入 Cu 片，在盛有 $ZnSO_4$ 溶液的烧杯中插入 Zn 片。将两个烧杯的溶液用一个装满饱和 KCl 溶液和琼脂的倒置 U 形管（称为盐桥）连接起来，再用导线连接铜片和锌片，并在导线上连一个电流计，使电流计的正极和铜片相连，负极和锌片相连。若接通电路，其指针就立即向一方偏转，说明反应中确实有电子的转移，而且沿着一定的方向有规则地运动。这种借助于氧化还原反应将化学能转变为电能的装置称为原电池。

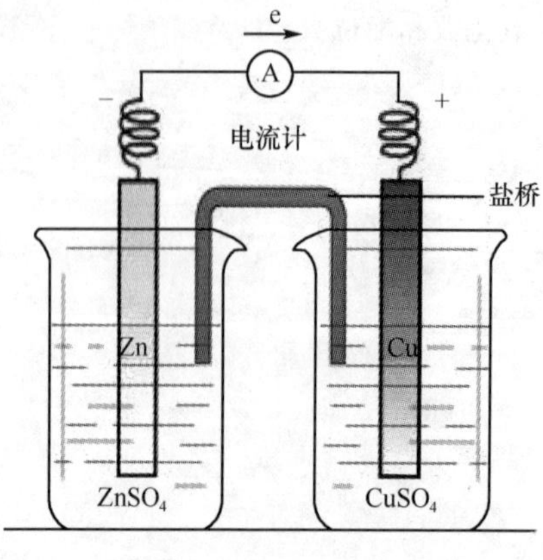

图 7-1 铜锌原电池示意图

原电池中发生了氧化还原反应，且给出电子和得到电子是分别在两个电极上进行的。给出电子、发生氧化反应的电极称为负极，得到电子、发生还原反应的电极称为正极。分别发生在两极的氧化和还原反应称为电极反应。

显然，铜锌原电池的电极反应为：

负极(Zn)　$Zn-2e \xlongequal{} Zn^{2+}$　发生氧化反应

正极(Cu)　$Cu^{2+}+2e \xlongequal{} Cu$　发生还原反应

两个电极反应构成的总反应，称为电池反应。铜锌原电池的电池反应为

$$Zn+Cu^{2+} \xlongequal{} Cu+Zn^{2+}$$

由此可以看出，电池中发生的氧化还原反应和Zn片直接放入Cu^{2+}溶液中发生的反应完全相同，区别只在于电池中失去电子和得到电子的过程分别在两个电极上进行。

考点提示： 原电池的概念和电极反应

原电池常用符号表示，如铜锌原电池可表示为

$$(-)Zn \mid Zn^{2+}(c_1) \parallel Cu^{2+}(c_2) \mid Cu(+)$$

习惯上，负极写在左边，正极写在右边，并分别标注(-)、(+)。"‖"表示盐桥，"|"表示电极和溶液接触界面，c_1、c_2表示溶液的浓度。

化学电源发展概述

最早的化学电源是意大利科学家伏特(Volta)于1800年完成的。之后经不断改进，制成了延续使用至今的锌锰干电池。这种电池的特点是价格低廉、携带方便，但使用时间短，且只能一次性使用。1859年，法国人普南特(Plante)首次发明了实用的酸性铅蓄电池，并于1882年实现商品化。19世纪末20世纪初，镉镍、铁镍等碱性蓄电池系列又相继问世。蓄电池是真正的电能储蓄器，可充电、储能高，至今仍是电池中的主导产品之一。20世纪90年代，电子技术、移动通信的进步推动了电池发明和制造技术的高速发展，随着人们环保意识的不断增强和技术的进步，一些新型可充电的"绿色电池"不断推出，如可充式镍氢电池、锂离子电池等新型系列。电池产品正向着高能量、高容量、高性能、低消耗、长寿命、绿色环保方向迅速迈进。

链接

二、标准电极电势

(一) 电极电势的产生

原电池可以产生电流，说明两电极之间存在电势差，这说明构成原电池的两个电极各自具有不同的电极电势。用$\varphi_{(+)}$表示正极的电极电势，用$\varphi_{(-)}$表示负极的电极电势，两个电极之间的电势差称为原电池的电动势，用E表示：

$$E=\varphi_{(+)}-\varphi_{(-)} \tag{7-1}$$

铜锌原电池中，电子从锌极流向铜极，说明锌极的电极电势较低，而铜极的电极电势较高。电极电势是如何产生的呢？我们以金属电极为例说明这个问题。

当把金属(如铜片和锌片)插入它的盐溶液中时，构成了相应的电极。电极上会产生两种相反的反应过程，一方面，金属表面的金属原子因热运动和受溶液中极性水分子的作用而以水合离子进入溶液中；另一方面，溶液中的金属离子也有可能碰撞金属，使金属接受其表面的电子而沉积在金属表面上，直到建立下列平衡：

$$M(S) \underset{沉积}{\overset{溶解}{\rightleftharpoons}} M^{n+}(aq) + ne$$

金属越活泼(或溶液中金属离子浓度越小),越有利于正反应进行,金属离子进入溶液的速率大于沉积速率直至建立平衡。从而使金属表面带负电荷,溶液则带正电荷,溶液与金属的界面处形成了双电层[图7-2(a)],产生了电势。反之,如果金属越不活泼,则离子沉积的速率大于溶解的速率,金属表面带正电而溶液带负电,也形成了双电层[图7-2(b)],产生了电势。

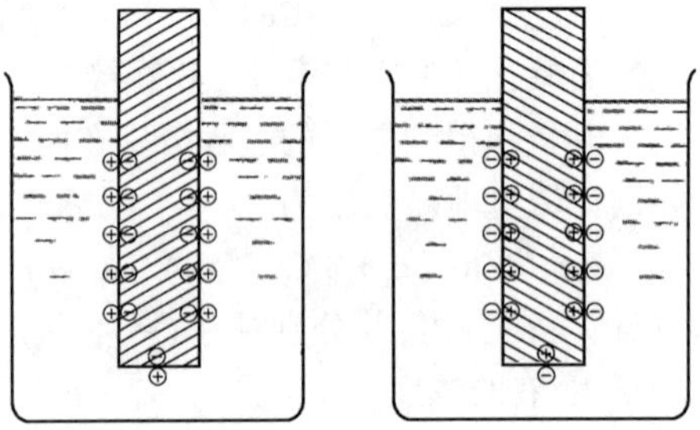

图7-2 金属电极的双电层结构

这种金属与溶液之间因形成双电层而产生的稳定电势称为电极电势,以符号 $\varphi_{M^{n+}/M}$ 表示。例如,在铜锌原电池中 Zn 片和 Zn^{2+} 溶液构成一个电极,电极电势用 $\varphi_{Zn^{2+}/Zn}$ 表示;Cu 片和 Cu^{2+} 溶液构成一个电极,电极电势用 $\varphi_{Cu^{2+}/Cu}$ 表示。

电极电势的大小主要取决于电极的本性。对于金属电极,金属越活泼,越容易失去电子,溶解形成离子的倾向越大,离子沉积的倾向越小,达到平衡时,电极电势越低;金属越不活泼,则电极电势越高。另外,温度、介质和离子浓度等外界因素也对电极电势有影响。

铜锌原电池中,锌较活泼,Zn 失电子的倾向大,Zn^{2+} 得到电子的倾向小,所以锌极的电极电势低;而铜较不活泼,Cu 失电子的倾向小,Cu^{2+} 得电子的倾向大,所以铜极的电极电势高。两电极一旦相连,电子就由锌极流向铜极,氧化还原反应即可发生。

依据电极电势的大小,可以衡量一定条件下构成电极的氧化还原电对得失电子能力(氧化还原能力)的强弱,从而可以方便地判断氧化还原反应的方向及氧化剂、还原剂的强弱。

但是,迄今为止人们无法测出电极电势的绝对值。于是,人们便采用选择一种参考基准,用其他电极与之比较的方法得到电极电势的相对值。我们称这种参考基准为标准电极。目前,国际上统一采用标准氢电极作为标准电极。

(二) 标准电极电势

1. 标准氢电极 单个电极的电极电势,其绝对值是无法测定的。为此必须选一个电极作为比较标准,以求得各个电极的相对电极电势,如同确定海拔高度以海平面做标准一样。按照国际纯粹与应用化学联合会(IUPAC)的建议,国际上统一用标准氢电极作为测量电极电势的标准,称其为参比电极。

标准氢电极的构造如图7-3所示。由于氢是气体,不能直接制成电极,因此,选用化学性质极不活泼而又能导电的铂片来制备电极。将镀有一层多孔铂黑的铂片(Pt)插入氢离子浓度为 $1mol \cdot L^{-1}$ 的稀硫酸溶液中,不断通入压力为101.33kPa的纯氢气流,使铂黑吸附的氢气达到饱和状态,此时,被铂黑吸附的氢气与溶液中的氢离子建立如下动态平衡:

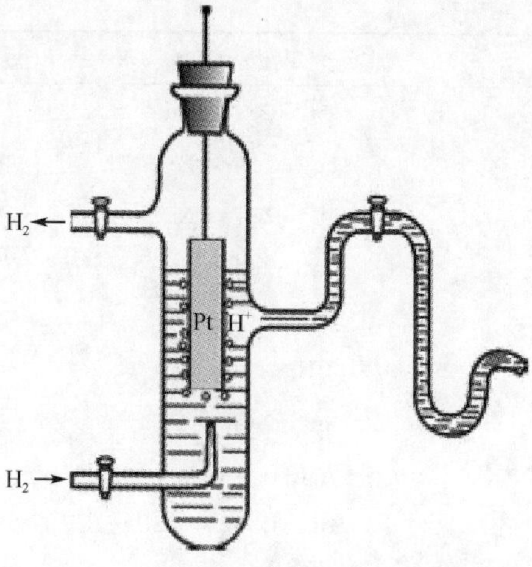

图7-3 标准氢电极

$$2H^+(aq, 1\ mol \cdot L^{-1}) + 2e \rightleftharpoons H_2(g, 101.33kPa)$$

此电极称为标准氢电极,并规定在298.15K时标准氢电极的电极电势为零,用 $\varphi^{\theta}_{H^+/H_2}$ = 0.0000V表示。

2. 标准电极电势　如果将某种电极和标准氢电极连接组成电池,在标准状态下测定出来的电池电动势即是该电极的标准电极电势。

标准电极电势用 φ^{θ} 表示,单位为伏特,用符号V表示。标准电池电动势与正、负电极标准电极电势的关系可表示为

$$E^{\theta} = \varphi^{\theta}_{+} - \varphi^{\theta}_{-} \qquad (7\text{-}2)$$

例如,要测定锌电极的标准电极电势,可将标准状态下的锌电极与标准氢电极组成原电池,测定其电动势并由电流方向确定正极和负极。其中锌电极为负极,氢电极为正极。这个原电池可用符号表示如下:

$$(-)Zn \mid Zn^{2+}(1\ mol \cdot L^{-1}) \parallel H^+(1\ mol \cdot L^{-1}) \mid H_2(101.33\ kPa) \mid Pt(+)$$

再用数字伏特计测得电池电动势为0.762V,根据式(7-2),可得

$$\begin{aligned}\varphi^{\theta}(Zn^{2+}/Zn) &= \varphi^{\theta}(H^+/H_2) - E^{\theta}\\ &= 0-0.762\\ &= -0.762V\end{aligned}$$

同样,如果要测定铜电极的标准电极电势,可将标准状态下的铜电极与标准氢电极组成电池。铜电极为正极,氢电极为负极。此原电池用符号表示如下:

考点提示: 电极电势的产生

$$(-)Pt \mid H_2(101.33kPa) \mid H^+(1mol \cdot L^{-1}) \parallel Cu^{2+}(1mol \cdot L^{-1}) \mid Cu(+)$$

若测得原电池的电动势为 E^{θ} = 0.342 V,则

$$\varphi^{\theta}(Cu^{2+}/Cu) = +0.342V$$

其他各种氧化还原电极的标准电极电势可用类似方法来确定。有关测定结果见表7-1。

表7-1　常见氧化还原电极的标准电极电势表(298.15K)

电极组成(Ox/Red)	电极反应($Ox+ne \rightleftharpoons Red$)	标准电极电势 φ^{θ}(V)
$K^+ \mid K$	$K^+ + e \rightleftharpoons K$	−2.931
$Na^+ \mid Na$	$Na^+ + e \rightleftharpoons Na$	−2.713
$Mg^{2+} \mid Mg$	$Mg^{2+} + 2e \rightleftharpoons Mg$	−2.370

续表

电极组成(Ox/Red)	电极反应(Ox+ne ⇌ Red)	标准电极电势 φ^θ/(V)
Zn^{2+} | Zn	$Zn^{2+}+2e \rightleftharpoons Zn$	-0.762
Fe^{2+} | Fe	$Fe^{2+}+2e \rightleftharpoons Fe$	-0.447
Ni^{2+} | Ni	$Ni^{2+}+2e \rightleftharpoons Ni$	-0.230
Sn^{2+} | Sn	$Sn^{2+}+2e \rightleftharpoons Sn$	-0.138
Pb^{2+} | Pb	$Pb^{2+}+2e \rightleftharpoons Pb$	-0.126
H^+ | H_2 | Pt	$2H^++2e \rightleftharpoons H_2$	0.000
Sn^{4+}, Sn^{2+} | Pt	$Sn^{4+}+2e \rightleftharpoons Sn^{2+}$	+0.151
Cl^- | AgCl | Ag	$AgCl+e \rightleftharpoons Ag+Cl^-$	+0.222
Cl^- | Hg_2Cl_2 | Hg	$Hg_2Cl_2+2e \rightleftharpoons 2Hg+2Cl^-$	+0.268
Cu^{2+} | Cu	$Cu^{2+}+2e \rightleftharpoons Cu$	+0.342
OH^- | O_2 | Pt	$O_2+2H_2O+4e \rightleftharpoons 4OH^-$	+0.401
I^- | I_2 | Pt	$I_2+2e \rightleftharpoons 2\ I^-$	+0.536
Fe^{3+}, Fe^{2+} | Pt	$Fe^{3+}+e \rightleftharpoons Fe^{2+}$	+0.771
Ag^+ | Ag	$Ag^++e \rightleftharpoons Ag$	+0.799
Br^- | Br_2 | Pt	$Br_2+2e \rightleftharpoons 2Br^-$	+1.066
$Cr_2O_7^-$, Cr^{3+}, H^+ | Pt	$Cr_2O_7^- + 14H^+ + 6e \rightleftharpoons 2Cr^{3+}+7H_2O$	+1.232
Cl^- | Cl_2 | Pt	$Cl_2+2e \rightleftharpoons 2Cl^-$	+1.358
Pt8H_2O+MnO_4^-, Mn^{2+}, H^+ | Pt	$MnO_4^-+8H^++5e \rightleftharpoons 2Mn^{2+}+4H_2O$	+1.507
H_2O_2, H^+ | Pt	$H_2O_2+2H^++2e \rightleftharpoons 2H_2O$	+1.776
F^- | F_2 | Pt	$F_2+2e \rightleftharpoons 2F^-$	+2.866

使用标准电极电势表时,需要注意以下几点:

(1) 标准电极电势的应用条件。标准电极电势是在标准状态时的水溶液中测定的,因此,对于非标准态、非水溶液体系,不能用 φ^θ 比较物质氧化还原能力的大小。

(2) 标准电极电势的符号和数值不因电极反应的方向而改变。例如,不管电极反应是 $Zn^{2+}+2e \longrightarrow Zn$,还是 $Zn \longrightarrow Zn^{2+}+2e$,其标准电极电势数值都是-0.762 V。

(3)在标准状态下,电对的标准电极电势值越大,表明其氧化型得电子能力越强,是较强的氧化剂,而对应的还原型失电子能力越弱,是弱的还原剂。

第2节 影响电极电势的因素

一、能斯特方程

标准电极电势(φ^θ)是在标准状态下测定的,但随着氧化还原反应的进行,反应体系的温度、溶液的浓度和酸碱度等外界条件的改变对电极电势的大小都有影响。电极电势的这种变化可用能斯特方程式表示。

对一个任意给定的电极反应:

$$Ox+ne \rightleftharpoons Red$$

其电极电势表达式为

$$\varphi = \varphi^{\theta} + \frac{RT}{nF}\ln\frac{[O_X]}{[Red]} \tag{7-3}$$

式中，φ^{θ} 为标准电极电势，V；R 摩尔气体常量，$R=8.314J/(mol \cdot K)$；T 为热力学温度，$T=t+273.15$；n 为电极反应中转移的电子数；F 为法拉第(Faraday)常量，$F=96485C/mol$；$[O_X]$为电极反应中氧化型一方各物质浓度幂次方的乘积；[Red]为电极反应中还原型一方各物质浓度幂次方的乘积。

在温度为298.15 K时，将各常数代入式(7-3)化简，则能斯特方程式可表达为

$$\varphi = \varphi^{\theta} + \frac{0.059}{n}\lg\frac{[O_X]}{[Red]} \tag{7-4}$$

由Nernst方程可见，在298.15K时，给定电极的电极电势主要与电极中氧化态和还原态物质的浓度有关。电极中氧化态的浓度越大或还原态的浓度越小，φ 值越高；反之，φ 值越小。

二、影响电极电势的因素及有关计算

依据Nernst方程式和标准电极电势表，我们可以计算出298.15K下任意浓度时常见电极的电极电势。

在应用Nernst方程计算时，应注意以下几个问题：

(1) 应用于计算的电极反应方程式要配平。

(2) 参与反应的物质若为纯固体、纯液体物质，其浓度视为1，为气体时浓度用相对分压(气体的分压除以101.33 kPa)表示，代入方程计算。

(3) 若有 H^+ 或 OH^- 等离子参加电极反应，其浓度也必须代入Nernst方程式计算。

[例7-1] 温度在298.15 K时，将铜片分别浸入浓度为 $0.1mol \cdot L^{-1}$ 和 $0.01mol \cdot L^{-1}$ 的硫酸铜溶液中，试分别计算这两种浓度下的电极电势。

解 电极反应为 $Cu^{2+}+2e \rightleftharpoons Cu$

查表7-1可知：$\varphi^{\theta}(Cu^{2+}/Cu)=+0.342$ V

$[Cu^{2+}]=0.1mol/L$ 时，$\varphi = \varphi^{\theta} + \frac{0.059}{2}\lg[Cu^{2+}]$

$$= 0.342 + \frac{0.059}{2}\lg 0.1 = 0.31 \text{ V}$$

$[Cu^{2+}]=0.010mol/L$ 时，$\varphi = \varphi^{\theta} + \frac{0.059}{2}\lg[Cu^{2+}]$

$$= 0.342 + \frac{0.059}{2}\lg 0.01 = 0.28 \text{ V}$$

计算结果显示，电极反应中一侧物质浓度的改变会引起电极电势的变化。电极中氧化态物质的浓度越大，其电极电势就越高，其氧化能力就越强。同理可知，还原态物质的浓度越大，其电极电势就越低，其氧化能力就越弱。因此，通过任何方法改变溶液中物质的浓度，都会改变电极电势的数值。

[例7-2] 已知298.15 K时，电极反应 $MnO_4^-+8H^++5e \rightleftharpoons Mn^{2+}+4H_2O$ 在pH=1和pH=5的酸性介质中进行，若$[MnO_4^-]=[Mn^{2+}]=0.1mol \cdot L^{-1}$，计算该电极的电极电势。

解 查表7-1可知，298.15K时，$\varphi^{\theta}(MnO_4^-/Mn^{2+})=+1.507$ V

当pH=1时，$[H^+]=0.1\ mol \cdot L^{-1}$

$$\varphi = \varphi^{\theta} + \frac{0.059}{5}\lg\frac{[MnO_4^-][H^+]^8}{[Mn^{2+}]}$$

$$=1.507+\frac{0.059}{5}\lg(0.1)^8$$

$$=1.413\ \text{V}$$

当 pH=5 时，$[H^+]=10^{-5}\text{mol}\cdot\text{L}^{-1}$

则

$$\varphi=\varphi^\theta+\frac{0.059}{5}\lg\frac{[MnO_4^-][H^+]^8}{[Mn^{2+}]}$$

$$=1.507+\frac{0.059}{5}\lg(10^{-5})^8$$

$$=1.034\ \text{V}$$

考点提示： 运用 Nernst 方程计算非标准状态下的电极电势

计算结果表明，对于 MnO_4^- 而言，溶液 pH 越小，酸性越强，电极电势越高，其氧化能力也越强；反之，电极电势越低，氧化能力越弱。所以，$KMnO_4$ 作为氧化剂通常在酸性溶液中氧化能力更强。

由此得出结论：对于有 H^+或 OH^-等离子参加的电极反应，其浓度对电极电势有较大的影响。特别是对于 H^+或 OH^-前面系数较大的电极反应，改变溶液的 pH，会引起电极电势的较大改变，甚至会改变氧化还原反应的方向。

第 3 节　电极电势的应用

电极电势在化学和医学方面都有着广泛的用途。本节主要讨论在判断氧化剂和还原剂的相对强弱、判断氧化还原反应的方向及溶液 pH 测定三方面的应用。

一、比较氧化剂和还原剂的相对强弱

电极电势的相对大小反映出电对中氧化态物质得电子能力和还原态物质失电子能力的强弱。电极电势的代数值越大，电对中的氧化态物质越易得到电子，是越强的氧化剂；对应的还原态物质越难失去电子，是越弱的还原剂。电极电势的代数值越小，电对中的还原态物质越易失去电子，是越强的还原剂；而对应的氧化态物质越难得到电子，是越弱的氧化剂。

[例 7-3]　根据标准电极电势，判断下列物质在标准状态下氧化剂和还原剂的强弱，按由强到弱的顺序排列：Zn^{2+}/Zn、Fe^{3+}/Fe^{2+}、Cu^{2+}/Cu、Ni^{2+}/Ni、Cl_2/Cl^-。

解　由表 7-1 查出以上电对的标准电极电势数据，并按大小排序如下：

$$\varphi^\theta(Zn^{2+}/Zn)=-0.762\ \text{V},\ \varphi^\theta(Fe^{3+}/Fe^{2+})=+0.771\ \text{V},$$

$$\varphi^\theta(Cu^{2+}/Cu)=+0.342\text{V},\ \varphi^\theta(Ni^{2+}/Ni)=-0.230\ \text{V},$$

$$\varphi^\theta(Cl_2/Cl^-)=+1.358\text{V}$$

考点提示： 应用电极电势比较氧化剂和还原剂的相对强弱

在上述 5 个电对中，$\varphi^\theta(Cl_2/Cl^-)$最大，而 $\varphi^\theta(Zn^{2+}/Zn)$最小。因此在标准状态下电对 Cl_2/Cl^-中的氧化型物质 Cl_2 是最强的氧化剂，电对 Zn^{2+}/Zn 中的还原型物质 Zn 是最强的还原剂。

在标准状态下，上述电对中氧化型物质的氧化能力由强到弱的顺序为：

$$Cl_2>Fe^{3+}>Cu^{2+}>Ni^{2+}>Zn^{2+}$$

还原型物质的还原能力由强到弱的顺序为：

$$Zn>Ni>Cu>Fe^{2+}>Cl^-$$

用电极电势来比较氧化剂和还原剂的相对强弱时，要考虑浓度及酸度等因素的影响。当电对处于非标准态状态下，且各电对标准电极电势相差不大时，必须利用能斯特方程式计算出各电对的电极电势，然后再进行比较。当各电对的标准电极电势相差较大(一般在 0.2V 以

上)时,可以用标准电极电势直接进行比较。

二、判断氧化还原反应进行的方向

对于氧化还原反应 $Ox_1+Red_2 \rightleftharpoons Ox_2+Red_1$ 能否自发进行,取决于氧化剂和还原剂的相对强弱。反应进行的方向是强氧化剂和强还原剂反应生成弱氧化剂与弱还原剂。电对的电极电势越高,则氧化态的氧化能力越强,电极电势越低,则还原态的还原能力越强,氧化还原反应就会自发进行。也就是说,若氧化态物质(氧化剂)的电极电势大于还原态物质(还原剂)的电极电势,反应就能自发进行。故有如下结论:

若 $\varphi_{氧化剂} > \varphi_{还原剂}$,反应正向自发进行;若 $\varphi_{氧化剂} < \varphi_{还原剂}$,反应逆向自发进行。两个电对电极电势差值越大,反应自发进行的倾向就越大。

[例 7-4] 判断标准态时,反应 $2Fe^{3+}+I^- = 2Fe^{2+}+2I_2$ 进行的方向。

解 查表 7-1,得两个氧化还原电对的标准电极电势:

$$\varphi^{\theta}(I_2/I^-) = +0.536V,\ \varphi^{\theta}(Fe^{3+}/Fe^{2+}) = +0.771V$$

按照上述反应,电对 Fe^{3+}/Fe^{2+} 中的氧化态是氧化剂,电对 I_2/I^- 中的还原态是还原剂,$\varphi^{\theta}(Fe^{3+}/Fe^{2+}) > \varphi^{\theta}(I_2/I^-)$,所以反应自发进行。

考点提示:应用电极电势比较氧化还原反应进行的方向

以上是标准状态下反应自发方向的判断。由于物质浓度、酸度等外部条件都会影响电极电势的数值,如果两个电对的标准电极电势相差不大(<0.20V),氧化还原反应的方向必须用所在条件下的电极电势来判断。

[例 7-5] 判断反应 $Sn+Pb^{2+} = Sn^{2+}+Pb$ 进行的方向:

(1) $[Pb^{2+}] = [Sn^{2+}] = 1mol \cdot L^{-1}$;

(2) 298.15K 下,$[Pb^{2+}] = 0.1\ mol \cdot L^{-1}$、$[Sn^{2+}] = 1\ mol \cdot L^{-1}$。

解 (1) 查表 7-1 得标准电极电势:

$$\varphi^{\theta}(Pb^{2+}/Pb) = -0.126\ V,\ \varphi^{\theta}(Sn^{2+}/Sn) = -0.138\ V$$

因为 $\varphi^{\theta}(Pb^{2+}/Pb) > \varphi^{\theta}(Sn^{2+}/Sn)$,所以反应正向自发进行。

(2) 当 $[Pb^{2+}] = 0.1\ mol \cdot L^{-1}$ 时,根据能斯特方程,可得

$$\varphi(Pb^{2+}/Pb) = \varphi^{\theta}(Pb^{2+}/Pb) + \frac{0.059}{2}\lg[Pb^{2+}]$$

$$= -0.126 + \frac{0.059}{2}\lg 0.1$$

$$= -0.156(V)$$

$[Sn^{2+}] = 1mol \cdot L^{-1}$,电极处于标准态,则有

$$\varphi(Sn^{2+}/Sn) = \varphi^{\theta}(Sn^{2+}/Sn) = -0.138\ V$$

因为 $\varphi(Sn^{2+}/Sn) > \varphi(Pb^{2+}/Pb)$,所以在此状态下反应逆向自发进行。

故可得出结论:若可逆反应中两个电对的标准电极电势相差不大,可以通过采取措施,如增加或降低氧化态、还原态的浓度、溶液的酸度等来改变电极电势数值,从而控制反应进行的方向。

三、电势法测定溶液的 pH

电势法是通过测量原电池的电动势来确定被测离子浓度的方法。通常是在待测溶液中插入与待测离子浓度有定量关系、用来指示待测离子浓度的指示电极和已知电极电势的参比电极组成一个原电池。该电池的电动势与待测离子浓度存在一定的函数关系。因而测出电池的电动势就可求出离子浓度。在实际工作中测定溶液的 pH 时,常选用重现性和稳定性好、

使用方便的饱和甘汞电极(SCE)作参比电极,玻璃电极(G)作指示电极。

1. 饱和甘汞电极(SCE) 饱和甘汞电极的构造如图 7-4 所示,它由金属汞和 Hg_2Cl_2 及 KCl 饱和溶液组成。电极由两个玻璃套管组成,内管中封接一根铂丝,铂丝插入纯汞中(厚度为 0.5 ~ 1.0cm),下置一层甘汞(Hg_2Cl_2)和汞的糊状物。从上部侧口向外玻璃管注入饱和 KCl 溶液。

电极组成 $Pt, Hg, Hg_2Cl_2(s) \mid Cl^-(c)$

电极反应 $Hg_2Cl_2(s) + 2e \xlongequal{} 2Hg(s) + 2Cl^-$

298.15 K 时,电极的能斯特方程式为

$$\begin{aligned}\varphi(SCE) &= \varphi^{\theta}(SCE) + \frac{0.059}{2}\lg\left(\frac{1}{[Cl^-]^2}\right) \\ &= \varphi^{\theta}(SCE) - 0.059\lg[Cl^-]\end{aligned}$$

饱和 KCl 溶液中$[Cl^-]$为定值,故 $\varphi(SCE)$ 也为定值,测得,在 298.15K 时,$\varphi(SCE) = +0.241V$。

2. 玻璃电极(G)玻璃电极的结构如图 7-5 所示。其主要部分是球形玻璃薄膜,球形玻璃薄膜是由 Na_2O、SiO_2、CaO 按一定比例组成的,膜的厚度为 0.05 ~ 0.1mm,膜内装有浓度固定的盐酸溶液($0.1mol \cdot L^{-1}$),其中用镀有 AgCl 的 Ag 丝电极作为内参比电极。将玻璃电极插入待测溶液,当玻璃膜内外两侧的氢离子浓度不等时,就会出现一个电势差,称为膜电势。由于膜内溶液的 pH 一定,膜电势只随膜外溶液 pH 的变化而变化。玻璃电极就是根据这一原理制造和工作的。如果测得玻璃电极的电极电势 $\varphi(G)$,就可计算出溶液的 pH。

298.15 K 时,玻璃电极的电极电势为

$$\varphi(G) = \varphi^{\theta}(G) - 0.059\ pH$$

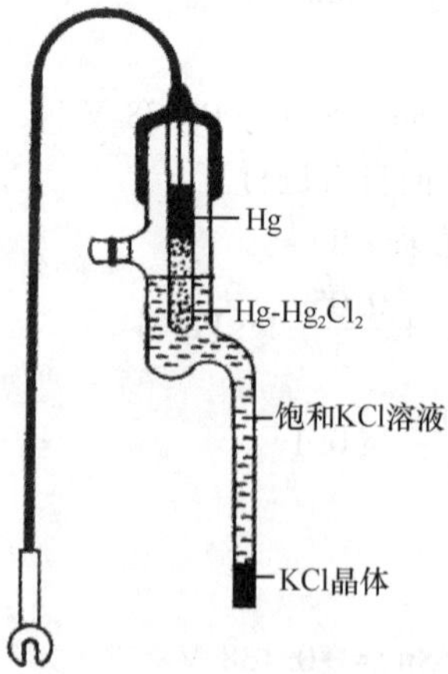

图 7-4 饱和甘汞电极

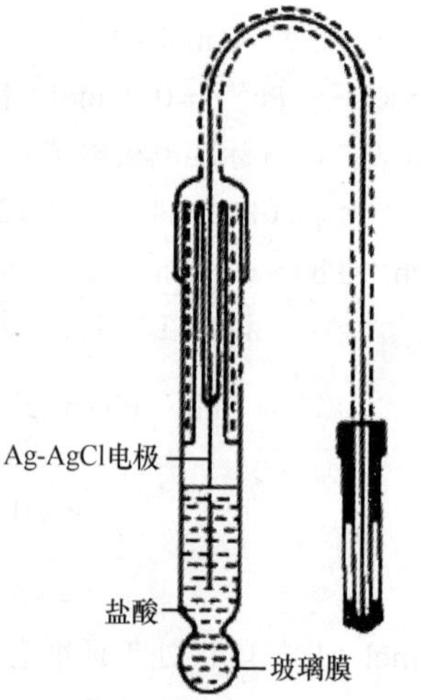

图 7-5 玻璃电极

复合 pH 电极

将指示电极和参比电极组装在一起就构成了复合电极。目前使用的复合 pH 电极通常是由玻璃电极与银-氯化银电极或玻璃电极与甘汞电极组合而成。它是由两个同心玻璃管构成,内管为常规的玻璃电极,外管为一参比电极;电极外套将玻璃电极和参比电极包裹在一起,并把敏感的玻璃泡固定在外套的保护栅内,参比电极的补充液由外套上端的小孔加入。把复合 pH 电极插入试样溶液中,就组成了一个完整的电池系统。复合 pH 电极的优点在于使用方便,并且测定值较稳定。

链接

3. 电势法测定溶液 pH　测定溶液的 pH 时，常用玻璃电极（G）作指示电极，饱和甘汞电极（SCE）作参比电极，与待测溶液组成原电池。此原电池可用符号表示如下：

$$(-)\,Ag \mid AgCl,HCl \mid 玻璃膜 \mid 试液 \parallel KCl(饱和),Hg_2Cl_2 \mid Hg(+)$$

原电池的电动势为

$$E=\varphi(SCE)-\varphi G=\varphi(SCE)-\varphi^{\theta}(G)+0.059\,pH_{待测} \tag{7-5}$$

具体方法为：先将玻璃电极和饱和甘汞电极浸入一已知 pH 的标准缓冲溶液中，测得其电动势 E_s，假定标准缓冲溶液的 pH 为 pH_s，根据相关推算得出：

$$E_s=K+0.059\ pH_s \tag{7-6}$$

然后将标准缓冲溶液换成待测 pH 溶液，设待测溶液 pH 为 pH_x，测得其电动势为 E_x，根据相关推算得出：

$$E_x=K+0.059\ pH_x \tag{7-7}$$

考点提示：电势法测定溶液的 pH

以上两式相减，整理可得

$$pH_x=pH_s+\frac{E_x-E_s}{0.059} \tag{7-8}$$

根据已知标准缓冲溶液的 pH_s 以及测得的 E_s 和 E_x，利用式（7-8），可计算出待测溶液的 pH_x。

实际工作中，常用各种型号的酸度计（pH 计）测定溶液的 pH。测定时只需要按照操作规程正确操作，准确配制标准缓冲溶液，校正好酸度计的刻度尺，就能得到精确的 pH，而不需要进行计算。

pH 测定值在临床上的应用

人体体液 pH 测定值在临床上对于辅助诊断、指导治疗均有一定价值。血液的 pH 是衡量酸碱平衡的一种有效方法。例如，临床上规定，凡 pH 低于 7.35 者均提示酸中毒；凡超过 7.45 者均提示碱中毒。尿液的 pH 一般与细胞外液 pH 平行，即酸中毒时尿呈酸性，碱中毒时尿呈碱性，故可作为一种简便的血 pH 替补检验手段，因此 pH 的测定在临床上显得无比重要。

链接

近年来，电位法的应用迅速发展，除用玻璃电极作指示电极测定溶液的 pH 外，又先后研制出几十种离子选择电极作为指示电极，用于测定溶液中各种特定离子的浓度。由于离子选择性电极具有选择性好、灵敏度高、操作简便、快速且不破坏试样等特点，故为某些生理生化的测定提供了可能性。

目标检测

一、填空题

1. 原电池是利用________反应产生电流的装置，它是由________组成的，并用________加以连通。
2. 铜锌原电池工作时，电子从________流向________，电流的方向是从________到________。正极发生了________反应，负极发生了________反应。
3. 电极电势的数值越大，其________越强，电极电势的数值越小，其________越强。
4. 电极电势越大，氧化还原电对中的氧化型物质是________氧化剂，还原型物质是________还原剂；反之，电极电势越小，电对中还原型物质是________还原剂，氧化型物质是________氧化剂。

5. 已知 $\varphi^{\theta}_{Zn^{2+}/Zn}=-0.762$ V, $\varphi^{\theta}_{Fe^{3+}/Fe^{2+}}=+0.771$V, $\varphi^{\theta}_{Ag^{+}/Ag}=+0.799$V,以上三个电对所涉及的六种物质中最强的氧化剂是________,最强的还原剂是________。

二、单项选择题

1. 某电池的电动势 E 是正值,则该电池反应(　　)
   A. 逆向自发进行
   B. 正向自发进行
   C. 处于平衡状态
   D. 无法判断反应方向
2. 应用 Cu-Zn 原电池产生电流时,盐桥中阳离子和阴离子分别移向(　　)
   A. Zn 极和 Cu 极　　B. Cu 极和 Zn 极
   C. Zn 极　　D. Cu 极
3. $2Fe^{3+}+2I^{-}=2Fe^{2+}+I_2$ 反应中,氧化剂是(　　)
   A. Fe^{3+}　　B. I^{-}
   C. Fe^{2+}　　D. I_2
4. 在下列电极反应中,溶液的 pH 降低,其氧化态的氧化性增大的是(　　)
   A. $Br_2+2e=2Br^{-}$
   B. $Cl_2+2e=2Cl^{-}$
   C. $MnO_4^{-}+8H^{+}+5e=Mn^{2+}+4H_2O$
   D. $Ag^{+}+e=Ag$
5. 已知 $\varphi^{\theta}_{Fe^{3+}/Fe^{2+}}=0.77$ V, $\varphi^{\theta}_{Zn^{2+}/Zn^{+}}=-0.76$V。将两电对组成原电池,该原电池的标准电动势为(　　)
   A. 2.36V　　B. 0.04V
   C. 0.84V　　D. 1.53V
6. 可使电对 Cu^{2+}/Cu 的电极电势值增加的是(　　)
   A. $CuSO_4$　　B. Na_2S
   C. KOH　　D. NH_3
7. 已知,在标准状况下,在 Fe^{3+}/Fe^{2+} 和 I_2/I^{-} 两个电对中,较强的氧化剂是(　　)
   A. Fe^{3+}　　B. Fe^{2+}
   C. I_2　　D. I^{-}
8. 在下列金属电对中,标准电极电势值最小的是(　　)
   A. Fe^{3+}/Fe^{2+}　　B. Cu^{2+}/Cu
   C. Zn^{2+}/Zn　　D. Ag^{+}/Ag
9. 依据标准电极电势数据判断,下述电对中氧化态氧化能力最强的是(　　)
   A. Fe^{3+}/Fe^{2+}
   B. Cu^{2+}/Cu
   C. MnO_4^{-}/Mn^{2+}
   D. Fe^{2+}/Fe
10. 依据标准电极电势数据判断,下述电对中还原态还原能力最强的是(　　)
   A. Sn^{2+}/Sn
   B. Pb^{2+}/Pb
   C. Ag^{+}/Ag
   D. Fe^{2+}/Fe

三、简答题

1. 根据标准电极电势表的数据完成以下排列。
   (1) 按照由强到弱的顺序排列下列氧化剂:
   $KMnO_4$、$FeCl_2$、Cl_2、$FeCl_3$、I_2
   (2) 按照由强到弱的顺序排列下列还原剂:
   $SnCl_2$、Pb、Sn、KBr、Cu
2. 将下列氧化还原反应设计为原电池,写出电极反应和电池组成式。
   $Sn^{2+}+2Fe^{3+} \rightleftharpoons Sn^{4+}+2Fe^{2+}$

(何文涛)

第8章　有机化合物概述和烃

学习目标

1. 掌握饱和链烃、不饱和链烃和芳香烃的结构特点；系统命名法和主要的理化性质。
2. 理解同系物、同分异构现象和官能团的概念。
3. 了解有机化合物的定义、特性、结构特点及分类。

自然界的物质种类繁多，根据物质的组成、结构和性质的特点，通常将其分为两大类，即无机化合物和有机化合物。人的衣、食、住、行和生老病死，特别是与人们健康有关的环境科学、预防医学、卫生监测、诊断学、治疗学、药理学、药剂学、中草药有效成分的提取、鉴定和药物的研制等均与有机化合物密切相关。

第1节　有机化合物概述

一、有机化合物的概念

研究发现，有机化合物在组成上大多含有碳、氢、氧、氮等元素，少数还含有硫、磷、卤素等。任何一种有机化合物，在分子组成中都含有碳元素，绝大多数还含有氢元素。由于有机化合物分子的氢原子可以被其他元素的原子或原子团所替代，从而衍变出许许多多其他的有机化合物，所以把碳氢化合物及其衍生物称为有机化合物，简称有机物。把研究有机化合物的组成、结构、性质、合成及其应用的学科称为有机化学。

自然界中，一氧化碳、二氧化碳和碳酸盐等少数物质虽然含有碳元素，但由于它们在组成和性质上与无机化合物相似，所以通常把这些化合物列为无机化合物。

考点提示： 有机化合物和有机化学的定义

二、有机化合物的特点

由于有机化合物分子中都含有碳原子，碳原子的结构特点决定了有机化合物的特殊性，从而导致了大多数有机化合物的性质与无机化合物具有很大的差异。

（一）有机化合物的特性

1. 可燃性　绝大多数有机化合物可以燃烧，如汽油、煤油、柴油、天然气、乙醇、乙醚、棉花、纸张、木材等，而绝大部分无机化合物不能燃烧或难燃烧。

2. 熔点低　有机化合物的熔点都较低，一般不超过400℃。常温下多数有机化合物为气体、易挥发的液体或低熔点的固体。而无机化合物的熔点都较高，例如，氯化钠的熔点是800℃，氧化铝的熔点则高达2050℃。

3. 溶解性　绝大多数有机化合物难溶于水，而易溶于有机溶剂。有机溶剂是指能作为溶剂的液态有机化合物，如煤油、汽油、乙醇、氯仿、丙酮、四氯化碳、乙醚和苯等。而无机化合物大多易溶于水，难溶于有机溶剂。

4. 稳定性差　多数有机化合物不如无机化合物稳定。有机化合物常因温度、细菌、空气或光照等因素的影响而分解变质。例如，白色的维生素 C 片剂，如果长时间放置会被空气氧化而变质呈黄色，失去药效。许多抗生素片剂或针剂常注明失效期，就是因为这些药物的稳定性差，经过一定时间后会发生变质而失效。

考点提示：有机化合物的特性

5. 反应速率较慢　多数无机化合物之间的反应速率较快，往往瞬间完成。而绝大多数有机化合物之间的反应速率较缓慢，有些反应需几个小时、几天，甚至更长的时间才能完成。因此，常采用加热、光照或使用催化剂等手段加快某些有机化学反应的进行。

6. 反应产物复杂　多数有机化合物之间的反应，在主要产物生成的同时，常伴有副反应发生，所以反应后的产物常常是混合物。而无机化合物之间的反应，一般很少有副反应发生。

此外，有机化合物还有导电性差等特点。

（二）有机化合物的结构特点

有机化合物都含有碳元素，其结构特点主要取决于碳原子的结构。

1. 碳原子的结构特点

（1）碳原子的价态：碳元素在元素周期表中位于第二周期，第ⅣA 族。由于碳原子最外层有 4 个电子，在与其他原子成键时，既不容易失去电子，也不容易得到电子，因此碳原子易与其他原子共用 4 对电子形成 4 个共价键。因而碳原子在有机化合物中常表现为四价。例如，甲烷（CH_4）分子的组成是碳原子最外电子层的 4 个电子分别与 4 个氢原子形成 4 个共价键。如果以“ · ”表示碳原子的最外层电子，以“×”表示氢原子的 1 个电子，则甲烷分子的电子式可表示为

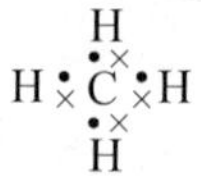

如果把电子式中的共用电子对用短线“—”表示，即成为甲烷分子的结构式：

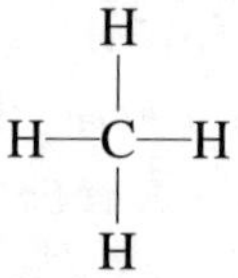

这样的图式不仅表示了有机化合物分子中原子的种类和数目，而且还表示出原子之间的连接顺序和方式。我们把这种能表示有机化合物分子中原子之间连接顺序和方式的图式称为分子结构式，简称结构式。

在有机化合物分子中，原子或原子团绝大多数都以共价键相结合，每种元素的原子表现出其特有的化合价。例如，碳原子总是四价，氧原子总是二价，氢原子总是一价等。

由于有机化合物分子中的共价键结合比较牢固，性质稳定，所以大多数有机化学反应速率较缓慢。又因为共价键极性较小或者无极性，导致多数有机化合物难溶于水，而易溶于无极性或极性小的有机溶剂。

（2）碳碳键的类型：在有机化合物中，碳原子不仅能与氢原子或其他元素（O、N、S 等）的原子结合成键，而且碳原子之间也可以通过共价键相结合。2 个碳原子之间共用 1 对电子形成的共价键称为碳碳单键；2 个碳原子之间共用 2 对电子形成的共价键称为碳碳双键；2 个碳原子之间共用 3 对电子形成的共价键称为碳碳叁键。碳原子之间的单键、双键和叁键可表示如下：

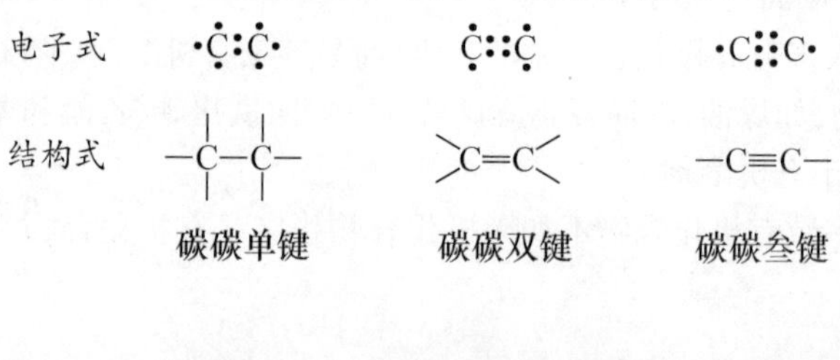

碳原子之间还可以相互连接形成长短不一和大小不等的各种链状和环状，构成有机化合物的基本骨架。例如：

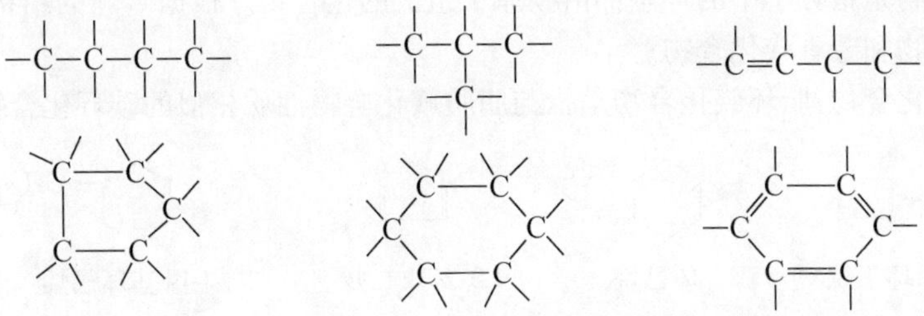

由此可见，在有机化合物分子中，碳原子和碳原子之间既可以形成单键，也可以形成双键和叁键；既可形成开放的链状结构，又可形成闭合的环状结构，且结合方式多种多样。这些结构上的特点是造成有机化合物种类繁多的原因之一。

2. 同分异构现象　有机化合物的性质主要取决于结构。在研究物质的分子组成和性质时，人们发现很多有机化合物的分子组成(分子式)相同，但结构和性质却不同。例如，分子组成都是 C_2H_6O 的化合物，可以有下列两种不同性质的有机化合物。

考点提示： 结构式、同分异构现象和同分异构体的定义

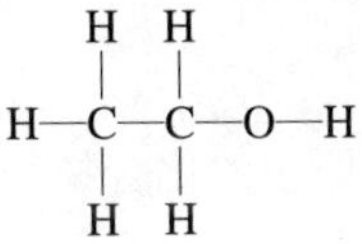

乙醇

(沸点78.3℃，能与金属钠反应)

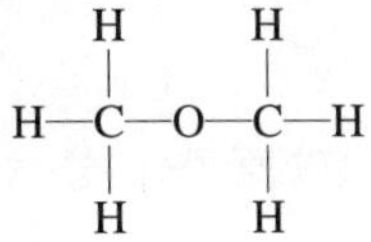

二甲醚

(沸点-23.6℃，不能与金属钠反应)

这种化学式相同，而结构不同的化合物，互称为同分异构体；这种现象称为同分异构现象。同分异构现象是有机化合物中普遍存在的一种现象，而且随着碳原子数的增加，同分异构体的数目也迅速增加，这是造成有机化合物种类众多的又一重要原因。

三、有机化合物的分类

有机化合物的分类方法有两种：按碳链骨架和官能团分类。

(一) 按碳链骨架分类

- 有机化合物
  - 开链化合物
  - 闭链化合物
    - 碳环化合物
      - 脂环族化合物
      - 芳香族化合物
    - 杂环化合物

1. 开链化合物　开链化合物是指碳原子与碳原子或碳原子与其他元素的原子之间结合成开放的链状结构的有机化合物。由于这类化合物最初在脂肪中发现，所以又称为脂肪族化合物。例如：

$CH_3—CH_2—CH_2—CH_2—CH_3$

正戊烷

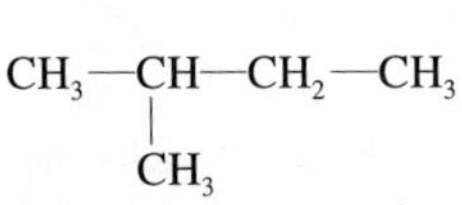

异戊烷

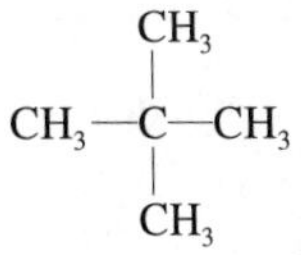

新戊烷

2. 闭链化合物　闭链化合物是指碳原子与碳原子或碳原子与其他元素的原子之间相互结合成环状结构的化合物。根据成环的原子种类不同，又可分为碳环化合物和杂环化合物两类。

(1) 碳环化合物

碳环化合物是指分子中的环全部由碳原子组成的化合物。根据碳环的结构不同，又可分为脂环族化合物和芳香族化合物。

①脂环族化合物：脂环族化合物是指与脂肪族化合物性质相似的碳环化合物。例如：

环丁烷

环己烷

1,3-环戊二烯

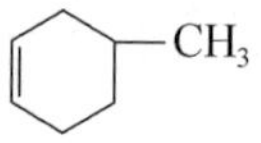

4-甲基环己烯

②芳香族化合物：芳香族化合物大多数含有苯环或稠合苯环，其性质与脂环族化合物不同，具有一些特殊性质。例如：

苯

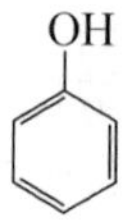

苯酚

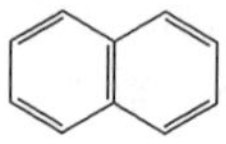
萘

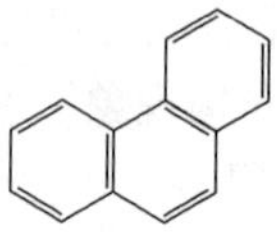
菲

(2)杂环化合物

杂环化合物的环中除碳原子外，还含有其他元素原子的化合物。例如：

呋喃

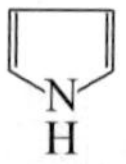

吡咯

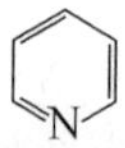

吡啶

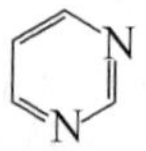

嘧啶

(二) 按官能团分类

考点提示：官能团的定义

在有机化合物中，像甲醇(CH_3—OH)、乙醇(CH_3CH_2—OH)、丙醇……这类化合物都具有相似的化学特性。这是因为它们分子中都含有羟基(—OH)这种原子团。其化学活性较大，很容易发生化学反应。像这种能决定一类有机化合物化学特性的原子或原子团，称为官能团。

按分子中所含官能团的不同，可将有机化合物分为若干类，见表 8-1。

表 8-1　部分有机化合物类型及其官能团

化合物类别	官能团		化合物类别	官能团	
	名称	结构式		名称	结构式
烯烃	碳碳双键	$>C=C<$	醛	醛基	$-\overset{\overset{O}{\|}}{C}-H$
炔烃	碳碳叁键	$-C\equiv C-$	酮	酮基	$\overset{\overset{O}{\|}}{C}$ (两侧各连一键)
卤代烃	卤素	—X(F、Cl、Br、I)	羧酸	羧基	—COOH
醇和酚	羟基	—OH	胺	氨基	$-NH_2$
醚	醚键	—O—	硝基化合物	硝基	$-NO_2$

第2节　饱和链烃

只由碳和氢两种元素组成的化合物称为碳氢化合物,简称烃。烃分子中的氢原子被其他元素的原子或原子团替代后,衍生出许多其他类别的有机化合物,因此,烃可看成是有机化合物的母体。

根据烃的结构的不同,分类如下:

- 烃
  - 开链烃(脂肪烃)
    - 饱和链烃(烷烃)
    - 不饱和链烃
      - 烯烃
      - 炔烃
  - 闭链烃
    - 脂环烃
    - 芳香烃

烃分子中的碳原子彼此连接成开放的链状结构的烃称为开链烃,又称脂肪烃。开链烃分子中的碳原子之间彼此以单键相连接,碳原子其余的价健全部和氢原子结合的开链烃称为饱和链烃,又称烷烃。

一、烷烃的同系物及通式

最简单的烷烃是甲烷,其次有乙烷、丙烷、丁烷等。表 8-2 列出了几种烷烃的结构简式、分子式及相邻组成差。

表 8-2　几种烷烃的结构简式和分子式

名称	结构简式	分子式	相邻组成差
甲烷	CH_4	CH_4	CH_2
乙烷	CH_3CH_3	C_2H_6	CH_2
丙烷	$CH_3CH_2CH_3$	C_3H_8	CH_2
丁烷	$CH_3CH_2CH_2CH_3$	C_4H_{10}	CH_2
戊烷	$CH_3(CH_2)_3CH_3$	C_5H_{12}	CH_2

比较上述烷烃可以看出,它们在分子组成上相差 1 个或几个 CH_2 原子团,都是以共价单键相结合成链状结构。在有机化合物中,把这种结构相似,在分子组成上相差 1 个或多个 CH_2 原子团的一系列化合物称为同系列。同系列中的化合物互称同系物。

烷烃分子随着碳原子数的增加,碳链的增长,氢原子数也随之增多。如果碳原子的数目是 n,则氢原子的数目是 $2n+2$。所以烷烃的组成通式可表示为 C_nH_{2n+2}。例如,十五烷的分子式为 $C_{15}H_{32}$。

同系物化学性质相近,物理性质也随着碳原子数的增多而呈现规律性的变化。因此,在同系物中只要深入研究 1 个或几个化合物,就可以推测出其他同系物的性质。

二、烷烃的同分异构现象

在烷烃分子中,含碳原子数目较少的甲烷、乙烷、丙烷没有同分异构体,但含有 4 个碳原子以上的烷烃都有同分异构体。

例如，C_4H_{10} 有 2 种异构体：

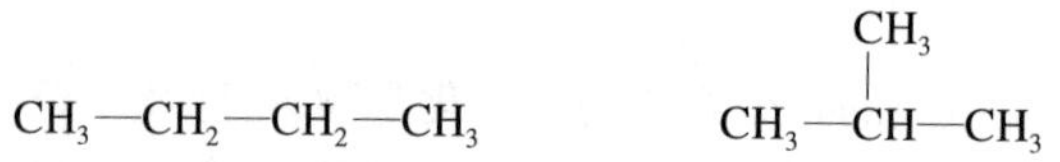

丁烷　　2-甲基丙烷

C_5H_{12} 有 3 种异构体：

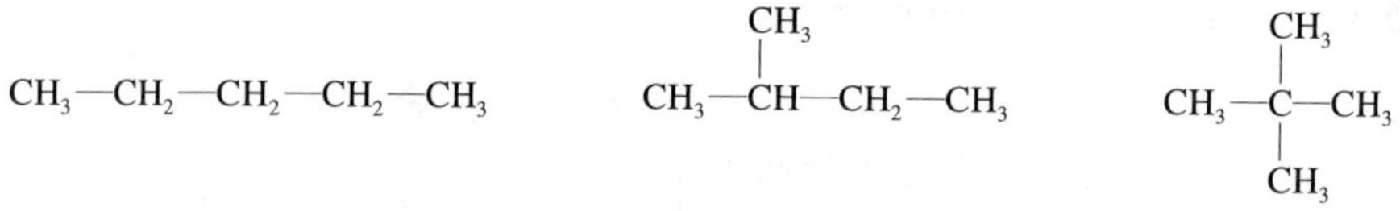

戊烷　　2-甲基丁烷　　2,2-二甲基丙烷

像这种由于碳链结构（分子中碳原子的连接顺序）不同而产生的同分异构现象称为碳链异构。随着碳原子数目的增多，烷烃的同分异构体的数目迅速增加。例如，C_6H_{14} 有 5 种同分异构体，C_7H_{16} 有 9 种同分异构体，C_8H_{18} 有 18 种同分异构体，$C_{10}H_{22}$ 有 75 种同分异构体，$C_{20}H_{42}$ 则多达 366319 种同分异构体。

三、烷烃的命名

（一）碳、氢原子的类型

根据一个碳原子所连接碳原子数目的不同，碳原子可分为伯、仲、叔和季四种类型。例如：

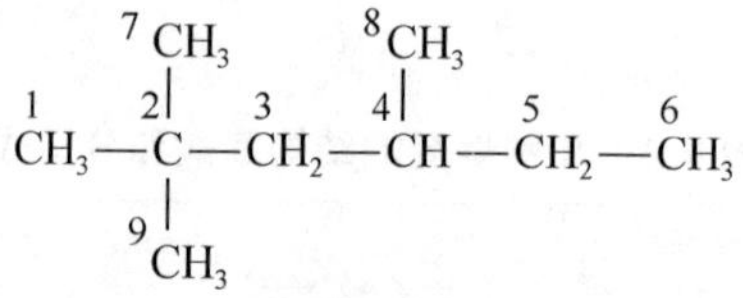

伯碳原子（一级或 1°）：只与 1 个碳原子直接相连的碳原子，如上述结构式中的 C^1、C^6、C^7、C^8、C^9。

仲碳原子（二级或 2°）：与 2 个碳原子直接相连的碳原子，如上述结构式中的 C^3、C^5。

叔碳原子（三级或 3°）：与 3 个碳原子直接相连的碳原子，如上述结构式中的 C^4。

季碳原子（四级或 4°）：与 4 个碳原子直接相连的碳原子。如上述结构式中的 C^2。

连接在伯、仲、叔碳原子上的氢原子分别称为伯（1°）、仲（2°）和叔（3°）氢原子。

（二）烷基

烷烃分子中去掉 1 个氢原子后剩余的原子团称为烷基，通常用“R—”表示，其通式为（$—C_nH_{2n+1}$）。简单烷基的命名是把它相对应的烷烃名称中的“烷”字改为“基”字。例如：

甲烷　CH_4　　$—CH_3$　甲基

乙烷　$CH_3—CH_3$　　$—CH_2—CH_3$ 乙基

丙烷　$CH_3—CH_2—CH_3$　　$—CH_2—CH_2—CH_3$ 正丙基（丙基）

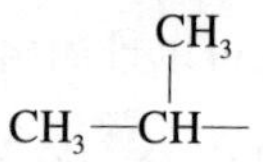

异丙基

（三）烷烃的命名方法

烷烃的命名方法通常有两种：普通命名法和系统命名法。

1. 普通命名法（习惯命名法）普通命名法只适用于结构较简单的烷烃。

（1）对于含 1 ~ 10 个碳原子的直链烷烃按分子中碳原子数目命名为“某烷”。碳原子在 10 个以下的用天干序数（甲、乙、丙、丁、戊、己、庚、辛、壬、癸）表示。10 个以上碳原子的用中文数字十一、十二……二十等表示。例如：

CH_4	C_5H_{12}	C_6H_{14}	$C_{10}H_{22}$	$C_{13}H_{28}$
甲烷	戊烷	己烷	癸烷	十三烷

（2）用“正”、“异”、“新”来区别异构体。常把直链的烷烃命名为“正某烷”；在碳链一端第 2 位碳原子上连有一个甲基，即链端是异丙基（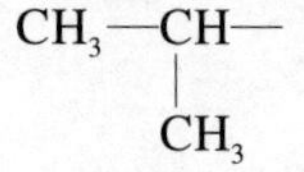），此外别无其他支链的烷烃，按碳原子总数命名为“异某烷”。若碳链一端第 2 位碳原子上连有 2 个甲基，即链端是叔丁基（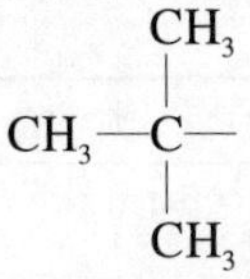），此外别无其他支链的烷烃，按碳原子总数命名为新某烷。例如：

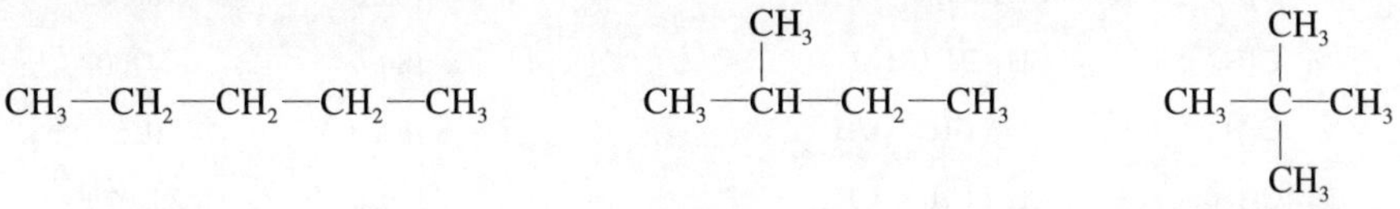

正戊烷　　异戊烷　　新戊烷

2. 系统命名法　对于结构较复杂的烷烃，必须采用系统命名法。烷烃的系统命名法的主要步骤和原则如下：

（1）选主链：选择含碳原子数最多的碳链作为主链，按主链所含碳原子数目命名为“某烷”。“某”字的用法和普通命名法相同。主链以外的碳链当做支链（取代基）。

（2）编号：从靠近取代基的一端开始用阿拉伯数字给主链碳原子依次编号，以确定取代基的位置。

（3）取代基的命名：采取同类归并、先简后繁的原则。如果有相同的取代基，则把相同的取代基合并起来，用汉字二、三等数字表示相同取代基的数目，用阿拉伯数字表示取代基的位置。阿拉伯数字由小到大排列，并用“，”号隔开。取代基的位置编号写在取代基数目和名称的前面，中间用短线隔开。如果几个取代基不同，应把简单的取代基写在前面，较复杂的取代基写在后面，中间再用短线隔开。常见烷基大小的顺序为：

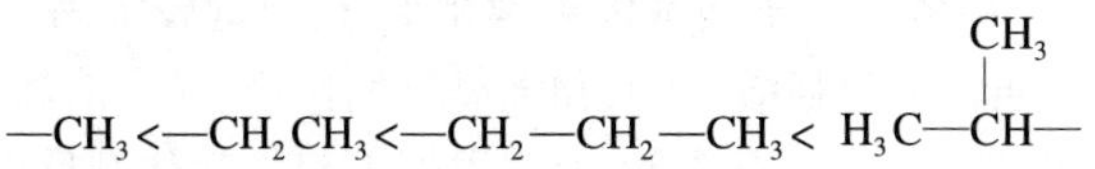

甲基　乙基　正丙基（丙基）　异丙基

（4）全名：把取代基的名称写在“某烷”的前面。

2-甲基丁烷　　2,3-二甲基戊烷

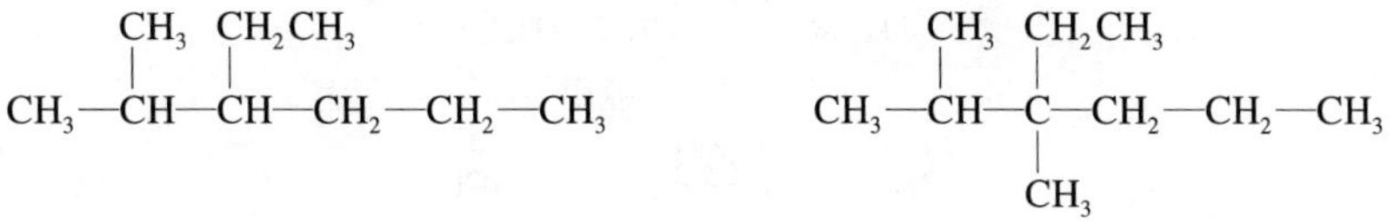

2-甲基-3-乙基己烷　　2,3-二甲基-3-乙基己烷

（5）如果有几条相等的最长碳链，应选择含支链（取代基）最多且取代基简单的碳链为主链。例如：

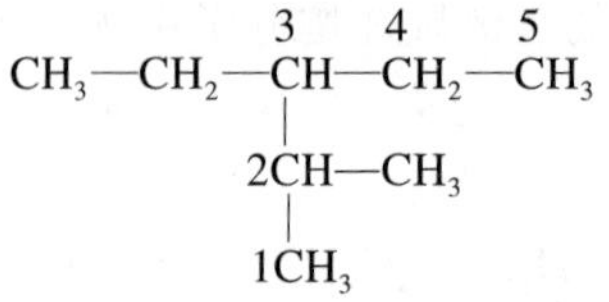

2-甲基-3-乙基戊烷(不能称3-异丙基戊烷)

四、烷烃的性质

(一)物理性质

在烷烃的同系列中,几种同系物的物理性质见表8-3。

表8-3 几种烷烃的物理性质

名称	化学式	结构简式	常温下状态	熔点(℃)	沸点(℃)
甲烷	CH_4	CH_4	气	-182.5	-164.0
乙烷	C_2H_6	CH_3CH_3	气	-183.3	-88.63
丙烷	C_3H_8	$CH_3CH_2CH_3$	气	-189.7	-42.07
丁烷	C_4H_{10}	$CH_3(CH_2)_2CH_3$	气	-183.4	-0.5
戊烷	C_5H_{12}	$CH_3(CH_2)_3CH_3$	液	-129.7	36.07
庚烷	C_7H_{16}	$CH_3(CH_2)_5CH_3$	液	-90.61	98.42
辛烷	C_8H_{18}	$CH_3(CH_2)_6CH_3$	液	-56.79	125.7
癸烷	$C_{10}H_{22}$	$CH_3(CH_2)_8CH_3$	液	-29.7	174.1
十六烷	$C_{16}H_{34}$	$CH_3(CH_2)_{14}CH_3$	液	18.1	286.5
十七烷	$C_{17}H_{36}$	$CH_3(CH_2)_{15}CH_3$	固	22.0	301.8
十九烷	$C_{19}H_{40}$	$CH_3(CH_2)_{17}CH_3$	固	32.0	330.0

由此可以看出,在烷烃的同系物中,随着碳原子数的增加,物理性质呈现规律性的变化。在常温常压下,C_1~C_4的直链烷烃是气体;C_5~C_{16}是液体;C_{17}以上是固体。它们的沸点和熔点随碳原子数目的增加而升高。烷烃都难溶于水,而易溶于乙醇、乙醚等有机溶剂。它们的相对密度都小于1。

考点提示:烷烃的结构、命名和化学性质

(二)化学性质

1. 稳定性　烷烃分子中各个原子间都以单键相结合,单键较牢固,一般不容易断裂,因而烷烃的化学性质较稳定,通常不与强酸、强碱和强氧化剂作用。例如,将甲烷气体通入高锰酸钾酸性溶液,可以观察到高锰钾溶液不褪色,说明甲烷不与强氧化剂反应。

2. 氧化反应　烷烃在空气中完全燃烧生成二氧化碳和水,同时放出大量的热。例如:

$$CH_4+2O_2 \xrightarrow{\text{点燃}} CO_2+2H_2O+Q$$

3. 取代反应　烷烃在光照、高温或催化剂的作用下,可与卤素单质发生反应。例如,甲烷与氯气在光照下发生反应,反应是分步进行的。

$$CH_4+Cl_2 \xrightarrow{\text{光照}} \underset{\text{一氯甲烷}}{CH_3Cl}+HCl$$

$$CH_3Cl+Cl_2 \xrightarrow{\text{光照}} \underset{\text{二氯甲烷}}{CH_2Cl_2}+HCl$$

$$CH_2Cl_2+Cl_2 \xrightarrow{\text{光照}} \underset{\text{三氯甲烷(氯仿)}}{CHCl_3}+HCl$$

$$CHCl_3 + Cl_2 \xrightarrow{\text{光照}} CCl_4 + HCl$$

四氯甲烷（四氯化碳）

在这几步反应中，甲烷分子中的氢原子逐步被氯原子所替代。有机化合物分子中的某些原子或原子团被其他元素的原子或原子团所代替的反应，称为取代反应。

有机化合物分子中的氢原子被卤素原子取代的反应称为卤代反应。烃分子中的氢原子被卤素原子取代而生成的化合物，称为卤代物，是烃的重要衍生物。甲烷的四种氯代物都不溶于水。常温下一氯甲烷为气体，其他三种为液体。三氯甲烷又称氯仿；四氯甲烷又称四氯化碳，都是常用的有机溶剂。

几种医药上常用的烷烃

1. 液体石蜡　液体石蜡是透明无色的液体，不溶于水和醇，能溶于醚和氯仿。医药上用作配制滴鼻剂或喷雾剂的基质，也用作缓泻剂。

2. 凡士林　凡士林是液体石蜡和固体石蜡的混合物，呈软膏状的半固体，不溶于水，溶于乙醚和石油醚。因为它不被皮肤吸收，并且化学性质稳定，不与软膏中的药物起变化，所以常用作软膏的基质。凡士林一般呈黄色，经漂白或用骨炭脱色，可得白色凡士林。

3. 石蜡　石蜡为白色蜡状固体，在医药上用于蜡疗和调节软膏的硬度，工业上是制造蜡烛的原料。

链接

第 3 节　不饱和链烃

分子中含有碳碳双键或碳碳叁键的开链烃称为不饱和链烃。不饱和链烃又分为烯烃和炔烃。

一、烯　　烃

分子中含有碳碳双键的不饱和链烃称为烯烃。碳碳双键（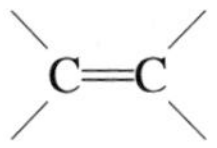）是烯烃的官能团。

（一）乙烯

乙烯是最简单的烯烃，是石油化工中最重要的基础原料。乙烯是无色无臭的气体，稍有甜味，比空气略轻，难溶于水。

乙烯的化学式为 C_2H_4，电子式和结构式如下：

电子式：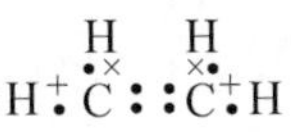　　结构式：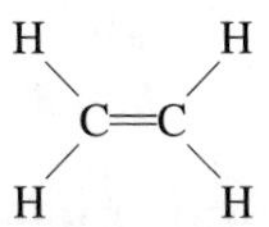

乙烯分子中 2 个碳原子之间形成碳碳双键，每个碳原子再以单键分别与两个氢原子连接，6 个原子处在同一平面上，彼此间的夹角（键角）均为 120°。在乙烯分子中，碳碳双键是由 1 个牢固的 σ 键和 1 个不牢固的 π 键组成，π 键的键能小，不牢固，容易发生断裂。所以，烯烃的性质比烷烃活泼，并且反应大都发生在双键上，其实质是双键中的 π 键断裂参加反应，碳碳双键也因此成为烯烃的官能团。

> **乙烯的应用**
>
> 乙烯是有机合成工业和石油化学工业的重要原料，用于大规模生产塑料、纤维、橡胶及精细化工产品的中间体。像钢铁产量可以反映一个国家重工业水平一样，世界上以乙烯产量作为衡量一个国家石油化工生产水平的标志。
>
> 少量乙烯存在于植物体内，是植物的代谢产物。它能使植物生长减慢、促进叶落和果实成熟，可用作水果的催熟剂。
>
> 链接

（二）烯烃的同系物和通式

烯烃中除了乙烯外，还有丙烯、丁烯、戊烯等一系列的化合物，和烷烃一样，在分子组成上也是相差1个或几个 CH_2 原子团，都是烯烃的同系物，都属于烯烃系列。

在烯烃分子中由于碳碳双键的存在，比同数碳原子的烷烃少两个氢原子。所以烯烃的组成通式可表示为 C_nH_{2n}。

（三）烯烃的同分异构现象

烯烃同分异构体的数目比同数碳原子的烷烃多，因为烯烃除了碳链异构外，还有双键（官能团）位置不同而产生的同分异构。例如，丁烷有2种同分异构体，而丁烯则有3种同分异构体。

$CH_3CH_2CH{=}CH_2$

1-丁烯

$CH_3CH{=}CHCH_3$

2-丁烯

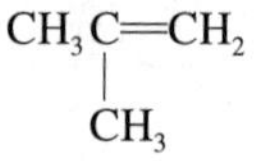

2-甲基丙烯

（四）烯烃的命名

烯烃的命名与烷烃相似，所不同的是要指出双键在碳链中的位置。步骤如下：

（1）选主链：选择包含双键碳原子在内的最长碳链作为主链，根据主链上碳原子的数目，命名为“某烯”，“某”字的用法与烷烃的命名相同。

（2）编号：从离双键较近的一端开始，给主链碳原子依次编号。

（3）标明双键的位次：以双键碳上编号较小的数字表示，写在“某烯”的前面，中间用短线隔开。

（4）取代基的命名：与烷烃相同，把支链作为取代基，将其位次、数目和名称写在双键位置的前面。例如：

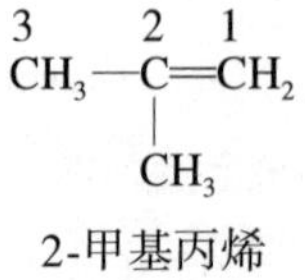

2-甲基丙烯

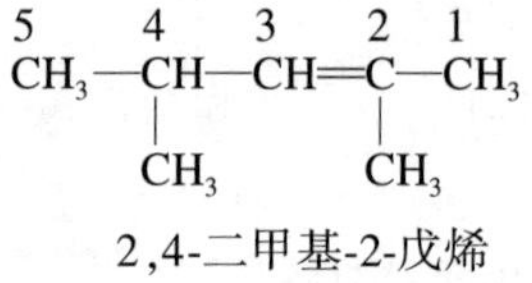

2,4-二甲基-2-戊烯

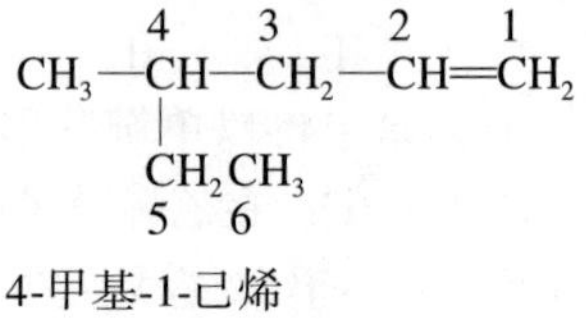

4-甲基-1-己烯

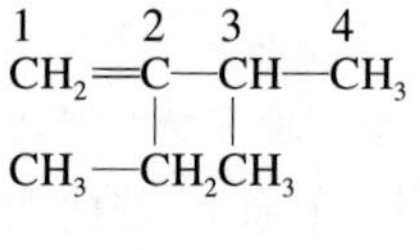

3-甲基-2-乙基-1-丁烯

二、炔　　烃

分子中含有碳碳叁键的不饱和链烃称为炔烃。

(一) 乙炔

乙炔是最简单的炔烃,俗名电石气。纯的乙炔是无色、无臭的气体,比空气稍轻,微溶于水,易溶于有机溶剂。

乙炔的应用

乙炔是重要的化工原料,也是三大合成材料(塑料、橡胶、纤维)以及一系列精细有机产品(如乙醛、乙酸等)合成工业的重要基本原料。乙炔在氧气中燃烧所形成的火焰温度可高达3000~4000℃,广泛用于焊接和切割金属。

链接

乙炔的化学式为C_2H_2,结构式为 CH≡CH 。在乙炔的分子结构中,2个碳原子和2个氢原子处在同一条直线上,碳碳叁键与碳氢键之间的夹角为180°,碳碳叁键是由1个σ键和2个π键组成,2个π键很容易断裂,所以炔烃的化学性质与烯炔相似,也较活泼,并且反应大都发生在碳碳叁键上,因此碳碳叁键是炔烃的官能团。

(二) 炔烃的同系物和通式

炔烃中除了乙炔外,还有丙炔、丁炔、戊炔等,它们在组成上也相差1个或几个CH_2,都是炔烃的同系物,属于炔烃系列。由于炔烃分子中含有碳碳叁键,比同数碳原子的烯烃少了2个氢原子,所以炔烃的组成通式可表示为C_nH_{2n-2}。

(三) 炔烃的同分异构现象

炔烃的同分异构现象与烯烃相似。由于炔烃分子中含有碳碳叁键(官能团),所以,除了碳链异构外,还有叁键位置不同而产生的同分异构,但炔烃的同分异构体的数目比同碳数的烯烃少。

(四) 炔烃的命名

炔烃的命名原则和方法与烯烃相似,命名时只把“烯”字换成“炔”即可。例如:

$CH_3C\equiv CH$
丙炔

$CH_3CH_2CH_2C\equiv CH$
1-戊炔

$CH_3C\equiv CCH_2CH_3$
2-戊炔

$CH_3CHC\equiv CH$(2号碳上连有 CH_3)
3-甲基-1-丁炔

三、烯烃和炔烃的性质

(一) 物理性质

常温常压下C_2~C_4的烯烃是气体;C_5~C_{18}为液体;C_{19}以上的高级烯烃是固体。它们的熔点、沸点和密度都随着碳原子数的增加而升高。烯烃均无色,难溶于水,易溶于有机溶剂。

炔烃的物理性质也是随着碳原子数的增加而呈现规律性的变化。C_2~C_4的炔烃是气体,C_5~C_{15}的炔烃是液体,C_{16}以上的炔烃是固体。炔烃难溶于水,但易溶于石油醚、苯、丙酮、四氯化碳等有机熔剂。

(二) 化学性质

从分子结构上看,烯烃和炔烃的碳碳双键和碳碳叁键中都含有容易断裂的π键,因而炔烃和烯烃的化学性质相似,容易发生加成、氧化和聚合等反应。

1. 加成反应　有机化合物分子中的双键或叁键中的π键断裂，加入其他原子或原子团的反应，称为加成反应。

（1）催化加氢：在催化剂（铂或镍）的催化作用下，烯烃或炔烃都与氢气发生加成反应，生成相应的烷烃。例如：

$$CH_3CH{=}CH_2 + H_2 \xrightarrow{Pt} CH_3CH_2CH_3$$

$$CH{\equiv}CH + 2H_2 \xrightarrow{Pt} CH_3CH_3$$

（2）加卤素：烯烃易与氯、溴发生加成反应，常温下就能很顺利地进行，生成邻二卤代烃。例如：

$$CH_2{=}CH_2 + Cl_2 \longrightarrow CH_2ClCH_2Cl$$

1,2-二氯乙烷

$$CH_3CH{=}CHCH_3 + Br_2 \longrightarrow CH_3\underset{\large Br}{\underset{|}{C}H}-\underset{\large Br}{\underset{|}{C}H}CH_3$$

2,3-二溴丁烷

炔烃也能与溴水或溴的四氯化碳溶液反应。

$$CH_3C{\equiv}CH + 2Br_2 \longrightarrow CH_3CBr_2-CHBr_2$$

1,1,2,2-四溴丙烷

烯烃、炔烃与溴水或溴的四氯化碳溶液发生加成反应后，溴水的红棕色褪去，反应灵敏、现象明显、操作简便，所以常用此方法鉴别不饱和链烃。

炔烃和氯气的加成反应需要催化剂或加热作为反应条件，反映了炔烃的反应活性比烯烃弱。例如：

$$CH{\equiv}CH + Cl_2 \xrightarrow{FeCl_3} \underset{\large Cl}{\underset{|}{HC}}{=}\underset{\large Cl}{\underset{|}{CH}} \xrightarrow{Cl_2} CHCl_3-CHCl_3$$

1,1,2,2-四氯乙烷

（3）加卤化氢：不饱和链烃与卤化氢发生加成反应，生成相应的卤代烷。

烯烃与卤化氢发生加成反应，生成相应的一卤代烷。例如：

$$CH_2{=}CH_2 + HBr \longrightarrow CH_3-CH_2Br$$

溴乙烷

当不对称烯烃与卤化氢加成时，卤化氢分子中的氢原子总是加在含氢原子较多的双键碳原子上。例如：

$$CH_3-CH{=}CH_2 + HBr \longrightarrow CH_3-\underset{\large Br}{\underset{|}{C}H}-CH_3$$

2-溴丙烷

炔烃与卤化氢的加成反应分两步进行。例如：

$$CH{\equiv}CH + HCl \xrightarrow[HgSO_4]{HgCl_2} CH_2{=}CHCl \xrightarrow{HCl} CH_3-CHCl_2$$

氯乙烯　　1,1-二氯乙烷

（4）加水：烯烃可在酸的催化下直接与水作用生成醇，工业上称为烯烃的直接水合法。

$$CH_2{=}CH_2 + HOH \xrightarrow{H_2SO_4} CH_3CH_2OH$$

$$CH_3CH{=}CH_2 + HOH \xrightarrow{H_2SO_4} CH_3\underset{\displaystyle OH}{\underset{|}{C}}HCH_3$$

乙炔在催化剂(如硫酸汞的硫酸溶液)作用下,也能与水进行加成反应生成乙醛:

$$CH{\equiv}CH + HOH \xrightarrow[稀H_2SO_4]{HgSO_4} [CH_2{=}\underset{\displaystyle OH}{\underset{|}{C}}H] \xrightarrow{重排} CH_3{-}\underset{\displaystyle O}{\underset{\|}{C}}{-}H$$

乙醛

乙炔与水发生加成,首先生成一个羟基与双键碳原子直接相连的"烯醇式"中间体,其很不稳定,立刻发生分子重排。羟基上的氢原子转移到另一个双键碳原子上,同时引起双键位移,最终形成乙醛。这是工业上生产乙醛的方法之一,称为乙炔直接水合法。

考点提示: 烯烃、炔烃的结构特点和性质;用化学方法区别饱和链烃和不饱和链烃

2. 氧化反应 烯烃和炔烃很容易被氧化,用高锰酸钾的酸性溶液作氧化剂,很容易地将双键或叁键氧化断开。例如:

$$CH_3CH{=}CHCH_2CH_3 \xrightarrow{KMnO_4/H^+} \underset{乙酸}{CH_3COOH} + \underset{丙酸}{CH_3CH_2COOH}$$

$$CH_3C{\equiv}CH \xrightarrow{KMnO_4/H^+} CH_3COOH + CO_2\uparrow$$

与此同时,高锰酸钾溶液的紫红色立即褪去。这是鉴别不饱和烃的又一种方法。

另外,烯烃、炔烃和烷烃一样,在空气里燃烧生成二氧化碳和水。

3. 聚合反应 在一定条件下,烯烃或炔烃分子间彼此相互加成,即自身发生加成反应,生成大分子化合物。这种由小分子化合物结合成大分子化合物的反应称为聚合反应。参加聚合反应的小分子称为单体,聚合后生成的大分子称为聚合物。例如:

$$\underset{乙烯}{nCH_2{=}CH_2} \xrightarrow{催化剂} \underset{聚乙烯}{[-CH_2-CH_2-]_n}$$

式中的"n"表示乙烯分子的个数。

聚乙烯是无色、无味、无毒的一种透明柔韧的塑料,性能优良、用途广泛。医药上用来制作输液容器、各种医用导管、整形材料等。

在一定条件下,乙炔在加热至120~160℃和有催化剂存在下,也能发生聚合反应生成苯。

$$3HC{\equiv}CH \xrightarrow[\triangle]{催化剂}$$ 

第4节 芳 香 烃

分子中含有1个或多个苯环结构的烃称为芳香烃,简称芳烃。

根据所含苯环的数目,芳香烃可分为只有1个苯环的单环芳香烃和含2个或2个以上苯环的稠环芳香烃。

芳香烃的由来

在有机化学发展初期，人们从树脂和香精油等天然物质中提取一些具有芳香气味的物质。研究发现，这些物质大多含有苯环结构。为了区别脂肪族化合物，当时将此类化合物称为芳香族化合物。后来发现，含有苯环结构的化合物并不都具有芳香味，甚至还有难闻的气味。因此，“芳香”一词已失去原有的含义，只是由于习惯而沿用至今。

链接

一、苯的结构

苯的化学式为 C_6H_6，是最简单的芳香烃。

苯的结构发现

19 世纪中期，苯及其衍生物的结构一直是化学家们困惑的问题。现在你若随便问哪个化学家：是谁首先提出苯的结构？得到的回答几乎是一个：德国化学家凯库勒。然而，凯库勒并不是第一个描述苯的结构的人。事实上，首先正确说明苯的环状结构的是捷克中学教师约翰·约瑟夫·洛希米特，他在 1861 年第一个发表了苯的正确结构。凯库勒在 1866 年提出了苯的单、双键交替结构。然而，这个结构不能很好地解释苯的性质。事实上，苯的性质比这个结构所表现的更为稳定。

在盛有苯的试管里加入高锰酸钾酸性溶液并振荡，观察现象。实验结果发现，高锰酸钾的颜色并没有变化，说明苯与高锰酸钾不反应。由此可见，苯并没有表现出不饱和烃的性质。

链接

科学方法证明，苯分子的碳环是一个平面正六边形，6 个碳原子和 6 个氢原子共处于同一平面，键角均为 120°，苯环的每个碳碳键的键长相等，并无单双键之分，而是介于单键和双键之间的一种独特的键（大 π 键）。为了表示苯分子结构的这一特点，苯的结构式可表示为 ，在六元环内用一个圆圈表示闭合大 π 键。但由于历史的原因，现在仍沿用凯库勒式（）来表示苯的结构。但在使用时，绝对不能认为是单键、双键相间组成的环状结构。

苯分子中的氢原子可以被其他元素的原子或原子团取代，生成各种芳香族化合物。因此，苯是芳香族化合物的母体。

二、苯的同系物及命名

苯环上的氢原子被烷基取代所生成的化合物称为苯的同系物。其组成通式为 C_nH_{2n-6}（$n \geq 6$）。

对于苯的同系物，命名时以苯环为母体，把烃基作为取代基，省略“基”字称为某苯。

1. 一元烷基苯　苯环上的 1 个氢原子被烷基取代而成的化合物称为一元烷基苯。苯环的 6 个碳原子上的氢原子是等同的，故其一元取代物只有 1 种，无位置异构体。命名时，以苯为母体，烷基作为取代基，称为某基苯，常把“基”字省略，称为某苯。例如：

苯

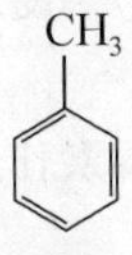
甲苯

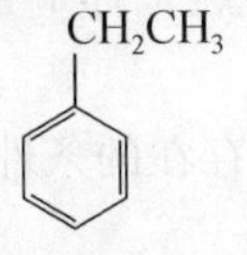
乙苯

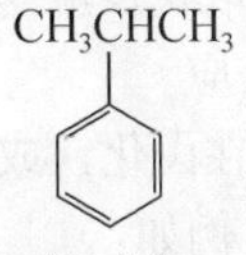
异丙苯

2. 二元烷基苯 苯环上的2个氢原子被烷基取代而成的化合物称为二元烷基苯。由于2个烷基的相对位置不同,二元烷基苯有3种位置异构体。命名时,可用邻、间、对(或 *o*、*m*、*p*),也可用阿拉伯数字来标明位置(以烷基位次之和最小为原则)。例如:

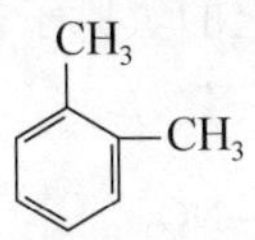
邻二甲苯
(1, 2-二甲苯)
(*o*-二甲苯)

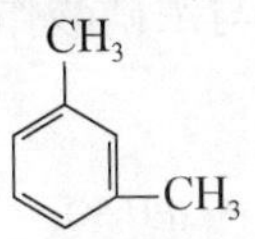
间二甲苯
(1, 3-二甲苯)
(*m*-二甲苯)

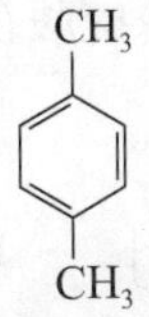
对二甲苯
(1, 4-二甲苯)
(*p*-二甲苯)

3. 三元烷基苯 苯环上的3个氢原子被烷基取代而成的化合物称为三元烷基苯。三元烷基苯有3种位置异构体。对于含3个相同烷基的三元取代苯,命名时,可用连、偏、均,也可用阿拉伯数字来标明位置。对于3个烷基不同的情况,命名时,只能用阿拉伯数字来标明位置。例如:

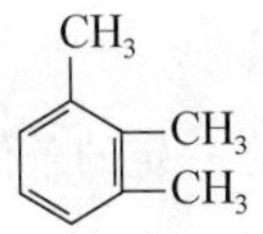
连三甲苯
(1,2,3-三甲苯)

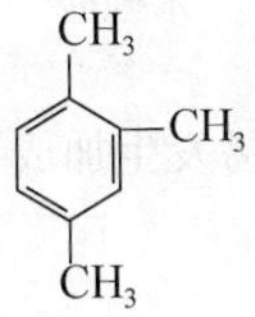
偏三甲苯
(1,2,4-三甲苯)

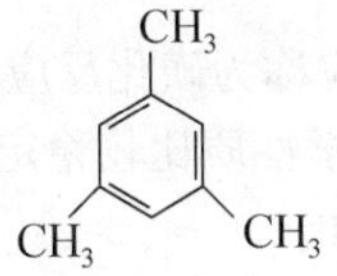
均(对称)三甲苯
(1,3,5-三甲苯)

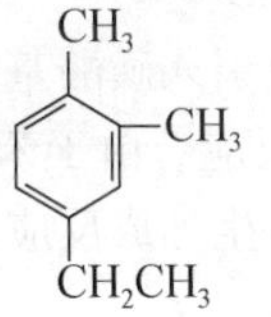
1,2-二甲基-4-乙基苯

苯或苯的同系物中,去掉1个氢原子剩余的原子团称为芳香烃基,通常用符号“Ar—”表示。例如:

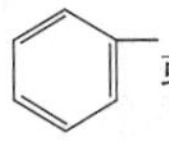 或 C_6H_5—

苯基

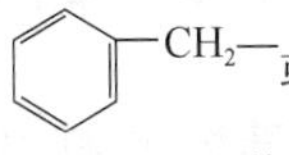 或 C_6H_5—CH_2—

苯甲基(苄基)

三、苯及其同系物的性质

(一) 苯的性质

苯是无色、带有特殊气味的液体。其比水轻,不溶于水,可溶于汽油、石油醚、乙醚等有机溶剂,易挥发。熔点为5.5℃,沸点为80.1℃。

苯有毒,短时间吸入高浓度的苯蒸气就会引起急性中毒,甚至危及生命;长时间吸入低浓度的蒸气,可引起慢性中毒,损害造血器官与神经系统。苯也易被皮肤吸收引起中毒。

因苯分子具有特殊的环状结构,化学性质比较稳定,一般情况不易被强氧化剂氧化,但是在催化剂存在下,容易发生取代等反应。

1. 取代反应　取代反应是芳香烃苯环上最主要的化学反应，比较重要的取代反应有卤代、硝化和磺化等反应。

（1）卤代反应：在卤化铁或铁粉存在的条件下，苯与卤素作用，苯环上的氢原子被卤素原子取代，生成卤苯。例如：

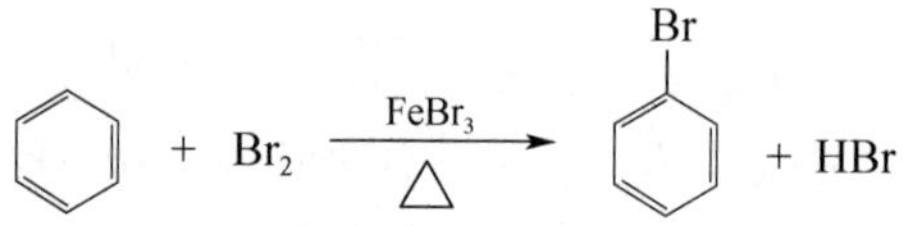

溴苯

（2）硝化反应：在浓硫酸存在下，苯与浓硝酸作用，苯环上的氢原子被硝基（$—NO_2$）取代生成硝基苯。

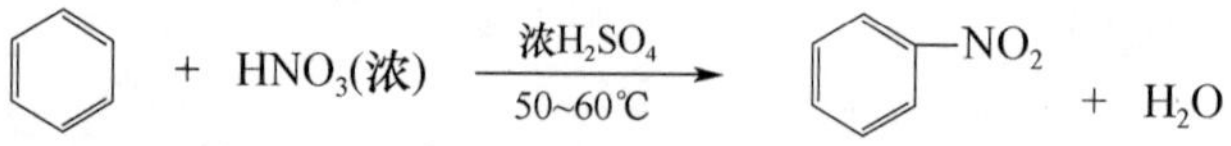

硝基苯

有机化合物分子中的氢原子被硝基取代的反应称为硝化反应。

（3）磺化反应：苯在加热条件下与浓硫酸反应，苯环上的氢原子被磺酸基（$—SO_3H$）取代，生成苯磺酸。

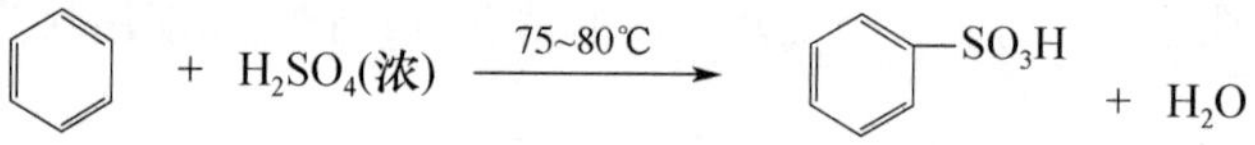

苯磺酸

在苯环上引入磺酸基的反应称为磺化反应。

2. 加成反应　由于苯的化学性质比较稳定，不易发生加成反应，但在一定的条件下，苯也能与氢或氯发生加成反应。例如：

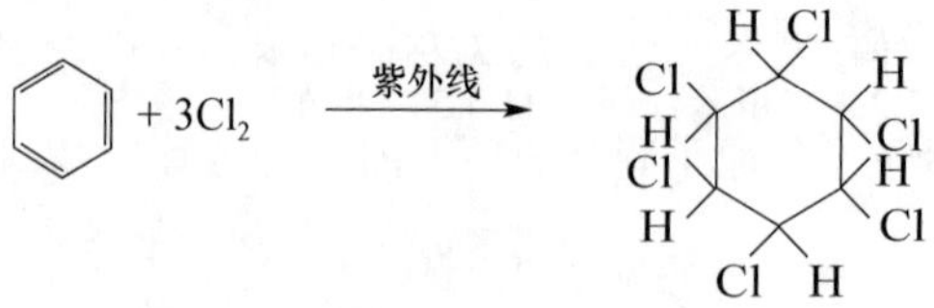

六氯环己烷(俗名“六六六”)

六六六曾是一种使用广泛的有机氯杀虫剂，由于其化学性质稳定，残毒大且持久，对人、环境和食品容易造成危害，现已禁止生产和使用。

苯是一种重要的化工原料，被广泛用于合成药物、染料、农药和塑料等。苯也是一种常用的有机溶剂。

（二）苯的同系物和性质

苯的同系物在性质上与苯有相似之处，都能发生取代反应。但由于苯环和侧链的相互影响，苯的同系物的性质与苯有所不同。

1. 取代反应　苯的同系物比苯更易发生取代反应，且取代部位常发生在邻位和对位。

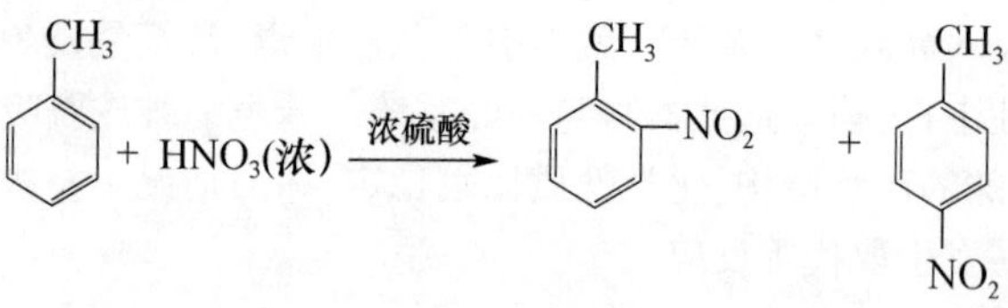

在光照或加热条件下，烷基苯与卤素作用，卤素不是进入苯环而是取代侧链上的氢原子，情况与烷烃的卤代反应相似。

苯氯甲烷(氯化苄)

2. 氧化反应　苯环不易被氧化，但它的同系物含 α—H 的侧链烷基，可以被氧化剂氧化，而且不论烷基长短，一般氧化成苯甲酸。例如：

考点提示： 用化学方法区别苯和苯的同系物

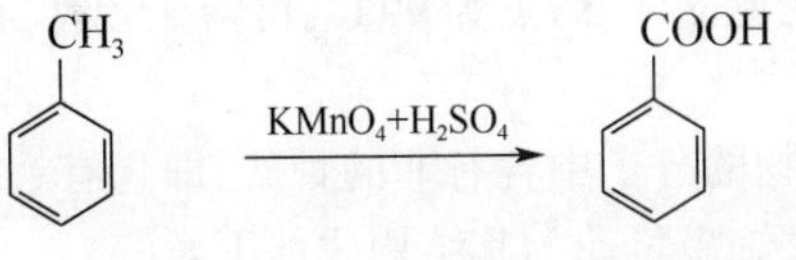

苯甲酸

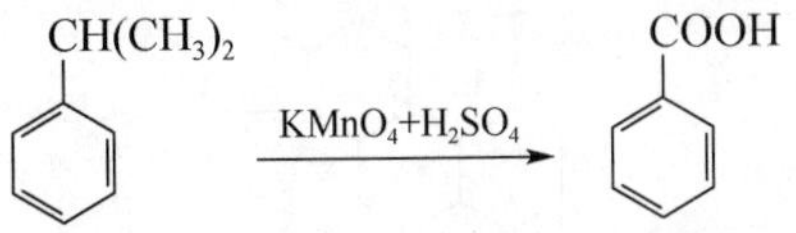

苯甲酸

甲苯能被高锰酸钾氧化，而与溴水不反应。利用这一性质可鉴别苯、苯的同系物和不饱和链烃。

四、稠环芳香烃

稠环芳香烃是由两个或两个以上的苯环，共用相邻的两个碳原子相互稠合而成的多环芳香烃。重要的稠环芳香烃有萘、蒽、菲等。

萘：化学式为 $C_{10}H_8$，是由两个苯环稠合而成的，是稠环芳香烃中最简单的，其结构式和碳原子的编号表示为：

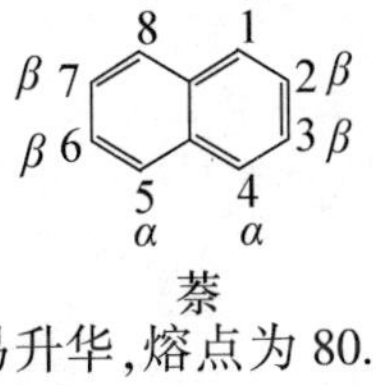

萘

萘是一种白色固体，在室温下容易升华，熔点为 80.2℃，沸点为 218℃，具有特殊气味，不溶于水，易溶于有机溶剂。萘是重要的化工原料，也可用作防蛀剂。过去，市售卫生球的成分就是萘，由于具有一定的毒性，萘蒸气或粉尘对人体有害，现已禁止生产销售。

蒽：化学式为 $C_{14}H_{10}$，它是由 3 个苯环以直线式稠合而成。蒽的结构式及其碳原子的编号表示如下：

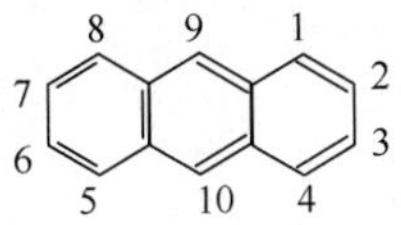

蒽

蒽存在于煤焦油中，是一种无色的片状结晶，熔点为 216℃，可溶于苯等有机溶剂，是制造染料的重要原料。

菲：分子式为$C_{14}H_{10}$，与蒽互为同分异构体。菲的分子结构也是由3个苯环稠合在一起的，但稠合的方式与蒽不同，3个苯环不在一条直线上。菲的结构式及其碳原子的编号表示如下：

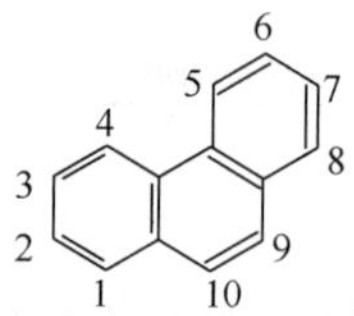

菲

菲存在于煤焦油中，是无色晶体，熔点为99℃，可溶于乙醇或苯等有机溶剂，用于制造染料和药物等。

生物体内许多重要化合物的分子中含有菲的骨架，即含有一个完全氢化了的菲与环戊烷稠合在一起的结构，称为环戊烷多氢菲。其结构式如下：

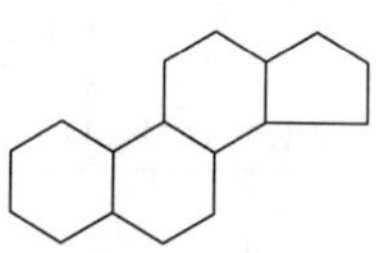

环戊烷多氢菲

环戊烷多氢菲本身并不存在于自然界，但它的衍生物广泛存在于动植物体内，而且具有重要的生理作用。例如，胆固醇、胆酸、维生素D和某些激素等都含有环戊烷多氢菲的骨架。含有环戊烷多氢菲的化合物称为甾体化合物。

致 癌 烃

化学致癌物中，常见的有黄曲霉素、亚硝基化合物、稠环芳香烃等化合物。含有4个或4个以上苯环的稠环芳香烃多有致癌作用，被称为致癌烃。煤焦油、煤烟、石油、沥青和烟草的烟雾以及烟熏的食物中都含有致癌烃。化学致癌物可通过空气、食物、饮水、药物和吸烟等进入体内，引起癌症。

下面列举几种重要致癌烃，其中苯并芘的致癌作用最强。致癌烃的致癌作用是因为它们能与体内的DNA结合，引起细胞突变。

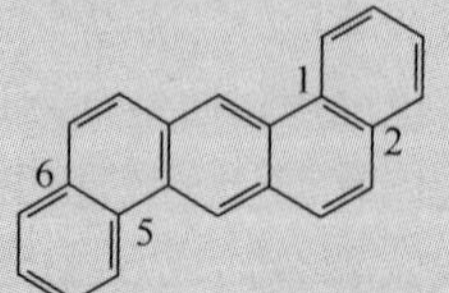

1,2,5,6-二苯并蒽

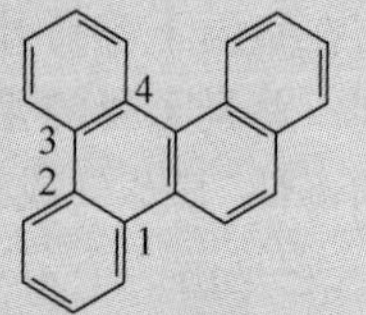

1,2,3,4-二苯并菲

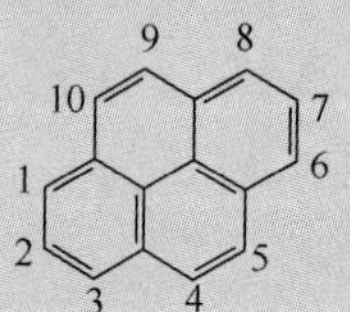

芘

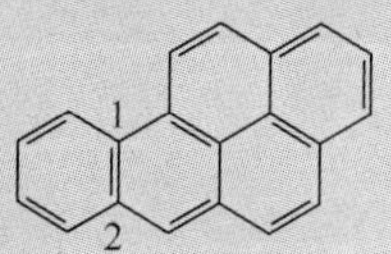

1,2-苯并芘

链接

目标检测

一、填空题

1. 有机化合物指的是________________。
2. 多数有机化合物在组成上含有______、______、______、______等元素。
3. 有机化合物一般具有________、________、________、________、________等特性。
4. 在有机化合物分子中,碳原子总是显________价,氢原子总是显________价,氧原子总是显________价。
5. 有机化合物中________相同,而________不同的现象称为同分异构现象。
6. 官能团指的是________________。
7. 只由________和________两种元素组成的有机化合物称为________,简称烃。
8. 在某烷烃分子式中,氢原子数为 38 时的碳原子数 n=________________。
9. 有机化合物分子中的碳原子可分成________、________、________、________四种类型;而氢原子则分成________、________、________三种类型。
10. 单烯烃的组成通式是________,烯烃的官能团是________;由于官能团中存在________键,比较活泼,因此烯烃容易发生化学反应,其最重要的化学反应是________反应,除此以外,烯烃也容易发生氧化、聚合等反应。
11. 单炔烃的组成通式是________,炔烃的官能团是________。
12. 苯是一种________色、有________气味的________体,________溶于水。苯容易发生________反应,而较难发生________反应和________反应。
13. 苯及其苯的同系物的组成通式是________。

二、单项选择题

1. 下列物质不属于有机化合物的是(　　)
   A. CH_3OH　　B. CCl_4
   C. CH_4　　D. CO_2
2. 下列叙述不是有机化合物一般特性的是(　　)
   A. 可燃性
   B. 反应比较简单
   C. 熔点低
   D. 难溶于水
3. 下列物质不能燃烧的是(　　)
   A. 甲烷　　B. 汽油
   C. 二氧化碳　　D. 乙醇
4. 下列说法正确的是(　　)
   A. 所有的有机化合物都难溶或不溶于水
   B. 所有的有机化合物都容易燃烧
   C. 所有的有机化学反应速率都十分缓慢
   D. 所有的有机化合物都含有碳元素
5. 下列结构式书写错误的是(　　)
   A. CH_3CH_3　　B. $CH_2{=\!=}CH_2$
   C. $HC{=\!=}CH$　　D. $O{=\!=}C{=\!=}O$
6. 芳香烃是指(　　)
   A. 分子结构中含有苯环的化合物
   B. 分子组成符合 $C_nH_{2n-6}(n\geq6)$的化合物
   C. 分子结构中含有一个或多个苯环的碳氢化合物
   D. 苯及其衍生物
7. 下列分子式属于饱和链烃的是(　　)
   A. C_3H_4　　B. C_5H_{12}
   C. C_4H_8　　D. C_7H_8
8. 能使酸性高锰酸钾溶液褪色而不能使溴水褪色的是(　　)
   A. 乙烯　　B. 乙烷
   C. 苯　　D. 甲苯
9. $(CH_3)_2CH—CH(CH_3)CH_2CH_3$ 的名称是(　　)
   A. 2,3-二甲基戊烷
   B. 2-甲基-3-甲基戊烷
   C. 二甲基戊烷
   D. 2,3-甲基戊烷
10. 下列叙述中,与烷烃的性质不符的是(　　)
    A. 很稳定,不与强酸、强碱作用
    B. 难与强氧化剂发生反应
    C. 燃烧时生成二氧化碳和水,并放出大量的热
    D. 烷烃均易溶于水、乙醇、乙醚等溶剂
11. 丙烷可与下列哪种物质起反应(　　)
    A. $KMnO_4$　　B. HCl
    C. Cl_2　　D. NaOH
12. 在一定条件下,能与烷烃发生取代反应的是(　　)
    A. 氯化氢　　B. 溴蒸气
    C. 水蒸气　　D. 二氧化碳
13. 单炔烃的分子组成通式是(　　)

A. C_nH_{2n+2}　　B. C_nH_{2n}

C. C_nH_{2n-2}　　D. C_nH_{2n-6}

14. 下列化合物中不能使溴水褪色的是(　　)

A. 2-丁烯　　B. 1,3-丁二烯

C. 2-丁炔　　D. 丁烷

15. 乙烯不可能发生的反应是(　　)

A. 取代反应　　B. 加成反应

C. 氧化反应　　D. 聚合反应

16. 丙烯和溴化氢反应的类型是(　　)

A. 取代反应　　B. 加成反应

C. 氧化反应　　D. 聚合反应

17. 丙炔和 2 分子 HBr 加成的主要产物是(　　)

A. 1,1-二溴丙烷

B. 1,2-二溴丙烷

C. 2,2-二溴丙烷

D. 2,3-二溴丙烷

18. 下列物质中属于苯的同系物的是(　　)

A. 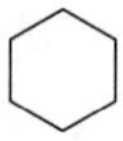

B. 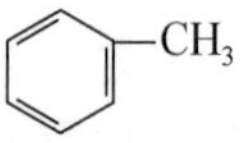

C. 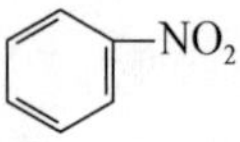

D. 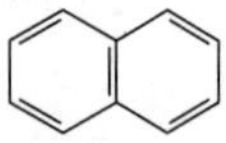

三、命名下列化合物

1. 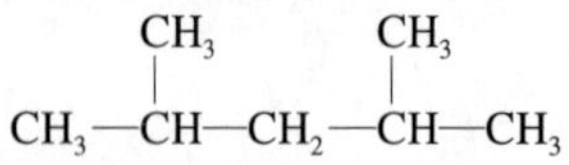

2. 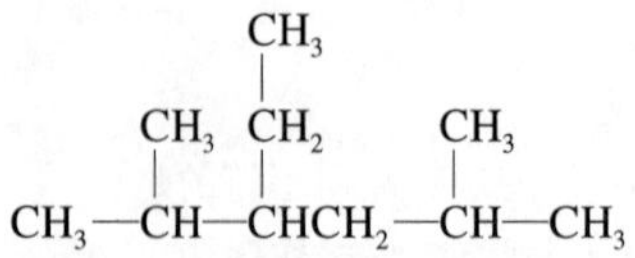

3. $CH_3CH_2CH{=}CH_2$

4. 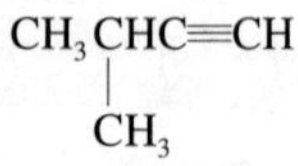

5. 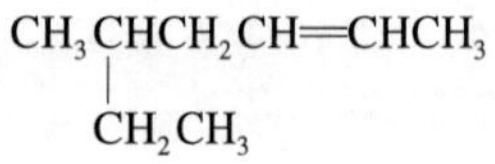

6. 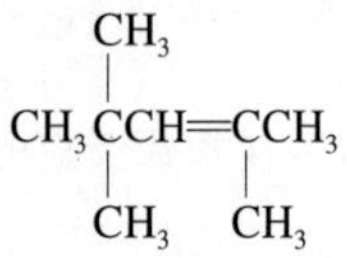

7. 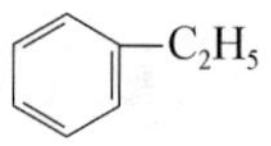

8. 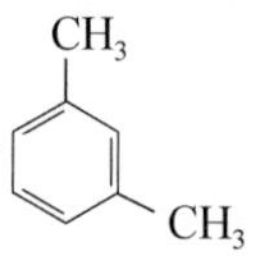

四、写出下列化合物的结构简式

1. 2,3-二甲基己烷
2. 异庚烷
3. 2,3-二甲基-1-丁烯
4. 3,3-二甲基-1-己炔
5. 对甲乙苯
6. 2-甲基-1-氯萘
7. 环戊烷多氢菲
8. 间氯甲苯

五、完成下列反应式

1. $CH_3C{\equiv}CH + 2H_2 \xrightarrow{Pt}$

2. $CH_3{-}CH{=}CH{-}CH_2{-}CH_3 + Cl_2 \longrightarrow$

3. $CH_3CH_2CH{=}CH_2 + HCl \longrightarrow$

4. $CH_3CH{=}CH_2 \xrightarrow{KMnO_4/H^+}$

5. $nCH_2{=}CH_2 \xrightarrow{催化剂}$

6.  $+ HNO_3(浓) \xrightarrow[50\sim60℃]{浓H_2SO_4}$

7. 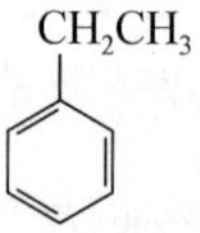 $\xrightarrow{KMnO_4+H_2SO_4}$

六、用化学方法鉴别下列各组化合物

1. 乙烷和乙烯
2. 苯与甲苯
3. 乙苯与苯乙烯

七、推断题

1. 有一分子式为 C_4H_8 的烃,被高锰酸钾酸性溶液氧化后得到乙酸。试推出该烃的结构式,并写出有关反应式。

2. 化合物 A 和 B 的分子式都为 C_8H_{10},用高锰酸钾氧化后,A 生成苯甲酸,B 生成邻苯二甲酸,写出 A、B 的结构式和名称。

(于　辉)

第9章 醇、酚、醚

学习目标

1. 掌握醇、酚、醚的命名方法和醇、酚的主要化学性质。
2. 熟悉醇、酚、醚的分类方法和醚的性质。
3. 了解常见醇、酚、醚的性质和用途。

醇、酚、醚都是烃的含氧衍生物，广泛存在于自然界，是具有重要作用的有机化合物，可作为溶剂、食品添加剂、香料和药物等，在医学上也有着广泛的用途。

醇和酚都含有相同的官能团羟基(—OH)，醇的羟基和脂肪烃、脂环烃或芳香烃侧链的饱和碳原子相连，而酚的羟基是直接与芳环的碳原子相连，醚可看作是醇和酚中羟基上的氢原子被烃基(—R或—Ar)取代的产物。醇、酚、醚可用下列通式表示：

R—OH	Ar—OH	(Ar)R—O—R′(Ar′)
醇	酚	醚

第1节 醇

一、醇的结构、分类和命名

(一) 醇的结构

从结构上看，水分子中去掉一个氢原子后剩下的原子团称为羟基(—OH)。脂肪烃、脂环烃分子中的氢原子或芳香烃分子中侧链上的氢原子被羟基取代后生成的化合物，称为醇。它也可以看作是水分子中的一个氢原子被烃基取代的衍生物。例如：

$CH_3CH_2—OH$ 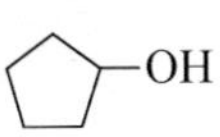 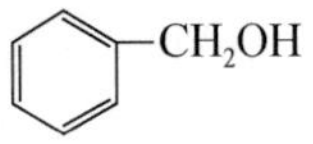

醇分子中的羟基又称为醇羟基，是醇的官能团。醇的通式为R—OH。

(二) 醇的分类

醇一般有下列三种分类方法。

1. 按烃基分类　根据醇分子中羟基所连接烃基的不同，分为脂肪醇、脂环醇和芳香醇。脂肪醇和脂环醇又可分为饱和醇和不饱和醇。

	饱和醇	不饱和醇
脂肪醇	$CH_3CH_2—OH$	$CH_2═CH—CH_2OH$
脂环醇	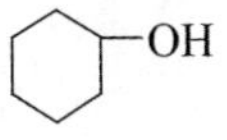	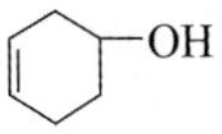
芳香醇	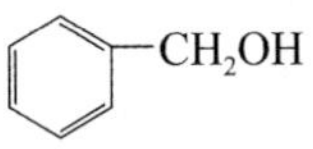	

2. 按碳原子类型分类　根据羟基所连接的碳原子类型的不同，将醇分为伯醇(1°醇)、仲醇(2°醇)和叔醇(3°醇)。

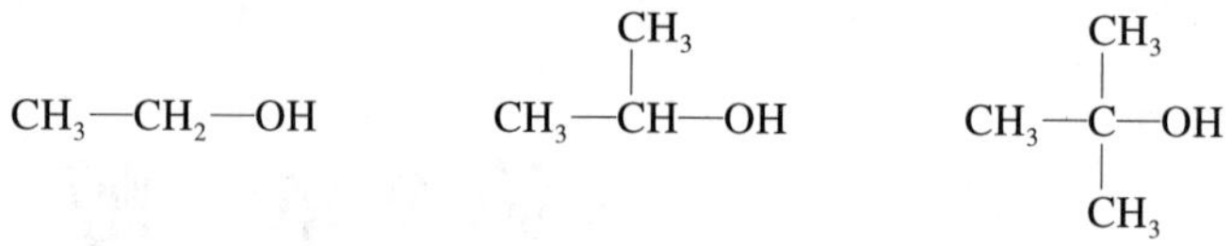

伯醇(1°醇)　　仲醇(2°醇)　　叔醇(3°醇)

(乙醇)　　(2-丙醇)　　(2-甲基-2-丙醇)

它们的结构通式分别为：

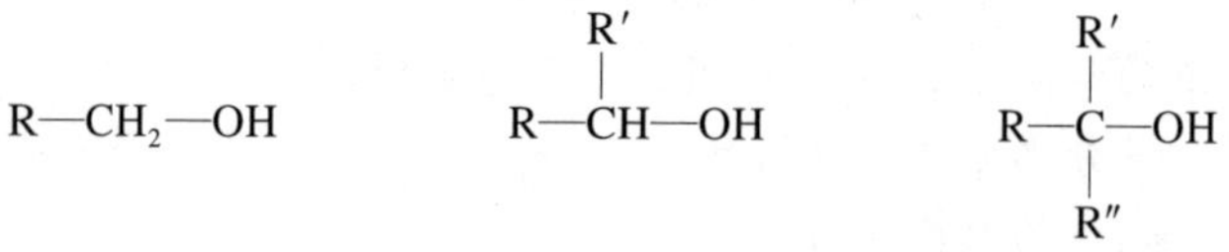

伯醇(1°醇)　　仲醇(2°醇)　　叔醇(3°醇)

式中,R、R′、R″可以相同,也可以不同。

3. 按羟基数目分类　根据分子中所含羟基数目的不同,将醇分为一元醇和多元醇。分子中只含有一个羟基的醇称为一元醇;含 2 个或 2 个以上羟基的醇称为多元醇。

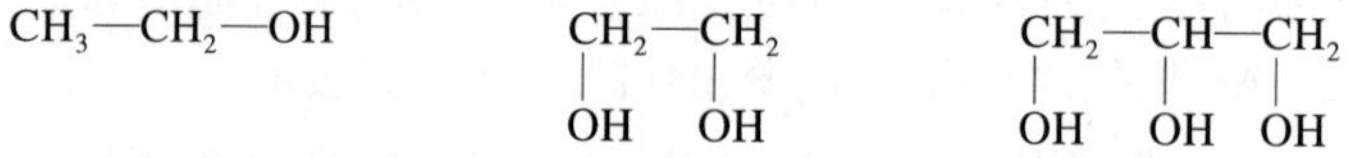

一元醇(乙醇)　　二元醇(乙二醇)　　三元醇(丙三醇)

(三) 醇的命名

醇的命名有普通命名法、系统命名法等。

1. 普通命名法　普通命名法也称习惯命名法,适用于结构比较简单的醇。命名时可根据羟基所连接烃基的名称来命名,在烃基的后面加上“醇”即可,“基”字可以省略。例如：

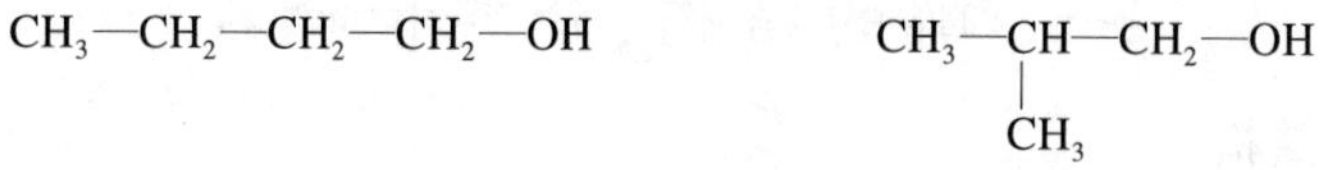

正丁醇　　异丁醇

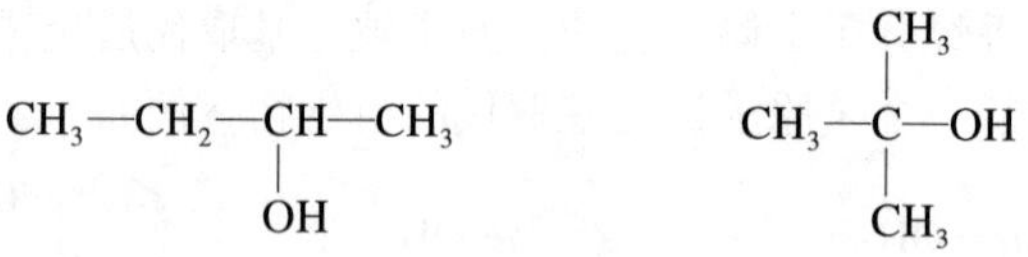

仲丁醇　　叔丁醇

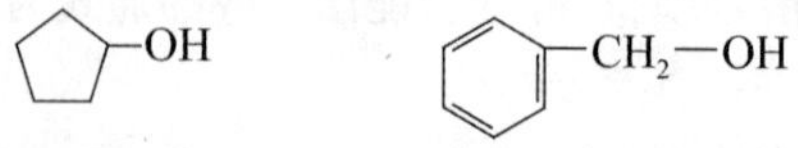

环戊醇　　苯甲醇(苄醇)

2. 系统命名法　适用于结构较复杂醇的命名。其基本命名原则为:①选择连有羟基碳原子在内的最长碳链为主链,根据主链上碳原子的数目称为“某醇”;②主链上从靠近羟基的一端依次进行编号,用阿拉伯数字标出羟基的位置,写在“某醇”前面;③将取代基的位次、数目、名称写在母体名称的前面。例如：

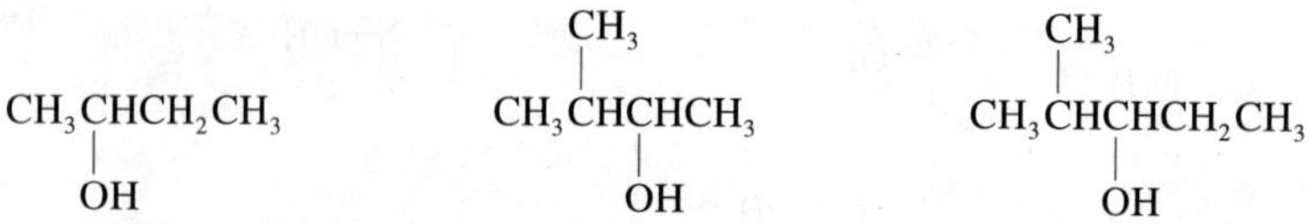

2-丁醇　　3-甲基-2-丁醇　　2-甲基-3-戊醇

不饱和一元醇命名时,应选择连有羟基碳原子和不饱和键(双键、叁键)碳原子在内的最长碳链作为主链,根据主链所含碳原子的数目称为某烯(或某炔)醇。从靠近羟基的一端开始编号，并标明不饱和键、羟基的位次。例如：

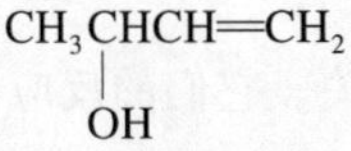

3-丁烯-2-醇

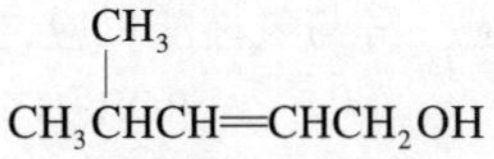

4-甲基-2-戊烯-1-醇

脂环醇命名时，根据与羟基相连的脂环烃基命名为“环某醇”，编号时从羟基所连的碳原子开始编号，尽量使环上其他取代基处于较小位次。例如：

考点提示：醇的分类、命名和结构式的书写

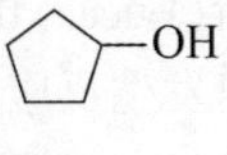

环戊醇

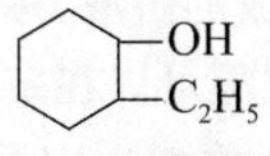

2-乙基环己醇

芳香醇命名时，常把芳基作为取代基，按照脂肪醇命名。例如：

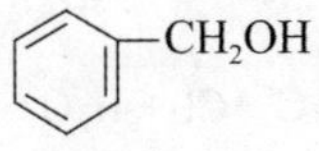

苯甲醇
(又名苄醇)

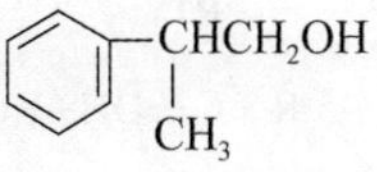

2-苯基-1-丙醇

进行多元醇的命名时，选择连有多个羟基的碳链作为主链，根据主链上碳原子的数目和羟基的数目命名为“某某醇”，羟基的位次写在名称的前面。当羟基数目与主链的碳原子数目相同时，可不标明羟基的位次。例如：

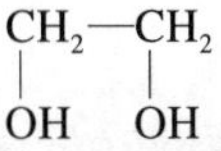

乙二醇

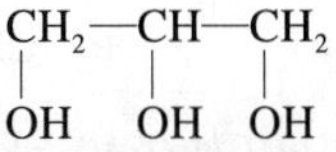

丙三醇(甘油)

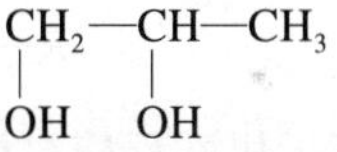

1,2-丙二醇

此外，根据醇的来源或性质，也常用俗名。例如，乙醇俗称酒精，丙三醇俗称甘油等。

二、醇的性质

(一) 物理性质

在常温常压下，低级($C_1 \sim C_4$)的醇是易挥发的无色液体，较高级($C_5 \sim C_{11}$)的醇为油状黏稠液体，高级(C_{12}以上)的醇为无色蜡状固体。

饱和一元醇的沸点随着碳原子数目的增加而上升，对于碳原子数目相同的醇，支链越多，沸点越低。由于醇分子中羟基之间可以形成氢键，故低级醇的沸点比相对分子质量相近的烷烃高得多。同时，羟基与水之间也可形成氢键，故低级醇能与水混溶，随相对分子质量的增加，溶解度降低。多元醇分子中含有多个羟基，因此它们的沸点更高，水溶性也会增大。

(二) 化学性质

醇的化学性质主要由官能团羟基所决定。由于氧原子的电负性较大，C—O 键和 O—H 键都有较大的极性，容易断裂而发生化学反应，此外，由于 α-H 原子和 β-H 原子有一定的活性，容易发生下列反应。

1. 与活泼金属的反应　醇分子中 O—H 键是极性共价键，因此醇与水类似，能与 Na、K 等活泼金属作用，生成醇盐并放出氢气。例如：

$$ROH+Na \longrightarrow \underset{\text{醇钠}}{RONa}+H_2\uparrow$$

$$CH_3CH_2OH+Na \longrightarrow \underset{\text{乙醇钠}}{CH_3CH_2ONa}+H_2\uparrow$$

醇钠比氢氧化钠碱性强，性质活泼，遇水迅速水解成醇和氢氧化钠。

结构不同的醇与活泼金属反应的速率不同,其顺序为:甲醇>伯醇>仲醇>叔醇。

2\. 与氢卤酸的反应　醇与氢卤酸反应,生成卤代烷和水。

$$ROH+HX \rightleftharpoons RX+H_2O$$

该反应的反应速率与氢卤酸的性质及醇的种类有关。它们的反应活性分别为:

HI > HBr > HCl

烯丙醇、苄醇 > 叔醇> 仲醇> 伯醇

可以利用不同结构的醇与氢卤酸反应速率的差异来区别伯醇、仲醇和叔醇。

浓盐酸和无水氯化锌配制成的溶液,称为卢卡斯(Lucas)试剂,可用来鉴别6个以下碳原子的伯醇、仲醇和叔醇。其中叔醇可以在室温下迅速发生反应,溶液立即浑浊;仲醇则需放置片刻才会出现浑浊或分层现象;伯醇在室温下数小时后才变浑浊或出现分层现象。其反应式为

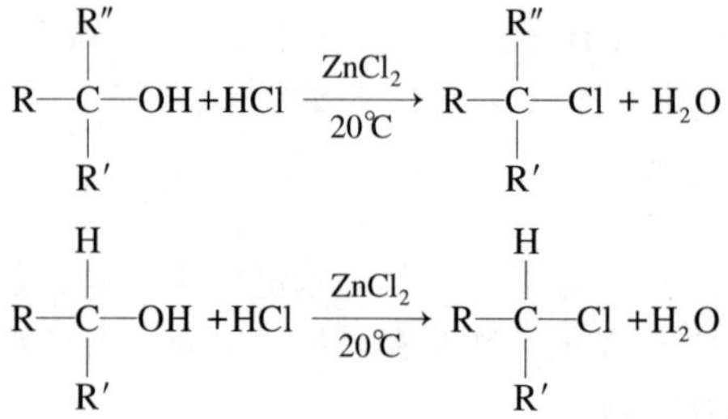

$$R—CH_2—OH+HCl \xrightarrow[\triangle]{ZnCl_2} R—CH_2—Cl+H_2O$$

3\. 与含氧无机酸反应　醇与含氧无机酸(如硝酸、亚硝酸、硫酸、磷酸等)反应,发生分子间脱水生成无机酸酯。酯相当于醇和酸分子间失去一分子水后相互结合成的化合物。这种酸和醇脱水生成酯和水的反应称为酯化反应。例如:

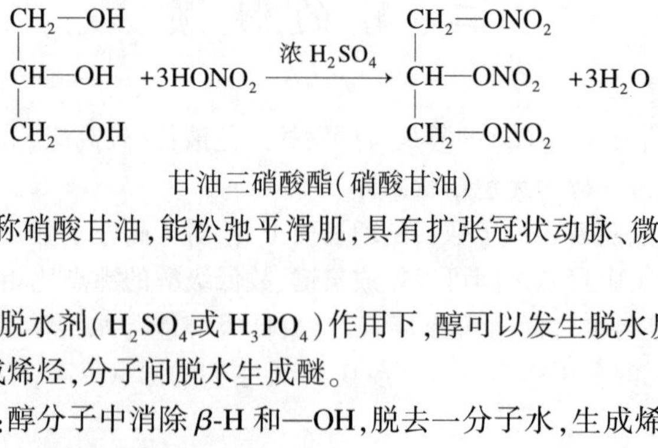

甘油三硝酸酯(硝酸甘油)

三硝酸甘油酯俗称硝酸甘油,能松弛平滑肌,具有扩张冠状动脉、微血管的作用,可用作心脏病的急救药物。

4\. 脱水反应　在脱水剂(H_2SO_4或H_3PO_4)作用下,醇可以发生脱水反应。有两种脱水方式,即分子内脱水生成烯烃,分子间脱水生成醚。

(1) 分子内脱水:醇分子中消除β-H和—OH,脱去一分子水,生成烯烃。例如,乙醇和浓硫酸加热到170℃,乙醇可经分子内脱水生成乙烯。

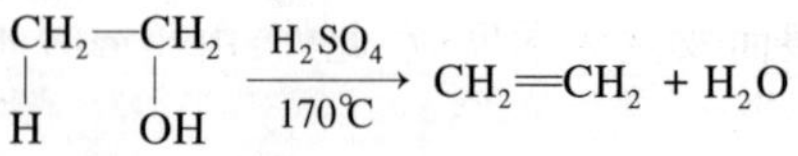

当分子中有多个不同的β-H时,应遵循札依采夫(Saytzeff)规则,主要产物是双键碳原子上连有较多取代基的烯烃。例如:

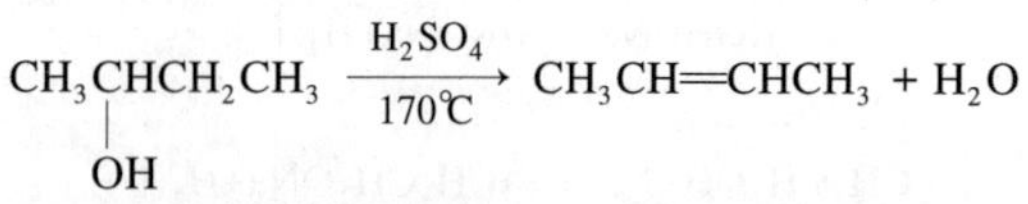

不同结构的醇发生分子内脱水反应的难易不同,其反应活性顺序为:叔醇>仲醇>伯醇。

(2) 分子间脱水:两分子醇发生分子间的脱水生成醚。

$$CH_3CH_2\boxed{OH+H}OCH_2CH_3 \xrightarrow[140℃]{H_2SO_4} CH_3CH_2—O—CH_2CH_3+H_2O$$

由此可见，醇的脱水反应受温度条件的影响。较高温度条件下有利于分子内脱水生成烯烃，较低温度条件下有利于分子间脱水生成醚。

此外，醇的脱水方式还与醇的结构有关，叔醇容易发生分子内脱水，主要产物是烯烃；伯醇易发生分子间脱水，主要产物是醚。

5. 氧化反应　醇分子中由于羟基的影响，α-H 原子比较活泼，易发生氧化反应。伯醇首先被氧化成醛，醛继续被氧化生成羧酸。仲醇则被氧化生成相应的酮。叔醇没有 α-H 原子，因此难以被氧化。

$$CH_3CH_2OH \xrightarrow{[O]} CH_3CHO \xrightarrow{[O]} CH_3COOH$$

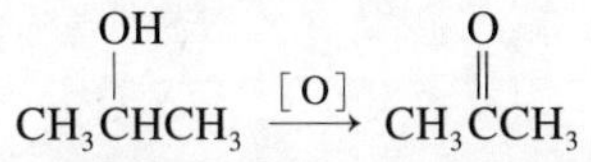

考点提示：利用醇的性质对不同类型醇进行鉴别

6. 邻二醇的特性　具有两个相邻羟基的醇（如乙二醇、丙三醇等）能与氢氧化铜作用生成深蓝色的溶液，利用此反应可以鉴别具有邻二醇结构的多元醇。

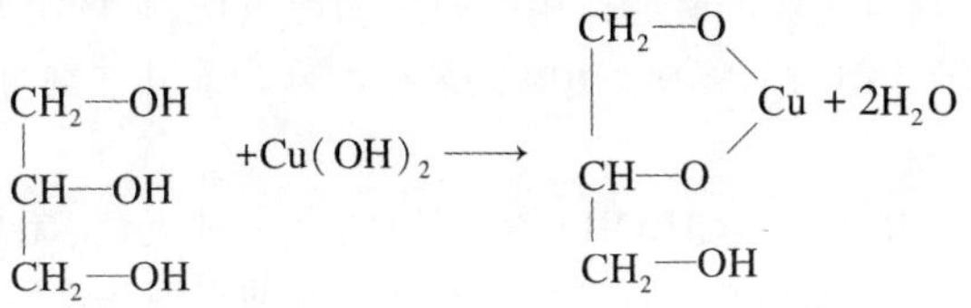

甘油铜（蓝色）

三、重要的醇

（一）甲醇

甲醇（CH_3OH）是最简单的饱和一元醇。因最初是从木材干馏得到的，所以又称为木醇或木精。甲醇是无色透明的液体，沸点为 64.5℃，能溶于水、乙醇、乙醚、丙酮、苯和其他有机溶剂中，易燃，有酒精味，有很强的毒性。当甲醇被误服或从消化道、呼吸道或皮肤摄入，都将会对人体产生毒性反应。急性反应表现为头痛、疲倦、恶心、视力减弱甚至失明（误服 10ml 以上即可失明）、循环性虚脱、呼吸困难，甚至死亡（30ml 可导致死亡）。

甲醇可作溶剂，也是重要的化工原料，用于制备甲醛、氯仿等。

（二）乙醇

乙醇（CH_3CH_2OH）俗称酒精，是饮用酒（白酒、黄酒、啤酒）的主要成分。纯净的乙醇是无色透明、易挥发、易燃的液体。具有特殊的气味和辛辣味道（酒的味道），沸点为 78.5℃。能与水及大多数有机溶剂混溶，毒性小。乙醇能使细菌的蛋白质变性，临床上用体积分数为 75% 的乙醇溶液做外用消毒剂，又称消毒酒精；利用乙醇挥发时能吸收热量的性质，临床上用体积分数为 25%～50% 的乙醇溶液给高热患者擦浴，可以达到退热、降温的目的；体积分数在 99.5% 以上的称为无水乙醇，又称绝对酒精，主要用作化学试剂，是重要的有机溶剂和化工原料。体积分数为 95% 的乙醇又称为药用酒精，在医药中主要用于提取中草药的有效成分及配制液体试剂等。在药剂上，将生物制药与化学药品用不同浓度的乙醇浸出或溶解制成的液体称为酊剂。例如，碘酊（俗称碘酒）就是将碘和碘化钾（助溶剂）溶于乙醇制成的。

酒精检测

司机酒后驾车容易肇事，因此交通法规禁止酒后驾车。交通警察使用酒精分析仪能快速、准确地测定出驾驶员呼出气体中的乙醇含量，从而判断其是否为酒后驾车。因为酒精分析仪内装有三氧化铬，是一种橙红色晶体，是强氧化剂，能快速使乙醇氧化，自身被还原为绿色的三价铬离子。当被测人员对准酒精分析仪呼吸时，如果呼出气体中含有一定比例的乙醇蒸气，分析仪内的三氧化铬就会迅速与之反应。分析仪中铬离子的颜色变化通过电子传感器元件转换成电信号，并使酒精分析仪的蜂鸣发出声响，表示被测人员饮用过含有酒精的饮料。

链接

（三）苯甲醇

苯甲醇（$C_6H_5CH_2OH$）又称苄醇，是具有芳香气味的无色液体，难溶于水，易溶于乙醇、乙醚等有机溶剂。苯甲醇具有微弱的麻醉作用和防腐功能，过去临床上常用 2% 的苯甲醇灭菌溶液稀释青霉素，以减轻注射时的疼痛。10% 的苯甲醇软膏或其洗剂可用作局部止痒剂。

考点提示： 几种重要醇的结构、俗名和在医学上的用途

（四）丙三醇

丙三醇（$CH_2OH—CH(OH)—CH_2OH$）俗称甘油，是一种无色、无臭、略带甜味的黏稠性液体，沸点为 290℃，比水重，能与水以任意比例混溶。甘油有润肤作用，但由于它本身吸湿性很强，对皮肤有刺激作用，故使用时需用 1∶3（体积化）的适量水稀释。临床上常用甘油栓或 50% 甘油溶液灌肠，以治疗便秘。丙三醇常用作溶剂、赋形剂和润滑剂，也是化工、合成药物的原料，用途很广泛。

硫　　醇

硫醇是醇分子中的氧原子被硫原子替代后的化合物，通式为 R—SH。—SH（巯基）是硫醇的官能团。

硫醇的命名方法和醇相似，在醇的母体名称中加“硫”字即可。例如：

CH_3SH	CH_3CH_2SH	$CH_3CH_2CH_2SH$
甲硫醇	乙硫醇	1-丙硫醇

低级硫醇易挥发并有特殊的臭味，当含量很小时，臭味也很明显。因此，在燃气中常加入少量低级硫醇以起报警的作用。硫醇的沸点比同碳数的醇低，难溶于水。

硫醇的化学性质和醇相似，但也有差异。硫醇具有弱酸性，其酸性比醇强，能与强碱作用生成盐。还可与一些重金属离子（汞、铜、银、铅等）形成不溶于水的硫醇盐。临床上常用二巯基丙醇、二巯基丁二酸钠、二巯基磺酸钠等作为重金属中毒的解毒剂。因为硫醇能与体内的重金属离子形成无毒的、稳定的配合物而排出体外，阻止重金属离子与酶中的巯基结合，夺取已经与酶结合的重金属离子，使酶恢复活性。

硫醇极易被氧化，空气中的氧气就能将硫醇氧化成二硫化物，所以含有巯基的化合物或药物要密闭保存。

链接

第2节 酚

一、酚的结构、分类和命名

(一) 酚的结构

从结构上看,芳香烃分子中苯环上的氢原子被羟基取代后生成的化合物称为酚。例如:

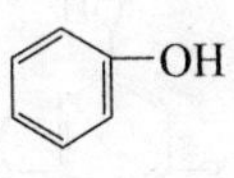

苯酚

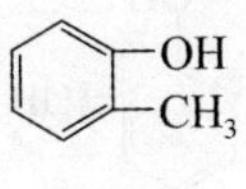

邻甲酚

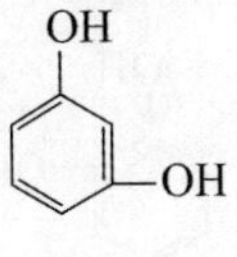

间苯二酚

酚中的羟基又称为酚羟基,是酚的官能团。由此可见,酚是由芳基和酚羟基共同组成的。

(二) 酚的分类

(1) 根据酚羟基所连芳基的不同,酚可分为苯酚(最简单的酚)和萘酚等,其中萘酚因酚羟基位置的不同,又分为α-萘酚和β-萘酚。

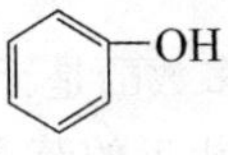

苯酚

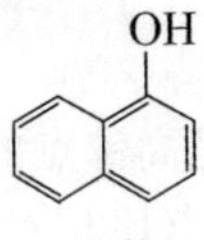

α–萘酚

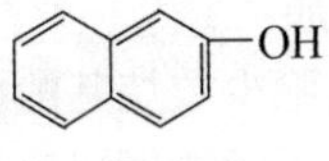

β–萘酚

(2) 根据分子中所含酚羟基的数目,酚可分为一元酚和多元酚,含有 2 个或 2 个以上羟基的酚为多元酚。

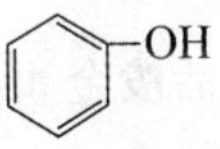

一元酚

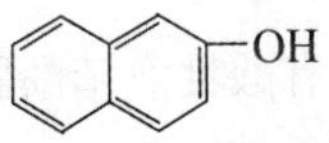

一元酚

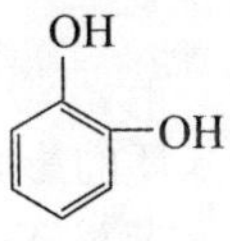

二元酚

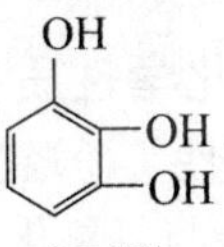

多元酚

(三) 酚的命名

酚的命名是以酚为母体,芳环上其他原子、原子团或烃基作为取代基。它们与酚羟基的相对位置可用阿拉伯数字表示,编号从芳环上连有酚羟基的碳原子开始,也可以用邻、间、对表示取代基与酚羟基间的位置。例如:

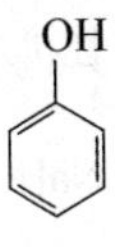

苯酚

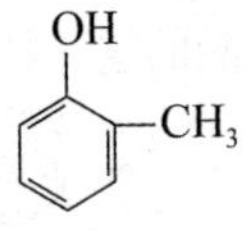

2–甲酚(邻甲酚)

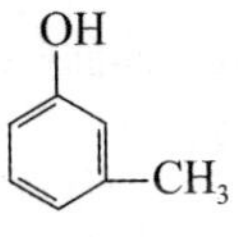

3–甲酚(间甲酚)

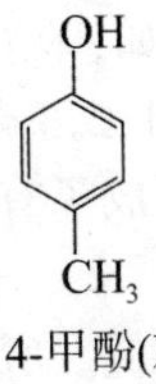

4-甲酚(对甲酚)

2,4,6 -三溴苯酚

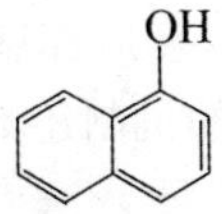

1-萘酚(α-萘酚)

二元酚命名时,以二酚为母体,两个酚羟基间的相处位置用阿拉伯数字或邻、间、对表示。例如:

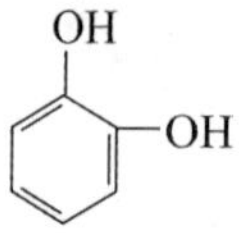

1,2-苯二酚
(邻苯二酚)

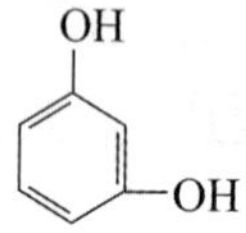

1,3-苯二酚
(间苯二酚)

1,4-苯二酚
(对苯二酚)

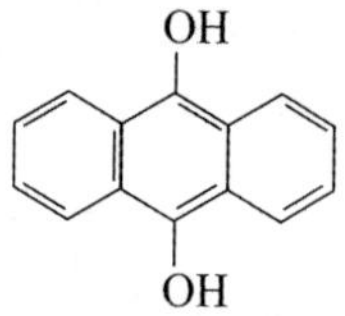

9,10-蒽二酚

考点提示： 酚的命名和结构式的书写

三元酚命名时，以三酚为母体，酚羟基的相互位置用阿拉伯数字或连、偏、对称表示。例如：

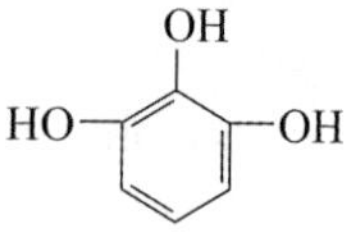

1,2,3-苯三酚
（连苯三酚）

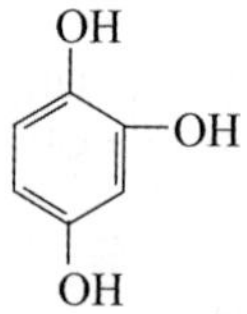

1,2,4-苯三酚
（偏苯三酚）

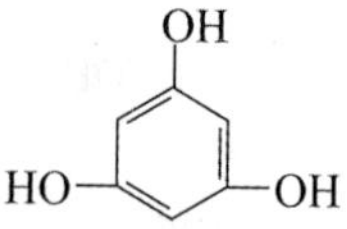

1,3,5-苯三酚
（对称苯三酚）

二、酚的性质

（一）物理性质

在常温常压下，除少数烷基酚（如甲酚）是高沸点的液体外，多数酚是无色结晶性固体，酚分子中含有羟基，分子间能形成氢键，所以沸点比相对分子质量相近的芳香烃高。酚能溶于乙醇、乙醚等有机溶剂。酚能与水形成氢键，因此在水中有一定的溶解度，但由于烃基部分较大，所以溶解度不大，随温度升高，溶解度将增大。多元酚易溶于水。酚具有特殊的气味，有一定毒性。

（二）化学性质

1. 弱酸性　酚羟基由于受苯环的影响而具有酸性。苯酚除了能和活泼金属（Na、K 等）反应外，还能与氢氧化钠反应生成易溶于水的苯酚钠。

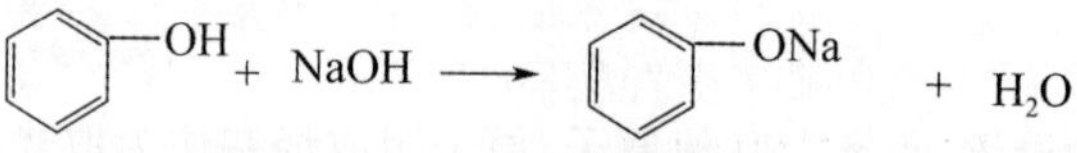

苯酚钠

苯酚的酸性（$pK_a=10$）比水（$pK_a=15.7$）强，但比碳酸（$pK_a=6.37$）和有机酸（$pK_a\approx5$）弱，所以苯酚易溶于氢氧化钠等强碱溶液，不溶于碳酸氢钠溶液。若向苯酚钠的水溶液中通入二氧化碳，则会有苯酚析出，而使溶液变浑浊。利用酚的这一特性，可以对其进行分离提纯。

2. 与三氯化铁的显色反应　大多数酚与三氯化铁作用能生成有颜色的配离子，此反应可以作为酚类的定性鉴别。不同的酚所产生配离子的颜色不同。例如，苯酚、间苯二酚及 1,3,5-苯三酚与三氯化铁反应都显蓝紫色；邻苯二酚、对苯二酚显绿色；1,2,3-苯三酚显红棕色；甲酚显蓝色等。显色的机制还不十分明确，一般认为是酚与三价铁生成了有色金属配合物的缘故。

除酚类化合物外，凡具有烯醇式结构的化合物也有类似的显色反应。所以常用三氯化铁溶液鉴别酚类以及烯醇式结构的化合物。

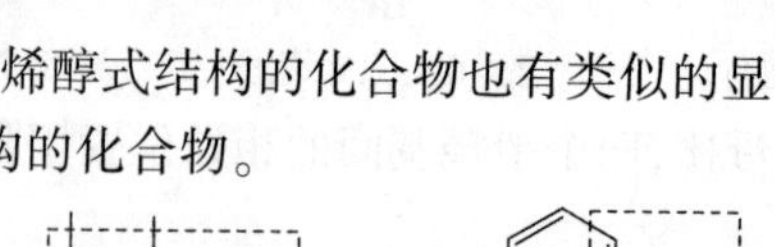

3. 芳环上的取代反应　酚羟基是强的致活基团，使苯环活化，邻、对位容易发生亲电取代反应。常温下，苯与溴水不反应，而苯酚与溴水作用立即生成2,4,6-三溴苯酚的白色沉淀。

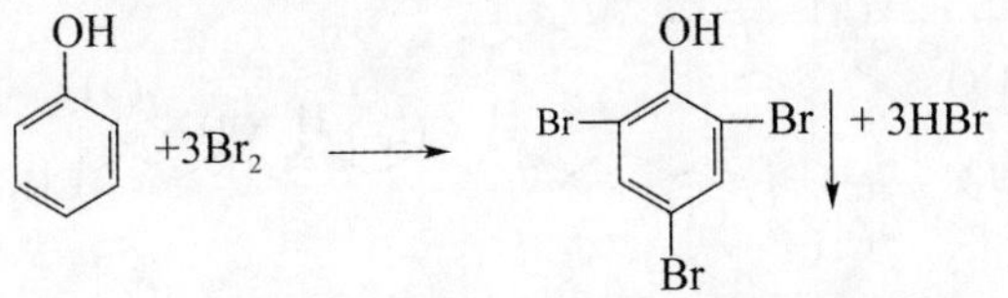

2,4,6-三溴苯酚(白色)

该反应非常灵敏，现象明显且定量进行，因此常用于苯酚的定性和定量分析。

4. 氧化反应　酚类化合物很容易被氧化，酚氧化物的颜色随着氧化程度的加大而逐渐加深，其产物复杂。例如，无色的苯酚在空气中氧化呈浅红色、红色至暗红色。用重铬酸钾稀硫酸溶液作氧化剂，可以得到主要产物对苯醌，醌类化合物多数有颜色，所以保存酚类药物时，应避免与空气接触，必要时加抗氧剂。

考点提示：酚的弱酸性比较；酚的鉴别方法

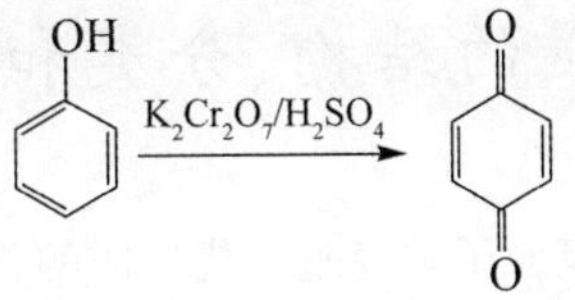

三、重要的酚

（一）苯酚

苯酚（C_6H_5—OH）又简称为酚，俗称石炭酸，因最初是从煤炭中提取的，又具有弱酸性而得名。苯酚为无色针状结晶，熔点为43℃，沸点为182℃。具有特殊气味，常因易被空气氧化而变为粉红色甚至深红色。常温下微溶于水而使溶液呈现浑浊，但当温度高于65℃时，能与水以任意比例混溶。苯酚可溶于乙醇、乙醚、苯等有机溶剂。

苯酚能凝固蛋白质，使蛋白质变性，故有杀菌作用，在医药上常用作消毒剂和防腐剂。3%～5%的苯酚水溶液用于外科器械的消毒，5%的苯酚水溶液可用作生物制剂的防腐剂，1%的苯酚水溶液可用于皮肤止痒。但苯酚有毒，苯酚及其溶液对皮肤有腐蚀性，使用时要小心。苯酚易被氧化，应盛放在棕色瓶中避光保存。苯酚是重要的化工原料，用于制造塑料、染料、药物等。

（二）甲酚

甲酚有邻、间、对3种异构体，因其来源于煤焦油，故又名煤酚。

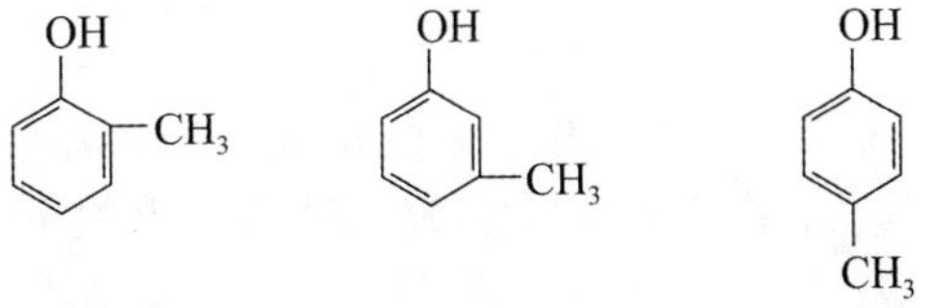

邻甲酚（沸点192℃）　间甲酚（沸点202℃）　对甲酚（沸点202℃）

由于这3种异构体的沸点相近，一般不易分离，常使用它们的混合物。煤酚的杀菌能力比苯酚强，因为它难溶于水，能溶于肥皂溶液，故常配制成50%的肥皂溶液，称为煤酚皂溶液，俗称“来苏儿”，常用于器械和环境消毒。

（三）维生素E

维生素E是一种天然存在的酚，广泛存在于各种食物中，在麦胚油中含量最高，各种油料种子、坚果类、谷类、豆类中的含量也很丰富。因它与动物的生殖功能有关，故又称为生育酚，生育酚在自然界中有 α、β、γ、δ 等多种异构体，其中 α-生育酚（即维生素 E）的活性最高。

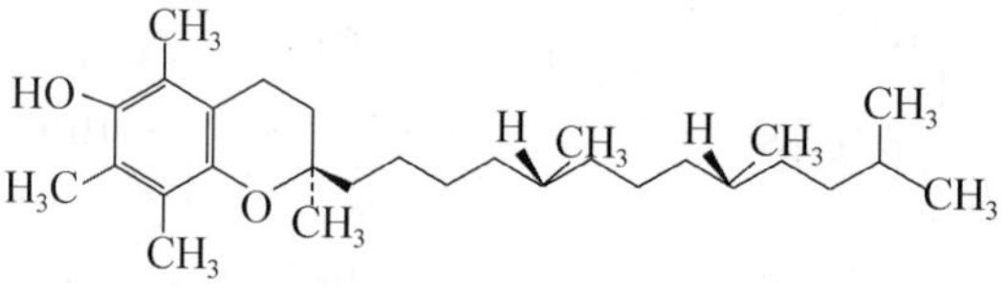

维生素 E 是黄色油状物，熔点为 2.5~3.5℃，临床上常用以治疗先兆流产和习惯性流产，近年来还用于治疗痔疮、冻疮、各种类型的肌痉挛、胃及十二指肠溃疡等。维生素 E 可作为体内自由基的清除剂或抗氧化剂，具有延缓衰老的作用。

第3节　醚

一、醚的结构、分类和命名

（一）醚的结构

醚可以看成水分子中的两个氢原子被烃基取代生成的化合物，也可看成醇或酚分子中羟基上的氢被烃基取代的产物。醚的通式为（Ar）R—O—R′（Ar′），醚分子中含有两个碳氧单键，称为醚键，是醚的官能团。

（二）醚的分类

醚结构中与氧相连的两个烃基相同的称为单醚，用 R—O—R 或 Ar—O—Ar 表示，两个烃基不同的称为混醚，用 R—O—R′或 Ar—O—Ar′表示。两个烃基都是脂肪烃基的称为脂肪醚，两个烃基中有一个或两个芳香烃基的称为芳香醚。烃基与氧原子形成环状结构的醚称为环醚。

$CH_3CH_2OCH_2CH_3$　单醚（脂肪醚）

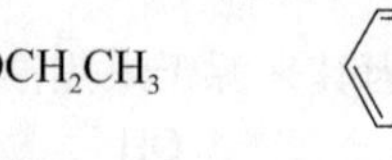
单醚（芳香醚）

$CH_3OC(CH_3)_3$　混醚（脂肪醚）

（三）醚的命名

结构简单的醚采用普通命名法。命名单醚时，是在醚字前加上与氧相连的烃基的名称（基字常省略），表示 2 个相同烃基的“二”字可以省略，命名为某醚。例如：

CH_3OCH_3　甲醚

$CH_3CH_2OCH_2CH_3$　乙醚

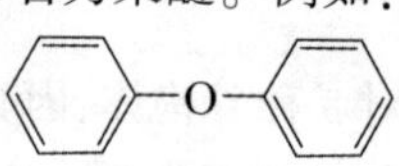
苯醚

考点提示： 醚的命名和结构式的书写

命名脂肪混醚时，一般将较小的烃基名称在前，较大的烃基名称在后；命名芳香混醚时，则将芳香烃基的名称放在烷基名称的前面，命名为“某某醚”；环醚可以称为环氧某烷，或按杂环化合物的名称命名。例如：

$CH_3—O—C_2H_5$　甲乙醚

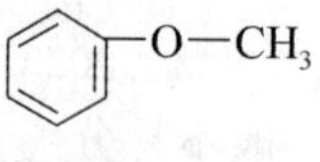
苯甲醚

环氧乙烷

对于结构复杂的醚，采用系统命名法，将较简单的烷氧基作为取代基，较大的烃基作母体来命名。例如：

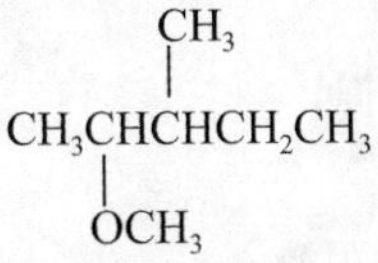

3-甲基-2-甲氧基戊烷

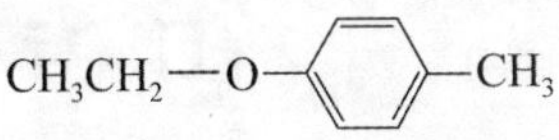

对乙氧基甲苯

二、重要的醚

(一) 乙醚

乙醚($CH_3CH_2OCH_2CH_3$)常温下为无色透明、有特殊气味的液体,沸点为34.5℃,挥发性极强,易着火。乙醚微溶于水,易溶于乙醇等有机溶剂,其本身也是优良的有机溶剂,常用作提取天然药物中脂溶性成分的溶剂。

纯净的乙醚性质较稳定。在空气的作用下能氧化成过氧乙醚,暴露于光线下能促进其氧化。过氧乙醚不挥发,在蒸馏时,过氧乙醚易积存在瓶底,受热或受到震动容易发生爆炸。为确保安全,在使用乙醚前必须检验是否含有过氧乙醚。乙醚应使用棕色瓶密封、避光,放阴冷处保存。

乙醚具有麻醉作用,早期在医学上用作吸入性全身麻醉药,副作用是会引起头晕、恶心、呕吐等。目前,作为麻醉剂用的乙醚已逐渐被性质更稳定、效果更好的安氟醚和异氟醚所替代。

(二) 环氧乙烷

环氧乙烷又称氧化乙烯,是最简单的环醚。常温下是一种无色有毒气体,沸点为11℃,能溶于水,也能溶于乙醇、乙醚等有机溶剂,通常保存在钢瓶里。

环氧乙烷是三元环,环状结构不稳定,故性质活泼,在酸或碱的催化作用下可与许多含活泼氢的化合物发生开环加成反应。

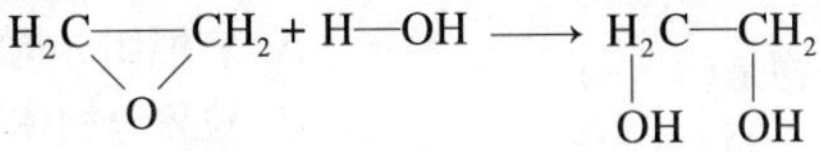

乙二醇

环氧乙烷在医学上主要作为气体杀菌剂,属于高效灭菌剂,穿透力强,可杀灭各种微生物。主要用于消毒医疗器械、内窥镜及一次性使用的医疗用品。

硫　醚

硫醚在结构上可以看作是醚分子中的氧原子被硫原子所替代后的化合物,其通式为R—S—R′。命名与醚相似,在“醚”前加“硫”字即可。例如:

$CH_3—S—CH_3$　甲硫醚

$CH_3CH_2—S—CH_2CH_3$　乙硫醚

$CH_3—S—CH_2CH_3$　甲乙硫醚

硫醚具有刺激性气味,不溶于水,沸点比相应的醚高,易被氧化。氧化产物为亚砜(R—SO—R),亚砜进一步氧化为砜($R—SO_2—R$)。

二甲基亚砜(CH_3SOCH_3)是一种无色液体,既能溶解水溶性物质,又能溶解脂溶性物质,是一种良好的溶剂和有机合成的重要试剂。

链接

目标检测

一、填空题

1. 羟基与脂肪烃、脂环烃或芳香烃侧链的饱和碳原子相连化合物为________。羟基直接与芳环的碳原子相连的化合物为________。
2. 根据羟基所连饱和碳原子的不同类型，醇分为________醇、________醇和________醇。
3. 对于与氢卤酸的反应，不同结构醇的反应活性次序是：________醇>________醇> ________醇>。
4. 醇与氢卤酸的反应，不同氢卤酸的反应活性次序是：________ > ________ > ________。
5. 醇有两种脱水方式，脱水方式取决于醇的结构和反应条件。高温有利于________脱水，低温有利于________脱水。
6. 具有邻二醇结构的多元醇，能与氢氧化铜作用生成 ________。
7. ________醇与卢卡斯试剂反应可以立即生成沉淀，________醇与卢卡斯试剂反应，需放置片刻后生成沉淀，________醇与卢卡斯试剂在室温下不反应。

二、单项选择题

1. 羟基直接与芳环相连的化合物是(　　)
   A. 醇　B. 酚　C. 醚　D. 呋喃
2. 苯酚的俗称是(　　)
   A. 石炭酸　B. 电石
   C. 福尔马林　D. 草酸
3. 在钠和乙醇反应后得到的溶液中加入酚酞，溶液显(　　)
   A. 红色　B. 无色
   C. 蓝色　D. 黄色
4. 苯甲醚和邻甲苯酚互为(　　)
   A. 官能团异构体　B. 碳链异构体
   C. 位置异构体　D. 互变异构体
5. 能与 $FeCl_3$ 溶液发生显色反应，又能与溴水作用产生白色沉淀的是(　　)
   A. 苯乙醚　B. 2,4-戊二酮
   C. 乙酰乙酸乙酯　D. 苯酚
6. 含酚羟基的是(　　)
   A. 苯甲醇　B. 环己醇
   C. 苯甲醚　D. 邻甲苯酚
7. 属于仲醇的是(　　)
   A. 1-丙醇　B. 2-丙醇
   C. 2-甲基-2-丙醇　D. 2-甲基-1-丙醇
8. 下列化合物与卢卡斯试剂作用，最快呈现浑浊的是(　　)
   A. 1-戊醇　B. 2-戊醇
   C. 3-戊醇　D. 2-甲基-2-丁醇
9. 能区分正丁醇和叔丁醇的试剂是(　　)
   A. 氢氧化钠　B. 溴水
   C. 高锰酸钾酸性溶液　D. $AgNO_3$
10. 能用氢氧化铜区分开的是(　　)
    A. 乙醇和乙醚　B. 乙醇和乙二醇
    C. 乙二醇和甘油　D. 甲醇和乙醇
11. 误食工业酒精会严重危及人的健康甚至生命，这是因为其中含有(　　)
    A. 乙醇　B. 甲醇
    C. 苯　D. 苯酚
12. ①甲醇 ②伯醇 ③仲醇 ④ 叔醇与金属钠反应的速率顺序为(　　)
    A. ①②③④　B. ②③④①
    C. ④③②①　D. ①②④③
13. 1-丙醇和 2-丙醇的关系是(　　)
    A. 官能团异构体　B. 碳链异构体
    C. 位置异构体　D. 以上均不是
14. 2-丁醇分子内脱水，主产物是(　　)
    A. 1-丁烯　B. 2-丁烯
    C. 1-丁炔　D. 2-丁炔
15. 下列溶液中，通入二氧化碳后，能使溶液变浑浊的是(　　)
    A. 氢氧化钠溶液　B. 苯酚钠溶液
    C. 碳酸钠溶液　D. 苯酚溶液
16. 下列物质：①苯酚；②水；③乙醇；④碳酸，其酸性由强到弱的顺序为(　　)
    A. ①②③④　B. ④①②③
    C. ②③④①　D. ①②④③

三、写出下列化合物的名称

1. $CH_3CH_2CHCH_2CHCH_3$（CH 上分别连 OH 和 CH_3）

    $\qquad\qquad\quad |\qquad\quad |$

    $\qquad\qquad\; OH\qquad CH_3$

2. 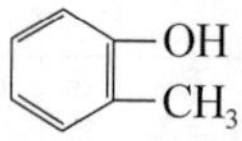

3. 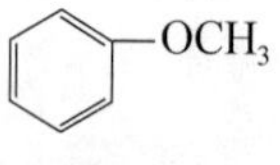

4. 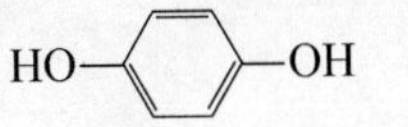

5. $CH_3CH_2CHCH_2CHCH_3$（CHCH 上分别连 OCH_3 和 CH_3）

6. 

四、写出下列化合物的结构简式

1. 酒精　2. 木醇　3. 石炭酸　4. 苄醇

5. 甘油　6. 苯甲醚　7. 乙醚　8. 仲丁醇

五、用化学方法鉴别下列各组化合物

1. 苯酚、苯甲醇

2. 正丁醇、仲丁醇和叔丁醇

六、完成下列化学反应式

1. $CH_3\underset{}{C}HCH_3$（中间 C 上连 OH）$+ HCl \xrightarrow{ZnCl_2}$

2. $CH_3CH_2CHCH_3$（CH 上连 OH）$\xrightarrow[H_2SO_4]{K_2Cr_2O_7}$

3. $CH_3CHCH_2CH_2CH_3$（CH 上连 OH）$\xrightarrow[170℃]{H_2SO_4}$

4. $2CH_3OH \xrightarrow[140℃]{H_2SO_4}$

5. 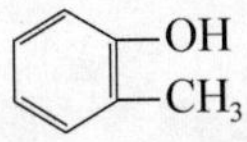 $+ NaOH \longrightarrow$

6. 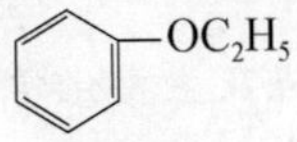 $+ HI \longrightarrow$

七、推断题

化合物 A,分子式为 C_3H_8O,能与金属钠发生反应生成氢气。在脱水剂作用下加热到 170℃生成产物 B,B 与 HBr 反应生成化合物 C,C 的分子式为 C_3H_7Br,C 与氢氧化钠水溶液作用又生成 A。试写出化合物 A、B、C 的结构式及相关反应方程式。

（穆春旭）

第10章 醛 和 酮

学习目标

1. 掌握醛和酮的结构特点及主要化学性质。
2. 熟悉醛和酮的分类和命名。
3. 了解醛和酮的物理性质及常见醛、酮在医学上的用途。

碳原子和氧原子以双键相结合的基团（$-\overset{O}{\overset{\|}{C}}-$）称为羰基，醛和酮都是含有羰基的化合物，统称为羰基化合物。羰基化合物广泛存在于自然界，它们既参与生物代谢过程，也是细胞代谢的基本成分；其中某些醛、酮还是药物合成的重要原料或反应中间体。

第1节 醛、酮的结构、分类和命名

一、醛和酮的结构、分类

（一）醛和酮的结构

羰基与氢原子结合而成的基团称为醛基（$-\overset{O}{\overset{\|}{C}}-H$，简写成—CHO），醛基与烃基结合的化合物称为醛，醛基是醛的官能团；羰基两端都与烃基结合而成的化合物称为酮，酮分子中的羰基也称为酮基（—CO—），是酮的官能团。

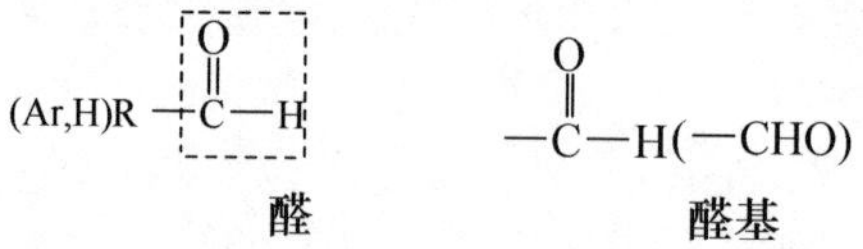

醛　　醛基

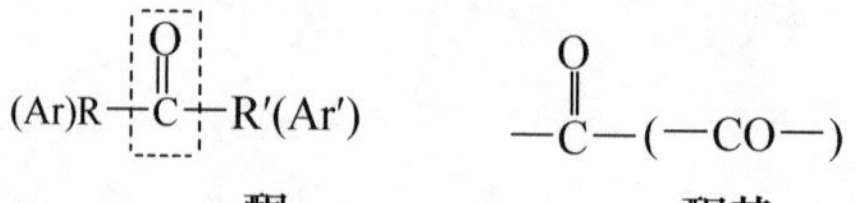

酮　　酮基

（二）醛和酮的分类

1. 根据醛基或酮基所连烃基的不同，可以把醛、酮分为脂肪醛（酮）、脂环醛（酮）和芳香醛（酮）。脂肪醛酮又可根据烃基的饱和程度不同，分为饱和醛、酮与不饱和醛、酮。例如：

脂肪醛、酮
- 饱和醛、酮　$CH_3CH_2-\overset{O}{\overset{\|}{C}}-H$　$CH_3-\overset{O}{\overset{\|}{C}}-CH_2CH_3$
- 不饱和醛、酮　$CH_3CH{=}CHCHO$　$CH_3COCH{=}CHCH_3$

脂环醛、酮

芳香醛、酮

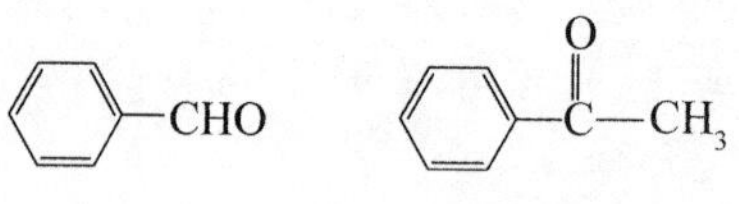

2. 根据分子中醛基或酮基数目的不同，将醛、酮分为一元醛、酮和多元醛、酮。例如：

一元醛、酮　CH_3CH_2CHO　$CH_3CH_2-\overset{O}{\overset{\|}{C}}-CH_3$

多元醛、酮　$OHCCH_2CH_2CH_2CHO$　$CH_3-\overset{O}{\overset{\|}{C}}-CH_2-\overset{O}{\overset{\|}{C}}-CH_3$

3. 一元酮分子中，根据与羰基相连的两个烃基是否相同，将一元酮分为单酮和混酮。与羰基相连的两个烃基相同的称为单酮，不相同的称为混酮。例如：

单酮　$CH_3-\overset{O}{\overset{\|}{C}}-CH_3$　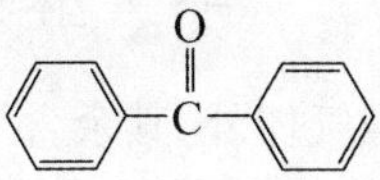

混酮　$CH_3CH_2-\overset{O}{\overset{\|}{C}}-CH_3$　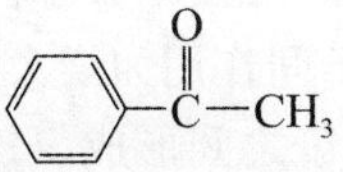

二、醛和酮的命名

(一) 普通命名法

简单的醛和酮一般采用普通命名法。脂肪醛的命名按所含碳原子数称为“某醛”，脂肪酮的命名与醚相似，可按羰基所连的两个烃基命名。例如：

$HCHO$	CH_3CHO	$CH_3-\overset{O}{\overset{\|}{C}}-CH_2CH_3$
甲醛	乙醛	甲乙酮

(二) 系统命名法

复杂的醛、酮采用系统命名法。

1. 脂肪醛、酮命名时，选择含有羰基的最长碳链为主链，根据主链碳原子数目称为“某醛”或“某酮”；编号时从离羰基最近的一端开始，由于醛基总是处于碳链的首端，不必标明位次，而酮基位次必须标明；若有取代基，则将取代基的位次、数目和名称分别标在“某醛”或酮基位次之前。编号时，也可以采用希腊字母标注，与羰基相连的碳原子依次用 α、β、γ、δ 等表示。例如：

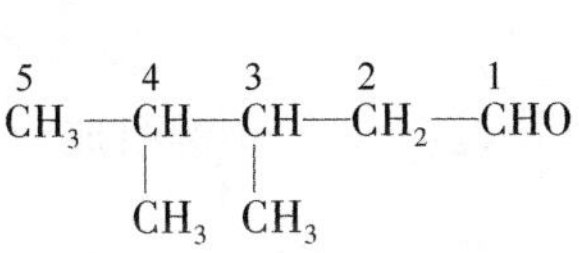

3,4-二甲基戊醛

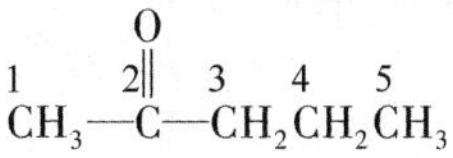

2-戊酮

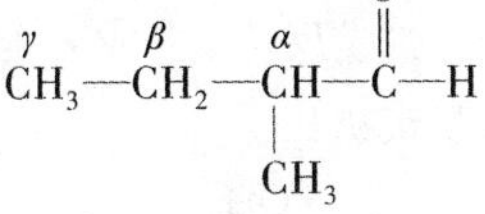

α-甲基丁醛

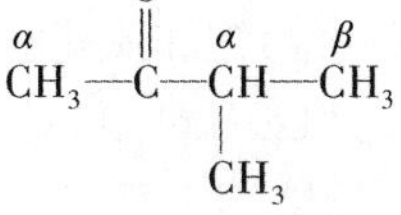

α-甲基丁酮

2. 芳香醛、酮和脂环醛命名时，以脂肪醛、酮为母体，将芳香烃基和脂环烃基作为取代基。脂环酮命名时，仅在前面加一个环字，若环上还有其他取代基，则从酮基起给环上碳原子编号，并使其取代基的位次最小。例如：

考点提示： 醛、酮的分类、命名和结构式的书写

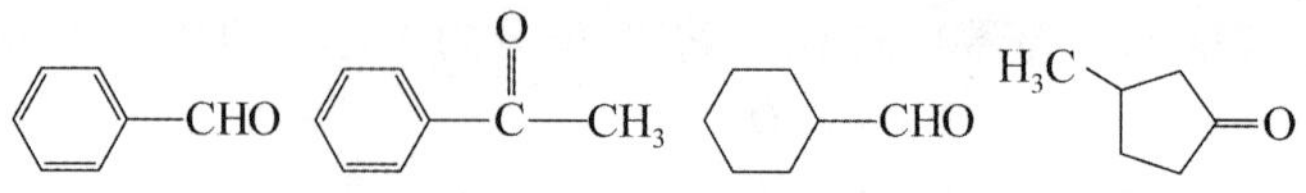

苯甲醛　　苯乙酮　　环己基甲醛　　3-甲基环戊酮

第2节　醛和酮的性质

一、醛和酮的物理性质

在室温下除甲醛是气体外，其余含10个碳原子以内的脂肪醛、酮均为液体，高级脂肪醛、酮和芳香醛、酮多为固体。醛、酮分子间不能形成氢键，因此其沸点比相应的醇低得多，但羰基是极性基团，使得分子间作用力增大，故其沸点比相应的烷烃要高。

由于羰基能与水分子之间形成氢键，故低级醛、酮易溶于水，如丙酮可以与水混溶；随着相对分子质量的增加，醛和酮的溶解性迅速降低，含6个碳原子以上的醛和酮几乎不溶于水，而易溶于乙醚、四氯化碳等有机溶剂。醛和酮的相对密度都小于1。

低级醛具有强烈的刺激性气味，中级（$C_8 \sim C_{13}$）酮在较低浓度时往往具有香味，可用于化妆品和食品工业。有些天然香料中都含有酮基，如樟脑、麝香等。

二、醛和酮的化学性质

醛、酮分子中都含有羰基，所以这两类化合物具有许多相似的化学性质，主要表现在羰基的加成反应、α-活泼氢的反应、还原反应及被强氧化剂（$KMnO_4$或HNO_3）氧化的反应等；由于醛基与酮基的结构并不完全相同，在化学性质上存在一定差异，醛基中羰基上连有氢原子，受羰基影响，醛基中C—H极性增强，易发生氧化反应，使醛表现出一些不同于酮的化学性质。

醛、酮的化学性质与结构的关系如下：

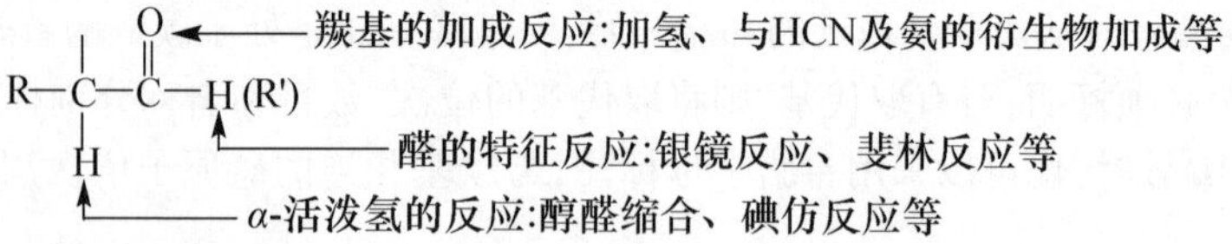

（一）醛、酮的相似性质

1. 加成反应　羰基（$-\overset{\overset{O}{\|}}{C}-$）的双键是由一个σ键与一个π键组成，与烯烃的双键相似，因此也容易发生加成反应。

（1）与饱和亚硫酸氢钠加成：醛、脂肪甲基酮（羰基一端与甲基相结合的脂肪酮）以及含8个碳原子以下的环酮可与饱和亚硫酸氢钠溶液发生加成反应，生成α-羟基磺酸钠。生成的α-羟基磺酸钠不溶于饱和亚硫酸氢钠溶液而以结晶形式析出。

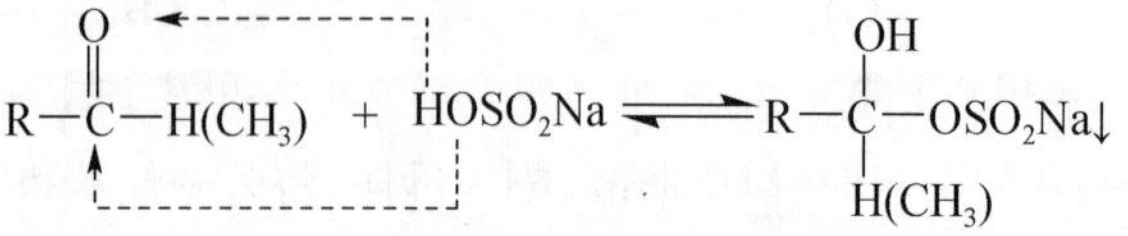

此加成反应由于有沉淀析出，故可用来鉴别醛、脂肪甲基酮以及含8个碳原子以下的环酮。此反应为可逆反应，加成产物α-羟基磺酸钠遇酸或碱都可恢复成原来的醛或酮，故可利用这一性质分离和提纯醛、酮。

（2）与氢氰酸加成：醛、脂肪族甲基酮和8个碳原子以下的环酮能与氢氰酸加成，生成α-

羟基腈，又称α-氰醇。芳香甲基酮则难以反应。

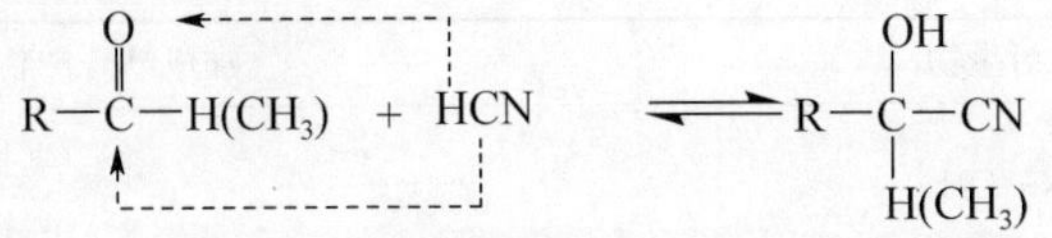

醛、酮与氢氰酸的加成产物α-羟基腈是有机合成上的反应中间体，可水解生成α-羟基酸，反应后的产物比原来增加了一个碳原子，这是有机合成中增长碳链的一种方法。

由于氢氰酸易挥发且有剧毒，所以一般不直接用氢氰酸进行反应。在实验室中，常用醛、酮与氰化钾(钠)水溶液的混合物，再滴入无机强酸(如硫酸)以生成氢氰酸而参与反应，并且操作必须在通风橱中进行。例如：

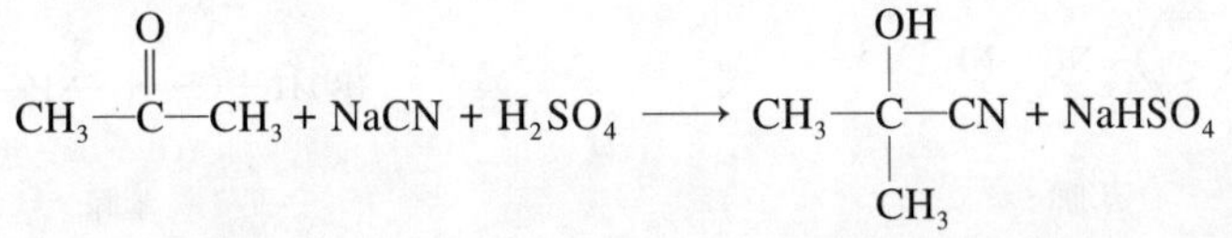

(3) 与醇加成：在干燥氯化氢的催化下，醛能与醇发生加成反应生成不稳定的加成产物——半缩醛，然后继续与另一分子醇作用，脱去一分子水，生成稳定的化合物——缩醛。醛或酮与醇加成生成缩醛的反应称为缩醛反应。

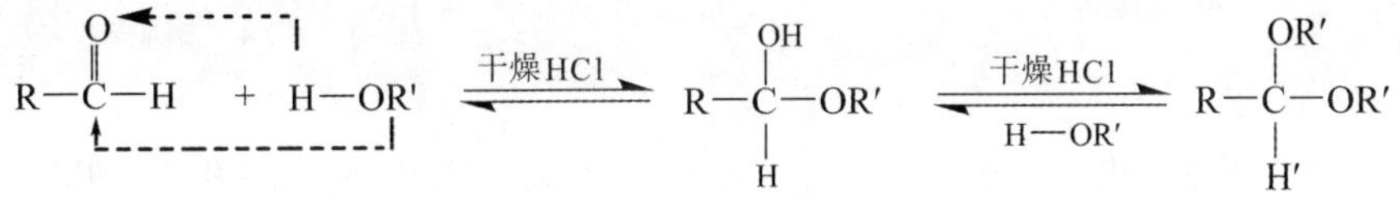

半缩醛　　　　缩醛

例如，乙醛和乙醇在干燥氯化氢作用下，生成二乙醇缩乙醛。

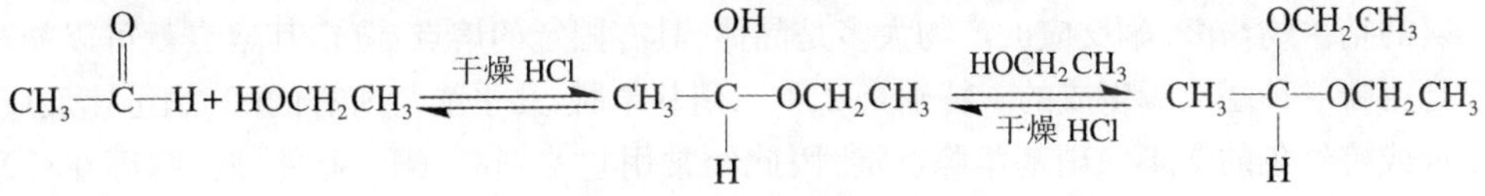

乙醇缩乙醛(半缩醛)　　　　二乙醇缩乙醛(缩醛)

缩醛是具有花果香味的液体，性质与醚相似。缩醛在碱性溶液中较稳定，在稀酸溶液中易水解为原来的醛和醇，因此在药物合成中常利用生成缩醛来保护醛基，使醛基在反应中不受破坏。酮也可以发生类似的反应，生成缩酮，但比醛困难。

(4) 与氨的衍生物加成。醛、酮能与许多氨的衍生物如羟胺、肼、苯肼、2,4-二硝基苯肼、氨基脲等发生加成反应，反应并不停留在第一步，加成产物继续发生脱水形成含有碳氮双键的化合物。反应可用通式表示如下：(其中 H_2N—G 代表氨的衍生物)

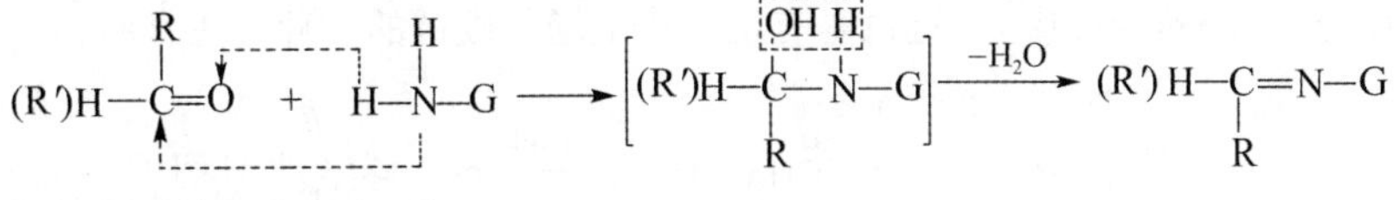

上述反应也可简单表示如下：

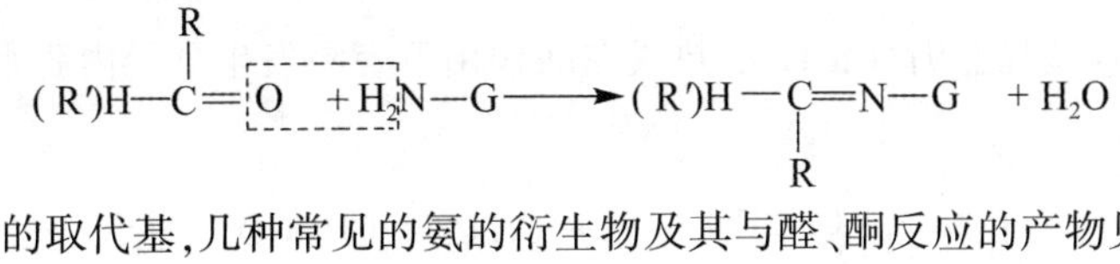

G 代表不同的取代基，几种常见的氨的衍生物及其与醛、酮反应的产物见表10-1。

表 10-1 氨的衍生物及其与醛、酮反应的产物

氨的衍生物	加成缩合产物结构式及名称
$H_2N—OH$ 羟胺	$(R')H—C(R)=N—OH$ 肟
$H_2N—NH_2$ 肼	$(R')H—C(R)=N—NH_2$ 腙
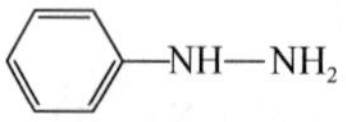 苯肼	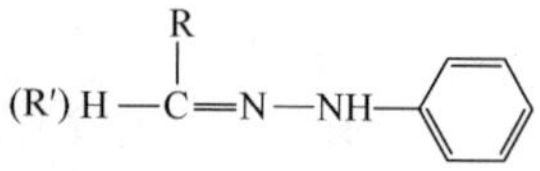 苯腙
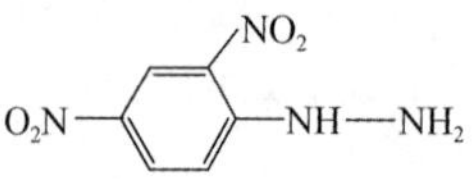 2,4-二硝基苯肼	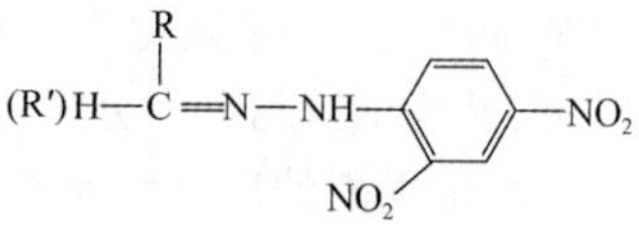 2,4-二硝基苯腙
$H_2N—NH—C(=O)—NH_2$ 氨基脲	$(R')H—C(R)=N—NH—C(=O)—NH_2$ 缩胺脲

氨的衍生物与醛、酮反应的产物大多是晶体，具有固定的熔点，测定其熔点就可以初步推断它是由哪一种醛或酮生成的。特别是2,4-二硝基苯肼，几乎能与所有的醛、酮迅速反应，生成橙黄或橙红色的2,4-二硝基苯腙沉淀，因此经常用它鉴别醛、酮。此外，肟、腙等在稀酸作用下能够水解为原来的醛或酮，故也可用这一性质来分离和提纯醛、酮。通常把这些氨的衍生物称为羰基试剂。

2. α-活泼氢的反应　醛、酮分子中，与羰基直接相连的碳原子，称为α-碳原子，α-碳原子上的氢原子称为α-氢原子(α-H)。α-氢原子由于受羰基的影响而变得活泼，可发生缩合反应和卤代反应等。

(1) 醇醛缩合反应：在稀碱作用下，一分子醛的α-氢原子加到另一分子醛的羰基氧原子上，α-碳则加到羰基碳原子上，生成既含有醛基又含有醇羟基的化合物β-羟基醛，该反应称为醇醛缩合反应(羟醛缩合反应)。这也是有机合成上增长碳链的一种方法。例如：

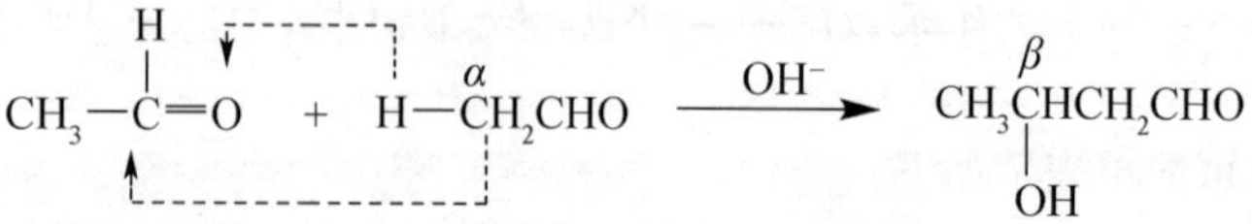

若生成的β-羟基醛上仍有α-H，受热或在酸作用下容易发生分子内脱水，生成α,β-不饱和醛。

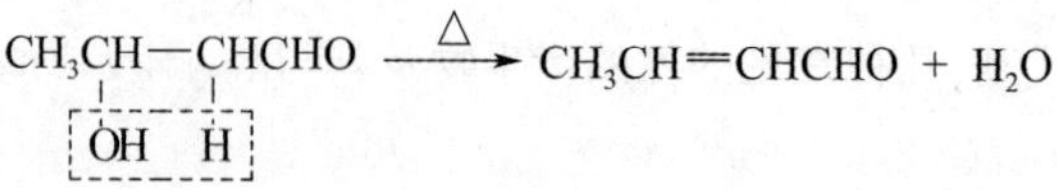

(2) 卤代反应：在酸或碱的催化下，醛、酮分子中的α-H可逐步被卤素原子(Cl、Br或I)取代，生成α-多卤代醛、酮。例如

$$CH_3-\overset{\overset{O}{\|}}{C}-CH_3+Br_2\xrightarrow{CH_3COOH}BrCH_2-\overset{\overset{O}{\|}}{C}-CH_3+HBr$$

碱性条件下，乙醛、甲基酮中的 3 个 α-H 全部被卤代，生成三卤代物。三卤代物在碱性溶液中不稳定，分解为三卤甲烷（卤仿）和羧酸盐，此反应称为卤仿反应。如果反应中使用的是碘，生成的产物为碘仿，故此反应称为碘仿反应。碘仿是不溶于水的黄色固体，并有特殊气味，反应灵敏，现象明显，易于观察。因此，常用碘和氢氧化钠溶液来鉴别乙醛、甲基酮。另外，具有 $CH_3-\overset{\overset{OH}{|}}{C}H-$ 结构的醇由于能被反应过程中生成的次碘酸钠（NaIO）氧化生成乙醛或甲基酮，故也能发生碘仿反应。

$$I_2+2NaOH \rightleftharpoons NaIO+NaI+H_2O$$

$$CH_3-\overset{\overset{O}{\|}}{C}-R(H)+3NaIO \rightleftharpoons CI_3-\overset{\overset{O}{\|}}{C}-R(H)+3NaOH$$

$$CI_3-\overset{\overset{O}{\|}}{C}-R(H)+NaOH \rightleftharpoons CHI_3\downarrow+(H)R-\overset{\overset{O}{\|}}{C}-ONa$$

上述反应过程可归纳为：

$$CH_3-\overset{\overset{O}{\|}}{C}-R(H)+3I_2+4NaOH \rightleftharpoons CHI_3\downarrow+(H)R-\overset{\overset{O}{\|}}{C}-ONa+3NaI+3H_2O$$

3. 还原反应　在有机化学中，加氢的反应也称为还原反应。在金属铂、钯或镍的催化下，醛、酮中的羰基与氢气发生加成反应生成相应的醇羟基，醛加氢还原生成伯醇，酮加氢还原生成仲醇。

$$\underset{\text{醛}}{R-\overset{\overset{O}{\|}}{C}-H}+H_2\xrightarrow{\text{Pt、Pd 或 Ni}}\underset{\text{伯醇}}{R-\overset{\overset{OH}{|}}{C}H-H(R-CH_2-OH)}$$

$$\underset{\text{酮}}{R-\overset{\overset{O}{\|}}{C}-R'}+H_2\xrightarrow{\text{Pt、Pd 或 Ni}}\underset{\text{仲醇}}{R-\overset{\overset{OH}{|}}{C}H-R'}$$

（二）醛的特性

1. 氧化反应　醛基上的氢原子由于受羰基的影响，变得相当活泼，所以醛除了能被强氧化剂氧化外，还能被弱氧化剂所氧化；酮分子中没有这样的活泼氢，不易被弱氧化剂氧化。常用的弱氧化剂主要有托伦（Tollens）试剂和斐林（Fehling）试剂。

（1）银镜反应：托伦试剂是由硝酸银与氨水反应得到的一种无色的银氨配合物，主要成分是 $[Ag(NH_3)_2]OH$。当它与醛共热时，醛被氧化为羧酸，Ag^+ 被还原为单质银附着在试管内壁上，形成明亮的银镜，故称为银镜反应。

$$(Ar)R-CHO+2[Ag(NH_3)_2]OH\xrightarrow{\triangle}(Ar)R-COONH_4+2Ag\downarrow+3NH_3+H_2O$$

所有的醛都能与托伦试剂发生银镜反应，而酮不能，所以利用托伦试剂可以鉴别醛和酮。

（2）斐林反应：斐林试剂甲是硫酸铜溶液，斐林试剂乙是酒石酸钾钠与氢氧化钠的混合溶液，使用时将甲和乙等体积混合，摇匀，即得一种深蓝色溶液，称为斐林试剂（其主要成分是可溶性的 Cu^{2+} 的配合物）。斐林试剂能将脂肪醛氧化生成相应的酸，自身的 Cu^{2+} 还原成砖红色的氧化亚铜沉淀。甲醛因还原性强，能将 Cu^{2+} 还原成单质铜，附着在光滑的玻璃器壁上形成铜镜。

$$R—CHO+2Cu^{2+}+2OH^- \longrightarrow R—COO^-+Cu_2O\downarrow+H_2O$$

$$H—CHO+Cu^{2+}+2OH^- \longrightarrow H—COO^-+Cu\downarrow+H_2O$$

只有脂肪醛能被斐林试剂氧化,芳香醛和酮都不能,因此可用斐林试剂鉴别脂肪醛和芳香醛,也可用来鉴别脂肪醛和酮。

考点提示: 醛、酮性质的异同点及鉴别方法

2. 与希夫试剂的反应　将二氧化硫通入红色的品红水溶液中,至红色刚好消失为止,所得的无色溶液称为品红亚硫酸试剂,又称为希夫(Schiff)试剂。醛与希夫试剂作用可显紫红色,而酮则不显色,这一显色反应相当灵敏,因此可用于鉴别醛和酮。

甲醛与希夫试剂反应所显示的颜色加硫酸后不消失,而其他醛生成的紫红色遇硫酸后褪色,故此方法可用于甲醛和其他醛的鉴别。

第3节　重要的醛和酮

一、甲　　醛

甲醛(H—CHO)俗称蚁醛,在常温下是具有强烈刺激性气味的无色气体,沸点为-21℃,易溶于水,有毒,有凝固蛋白质的作用,因而具有杀菌和防腐功能。40%的甲醛水溶液称为"福尔马林",是常用的外科器械、污染物的消毒剂和保存动物标本的防腐剂。

甲醛在水溶液中以水合甲醛形式存在,不能分离出来。水合甲醛失水缩合即生成链状的多聚甲醛,这就是甲醛水溶液放置时间久了产生浑浊或有白色沉淀的原因。甲醛水溶液中加入甲醇可防止甲醛聚合。

甲醛与浓氨水作用,可生成一种环状结构的白色晶体,称为环六亚甲基四胺($C_6H_{12}N_4$),药品名为乌洛托品,易溶于水,有甜味,在医药上用作利尿剂及尿道消毒剂,治疗肾脏及尿路感染。

甲醛的危害

在新装修的房子或新购买的车中呆久了就会有头晕脑胀、眼睛难受甚至流泪等不适症状,这就是"甲醛"在作怪。研究表明,甲醛具有强烈的致癌和促进癌变的作用。甲醛对人体健康有着极大的危害,是装修中的游离"杀手"之一。

长期接触低剂量的甲醛可引起各种慢性呼吸道疾病;引起青少年记忆力和智力下降;引起鼻腔、口腔、咽喉、皮肤和消化道癌症;引起细胞核基因突变、抑制DNA损伤修复、导致女性月经紊乱、妊娠综合征、新生儿染色体异常等,甚至可以引起白血病。在所有接触者中,儿童、孕妇、老人由于抵抗力较低,对甲醛尤为敏感,危害也更大。

链接

二、乙　　醛

乙醛(CH_3CHO)为无色、有刺激性气味、易挥发的液体,沸点为21℃,易溶于水、乙醇和乙醚中。乙醛是重要的有机合成原料,可用于制造乙酸、乙醇等化合物。

乙醛容易聚合,在酸的催化下可聚合成三聚乙醛,在医药上又称副醛,具有催眠作用,是比较安全的催眠药,也可用于抗惊厥。

三氯乙醛

乙醛的衍生物三氯乙醛易与水反应生成水合三氯乙醛，简称水合氯醛。水合氯醛为无色棱柱状晶体，有刺激性气味，味略苦，易溶于水、乙醇和乙醚。其 10% 的水溶液在临床上作为长时间作用的催眠药，用于失眠、烦躁不安及惊厥。它使用安全，不易引起蓄积中毒，是一种比较安全的催眠药和镇静药，但对胃有一定刺激性，常用灌肠法给药。

链接

三、苯　甲　醛

苯甲醛（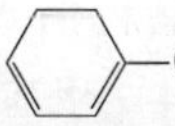—CHO）是最简单的芳香醛，常温下为无色液体，沸点为 179℃，具有苦杏仁味，又称为苦杏仁精或苦杏仁油；微溶于水，易溶于乙醇和乙醚。苯甲醛常以结合态存在于水果中，如桃、杏、梅等许多果实的种子中，尤以苦杏仁中含量最高。

苯甲醛易被氧化，久置空气中即被氧化成白色的苯甲酸晶体，因此保存苯甲醛时常加入少量的对苯二酚作抗氧剂。

苯甲醛是有机合成中重要的原料，用于制备药物、香料和染料。

四、丙　　酮

丙酮（$CH_3-\overset{\overset{O}{\|}}{C}-CH_3$）是最简单的脂肪酮。常温下是无色、易挥发、易燃的液体，具有特殊香味。沸点为 56.5℃，能与水、乙醚等混溶，并能溶解多种有机化合物，是一种良好的有机溶剂。

丙酮是糖代谢的产物。正常人体血液中丙酮含量很低，但当人体糖代谢出现紊乱时，如糖尿病患者，体内常有过量的丙酮产生，随呼吸和尿液排出体外。临床上检查患者尿液中是否含有过量的丙酮，可在尿液中加入亚硝酰铁氰化钠［$Na_2Fe(CN)_5NO$］溶液和氢氧化钠溶液，若有丙酮存在，则尿液呈鲜红色；另一种方法是利用碘仿反应，即向尿液中滴加碘液和氢氧化钠溶液，若有丙酮存在，则有黄色的碘仿（CHI_3）析出。

考点提示： 临床上检验丙酮的方法

目标检测

一、填空题

1. 在催化剂铂、钯和镍的存在下，醛加氢还原生成________，酮加氢还原生成________。
2. 托伦试剂的主要成分是________，费林试剂的主要成分是________。
3. 醛与托伦试剂的反应因有银生成，又称为________反应；费林试剂只能与________醛反应，不能与________醛反应。
4. 醛与希夫试剂作用显________色。
5. “福尔马林”的主要成分是________。
6. 羰基的碳分别与烃基及氢相连接的化合物称为________；羰基与两个烃基相连的化合物称为________。

二、单项选择题

1. 鉴别乙醛和丙酮可选用的试剂是（　　）
   A. 托伦试剂　B. 费林试剂
   C. 亚硝酰铁氰化钠+NaOH　D. 三种都可以
2. 既能与氢发生加成反应又能与希夫试剂反应的是（　　）
   A. 丙烯　B. 丙醛

C. 丙酮　　D. 苯

3. 能与斐林试剂反应的是(　　)

A. 丙酮　　B. 苯甲醇

C. 2-甲基丙醛　　D. 苯甲醛

4. 检查糖尿病患者尿液中的丙酮，可采用的试剂是(　　)

A. 斐林试剂　　B. 希夫试剂

C. 托伦试剂　　D. 碘液和氢氧化钠溶液

5. 生物标本防腐剂"福尔马林"的成分是(　　)

A. 40%甲醛水溶液

B. 40%甲酸水溶液

C. 40%乙醛水溶液

D. 40%丙酮水溶液

6. 下列物质不能发生碘仿反应的是(　　)

A. 乙醛　　B. 丙酮

C. 乙醇　　D. 3-戊酮

7. 醛与羟胺作用生成(　　)

A. 肟　　B. 腙

C. 苯腙　　D. 肼

8. 用来鉴别醛和酮的羟胺、肼、苯肼等试剂统称为(　　)

A. 卢卡斯试剂　　B. 希夫试剂

C. 羰基试剂　　D. 托伦试剂

9. 下列化合物不能与 HCN 发生加成反应的是(　　)

A. 2-戊酮　　B. 环己酮

C. 丙酮　　D. 3-戊酮

10. 丁酮与氢加成生成(　　)

A. 乙醛　　B. 丙酮

C. 丁醇　　D. 2-丁醇

三、写出下列化合物的名称

1. $CH_3-\underset{\underset{CH_3}{|}}{CH}-CH_2-CH_2-CHO$

2. $CH_3-CH_2-CH_2-CHO$

3. $CH_3-\overset{\overset{O}{\|}}{C}-CH_3$

4. $CH_3-\underset{\underset{CH_3}{|}}{CH}-CH_2-\overset{\overset{O}{\|}}{C}-CH_3$

5. 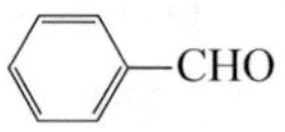

6. 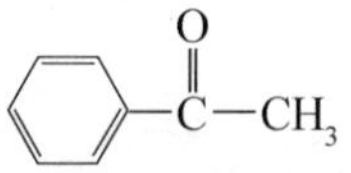

四、写出下列化合物的结构简式

1. 3-甲基丁醛　　2. 3,4-二甲基-2-戊酮

3. 4-甲基-2-己酮　　4. 3-苯基丙醛

5. 环己酮　　6. 2-甲基-3-乙基戊醛

五、完成反应方程式

1. $CH_3CH_2CHO+HCN \longrightarrow$

2. $CH_3CHO+H_2 \xrightarrow{Ni}$

3. $CH_3-\overset{\overset{O}{\|}}{C}-CH_3 + H_2 \xrightarrow{Ni}$

4. $CH_3CHO+[Ag(NH_3)_2]OH \longrightarrow$

5. $CH_3-\overset{\overset{O}{\|}}{C}-CH_2CH_3 + NH_2-OH \longrightarrow$

6. $CH_3-\overset{\overset{O}{\|}}{C}-CH_2CH_3 \xrightarrow{I_2+NaOH}$

六、用化学方法区别下列各组化合物

1. 丙醇、丙醛、丙酮

2. 甲醛、乙醛、苯甲醛

3. 2-戊酮、3-戊酮、戊醛

4. 苯酚、苯甲醛、苯甲醇

(陈　霞)

第 11 章　羧酸和取代羧酸

学习目标

1. 掌握羧酸的结构、分类、命名、化学性质及酮体的组成。
2. 熟悉羟基酸和酮酸的结构、分类及命名。
3. 了解常见的羧酸、羟基酸和酮酸。

羧酸、羟基酸和酮酸都含有羧基,是烃的含氧衍生物。羧酸在自然界中常以游离状态或以盐、酯的形式广泛存在。

第 1 节　羧　　酸

一、羧酸的结构、分类和命名

（一）羧酸的结构

羧酸从结构上可以看作是烃分子中的氢原子被羧基取代而成的化合物(甲酸除外),其官能团为羧基(—COOH),通式为(Ar)R—COOH。例如:

HCOOH　　　　$CH_3—CH_2—COOH$　　　　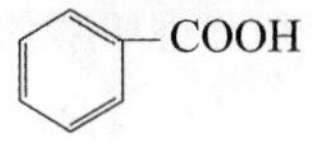

甲酸　　　　丙酸　　　　苯甲酸

（二）羧酸的分类和命名

1. 分类　根据羧酸分子中烃基类型的不同,羧酸可分为脂肪酸和芳香酸;根据烃基是否饱和,脂肪酸又可以分为饱和脂肪酸和不饱和脂肪酸;根据分子中所含羧基数目的不同可分为一元酸、二元酸和多元酸。例如:

	饱和羧酸	不饱和羧酸	芳香酸
一元羧酸	CH_3COOH 乙酸	$CH_3CH═CH—COOH$ 2-丁烯酸	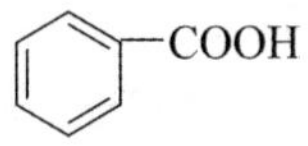 苯甲酸
二元羧酸	HOOC—COOH 乙二酸	HOOCCH═CHCOOH 丁烯二酸	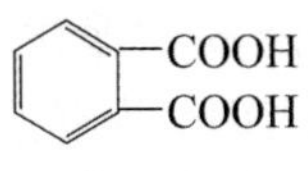 邻苯二甲酸

2. 命名羧酸的系统命名原则与醛相似,只需将“醛”字改成“酸”字。

(1) 饱和脂肪酸的命名:选择含有羧基的最长碳链作主链,根据主链上的碳原子个数命名为“某酸”,从羧基碳原子开始,用阿拉伯数字将主链碳原子依次编号,确定取代基的位置;简单的羧酸也可以用希腊字母来表示取代基的位次,即与羧基直接相连的碳原子为 α 位,依次为 β、γ、δ 等,最末端碳原子位次为 ω。将取代基的位次、数目、名称写于“某酸”之前。例如:

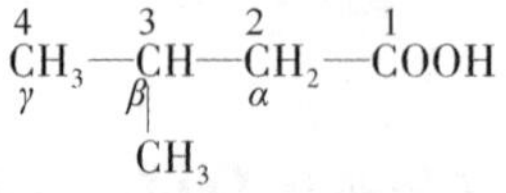

3-甲基丁酸

（β-甲基丁酸）

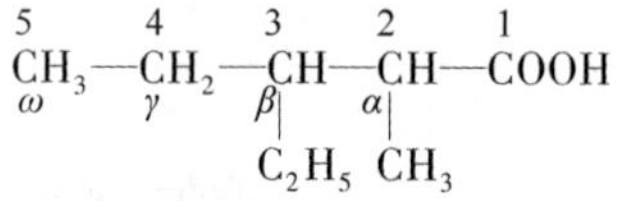

2-甲基-3-乙基戊酸

（α-甲基-β-乙基戊酸）

（2）不饱和脂肪酸的命名：选择含有羧基和不饱和键在内的最长碳链作主链，根据主链碳原子个数称为“某烯酸”或“某炔酸”，从羧基碳原子开始编号，把双键、叁键的位次写在“某烯酸”或“某炔酸”之前。但碳原子数目大于10时，需在中文数字后加上一个“碳”字。例如：

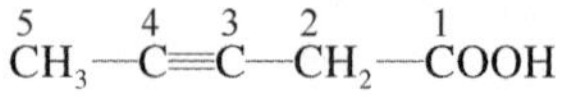

3-戊炔酸

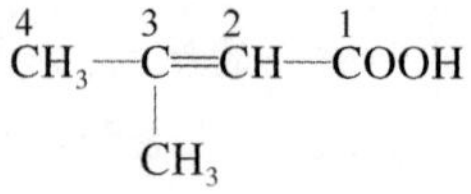

3-甲基-2-丁烯酸

$CH_3(CH_2)_4CH{=}CHCH_2CH{=}CH(CH_2)_7COOH$

9,12-十八碳二烯酸（亚油酸）

（3）二元羧酸命名：选择分子中含有两个羧基的最长碳链作主链，称为“某二酸”，若有取代基，从离取代基近的一侧开始编号。例如：

HOOC—COOH

乙二酸

$HOOC—CH_2—CH_2—COOH$

丁二酸

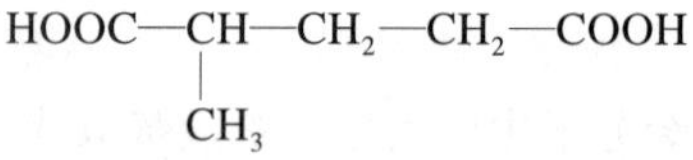

2-甲基戊二酸

考点提示： 羧酸的命名和结构式的书写

（4）脂环族和芳香羧酸的命名：以脂肪羧酸为母体，将脂环和芳环看作取代基进行命名。例如：

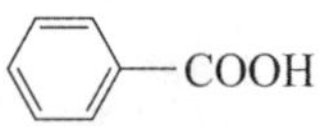

苯甲酸

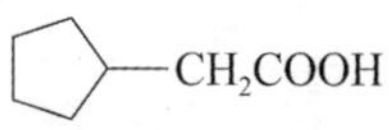

环戊基乙酸

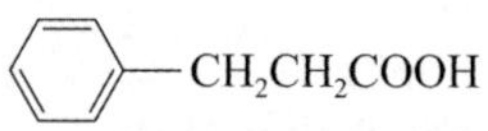

3-苯基丙酸

另外，许多羧酸最初来自天然产物，因此习惯上常根据它们的来源采用俗名。例如，干馏蚂蚁得到甲酸（HCOOH），俗名为蚁酸；食用醋的主要成分是乙酸（CH_3COOH），俗名为醋酸；其他如草酸（HOOC—COOH）、肉桂酸（$C_6H_5CH{=}CHCOOH$）、安息香酸（C_6H_5COOH）等都是根据其来源而采用的俗名。许多高级一元羧酸，因最初是从水解脂肪中得到的，故又被称为脂肪酸，如十六碳酸称为软脂酸，十八碳酸称为硬脂酸。

二、羧酸的性质

（一）羧酸的物理性质

甲酸、乙酸、丙酸为有强烈刺激性气味的无色液体，含4~9个碳原子的饱和一元脂肪酸是具有腐败气味的油状液体，癸酸以上为蜡状固体，二元羧酸和芳香族羧酸都是结晶性固体。低级羧酸可与水混溶，随着相对分子质量的增大，溶解度逐渐减小。羧酸的熔点、沸点都随着相对分子质量的增大而升高。

（二）羧酸的化学性质

羧酸的化学性质主要取决于羧酸的官能团羧基（—COOH）。从结构上看，羧基是由羰基和羟基组成。但是，由于羰基与羟基两者的相互影响，羧基显示其自身的特性。

1. 酸性　在羧酸分子中，由于受到羰基的影响，羧基中的羟基氢原子比较活泼，在水中能部分电离出氢离子，因此羧酸是一类有机弱酸，具有酸的通性。

羧酸的水溶液可以使酸碱指示剂变色，能使紫色的石蕊试剂变红。羧酸与碱发生中和反应，生成羧酸盐和水。

$$R—COOH + NaOH \longrightarrow R—COONa + H_2O$$

羧酸的钾、钠盐易溶解于水，临床上常把一些难溶解于水的含羧基的药物制成易溶于水的盐。例如，青霉素 G 钾或青霉素 G 钠，供临床注射使用。

羧酸是弱酸，但酸性比碳酸强。它能够与碳酸盐或碳酸氢盐反应，放出二氧化碳气体。

$$2CH_3—COOH+Na_2CO_3 \longrightarrow 2CH_3COONa+CO_2\uparrow +H_2O$$

$$CH_3—COOH+NaHCO_3 \longrightarrow CH_3COONa+CO_2\uparrow +H_2O$$

苯酚在碳酸氢钠水溶液中不反应，也不溶解；在碳酸钠水溶液中溶解，但无二氧化碳气体放出。利用这些性质，可以区别羧酸和苯酚。羧酸显弱酸性，因此羧酸盐遇到盐酸、硫酸等强酸时，游离出羧酸分子。

$$RCOONa+HCl \longrightarrow RCOOH+NaCl$$

综上所述，羧酸和其他相关物质的酸性强弱顺序如下：

$$RCOOH > H_2CO_3 > C_6H_5OH > ROH$$

2. 脱羧反应　羧酸分子中脱去羧基放出二氧化碳的反应称为脱羧反应。一元羧酸比较稳定，一般很难直接脱羧，但如果将干燥的羧酸钠盐与碱石灰（NaOH—CaO）共热，可以脱去二氧化碳生成烃。例如，实验室用下例反应制取甲烷气体。

$$CH_3COONa + NaOH \xrightarrow{\triangle} CH_4\uparrow +Na_2CO_3$$

二元羧酸比一元羧酸容易脱羧，如乙二酸、丙二酸很容易脱羧，乙二酸脱羧反应式如下：

$$HOOC—COOH \xrightarrow{\triangle} HCOOH+CO_2\uparrow$$

在生物体内，脱羧反应是在脱羧酶的作用下直接进行的。脱羧反应是人体产生 CO_2 的主要代谢反应。

3. 羧基上羟基的取代反应　羧酸分子去掉羧基上的羟基，余下的部分称为酰基。酰基命名时，可根据生成酰基的羧酸命名为“某酰基”。例如：

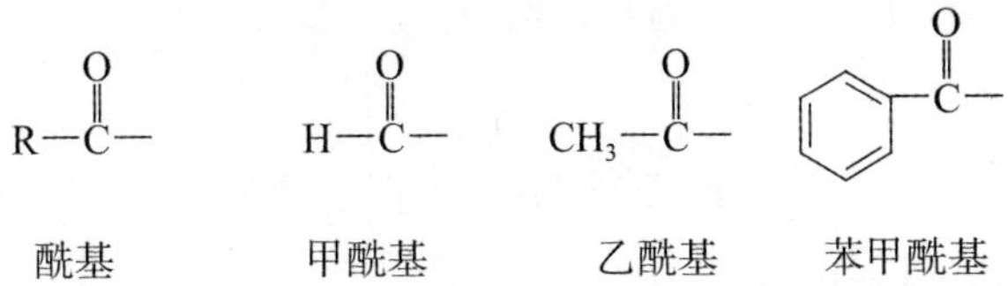

酰基　　甲酰基　　乙酰基　　苯甲酰基

羧基中的羟基可被卤原子（—X）、酰氧基（—OOCR）、烃氧基（—OR）和氨基（$—NH_2$）等取代，生成酰卤、酸酐、酯和酰胺等羧酸衍生物。这些羧酸衍生物也可看作是酰基和卤原子、酰氧基、烃氧基以及氨基相连接而成的化合物。

（1）酰卤的生成：羧酸与三氯化磷、五氯化磷、亚硫酰氯等化学试剂反应生成酰卤，（通式为 R—C(=O)—X），即羧基中的羟基被卤原子取代。例如：

$$CH_3COOH + PCl_3 \xrightarrow{50℃} CH_3COCl + H_3PO_3$$

乙酰氯　亚磷酸

（2）酸酐的生成：羧酸与脱水剂（P_2O_5 等）共热，两个羧酸的羧基间脱水生成酸酐，即羧基中的羟基被酰氧基取代。例如：

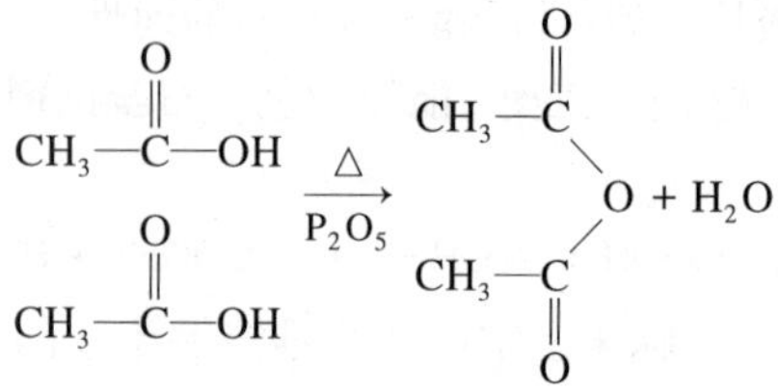

乙酸　　　　　乙酐

(3) 酯化反应:羧酸与醇作用生成酯和水的反应称为酯化反应,即羧基中的羟基被烃氧基取代。

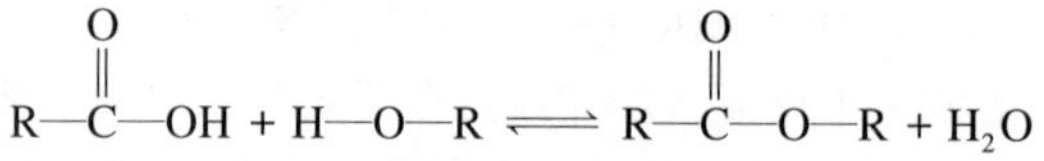

酯化反应是可逆反应,其逆向反应是酯的水解反应。酯化反应的速率很慢,常需通过酸催化及加热使反应加速并达到平衡。使用浓硫酸作催化剂可使平衡向生成酯的方向移动。例如,乙酸和乙醇在浓硫酸作催化剂并加热的条件下生成有令人愉快香味的乙酸乙酯。

考点提示: 羧酸的弱酸性、脱羧反应和酯化反应

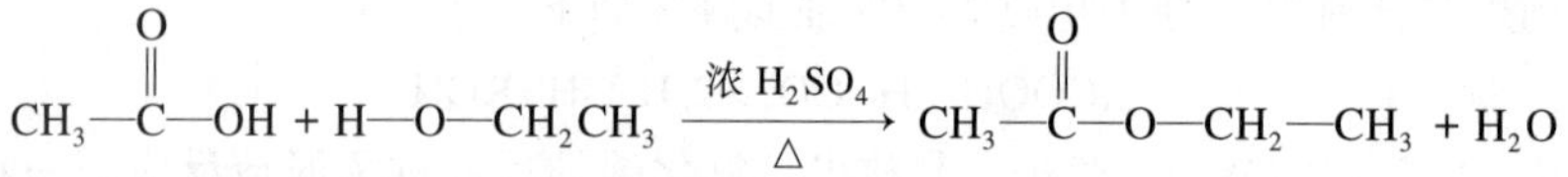

(4) 酰胺的生成:羧酸与氨反应得到羧酸铵,再将羧酸铵加热,脱去一分子水生成酰胺,即羧基中的羟基被氨基取代。

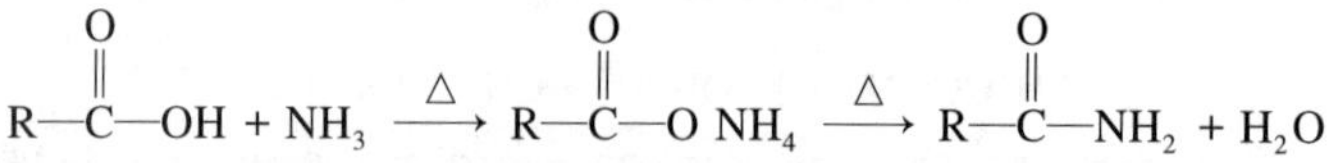

三、重要的羧酸

(一) 甲酸

甲酸(H—COOH)俗称蚁酸,是具有刺激性气味的无色液体,与水混溶。甲酸的腐蚀性很强,被蚂蚁或蜂类蛰伤后引起皮肤红肿和疼痛,就是由甲酸引起的。用稀氨水涂敷可以止痛。

甲酸的结构较特殊,它的羧基与氢原子直接相连,从结构上看,分子中既含羧基又含醛基,表现出它与其他羧酸不同的一些特性。例如:

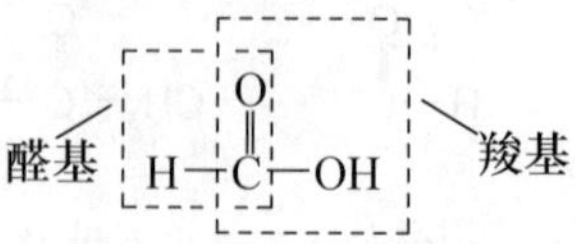

(1) 甲酸的酸性比其他饱和一元羧酸的酸性强。

(2) 甲酸分子中含醛基,具有还原性。甲酸能发生银镜反应,也能使高锰酸钾溶液褪色,这些常用于鉴别甲酸。

(二) 乙酸

乙酸(CH_3—COOH)俗称醋酸,是食醋的主要成分。乙酸是具有强烈刺激性酸味的无色液体,熔点为16.6℃,可与水混溶。纯乙酸在温度低于16.6℃时凝成冰状固体,又称冰醋酸,乙酸是饱和一元羧酸的代表,具有饱和一元羧酸的性质。

乙酸具有抗细菌和真菌的作用,医药上常用乙酸稀溶液作为消毒防腐剂,应用“食醋消毒法”预防流感,使用30%的乙酸溶液搽浴治疗甲癣等。

乙酸是常用的有机试剂,是染料、香料、塑料以及制药等工业不可缺少的原料。

过氧乙酸的应用

过氧乙酸是强氧化剂，具有很强的氧化作用。有杀菌、漂白作用，可将菌体蛋白质氧化而使微生物死亡，是高效、广谱、速效、低毒的杀菌剂。工业上用作氧化剂和漂白剂。过氧乙酸在医药上常配制成 $w_B = 0.02\%$ 的过氧乙酸溶液，用于手消毒，$w_B = 0.2\% \sim 0.5\%$ 的溶液用于医疗器械、生活用品及餐具的消毒，$w_B = 1\% \sim 2\%$ 的溶液用于室内空气消毒。

链接

(三) 乙二酸

乙二酸(HOOC—COOH)是最简单的二元羧酸，常以盐的形式存在于草本植物中，俗称草酸，通常为含有 2 分子结晶水的无色晶体，熔点为 101.5℃。加热失去结晶水而成为无水草酸，无水草酸的熔点为 189.5℃。草酸的酸性比其他一元羧酸和二元羧酸都强。草酸有还原性，容易被高锰酸钾所氧化。

工业上也常用草酸作漂白剂，用于漂白麦草、硬脂酸等，草酸还可用于除去铁锈和蓝墨水污迹。

考点提示： 甲酸和乙二酸的还原性

(四) 苯甲酸

苯甲酸(C_6H_5COOH)是最简单的芳香酸，因存在于安息香树胶中，所以俗称安息香酸。难溶于冷水，易溶于热水、乙醇和乙醚中。苯甲酸及其钠盐常作防腐剂，苯甲酸可用作治疗癣病的外用药。

(五) 丁二酸

丁二酸($HOOC—CH_2—CH_2—COOH$)俗名琥珀酸，最初由琥珀蒸馏得到，加热易失水生成丁二酸酐。丁二酸存在于许多植物体内，也存在于动物的脑、肌肉和尿液中，是人体糖代谢的中间产物。

第 2 节　取代羧酸

羧酸分子中烃基上的氢原子被其他元素的原子或原子团取代所生成的化合物称为具有复合官能团的羧酸，又称取代羧酸。根据取代基的种类，取代羧酸可分为卤代酸、羟基酸、酮酸和氨基酸等。本节主要介绍羟基酸和酮酸。

一、羟基酸的分类和命名

(一) 羟基酸的分类

羧酸分子中烃基上的氢原子被羟基取代而生成的化合物称为羟基酸。羟基酸中的羟基有醇羟基和酚羟基之分，所以羟基酸可分为醇酸和酚酸。羟基连在脂肪碳链上的称为醇酸；羟基连在芳香环上的称为酚酸。由于分子中羟基和羧基的相对位置不同，羟基酸可分为 α-羟基酸、β-羟基酸、γ-羟基酸等。

(二) 羟基酸的命名

羟基酸的系统命名法是以羧酸为母体，羟基为取代基来命名的。取代基的位置可用阿拉伯数字或希腊字母表示。许多羟基酸存在于自然界，因此也常根据其来源命名。例如：

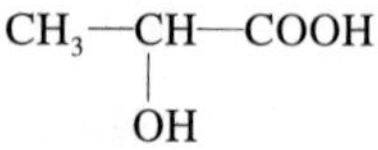

乳酸

（2-羟基丙酸或 α-羟基丙酸）

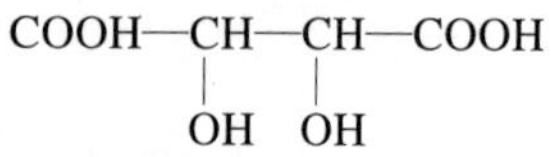

酒石酸

（2,3-二羟基丁二酸）

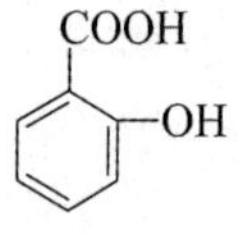

水杨酸

（邻羟基苯甲酸）

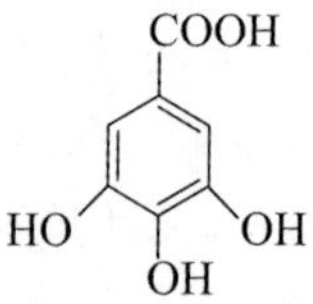

没食子酸

（3,4,5 -三羟基苯甲酸）

二、酮酸的分类和命名

分子中除含羧基外，还含有酮基的化合物称为酮酸。

根据酮基和羧基的相对位置，酮酸可分为 α-酮酸、β-酮酸、γ-酮酸等。其中 α-酮酸和 β-酮酸最为重要，是人体内糖、脂类和蛋白质代谢的中间产物。

酮酸命名时选择含酮基和羧基在内的最长碳链作主链，根据主链上的碳原子个数命名为“某酮酸”，并用阿拉伯数字或希腊字母标明酮基和取代基的位置。例如：

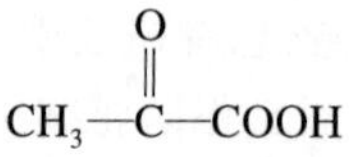

丙酮酸

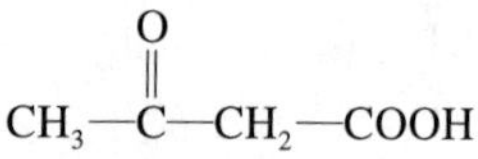

3-丁酮酸（β-丁酮酸或乙酰乙酸）

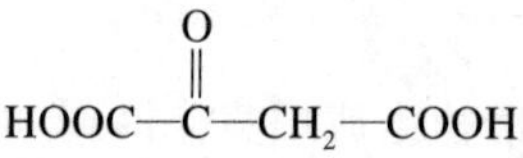

2-丁酮二酸（α-丁酮二酸或草酰乙酸）

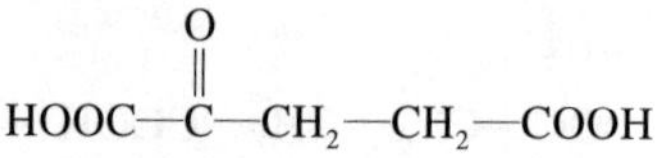

2-戊酮二酸（α-戊酮二酸）

三、重要的羟基酸和酮酸

（一）重要的羟基酸

1. 乳酸（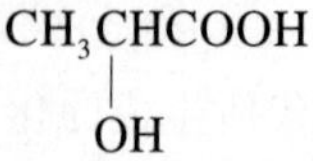） 乳酸学名为 α-羟基丙酸，存在于酸牛奶中。人在剧烈活动时，氧气供应不足，肌肉中糖或糖原分解成乳酸，同时放出能量，以供生命活动急需，而肌肉内因乳酸积存而感到酸胀，经休息后，乳酸可以继续分解成二氧化碳和水，也可以转化为糖原储存。

乳酸的稀释性很强，为黏稠状液体，能溶与水、乙醇和甘油中。乳酸具有消毒防腐作用。乳酸钙（$(C_3H_5O_3)_2Ca \cdot 5H_2O$）是补充体内钙质的药物，乳酸钠（$NaC_3H_5O_3$）在临床上用于纠正酸中毒。

2. 苹果酸（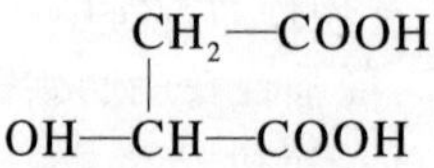） 苹果酸学名为羟基丁二酸，最初是由苹果中分离得到的，因此而得名。苹果酸为无色针状结晶，易溶于水和乙醇，微溶于乙醚。苹果酸是体内糖代谢过程中的中间产物，在酶的催化下脱氢生成草酰乙酸。苹果酸用于制药和食品工业。

3. 柠檬酸(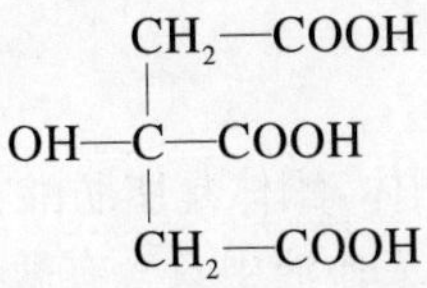) 柠檬酸学名为 3-羟基-3-羧基戊二酸，曾称为枸橼酸。存在于柑橘等水果中，尤以柠檬中含量最多。柠檬酸为透明结晶，无水柠檬酸易溶于水、乙醇和乙醚，有强的酸味，常用作调味剂。在临床上，柠檬酸铁铵是常用补血药；柠檬酸钠有防止血液凝固的作用，常用作抗凝血剂。

柠檬酸是人体内糖、脂类和蛋白质代谢的中间产物，是糖有氧氧化过程中三羧酸循环的起始物。在酶的催化下，柠檬酸经顺乌头酸转化成异柠檬酸，然后进行氧化和脱羧反应，变成 α-酮戊二酸。

4. 水杨酸(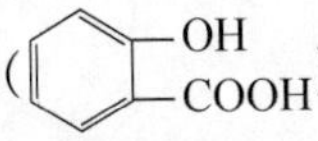) 水杨酸的化学名称为邻羟基苯甲酸，又名柳酸，存在于柳树、水杨树及其他许多植物中。水杨酸是白色针状结晶，微溶于水，易溶于乙醇。水杨酸属酚酸，具有酚和羧酸的一般性质。例如，遇三氯化铁显紫色，在空气中易氧化，水溶液显酸性，能成盐、成酯等。

水杨酸是一种重要的外用防腐剂和杀虫剂，其乙醇溶液可治疗某些霉菌感染引起的皮肤病，水杨酸钠具有退热镇痛作用，对肠胃有刺激作用，所以不能内服。

水杨酸与乙酐在硫酸催化下生成乙酰水杨酸(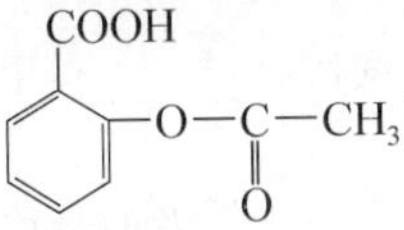)，俗名为阿司匹林，具有解热、镇痛和抗风湿作用，是内服的解热镇痛药。阿斯匹林还用于治疗和预防心、脑血管疾病。

（二）重要的酮酸

1. 丙酮酸(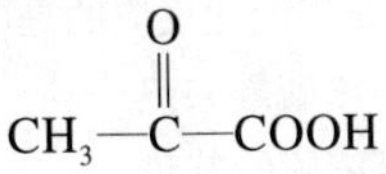) 丙酮酸是无色液体，易溶于水、乙醇和乙醚。丙酮酸是人体三大营养物质代谢的中间产物，在体内可转变为氨基酸，具有重要的生理作用。丙酮酸可由乳酸氧化而得，也能还原生成乳酸。

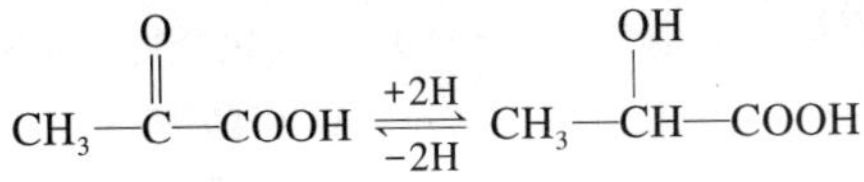

丙酮酸　　乳酸

> **考点提示：** 常见羟基酸、酮酸的结构、名称和性质

2. 乙酰乙酸(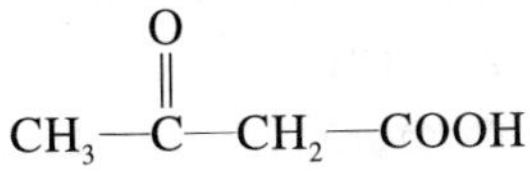) 乙酰乙酸又名 β-丁酮酸，是体内脂肪代谢的中间产物。它是一种无色黏稠液体，酸性比乙酸强，性质不稳定，受热易发生脱羧反应生成丙酮和二氧化碳。

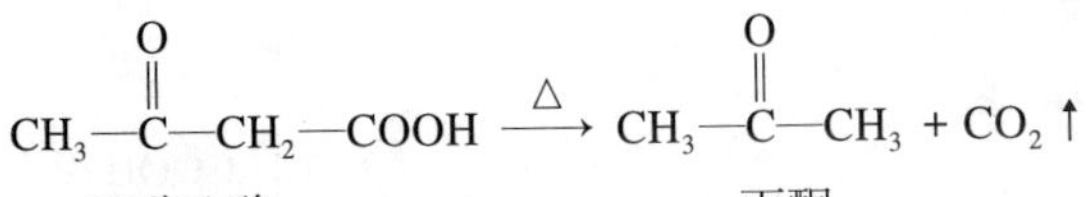

乙酰乙酸　　丙酮

乙酰乙酸被还原，生成 β-羟基丁酸。

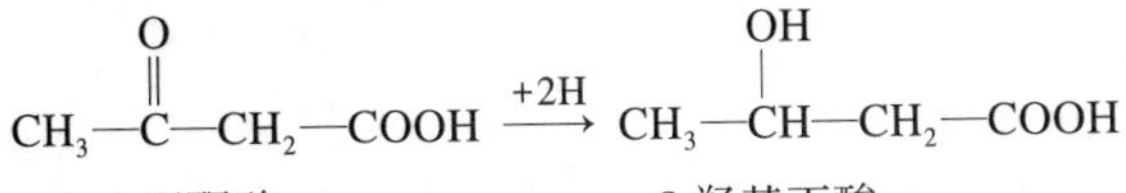

β-丁酮酸　　β-羟基丁酸

四、酮　　体

考点提示：酮体的组成

β-丁酮酸、β-羟基丁酸和丙酮三者在医学上合称为酮体，酮体是脂肪酸在肝脏中的代谢产物。正常情况下酮体在肝外组织中迅速分解，因此正常人血液中只含有微量酮体。糖尿病患者的代谢发生障碍，血液和尿中酮体增加，从而使血液的酸性增强，有发生酸中毒的可能，所以检查血液和尿中酮体的含量可帮助诊断疾病。临床上检查酮体主要是对酮体中丙酮的测定。

酮体在体内的相互转化可用下式表示：

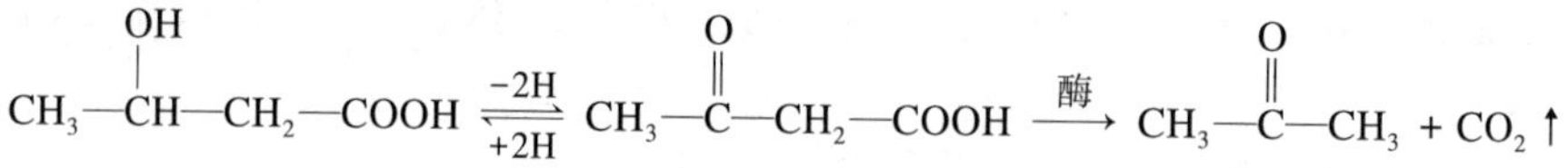

目标检测

一、填空题

1. 根据分子中烃基的不同，羧酸分为________和________；根据羧基数目不同，分为________、________和________。
2. 乙酸俗称________，乙二酸俗称________，甲酸俗称________。
3. ________、________、________三者的合称为酮体。
4. 邻羟基苯甲酸俗称________。由于分子中含________基，遇氯化铁溶液显现________色。它的衍生物________俗称阿司匹林，是常用的________药，还可用于治疗和预防________。
5. 甲酸分子中既有________基，又有________基，所以甲酸既有________性，又有________性。
6. α-羟基丙酸俗称________，在体内酶催化下，能脱氢生成________。

二、单项选择题

1. 鉴别乙酸和甲酸可选用的试剂是(　)
   A. 托伦试剂　B. 斐林试剂　C. 酸性高锰酸钾　D. 三种都可以
2. 既能发生酯化反应又能发生银镜反应的是(　)
   A. 甲酸　B. 乙酸　C. 苯甲酸　D. 苯
3. 俗称为醋酸的是(　)
   A. 丙酮　B. 苯甲醇　C. 乙酸　D. 苯甲醛
4. 乙二酸的俗称是(　)
   A. 醋酸　B. 蚁酸　C. 草酸　D. 安息香酸
5. 乳酸的化学名称是(　)
   A. 2-甲基丙酸　B. 2-甲基丁酸　C. 2-甲基丁二酸　D. 2-羟基丙酸
6. 下列物质中酸性最强的是(　)
   A. 乙酸　B. 甲酸　C. 乙二酸　D. 苯甲酸
7. 下列化合物中不属于酮体的是(　)
   A. 丙酮　B. 丙酮酸　C. β-羟基丁酸　D. β-丁酮酸
8. 下列反应属于酯化反应的是(　)
   A. 乙醇与浓硫酸共热
   B. 乙酸与浓硫酸共热
   C. 乙酸乙酯与浓硫酸共热
   D. 乙酸和乙醇与浓硫酸共热
9. 下列化合物不能发生斐林反应的是(　)
   A. 甲酸　B. 丙酸　C. 丙醛　D. 甲酸丙酯
10. 不能与乙酸发生反应的是(　)
   A. NaOH　B. Na_2CO_3　C. $KMnO_4$　D. CH_3CH_2OH

三、命名下列化合物

1. 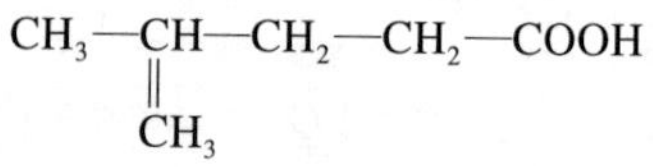
2. 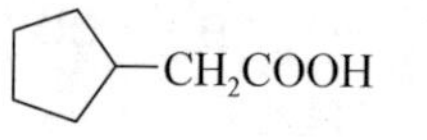
3. 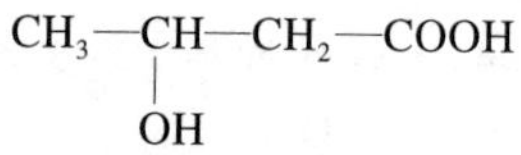
4. 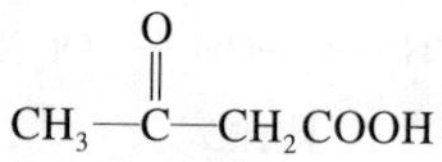

5. 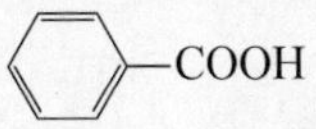

6. $HOOCCH_2CH_2COOH$

四、写出下列化合物的结构简式

1. 蚁酸　　2. 醋酸　　3. 安息香酸
4. 草酸　　5. 琥珀酸　　6. 水杨酸

五、完成反应方程式

1. $CH_3COOH+NaOH \longrightarrow$
2. $CH_3COOH+Na_2CO_3 \longrightarrow$
3. $CH_3COOH+CH_3CH_2OH \xrightleftharpoons{浓\ H_2SO_4}$
4. $HOOC—COOH \xrightarrow{\triangle}$
5. $2CH_3COOH \xrightarrow[\triangle]{P_2O_5}$

六、推断结构式

1. 某化合物分子式为 $C_9H_8O_3$,能溶于氢氧化钠和碳酸氢钠溶液,遇三氯化铁溶液显色,能使溴的四氯化碳溶液褪色,用高锰酸钾氧化得到对羟基苯甲酸,试推断它的结构式。
2. 某化合物 A($C_4H_6O_3$)具有以下性质:①可与碳酸氢钠反应;②微热则放出二氧化碳气体生成化合物 B(C_3H_6O),B 可使亚硝酰铁氰化钠和氢氧化钠溶液显鲜红色;③在酶的作用下加氢生成化合物 C($C_4H_8O_3$)。试写出 A、B、C 的结构式并命名。

(马　浩)

第 12 章　含氮有机化合物

学习目标

1. 掌握胺和酰胺的结构特征(官能团)、命名和主要化学性质。
2. 熟悉杂环化合物的分类,常见杂环化合物的命名及主要性质。
3. 了解生物碱的概念及生物碱的主要化学性质。

含氮的有机化合物是指分子中含有碳氮键的有机化合物。常见的有硝基化合物、胺、酰胺、重氮化合物、偶氮化合物、氨基酸、含氮杂环化合物和生物碱等。不同类型的含氮有机化合物具有不同的性质,有的是药物的主要成分,有些具有重要的生理功能,与人类生命活动密切相关。本章主要介绍胺、酰胺、含氮杂环化合物和生物碱等。

第 1 节　胺

一、胺的结构、分类和命名

(一) 胺的结构、分类

胺可看作是氨的烃基衍生物,即氨分子中的氢原子被烃基取代后所形成的化合物。其结构通式为

$$\mathrm{R{-}NH_2} \qquad \mathrm{R{-}NH{-}R'} \qquad \mathrm{R{-}\underset{}{\overset{\overset{\large R''}{|}}{N}}{-}R'}$$

根据胺分子中氮原子上所连烃基的种类不同,胺可分为脂肪胺和芳香胺。氮原子与脂肪烃基直接相连的胺称为脂肪胺,氮原子与芳环直接相连的胺称为芳香胺。根据胺分子中氮原子上所连的烃基数目不同,胺可分为伯胺(1°胺)、仲胺(2°胺)和叔胺(3°胺)。氮原子上连有一个烃基的胺为伯胺、连有两个烃基的胺为仲胺、连有三个烃基的胺为叔胺,它们的官能团分别是氨基($-NH_2$)、亚氨基($-NH-$)和次氨基或叔氮原子($-\mathrm{N}<$)。

脂肪胺	CH_3NH_2	$CH_3NHCH_2CH_3$	$N(CH_3)_3$
芳香胺	$C_6H_5NH_2$	$C_6H_5NHCH_3$	$C_6H_5N(CH_3)_2$
	伯胺	仲胺	叔胺

$NH_4^+B^-$中的氮原子上连接的四个氢被烃基取代所形成的化合物称为季铵盐($R_4N^+B^-$),其中的 R 可以相同,也可以不同,B^-代表酸根离子,如$(CH_3)_4N^+Br^-$。$R_4N^+OH^-$为季铵碱,如$(CH_3)_4N^+OH^-$。季铵盐和季铵碱统称为季铵类化合物。

胺的伯、仲、叔的含义和醇的伯、仲、叔的含义是不同的。伯、仲、叔醇是指其羟基分别与伯、仲、叔碳原子相连接,而伯、仲、叔胺是根据氮原子所连接的烃基数目确定的。例如,叔丁醇和叔丁胺,两者均有叔丁基,但前者是叔醇,后者是伯胺。

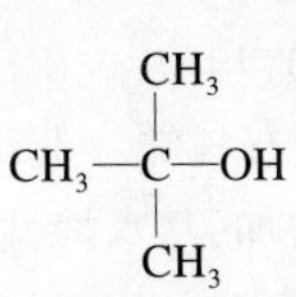

叔丁醇

（叔醇）

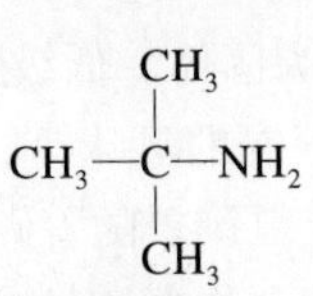

叔丁胺

（伯胺）

根据分子中所含氨基的数目不同，胺还可分为一元胺、二元胺和多元胺，如 CH_3NH_2（一元胺）、$H_2NCH_2CH_2NH_2$（二元胺）。

（二）胺的命名

简单胺命名时，以胺为母体，烃基作为取代基，称为“某胺”。当氮原子连有相同的烃基时，用“二”、“三”来表示烃基的数目。当氮原子相连的烃基不同时，按照次序规则排列烃基。

考点提示： 胺的分类、命名和结构式的书写

$CH_3CH_2NH_2$	$(CH_3)_2NH$	$CH_3NHCH_2CH_3$	$N(CH_3)_3$
乙胺	二甲胺	甲乙胺	三甲胺

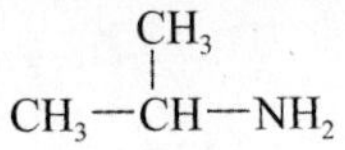

异丙胺

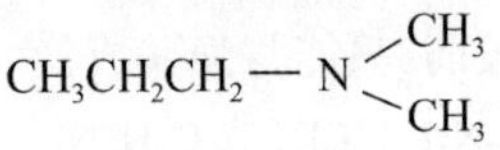

二甲丙胺

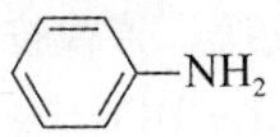

苯胺

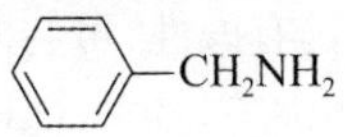

苯甲胺（苄胺）

取代芳香胺、芳香仲胺和芳香叔胺命名时，以芳香胺为母体，其他基团作为取代基。取代基与氮原子直接相连时，取代基前冠以“*N*-”或“*N*,*N*-”来表示取代基的位置。

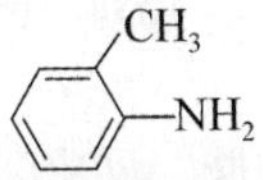

邻甲苯胺

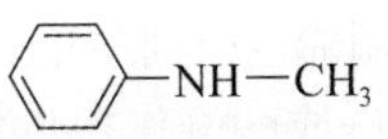

N-甲基苯胺

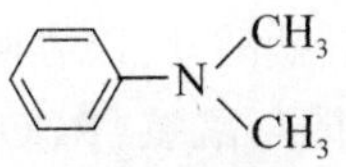

N,*N*-二甲基苯胺

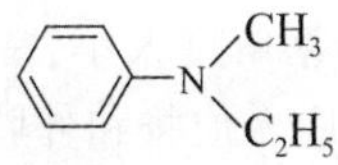

N-甲基-*N*-乙基苯胺

复杂胺命名时，将氨基作为取代基，烃基部分作为母体进行命名。

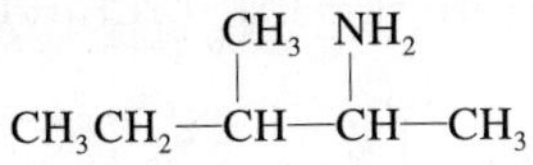

3-甲基-2-氨基戊烷

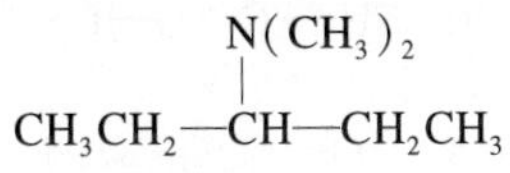

3-二甲氨基戊烷

季铵类化合物的命名与无机铵盐及氢氧化物的命名相似。

$[(CH_3)_4N]^+Br^-$
溴化四甲基铵

$[(CH_3)_3NCH_2CH_2OH]^+OH^-$
氢氧化三甲基-β-羟乙基铵
（胆碱）

氨、胺和铵的用法

命名胺类化合物时应注意“氨”、“胺”及“铵”字的用法。“氨”用来表示气态氨或氨基、亚氨基、次氨基等；“胺”用来表示 NH_3 的烃基衍生物，如甲胺；而“铵”是用来表示 NH_4^+ 或其中的氢被烃基取代后的产物，如卤化铵、季铵盐、季铵碱。

链接

二、胺的性质

（一）胺的物理性质

低级脂肪胺中的甲胺、二甲胺、三甲胺和乙胺在常温下是气体，其他的低级脂肪胺是易挥

发性液体，十二碳以上的胺为固体。低级胺的气味与氨相似，三甲胺有鱼腥味，丁二胺（腐胺）和戊二胺（尸胺）具有动物尸腐的臭味，高级胺一般没有气味。低级胺具有较好的水溶性，这是因为胺与水分子间能形成氢键。随着碳原子数的增加，其水溶性迅速降低。胺的沸点比相对分子质量相近的非极性化合物高，但比醇低。

芳香胺一般都是液体或固体，有难闻的气味，在水中的溶解度很小。芳香胺的毒性很大。例如，苯胺可因吸入或皮肤接触而致中毒，β-萘胺和联苯胺则是致癌物质。

（二）胺的化学性质

1. 碱性　与氨相似，胺在水中呈弱碱性。这是由于胺分子中氮原子上的孤对电子易接受水解离出的质子，使$[OH^-]$增加。

$$R—NH_2 + H_2O \rightleftharpoons R—NH_3^+ + OH^-$$

季铵碱是离子型化合物，是强碱，其碱性与氢氧化钠相当。各类胺的碱性强弱顺序大致如下：

季铵碱>脂肪胺>氨>芳香胺

胺具有碱性，可与酸成盐。芳香胺碱性较弱，只能与强酸成盐。

$$\underset{}{C_6H_5NH_2} + HCl \longrightarrow \underset{\text{氯化苯铵}}{[C_6H_5NH_3]^+Cl^-}\ \underset{\text{（盐酸苯胺）}}{(\text{或 } C_6H_5NH_2 \cdot HCl)}$$

铵盐一般是固体，易溶于水，性质比胺稳定，无胺的难闻气味。由于铵盐为弱碱所形成的盐，遇强碱即游离出胺，所以可用来分离、提纯胺类。

在医药上常将难溶于水的胺类药物制成铵盐以增加其水溶性。例如，局部麻醉药普鲁卡因，因其在水中溶解度太小，常用其盐酸盐，以方便制成注射剂使用。

2. 酰化反应　伯胺和仲胺均能与酰氯（RCOCl）或酸酐作用生成酰胺。反应时，氨基氮原子上的氢原子被酰基取代，使胺分子中引入一个酰基。

叔胺的氮原子上没有氢原子，不能发生酰化反应。

酰化反应在医药上的应用

在胺类药物分子中引入酰基后常可增加药物的脂溶性，利于机体的吸收，提高或延长疗效，并可降低毒性。例如，对羟基苯胺具有解热镇痛作用，因毒副作用强，不宜内服。其乙酰化产物对乙酰氨基酚，毒副作用降低，疗效增加，是一种优良的解热镇痛药。

链接

3. 与亚硝酸的反应　不同的胺与亚硝酸反应生成的产物不同，脂肪胺与芳香胺也有差别。亚硝酸不稳定，易分解，通常在反应过程中由亚硝酸钠与盐酸（或硫酸）作用制得。

（1）伯胺与亚硝酸的反应：脂肪伯胺在强酸存在下，与亚硝酸作用生成醇、烯和卤代烃等的混合物，并定量放出氮气。此反应常用于氨基酸和多肽的定量分析。

$$R—NH_2 + HNO_2 \longrightarrow R—OH + N_2\uparrow + H_2O$$

芳香伯胺与亚硝酸在常温下的反应与脂肪伯胺相似，定量放出氮气。但在低温（<5℃）

和强酸溶液中，反应生成重氮盐，这一反应称为重氮化反应。

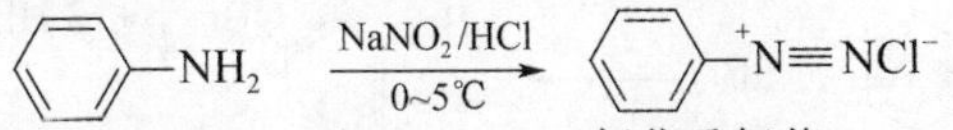

氯化重氮苯

重氮盐不稳定，加热至室温时就会分解，生成酚并放出氮气。

$$C_6H_5N_2^+Cl^- + H_2O \xrightarrow{\triangle} C_6H_5OH + N_2\uparrow + HCl$$

（2）仲胺与亚硝酸的反应：脂肪仲胺和芳香仲胺与亚硝酸作用都生成 *N*-亚硝基化合物（简称亚硝胺）。

$$R—NH—R' + HNO_2 \longrightarrow R—N(NO)—R' + H_2O$$

N-亚硝基化合物为中性黄色油状液体或固体，大多数不溶于水而溶于有机溶剂，可用来鉴别仲胺。

亚硝胺的危害

亚硝胺具有强烈的致癌作用，是不需要活化的直接致癌物，可引起动物多种组织和器官的肿瘤，并能通过胎盘和乳汁引发后代肿瘤。同时，亚硝胺还有致畸和致突变作用。人群中流行病学调查表明，人类某些癌症，如胃癌、食道癌、肝癌、结肠癌等都与亚硝胺有关。食物、化妆品、啤酒、香烟中都含有亚硝胺，尤其在熏腊食品中，含有大量的亚硝胺类物质。由于亚硝酸盐在胃肠道能与体内代谢产生的仲胺反应生成亚硝胺，长期食用亚硝酸盐含量高的食品，也会诱发癌症。

链接

考点提示： 不同类型胺的碱性强弱比较、酰化反应和不同类型胺的鉴别

（3）叔胺与亚硝酸的反应：脂肪叔胺与亚硝酸作用生成不稳定的易溶于水的亚硝酸盐。该盐以强碱处理则重新析出叔胺。

$$R_3N + HNO_2 \longrightarrow [R_3NH]^+NO_2^- \xrightarrow{NaOH} R_3N + NaNO_2 + H_2O$$

芳香叔胺与亚硝酸发生芳环上的取代反应，生成 *C*-亚硝基类化合物。若对位有取代基，亚硝基则进入邻位。

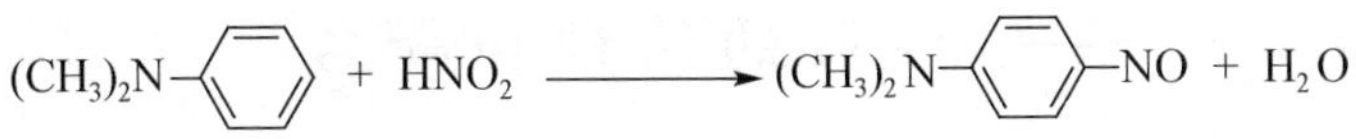

N,N-二甲基对亚硝基苯胺

N,N-二甲基对亚硝基苯胺在强酸性溶液中呈橘黄色，在碱性溶液中显翠绿色。

从以上可以看出，伯胺、仲胺和叔胺与亚硝酸反应生成的产物不同，现象有明显差异，可用来鉴别三类不同的胺。

三、重要的胺

（一）苯胺

苯胺（$C_6H_5NH_2$）最初由煤焦油中分离得到，纯净的苯胺为无色油状液体，沸点是 184.4℃，具有特殊气味，微溶于水，易溶于有机溶剂。长时间放置的苯胺易被氧化而变成褐色。苯胺有毒，能透过皮肤或吸入蒸气而使人中毒，当空气中的浓度达到百万分之一时，几小时后就会出现中毒症状，使人头晕、皮肤苍白、全身无力。苯胺溶液中加入溴水立即生成 2,4,6-三溴苯胺白色沉淀，常用此反应来鉴别苯胺的存在。

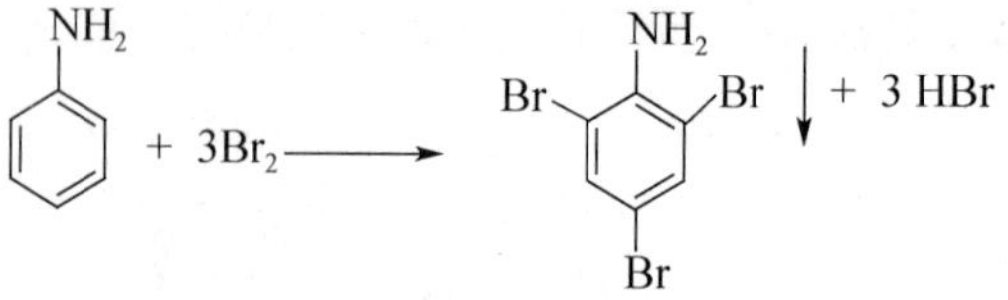

（二）胆碱和乙酰胆碱

胆碱（$[HOCH_2CH_2N(CH_3)_3]^+OH^-$）最初是在胆汁中发现的，且具有碱性，故称为胆碱。胆碱的化学名为氢氧化三甲基-β-羟乙基铵，为白色结晶，吸湿性强，易溶于水和乙醇，不溶于氯仿和乙醚等非极性溶剂。胆碱广泛分布于生物体内，脑组织和蛋黄中含量较高，为卵磷脂的组成成分，在体内参与脂肪代谢，有抗脂肪肝的作用。

乙酰胆碱是胆碱分子中羟基上的氢原子被乙酰基取代生成的产物，其结构式为 $[CH_3COOCH_2CH_2N(CH_3)_3]^+OH^-$。乙酰胆碱具有重要的生理作用，是一种神经递质。

（三）苯扎溴铵

苯扎溴铵（新洁尔灭）化学名为溴化二甲基十二烷基苄铵，简称溴化苄烷铵，属季铵盐类。苯扎溴铵常温下为微黄色黏稠状液体，吸湿性强，易溶于水，芳香而味苦，无刺激性，水溶液呈碱性。由于分子中既含有疏水的烷基，又含亲水的季铵离子，所以是一种表面活性物质，在水溶液中可以降低溶液的表面张力，乳化油脂，起到去污清洁作用。它又能渗入细菌内部，引起细胞破裂或溶解，起到抑菌或杀菌的作用。临床上常以 1∶1000～1∶2000 的稀释液用于皮肤、黏膜、创面、手术器械和术前的消毒。

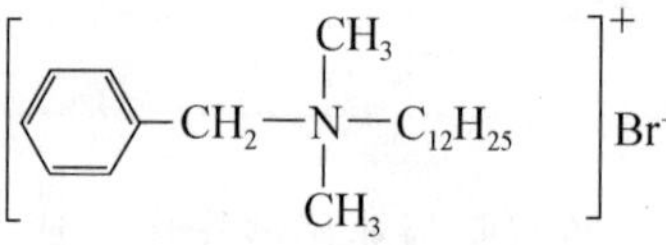

苯扎溴铵

第2节 酰　胺

一、酰胺的结构和命名

（一）酰胺的结构

酰胺可以看成是羧酸分子中羧基上的羟基被氨基或烃氨基取代的产物。也可以看作是氨或胺分子中氮原子上的氢原子被酰基取代后生成的化合物。酰胺的通式可表示为

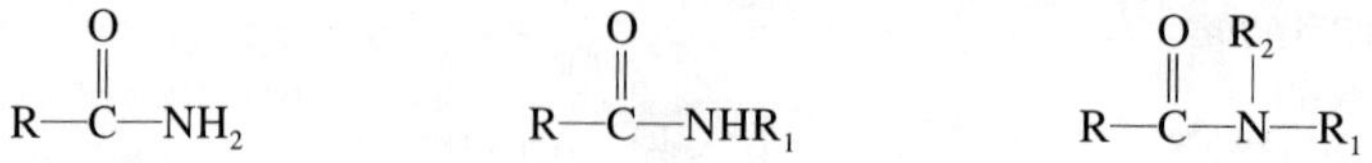

（二）酰胺的命名

考点提示：酰胺的命名

简单酰胺的命名是在酰基的名称后面加“胺”字，称为“某酰胺”。

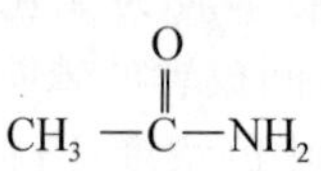

乙酰胺

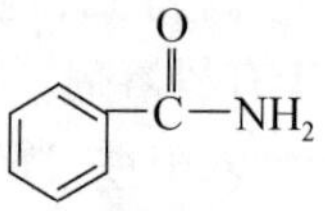

苯甲酰胺

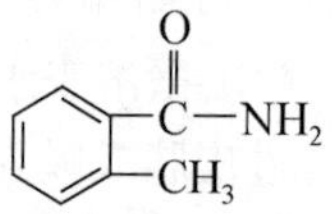

邻甲基苯甲酰胺

酰胺分子中氮原子上连有取代基时，将取代基放在酰胺名称前面，并冠以“*N*-”或“*N*,*N*-”，以表示取代基与氮原子直接相连。

$$\underset{N,N\text{-二甲基乙酰胺}}{CH_3-\overset{O}{\overset{\|}{C}}-N(CH_3)_2}\qquad \underset{N\text{-甲基苯甲酰胺}}{C_6H_5-\overset{O}{\overset{\|}{C}}-NHCH_3}\qquad \underset{N\text{-苯基乙酰胺}}{C_6H_5-NH-\overset{O}{\overset{\|}{C}}-CH_3}$$

二、酰胺的性质

（一）酸碱性

酰胺一般是中性化合物，仅在强酸、强碱条件下显示出弱碱性或弱酸性。若氮原子上的氢原子被两个酰基取代而生成酰亚胺，则表现出明显的酸性。例如，邻苯二甲酰亚胺可与 NaOH 水溶液成盐。

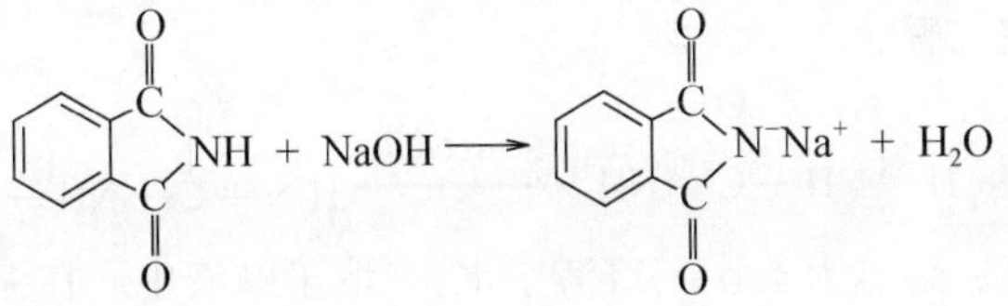

（二）水解反应

酰胺在强酸、强碱或酶的催化下可以发生水解，加热可以加快水解。

$$R-\overset{O}{\overset{\|}{C}}-NH_2+H_2O\begin{cases}\xrightarrow{H^+} RCOOH+NH_4^+\\ \xrightarrow{OH^-} RCOO^-+NH_3\\ \xrightarrow{\text{酶}} RCOOH+NH_3\end{cases}$$

（三）与亚硝酸反应

伯酰胺可与亚硝酸作用，生成同数碳原子的羧酸，并放出氮气。

$$R-\overset{O}{\overset{\|}{C}}-NH_2+HNO_2\longrightarrow RCOOH+N_2\uparrow+H_2O$$

三、重要的酰胺及其衍生物

（一）尿素

尿素简称脲，是人和哺乳动物体内蛋白质的代谢产物之一，存在于尿液中，故名尿素。成人每天排出尿素 25~30g。在结构上尿素可以看作碳酸分子中的两个羟基被氨基取代而形成的化合物，也称为碳酰二胺。

$$\underset{\text{碳酸}}{HO-\overset{O}{\overset{\|}{C}}-OH}\qquad \underset{\substack{\text{尿素}\\(\text{碳酰二胺})}}{H_2N-\overset{O}{\overset{\|}{C}}-NH_2}$$

尿素为白色结晶，熔点为 133℃，易溶于水和乙醇。尿素除具有酰胺的一般通性外，因其结构上的特点，又具有以下特性。

1. 弱碱性　尿素具有弱碱性，能与强酸生成盐，其硝酸盐和草酸盐难溶于水，易结晶，借此可以从尿液中提取尿素，也可利用此反应鉴别尿素。

$$H_2N-\overset{O}{\overset{\|}{C}}-NH_2+HNO_3\longrightarrow H_2N-\overset{O}{\overset{\|}{C}}-NH_2\cdot HNO_3\downarrow$$

2. 水解反应　尿素在酸、碱或尿素酶的催化下水解，生成二氧化碳、氨或铵。

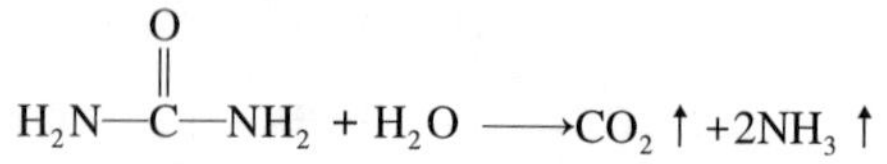

3. 与亚硝酸反应　尿素与亚硝酸的反应和伯胺与亚硝酸的反应相似，生成碳酸并定量放出氮气。通过测量氮气的体积，可定量测定溶液中尿素的含量。同时，这个反应也常用来破坏和除去亚硝酸。

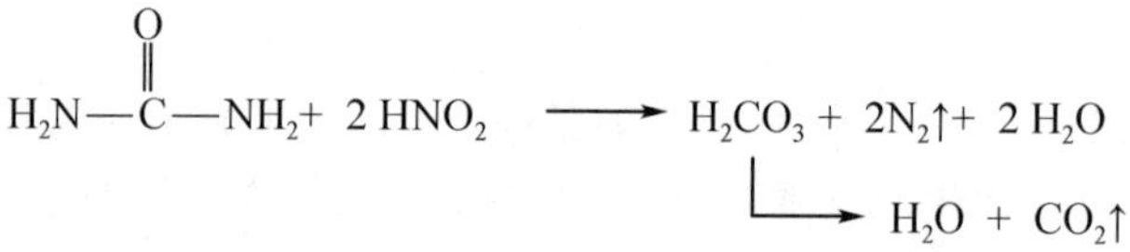

4. 缩二脲的生成和缩二脲反应　将尿素加热到150～160℃，两分子尿素发生缩合反应，脱去一分子氨，生成缩二脲。

考点提示： 尿素的结构、命名和主要的化学性质

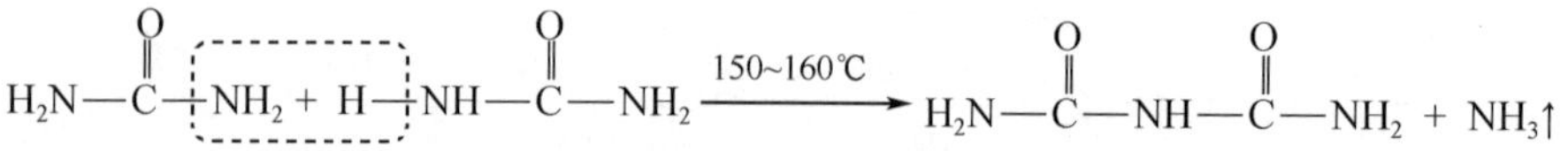

缩二脲是白色结晶，熔点为190℃，难溶于水，能溶于碱液中。在缩二脲碱性溶液中滴加微量稀硫酸铜溶液，即显紫红色，这种特殊的颜色反应称为缩二脲反应。凡分子中含有两个或两个以上酰胺键的化合物都可发生这种颜色反应，因此常用缩二脲反应鉴别多肽和蛋白质。

（二）丙二酰脲

丙二酰脲是脲和丙二酰氯或丙二酸酯通过酰化反应生成的化合物。丙二酰脲是无色结晶，溶点为245℃，微溶于水。它的分子中有一个活泼的亚甲基和两个酰亚胺基，存在酮式和烯醇式的互变异构现象。

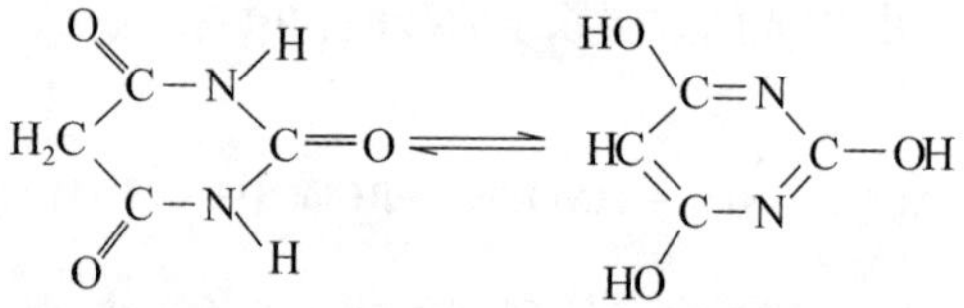

酮式　　　　烯醇式

烯醇式显示较强的酸性（$pK_a = 3.98$，25℃），所以又称为巴比妥酸。丙二酰脲本身无药理作用，但亚甲基上的两个氢原子被烃基取代后的许多衍生物是一类重要的镇静安眠药，称为巴比妥类药物。其通式为

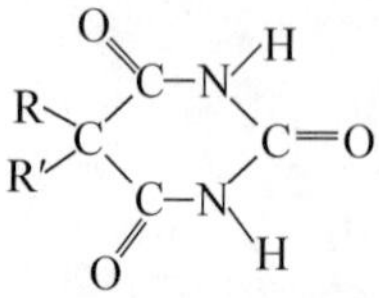

巴比妥　$R=R'=-C_2H_5$

苯巴比妥　$R=-C_2H_5, R'=-C_6H_5$

异戊巴比妥　$R=-C_2H_5, R'=-CH_2CH_2CH(CH_3)_2$

由于其酮式和烯醇式互变异构体的存在，该类药物在溶液中呈现弱酸性，能够生成盐。钠盐易溶于水，可制成注射剂用于临床。

生化检验中用巴比妥酸及其钠盐配制成缓冲溶液。

磺胺类药物

磺胺类药物的基本结构是对氨基苯磺酰胺（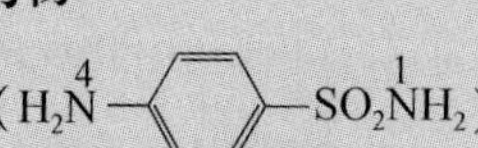），简称磺胺。磺胺是1935年问世的第一个用于治疗全身性细菌感染的特效药物，开创了化学治疗的

链接

磺胺类药物

先河。磺胺有抑菌作用，但副作用较大，现仅供外用。目前使用的磺胺类药物都是对磺胺结构修饰后的化合物。对磺胺结构的研究发现，当 N1 上的氢原子被某些杂环基团取代后，将不同程度地增强其抑菌作用，有较好的疗效和较低的毒性；当 N4 上的氢原子被其他基团取代后，其抑菌作用减弱，甚至丧失疗效，但这些 N4 取代物若在体内分解，恢复原来的游离氨基，仍能发挥抑菌作用。

磺胺类药物为广谱抗菌药，抑菌效果好，其机制是磺胺类药物和细菌生长需要的对氨基苯甲酸在结构、分子大小和电荷分布上极其相似，产生竞争性抑制作用，干扰了细菌对对氨基苯甲酸的利用，从而抑制细菌的生长。

链接

第 3 节　含氮杂环化合物

杂环化合物是由碳原子和非碳原子共同组成环状骨架结构的一类有机化合物。环中的非碳原子称为杂原子，常见的杂原子有氧、硫、氮等。多数杂环化合物环系较稳定，且具有不同程度的芳香性，因此杂环化合物通常是指芳香杂环化合物。

杂环化合物种类繁多，数量庞大，大都具有生理活性，在自然界分布较广。例如，植物中的叶绿素和动物体中的血红素都含吡咯环系；组成蛋白质的某些氨基酸是杂环衍生物；作为遗传因子中的核酸的碱基都属于杂环化合物；有的杂环化合物还是动植物体内酶及辅酶的中心。此外，许多药物，包括天然药物和人工合成药物，如头孢菌素（抗生素）、羟基喜树碱（抗肿瘤药）、小檗碱（抗菌药）以及染料、香料等，也都含有杂环结构。杂环化合物在有机化合物中占有重要的地位。

一、杂环化合物的分类和命名

杂环化合物的分类是以杂环骨架为基础，按环的大小和数目分为单杂环和稠杂环。最常见的单杂环是五元杂环和六元杂环。

杂环化合物的命名较复杂，目前我国主要采用音译法，即根据外文名称的汉字译音，选用同音汉字，加"口"字旁来表示杂环化合物的名称，如呋喃（furan），吡啶（pyridine）等。常见杂环化合物的结构、分类和名称见表 12-1。

表 12-1　常见杂环化合物的结构、分类和名称

分类	含一个杂原子的杂环			含两个以上杂原子的杂环		
五元杂环	 吡咯 pyrrole	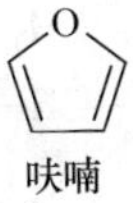 呋喃 furan	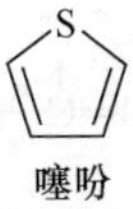 噻吩 thiophene	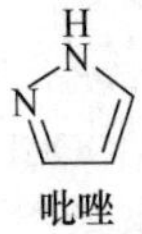 吡唑 pyrazole	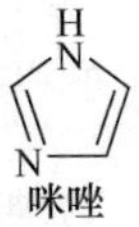 咪唑 imidazole	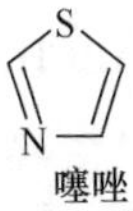 噻唑 thiazole
六元杂环	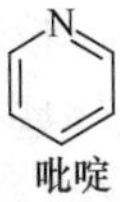 吡啶 pyridine	 吡喃 pyran		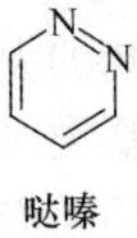 哒嗪 pyridazine	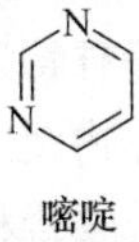 嘧啶 pyrimidine	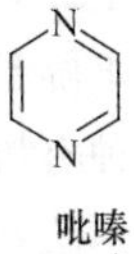 吡嗪 pyrazine

考点提示：常见杂环化合物的名称

续表

分类	含一个杂原子的杂环	含两个以上杂原子的杂环
稠杂环	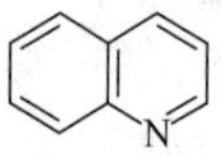 喹啉 quinoline 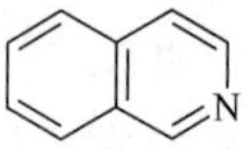 异喹啉 isoquinoline 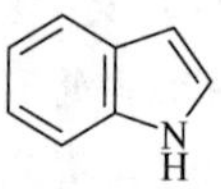 吲哚 indole	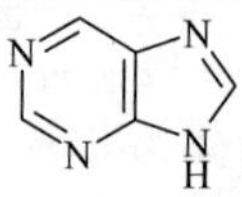 嘌呤 purine

二、重要的含氮杂环化合物及其衍生物

（一）吡咯及其衍生物

吡咯存在于煤焦油中，为无色液体，沸点为130℃，有苯胺样气味，难溶于水，易溶于乙醇和乙醚。

吡咯的许多衍生物广泛存在于自然界，如叶绿素、血红素及维生素 B_{12} 等。从结构上看，这三种化合物的基本骨架都是卟吩环，是由四个吡咯环与四个次甲基（ —CH═ ）交替连接而成的。在四个吡咯环中间的空隙里，以共价键及配位键与二价铁离子（血红素）或二价镁离子（叶绿素）结合，同时，四个吡咯环的β-位还各有不同的取代基。

血红素与蛋白质结合形成血红蛋白，存在于红细胞中，其功能是输送氧气和二氧化碳。叶绿素是绿色植物进行光合作用的催化剂。

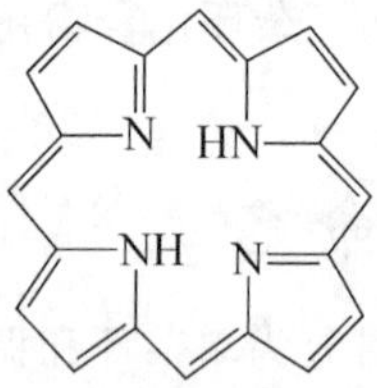

卟吩

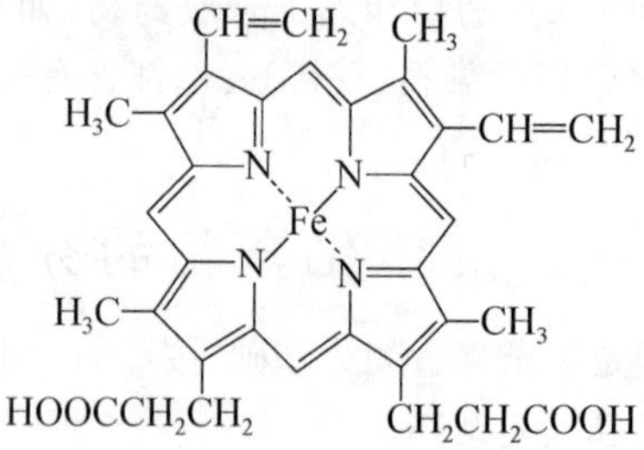

血红素

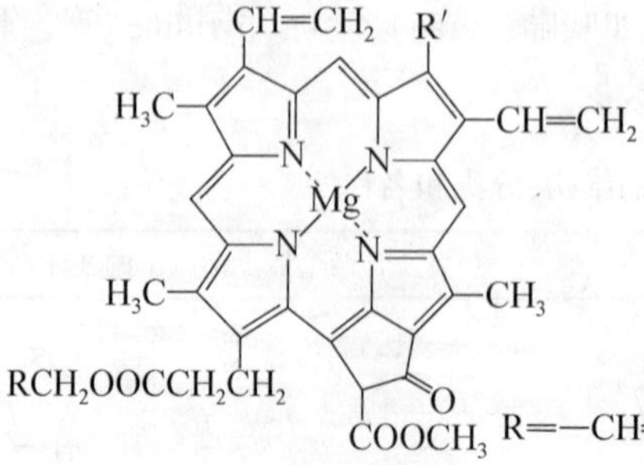

叶绿素a　R′═—CH_3

叶绿素b　R′═—CHO

$R═—CH═C(CH_3)—(CH_2)_3—CH(CH_3)—(CH_2)_3—CH(CH_3)—(CH_2)_3CH(CH_3)_2$

叶绿素

（二）吡啶及其衍生物

吡啶是一种有特殊臭味的无色液体，沸点为115.5℃，能与水、乙醇、乙醚等混溶，还能溶解各种有机化合物及无机盐类，是一种良好的溶剂。吡啶的一些衍生物可供药用。

烟酸和烟酰胺合称为维生素PP，存在于肉类、肝、肾、花生、糠和酵母中，是组成体内脱氢酶的成分，缺乏该维生素可引起癞皮病，故又称抗癞皮病维生素。异烟肼又称雷米封，具有较

强的抗结核病作用，是常用治疗结核病的口服药物。尼可刹米对呼吸具有明显的兴奋作用，可使呼吸运动加深加快，是临床上常用的呼吸兴奋剂。

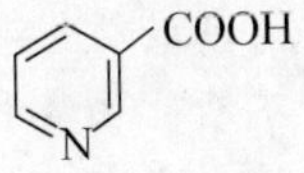

β-吡啶甲酸
（烟酸）

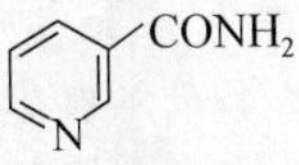

β-吡啶甲酰胺
（烟酰胺）

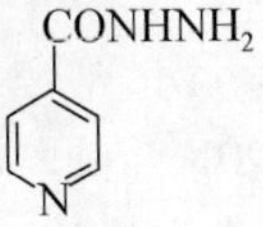

异烟肼
（雷米封）

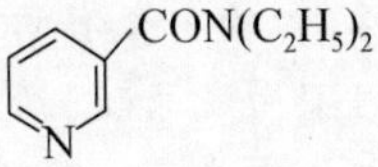

N,N-二乙基烟酰胺
（尼克刹米，可拉明）

（三）嘧啶及其衍生物

嘧啶是无色结晶固体，熔点为 22℃，易溶于水，具有弱碱性（$pK_b = 12.7$）。嘧啶的衍生物广泛存在于自然界中，如胞嘧啶、尿嘧啶和胸腺嘧啶等，它们是构成核酸的成分。具有嘧啶环的药物也很多，如巴比妥类安眠药、磺胺嘧啶和维生素 B_1（硫胺素等）。嘧啶衍生物存在酮式-烯醇式互变异构现象。

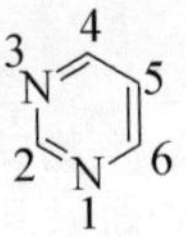

嘧啶

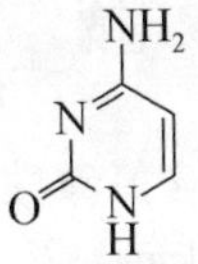

胞嘧啶
(4-氨基-2-氧嘧啶)

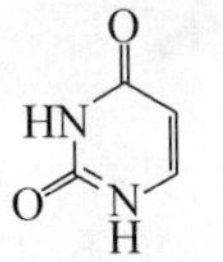

尿嘧啶
(2, 4-二氧嘧啶)

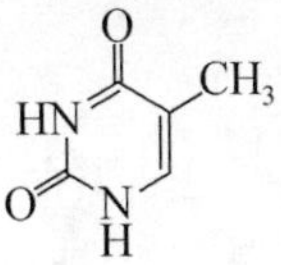

胸腺嘧啶
(5-甲基-2, 4-二氧嘧啶)

（四）嘌呤及其衍生物

嘌呤为无色结晶，熔点为 216～217℃，易溶于水，难溶于有机溶剂，能分别与酸或碱形成盐。嘌呤存在于核酸及核苷酸结构中，也存在于辅酶 A 的结构中；嘌呤是具有兴奋作用的生物碱——咖啡因、茶碱等的基本骨架。嘌呤本身不存在于自然界中，但它的氨基及羟基衍生物却广泛分布于动植物体内。体内代谢产物如尿酸、次黄嘌呤、黄嘌呤及组成核酸的腺嘌呤、鸟嘌呤等都是重要的嘌呤衍生物。

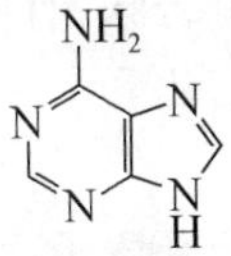

腺嘌呤
(6-氨基嘌呤)

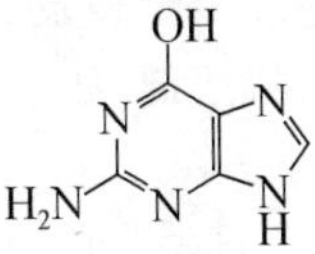

鸟嘌呤
(2-氨基-6-羟基嘌呤)

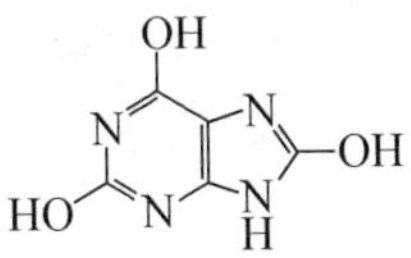

尿酸

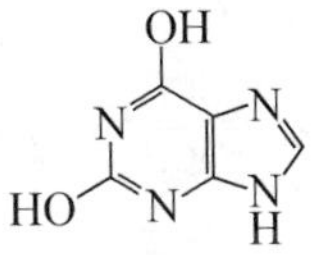

黄嘌呤

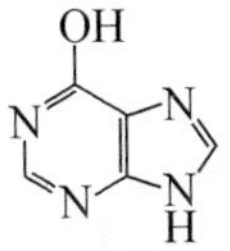

次黄嘌呤

尿酸、黄嘌呤和次黄嘌呤是腺嘌呤和鸟嘌呤在体内的代谢产物，存在于动物的血液和尿液中。尿酸是人和高等动物体内核酸的代谢产物，由尿排出，健康人每天的排泄量为0.5～1.0g。

尿酸与痛风

痛风是一种由嘌呤代谢紊乱所致的疾病，多见于男性。血液中尿酸含量长期增高是发生痛风的关键原因。人体内的尿酸主要来源于两个方面：①内源性尿酸：人体细胞内蛋白质分解代谢产生的核酸和其他嘌呤类化合物，经一些酶的作用而生成尿酸，约占 80%；

链接

尿酸与痛风

②外源性尿酸:食物中含有的嘌呤类化合物、核酸及核蛋白成分,经过消化与吸收后,在一些酶的作用下生成尿酸,约占20%。通常情况下人体内尿酸不断地生成和排泄,在血液中维持一定的浓度。当嘌呤代谢紊乱时,尿酸的合成增加或排出减少,血和尿中的尿酸含量会增加。若尿中的尿酸含量增加,严重时形成尿结石;当血液中尿酸浓度高于0.4 $mol \cdot L^{-1}$时,尿酸盐晶体可沉积在关节、软组织、软骨和肾脏中,临床表现为痛风性关节炎、痛风石及肾脏损害。

如果机体中尿酸含量超标,则应限制饮食中嘌呤和蛋白质的摄入。例如,禁食动物内脏、沙丁鱼以及各种肉类浓汤等富含嘌呤的饮食,以减少外源性尿酸的来源。

链接

第4节 生 物 碱

生物碱是一类存在于生物体内,具有明显生理活性的含氮碱性有机化合物。生物碱大多存在于植物中,一种植物中往往含有几种、十几种乃至几十种。生物碱多数以有机酸盐的形式存在,少数以游离碱、酯或苷的形式存在。

生物碱大多具有特殊而明显的生理作用。许多生物碱是中草药的有效成分,目前已有近百种用作临床药物,如麻黄碱、吗啡碱等。生物碱的毒性较大,量小可治疗疾病,量大可能引起中毒,甚至死亡,因此使用时一定要注意剂量。

一、生物碱的一般性质

生物碱绝大多数是无色或白色的结晶性固体,只有少数是液体或有颜色。例如,烟碱、毒芹碱为液体,小檗碱呈黄色。生物碱及其盐一般都具有苦味,有些则极苦而辛辣。生物碱一般不溶或难溶于水,溶于有机溶剂,如乙醚、丙酮、氯仿、苯等。

(一)碱性

生物碱分子中的氮原子上有未共用的电子对,能接受质子而显碱性,能与酸成盐。生物碱盐能溶于水,难溶于有机溶剂。临床上利用此性质将生物碱类药物制成易溶于水的盐类而应用,如盐酸吗啡、硫酸阿托品等。

$$\text{生物碱}-\overset{\diagdown}{\underset{\diagup}{N}}: \underset{NaOH}{\overset{HCl}{\rightleftharpoons}} \text{生物碱}-\overset{\diagdown}{\underset{\diagup}{N}}\overset{+}{H}Cl^-$$

游离生物碱（不溶于水）　　　生物碱盐（溶于水）

在使用生物碱类药物时,应注意不能与碱性药物(如巴比妥钠等)并用,否则会析出沉淀而失去作用。

(二)沉淀反应

大多数生物碱能与生物碱沉淀试剂反应,生成简单盐或复盐的有色沉淀。常用的生物碱沉淀试剂是一些酸和重金属盐类的溶液。例如,生物碱遇鞣酸溶液生成棕黄色沉淀,遇氯化汞溶液生成白色沉淀,遇苦味酸溶液生成黄色沉淀。常用的生物碱沉淀剂还有碘化铋钾($BiI_3 \cdot KI$)、碘化汞钾(K_2HgI_4)、磷钨酸($H_3PO_4 \cdot 12WO_3$)、磷钼酸($H_3PO_4 \cdot 12MoO_3$)等。此类反应可用以初步判定生物碱的存在,还可用于生物碱的精制和分离。

(三) 显色反应

大多数生物碱能和一些试剂反应出现不同的颜色。常用的生物碱显色剂有钼酸钠、钒酸铵、甲醛、硝酸、重铬酸钾和高锰酸钾等的浓硫酸溶液。例如,10g · L^{-1}钒酸铵的浓硫酸溶液,遇阿托品显红色,遇吗啡显棕色,遇可待因显蓝色。生物碱的显色反应可用于生物碱的鉴别。

二、重要的生物碱

(一) 麻黄碱

麻黄碱主要来源于中草药麻黄,为无色晶体,熔点为 34℃,味苦,易溶于水,溶于氯仿、乙醇、苯等有机溶剂。麻黄碱能兴奋交感神经,升高血压,扩张支气管,用以治疗支气管哮喘、过敏反应、鼻黏膜肿胀及低血压症。

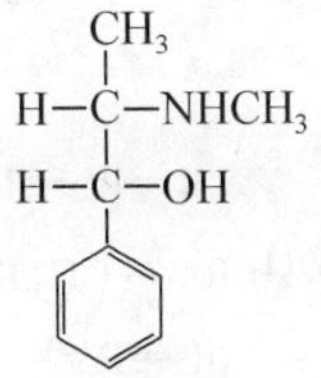

(−)-麻黄碱

麻黄碱的脱氧衍生物甲基苯丙胺具有中枢神经兴奋作用和极强的成瘾性,因其外观似"冰",称为冰毒,是严重危害人体健康的毒品。

(二) 小檗碱

小檗碱俗称黄连素,属于异喹啉类生物碱,存在于黄连、黄柏等小檗属植物中。小檗碱为黄色结晶,味极苦,能溶于水,难溶于有机溶剂。

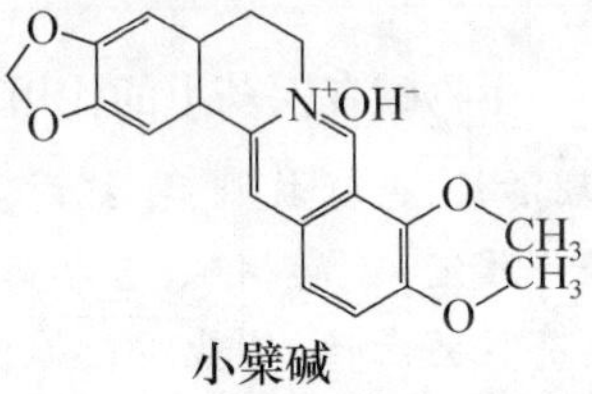

小檗碱

小檗碱为广谱抗菌剂,对多种革兰氏阳性细菌和阴性细菌有抑制作用,也有温和的镇静、降压和健胃作用。临床上用于治疗痢疾和肠胃炎等。

(三) 烟碱

烟碱又名尼古丁,存在于烟叶中。烟碱为无色油状液体,沸点为 246℃,露置空气中渐变棕色,臭似吡啶,味辛辣,易溶于水、乙醇、氯仿。烟碱有剧毒,少量对中枢神经有兴奋作用,大量则抑制中枢神经,出现恶心、呕吐,使心脏麻痹以致死亡。长期吸烟会引起慢性中毒。

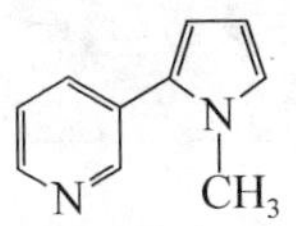

烟碱

(四) 莨菪碱和阿托品

莨菪碱和阿托品等存在于颠茄、莨菪、曼陀罗和洋金花等茄科植物中,总称为颠茄生物碱。莨菪碱为左旋体,在碱性条件下或受热时易外消旋化,形成外消旋的莨菪碱,即阿托品。阿托品过去是从植物中提取得到的,现在可人工合成。它是白色晶体,熔点为 118℃,无旋光性,难溶于水,易溶于乙醇、三氯甲烷中。在临床上,阿托品用作抗胆碱药,具有抑制腺体分泌及扩大瞳孔的作用,用于平滑肌痉挛、胃及十二指肠溃疡、散瞳、盗汗和胃酸过多等,也可作有机磷农药中毒的解毒剂。阿托品的毒性比莨菪碱小，但作用强度只有莨菪碱的一半。

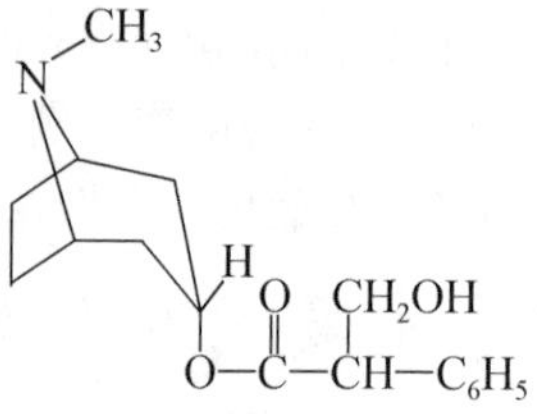

莨菪碱

（五）吗啡、可待因和海洛因

吗啡属异喹啉类衍生物，从鸦片中提取而得，为白色晶体，熔点为254~256℃，露置于空气中颜色加深，味苦，微溶于水、醇、醚，溶于氯仿。吗啡是强效镇痛药，但易成瘾，应限制使用。

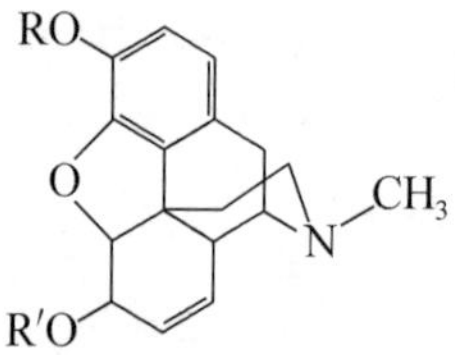

R=R′=H 吗啡

R=—CH_3,R′═H 可待因

R═R′=—$COCH_3$ 海洛因

可待因是吗啡的甲基醚，医药上应用的制剂是其磷酸盐，具有与吗啡相似的生理作用，兼有镇咳和镇痛作用，其强度比吗啡弱，成瘾倾向较小，比吗啡安全。

海洛因是吗啡的二乙酰基衍生物，在自然界中不存在，其镇痛作用较大，成瘾性极大，是吗啡的3~5倍，过量能致死，被列为禁止制造和出售的毒品。海洛因纯品为白色结晶性粉末，光照或久置变为淡黄色。难溶于水，易溶于三氯甲烷、苯和热乙醇。

生物碱在医药上的作用

生物碱具有多种多样的生理活性，包括抗肿瘤、抗菌、抗炎、兴奋中枢神经、降低及升高血压、镇咳、镇痛等。例如，娃儿藤定碱、喜树碱、苦参碱、氧化苦参碱、1-吐根碱等都具有显著的抗肿瘤活性；小檗碱具有抗菌活性，其盐酸盐称为盐酸黄连素，在临床上用于治疗肠炎等；钩藤碱、利血平具有降血压作用，复方降压片中的主要有效成分即是利血平；奎宁、金鸡宁具有抗疟作用；古柯碱具有麻醉作用，临床上用于局部麻醉；吗啡有着非常良好的镇痛效果，主要用于癌症患者的止痛；莨菪碱、樟柳碱、毒扁豆碱具有抗胆碱酯酶活性，可用于缓解有机磷中毒；山梗菜碱能反射性兴奋呼吸中枢，可用于窒息、呼吸衰竭的抢救；石松碱、麦角新碱具有兴奋子宫，促进子宫收缩的作用，在临床上麦角新碱用于治疗产后子宫出血；巴马汀具有抗心律失常活性，也具有对心肌梗死的保护作用等。通过对生物碱的研究，人类已经开发出许多药物，而且还将继续研究开发出更多的高效低毒的新药。

链接

目标检测

一、填空题

1. 伯胺和仲胺都能与乙酰氯或乙酐作用生成____。由于叔胺的________上没有氢原子，不能发生________反应。
2. 根据氨分子中氢原子被________取代的数目不同，将胺分为伯胺、仲胺和叔胺。伯胺的通式是________，官能团是________；仲胺的通式是________，官能团是________；叔胺的通式是________，官能团是________。
3. 生物碱呈________性，难溶于水，它可以和酸作用生成易溶于水的________。临床上使用的生物碱一般都制成________。

4. 尿素从结构上可以看作是碳酸分子中的两个______基分别被两个________基取代后生成的化合物。尿素呈________性，与草酸反应，生成________水的化合物。

5. 尿素在尿素酶的作用下水解为________、________。

6. 尿素加热缩合的产物为________，此产物在NaOH溶液中与$CuSO_4$试剂作用的颜色反应称________。

二、单项选择题

1. 下列物质不能与溴水反应的是(　　)
   A. 苯胺　　B. 苯酚
   C. 硬脂酸　　D. 亚油酸

2. 下列化合物属于伯胺的是(　　)
   A. 乙胺　　B. 二乙胺
   C. 三乙胺　　D. *N*-乙基苯胺

3. 胆碱属于(　　)
   A. 伯胺　　B. 仲胺
   C. 叔胺　　D. 季铵碱

4. 下列化合物中，碱性最弱的是(　　)
   A. 苯胺　　B. 氨
   C. 丙胺　　D. 胆碱

5. 下列化合物在低温下和亚硝酸反应能得到重氮盐的是(　　)
   A. 脂肪族伯胺　　B. 脂肪族仲胺
   C. 脂肪族叔胺　　D. 芳香族伯胺

6. 关于生物碱，叙述不正确的是(　　)
   A. 存在于生物体内
   B. 有明显的生理活性
   C. 分子中都含氮杂环
   D. 一般有碱性，能与酸作用生成盐

三、命名下列化合物

1. 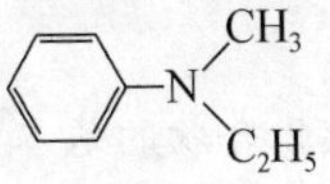

2. 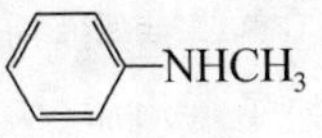

3. 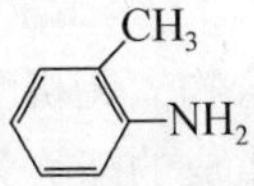

4. 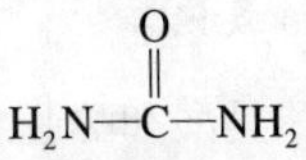

5. 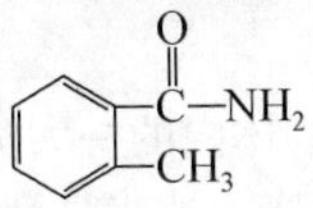

6. 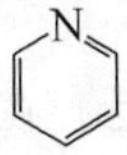

四、写出下列化合物的结构简式

1. 苯甲胺　　2. 甲基二乙胺
3. *N*-乙基苯胺　　4. *N*-甲基对甲氧基苯胺
5. *N*-甲基苯甲酰胺　　6. *N*-苯基乙酰胺

五、简答题

1. 什么是生物碱？有什么主要化学性质？
2. 将下列物质按碱性由强到弱顺序排列：苯胺、甲胺、氨、氢氧化四甲胺、甲酰胺。

（陈哲洪）

第13章 酯和脂类

学习目标

1. 掌握酯的结构、命名和化学性质。

2. 熟悉油脂的性质。

3. 了解油脂、磷脂、甾族化合物的基本结构;重要的甘油磷脂在生理上的作用;医学上常见的甾族化合物。

酯是酸和醇脱水生成的化合物。无机酸和醇脱水生成的酯称为无机酸酯,如亚硝酸异戊醇酯、磷酸酯等;羧酸和醇脱水生成的酯称为有机酸酯,即羧酸酯。通常所说的酯主要指的是羧酸酯。

脂类是广泛存在于动植物体内的一大类有机化合物,是维持生物体正常生命活动不可缺少的物质,主要包括油脂和类脂。油脂是甘油和高级脂肪酸生成的脂。类脂是结构或理化性质类似油脂的物质,主要包括磷脂、甾族化合物、蜡、糖脂。

第1节 酯

一、酯的结构和命名

从结构上看,羧酸酯是羧酸分子中羧基上的羟基被烃氧基取代的产物,一元羧酸酯的通式为

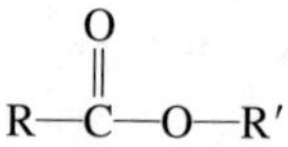

因此,酯可以看作是由酰基和烃氧基连接而成的化合物。通式中 R、R′可以相同,也可以不同。

酯的命名是按照生成酯的羧酸和醇的名称称为“某酸某酯”,羧酸名称在前,醇名称在后,将“醇”字改为“酯”。例如:

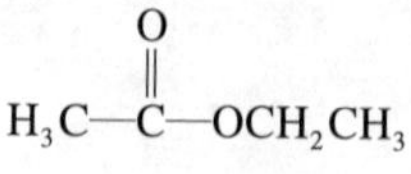

乙酸乙酯

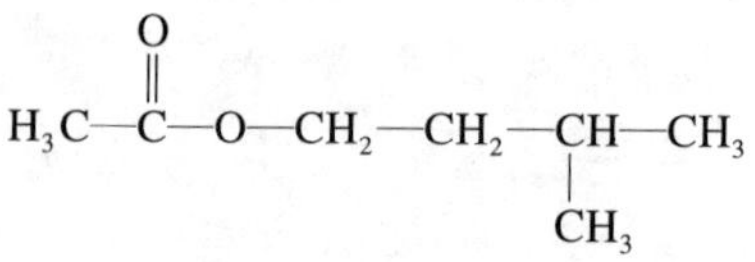

乙酸异戊酯

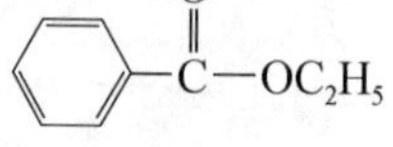

苯甲酸乙酯

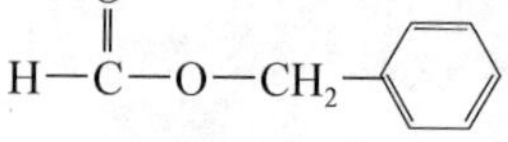

甲酸苯甲酯

二、酯的性质

(一) 物理性质

酯广泛存在于自然界。例如,乙酸乙酯存在于酒、食醋和某些水果中;乙酸异戊酯存在于

香蕉、梨等水果中；苯甲酸甲酯存在于丁香油中；水杨酸甲酯存在于冬青油中。高级脂肪酸或中级脂肪酸的甘油酯是动植物油脂的主要成分；高级脂肪酸和高级醇形成的酯是蜡的主要成分。

低级酯为无色液体，高级酯为蜡状固体。酯难溶于水，易溶于有机溶剂，密度小于水。酯的沸点比相应的羧酸和醇都低，主要原因是酯分子间不能形成氢键而缔合。

低级酯具有芳香气味。例如，乙酸乙酯具有苹果香味，乙酸甲酯具有菠萝香味，苯甲酸甲酯具有茉莉香味，所以酯类可以作为食品和日用品的香料。

（二）化学性质

羧酸和醇脱水发生酯化反应生成酯，在同样的条件下酯和水也可以发生水解反应生成羧酸和醇，水解反应表示如下：

$$R-\overset{\overset{\displaystyle O}{\|}}{C}-O-R' + H_2O \underset{}{\overset{H^+}{\rightleftharpoons}} RCOOH + R'OH$$

酯的酸性水解反应是酯化反应的逆反应，水解不完全。但在碱的催化作用下水解时，生成的羧酸可与碱作用生成盐而破坏平衡体系，当有足量的碱存在时，水解反应可以进行到底。

考点提示： 酯的结构和化学性质

$$R-\overset{\overset{\displaystyle O}{\|}}{C}-O-R' + H_2O \xrightarrow{NaOH} RCOONa + R'OH$$

第2节 油 脂

油脂是油和脂肪的总称。人们通常把来自于植物体内、常温下呈液态的油脂称为油，如花生油、菜籽油、大豆油等；而把来自于动物体内常温下呈固态或半固态的油脂称为脂肪，如猪脂、牛脂等。

一、油脂的组成和结构

从化学结构上看，油脂是由1分子甘油和3分子高级脂肪酸所生成的酯类，称为三酰甘油，医学上通常称为甘油三酯。其结构通式如下：

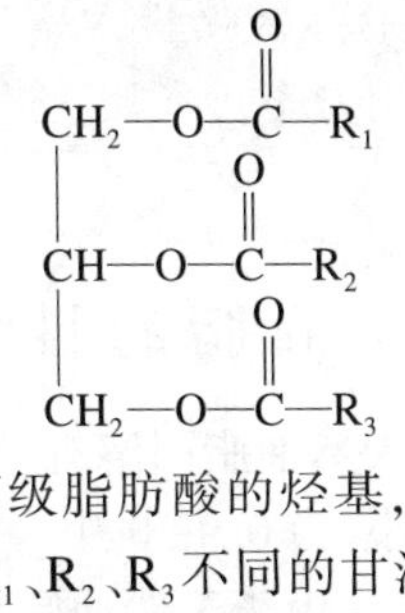

结构式中，R_1、R_2、R_3分别代表高级脂肪酸的烃基，可以相同，也可以不相同。其中R_1、R_2、R_3相同的甘油酯称为单甘油酯，R_1、R_2、R_3不同的甘油酯称为混甘油酯。天然油脂多为含2个或3个不同脂肪酸的混甘油酯。

组成油脂的脂肪酸多数为含偶数碳原子的直链高级脂肪酸，较为常见的是含有16个碳原子和18个碳原子的高级脂肪酸；有饱和脂肪酸，也有不饱和脂肪酸；含不饱和脂肪酸较多的油脂，常温下为液体，含不饱和脂肪酸较少的油脂，常温下为固体或半固体。

油脂中的脂肪酸常用俗名。油脂中常见的高级脂肪酸（RCOOH）见表13-1。

表 13-1　油脂中常见的高级脂肪酸

俗名	系统名称	结构简式
月桂酸	十二碳酸	$CH_3(CH_2)_{10}COOH$
软脂酸	十六碳酸	$CH_3(CH_2)_{14}COOH$
硬脂酸	十八碳酸	$CH_3(CH_2)_{16}COOH$
花生酸	二十碳酸	$CH_3(CH_2)_{18}COOH$
油酸	9-十八碳烯酸	$CH_3(CH_2)_7CH{=}CH(CH_2)_7COOH$
亚油酸	9,12-十八碳二烯酸	$CH_3(CH_2)_3(CH_2CH{=}CH)_2(CH_2)_7COOH$
亚麻酸	9,12,15-十八碳三烯酸	$CH_3(CH_2CH{=}CH)_3(CH_2)_7COOH$
花生四烯酸	5,8,11,14-二十碳四烯酸	$CH_3(CH_2)_3(CH_2CH{=}CH)_4(CH_2)_3COOH$

大多数脂肪酸在人体内都能够自身合成,但亚油酸、亚麻酸人体不能自身合成,只能从食物中获取。花生四烯酸虽然人体能自身合成,但量太少,仍需从食物中获取。这些人体不可缺少而自身又不能合成或合成量不足,必须由食物供给的脂肪酸称为营养必需脂肪酸。食物中的必需脂肪酸含量越高,其营养价值也越高。食物中必需脂肪酸最好的来源是植物油和海产鱼类。

脑　黄　金

脑黄金的有效成分为二十二碳六烯酸(DHA)。DHA 很容易通过大脑屏障进入脑细胞,在人脑细胞脂质中含有 10%。DHA 对脑细胞的形成、生长发育及脑细胞突起的延伸、生长都起着重要作用,是人类大脑形成和智商开发的必需物质,对提高儿童智力有一定益处。研究表明,DHA 是大脑皮质和视网膜的重要组成成分,可通过胎盘进入胎儿的肝脏和大脑,胎儿从怀孕后期到出生 6 个月,脑和视网膜发育最快,需要充足的 DHA。如果 DHA 摄入偏低,婴儿出生后的体重可能偏低,并且容易早产。但是儿童也不是摄入 DHA 越多越好,服用过量将造成神经过度兴奋。由于 DHA 是一种多双键不饱和脂肪酸,因此极易氧化,产生对人体有害的过氧化物。所以应注意抗氧化问题,产品应密封、隔氧、避光、低温保存。食用者最好同时食用有抗氧化作用的维生素 E。

链接

二、油脂的性质

纯净的油脂是无色、无味的物质,天然油脂因溶有维生素和色素等而带有香味或特殊的气味和颜色。油脂的相对密度比水略小,为 0.9~0.95g · ml^{-1},难溶于水,易溶于乙醚等有机溶剂。油脂黏度较大,有明显的油腻感。由于天然油脂都是混合物,所以没有恒定的沸点和熔点。

油脂属于酯类,具有酯的一般性质,可以发生水解反应。含碳碳双键的油脂具有烯烃的典型性质,可以发生加成反应。

1. 水解反应　油脂在酸或酶的作用下发生水解反应,可生成 1 分子甘油和 3 分子高级脂肪酸。

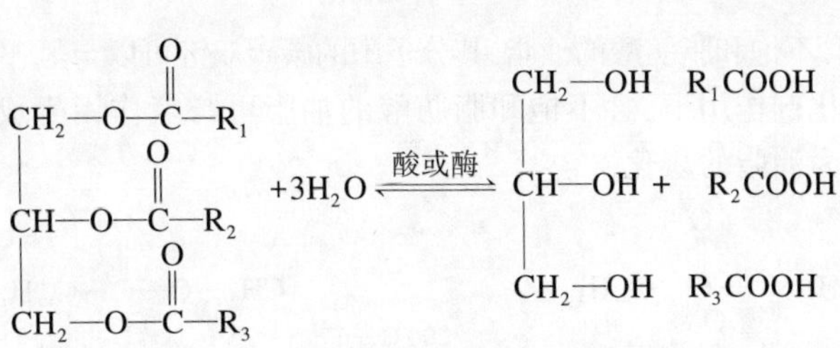

但在碱性条件下的水解反应则生成甘油和高级脂肪酸盐。这种高级脂肪酸盐经加工成形后就是肥皂，因此人们通常把油脂在碱性条件下的水解反应称为皂化反应。由高级脂肪酸钠盐组成的肥皂称为钠肥皂，是常用的普通肥皂。由高级脂肪酸钾盐组成的肥皂称为钾肥皂，是医药上常用的软皂。

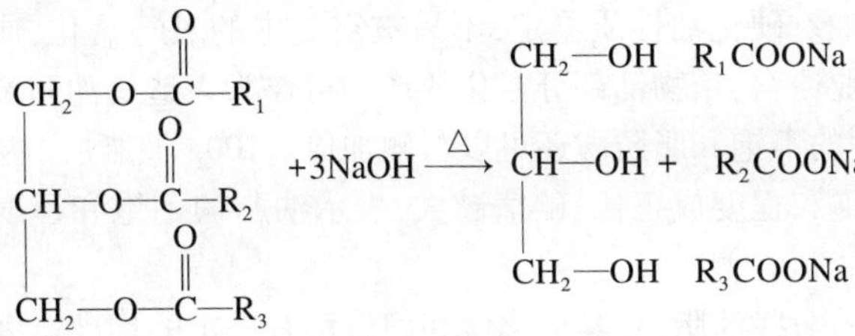

完全皂化 1g 油脂所需氢氧化钾的毫克数称为皂化值。皂化值越大，说明油脂的平均相对分子质量越小。皂化值是衡量油脂质量的指标之一。

肥皂的去污原理

日常生活中人们用肥皂等来洗涤物品，达到去污的目的。肥皂能够去污是因为肥皂分子具有特殊的结构。肥皂的主要成分是高级脂肪酸盐。高级脂肪酸盐从结构上看可以分成两部分，一部分是极性的羧基，它易溶于水而不溶于油，称为亲水基；另一部分是非极性的烃基，它不溶于水而易溶于油，称为憎水基。在洗涤时，污垢中的油脂被分散成细小的油滴，与肥皂接触后，高级脂肪酸盐分子的憎水基（烃基）部分就插入油滴内，与油脂分子结合在一起。而易溶于水的亲水基（羧基）部分伸在油滴外面，插入水中（图 13-1）。这样肥皂分子就把油滴包围起来，分散并悬浮于水中形成乳浊液，再经摩擦作用，随水漂洗而去，这就是肥皂去污作用的原理。

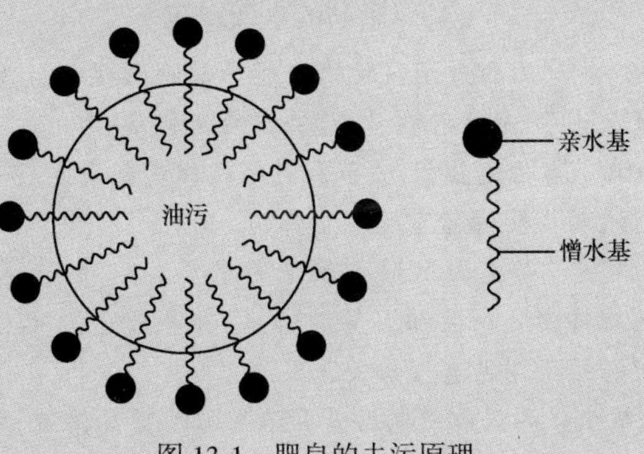

图 13-1　肥皂的去污原理

制取肥皂时，根据需要还可以加入各种辅助原料和填料，如松香、硅酸钠、荧光增白剂、杀菌剂、着色剂、香料等。

链接

2. 加成反应　含不饱和脂肪酸的油脂,其分子中的碳碳双键可以与氢、卤素等发生加成反应。

(1) 加氢:在催化剂作用下,含不饱和脂肪酸的油脂可与氢作用生成饱和脂肪酸含量高的油脂,这一过程称为油脂的氢化。

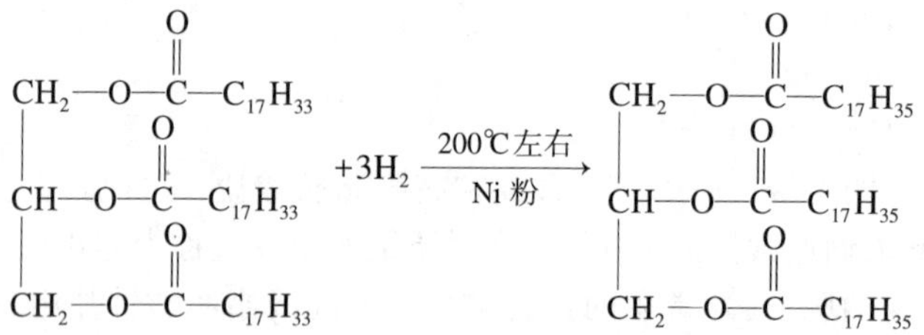

通过加氢反应可以使液态的油转变为固态的脂肪,因此油脂的氢化又称油脂的硬化,氢化后的油脂称为硬化油。硬化油性质稳定,不易被空气中的氧气氧化,便于储存和运输。硬化油是一种重要的工业原料,植物油部分氢化的产物可作为人造奶油和黄油的替代品。

(2) 加碘:油脂中的不饱和脂肪酸还可以与碘加成。100g 油脂所能吸收碘的克数称为碘值。碘值与油脂的不饱和程度成正比,碘值越大,表示油脂的不饱和程度越大;反之,表示油脂的不饱和程度越小。

考点提示: 皂化反应;油脂的皂化值、碘值、酸值

对于医药上使用的一些油脂,对其皂化值和碘值都有一定的标准。例如:

蓖麻油	碘值	82~90	皂化值	176~186
花生油	碘值	84~100	皂化值	185~195

碘值也是衡量食用油脂质量的一个标准。长期食用低碘值的油脂,易引起动脉血管硬化和心脏病。因此,老年人应多食用碘值较高的植物油,如豆油、花生油等。

3. 油脂的酸败　油脂在空气中放置时间过长,受空气中氧气、光、热、水及微生物的作用,发生氧化、水解等反应,生成低级醛、酮、羧酸的混合物,产生难闻的气味,这种变化称为油脂的酸败。伴随着油脂的酸败,游离脂肪酸的含量会再增加。油脂的酸败程度可用酸值来表示。中和 1g 油脂中的游离脂肪酸所需氢氧化钾的毫克数称为酸值。酸值越大,说明油脂酸败程度越大。通常,酸值在 6.0 以上的油脂不宜食用。为防止酸败,需要将油脂在低温、避光的密闭容器中保存。

脂肪的生理意义

1. 供给和储存热能　油脂是动植物体内能源储存和供能的重要物质之一。1g 油脂在体内彻底氧化,可放出 38.9kJ 的能量,是糖类的两倍多。

2. 保护身体组织　脂肪是器官、关节和神经组织的隔离层,并可作为填充衬垫,避免各组织相互间的摩擦,对重要的器官起保护作用。

3. 供给必需脂肪酸　必需脂肪酸是细胞的重要构成物质,在体内具有多种生理功能。它能促进发育,维持皮肤和毛细血管的健康,并与精子的形成及前列腺素的合成都有密切关系,与胆固醇的代谢也有密切关系。

4. 促进脂溶性维生素的吸收　脂肪是脂溶性维生素的溶媒,维生素 A、维生素 D、维生素 E、维生素 K 均能溶于脂肪而不能溶于水,故必须通过脂肪来促进它们的吸收。

5. 维持体温　脂肪是热的不良导体,可阻止身体表面的散热,在冬天就起到保温的作用。

6. 提高膳食的饱腹感与美味　脂肪在胃中停留的时间长,可产生饱腹感。此外,脂肪还有润滑肠道的作用。

链接

第3节 磷 脂

磷脂是一类含有磷酸基团的高级脂肪酸酯。它们广泛分布在动植物组织中,存在于动物的脑、心、肝脏、肾脏等器官中;蛋黄、种子、大豆中也含有丰富的磷脂。按照分子中醇的不同,磷脂有多种,由甘油构成的磷脂称为甘油磷脂,其结构和性质与油脂相似。

一、磷 脂 酸

甘油磷脂又称为磷酸甘油酯,其母体结构是磷脂酸,即一分子甘油与二分子脂肪酸和一分子磷酸通过酯键结合而成的化合物。通常 R_1 为饱和脂肪酰基,R_2 为不饱和脂肪酰基。

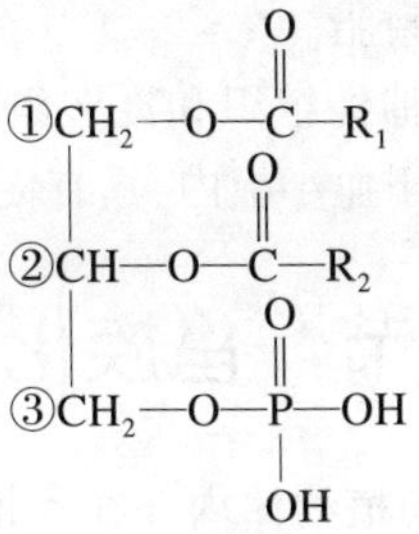

磷脂酸

磷脂酸中的磷酸与其他物质结合,可得到各种不同的甘油磷脂,比较常见的有卵磷脂和脑磷脂。

二、重要的甘油磷脂

1. 卵磷脂 卵磷脂又称为磷脂酰胆碱,是由磷脂酸分子中的磷酸与胆碱中的羟基酯化而成的化合物。

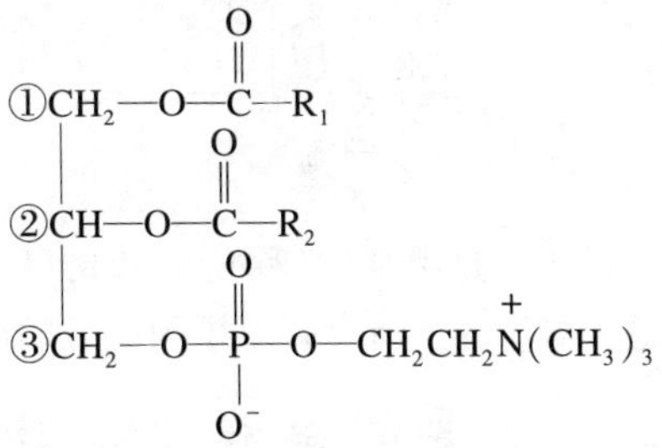

卵磷脂

卵磷脂完全水解可得到甘油、脂肪酸、磷酸和胆碱。其中的饱和脂肪酸通常是软脂酸和硬脂酸,连在 C_1 上,C_2 上通常是油酸、亚油酸、亚麻酸和花生四烯酸等不饱和脂肪酸。

卵磷脂为白色蜡状固体,吸水性强。在空气中放置,分子中的不饱和脂肪酸被氧化,将生成黄色或棕色的过氧化物。卵磷脂不溶于水和丙酮,易溶于乙醚、乙醇及氯仿。

卵磷脂存在于脑和神经组织及植物的种子中,在卵黄中含量丰富。卵磷脂与脂肪的代谢密切相关,有助于肝中脂肪的运输,是抗脂肪肝的常用药物。

2. 脑磷脂 脑磷脂又称为磷脂酰胆胺,是由磷脂酸分子中的磷酸与胆胺(乙醇胺)中的羟基酯化而成的化合物。

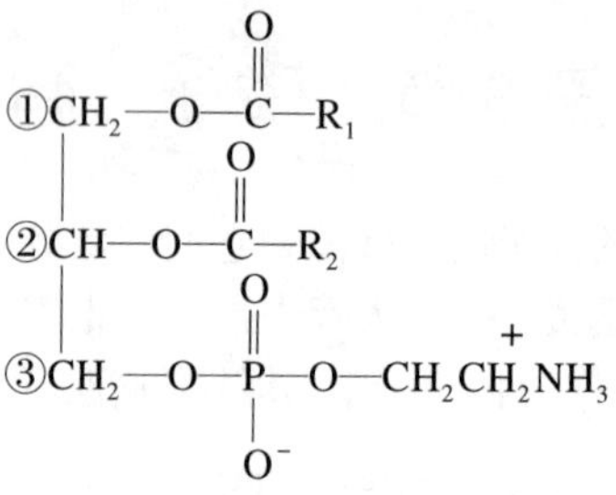

脑磷脂

考点提示：卵磷脂、脑磷脂的组成

脑磷脂完全水解时，可得到甘油、脂肪酸、磷酸和胆胺。脑磷脂的结构和理化性质与卵磷脂相似，在空气中放置易变棕黄色。脑磷脂易溶于乙醚，难溶于丙酮，与卵磷脂不同的是难溶于冷乙醚中，由此可分离卵磷脂和脑磷脂。

脑磷脂通常与卵磷脂共存于脑、神经组织和许多组织器官中，在蛋黄和大豆中含量也较丰富。脑磷脂与血液凝固有关，存在于血小板内，具有促进血液凝固的作用。

第4节　甾族化合物

甾族化合物是一类广泛存在于动植物体内并在动植物的生命活动中起着重要作用的化合物。例如，肾上腺皮质激素对人体的盐代谢和糖代谢有很大的作用，中药洋地黄所含强心苷具有很强的生理作用，有的可作为甾族药物的合成原料。

一、甾族化合物的基本结构

甾族化合物的基本结构为环戊烷多氢菲和三个侧链。分子中含有四个环，其中A、B和C环为六元环，D环为五元环。其基本骨架如下：

考点提示：甾族化合物的基本结构

一般说来，其中两个侧链（R_1，R_2）是甲基（又称角甲基），另一个侧链（R_3）为含不同碳原子数的碳链或含氧基团（如羟基）等。环上所有碳原子的编号顺序也是固定的。

二、重要的甾族化合物

1. 甾醇　甾醇又称固醇，C_3上连有一个仲醇羟基。甾醇广泛存在于动植物组织中，根据来源分为植物甾醇和动物甾醇，在动物体内以酯的形式存在，在植物体内以苷的形式存在。

（1）胆甾醇（胆固醇）：胆甾醇是最早发现的一个甾族化合物，以游离和成酯形式存在于人和动物的血液、脂肪中。

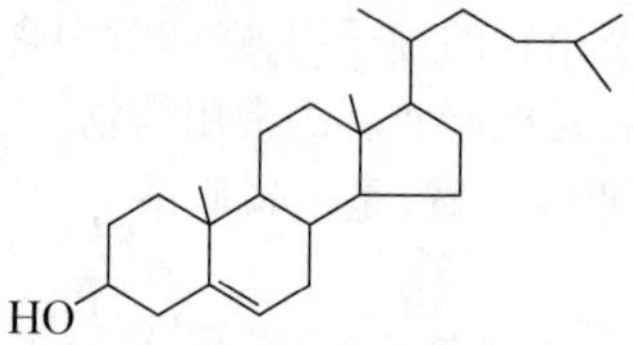

胆甾醇

胆固醇是无色或略带黄色的结晶，熔点为148.5℃，微溶于水，溶于乙醇、乙醚、氯仿等有机溶剂。

胆固醇是合成胆甾酸和甾体激素等的前体，在人体内具有重要的作用。正常人血液中含胆固醇 2. 82～5. 95mmol · L^{-1}。如果人体内的胆固醇代谢发生障碍或饮食摄取胆固醇太多，就会从血液中沉淀析出，引起结石或血管硬化。食物中的动物油脂过多时会提高血液中的胆固醇含量，而植物油特别是大豆油、葵花油中富含谷固醇及维生素 E，对胆固醇的吸收有阻碍作用。

（2）7-脱氢胆甾醇：胆甾醇在酶催化下氧化成 7-脱氢胆甾醇。7-脱氢胆甾醇存在于皮肤组织中，在日光照射下发生化学反应，转化为维生素 D_3。

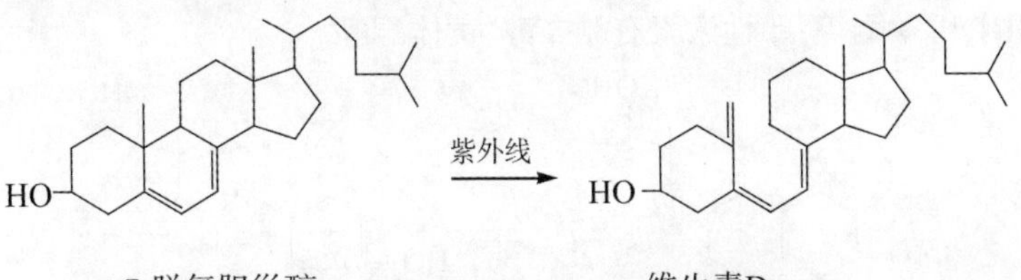

7-脱氢胆甾醇　　　　维生素D_3

维生素 D_3是从小肠中吸收 Ca^{2+}过程中的关键化合物。儿童体内维生素 D_3的浓度太低，会引起 Ca^{2+}缺乏，不足以维持骨骼的正常生成而患佝偻病。

（3）麦角甾醇：麦角甾醇是常见的植物甾醇，最初是从麦角中得到的，但在酵母中更易得到。麦角甾醇经日光照射后，B 环开环形成维生素 D_2。

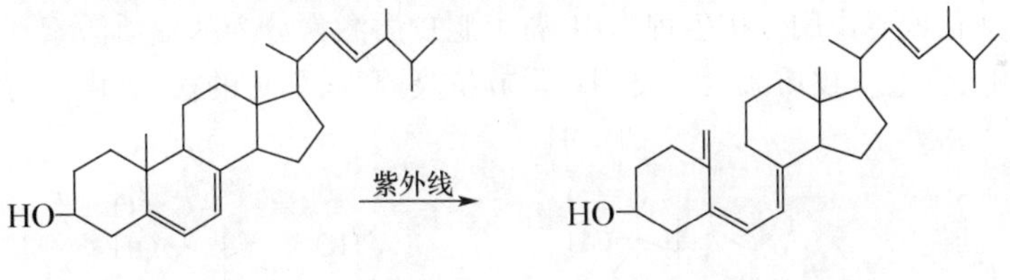

麦角甾醇　　　　维生素D_2

维生素 D_2同维生素 D_3一样，也能抗佝偻病。因此，可以将麦角甾醇用紫外光照射后加入牛奶和其他食品中，以保证儿童能得到足够的维生素 D。

2. 胆甾酸　在动物的胆汁中含有几种结构与胆甾醇相似的胆甾酸，如胆酸、脱氧胆酸、鹅脱氧胆酸和石胆酸等，其中最重要的是胆酸和脱氧胆酸。

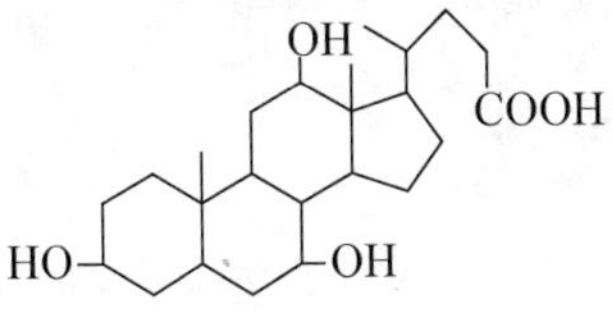

胆酸

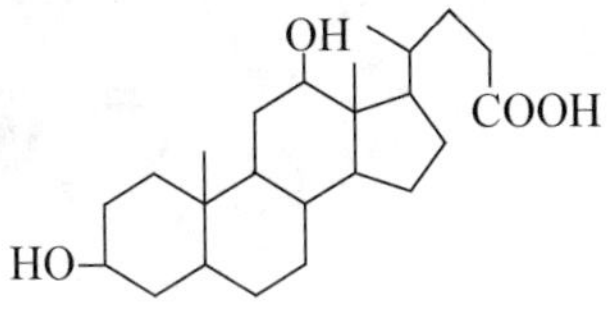

脱氧胆酸

胆汁中的胆酸常与甘氨酸（H_2NCH_2COOH）和牛磺酸（$H_2NCH_2CH_2SO_3H$）结合成甘氨胆酸和牛磺胆酸，这种结合胆酸总称胆汁酸，其结构式如下：

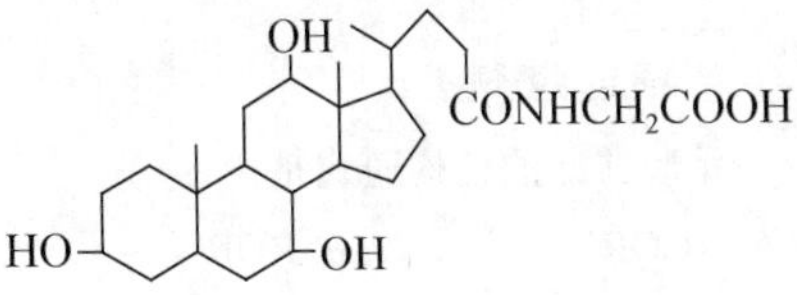

甘氨胆酸

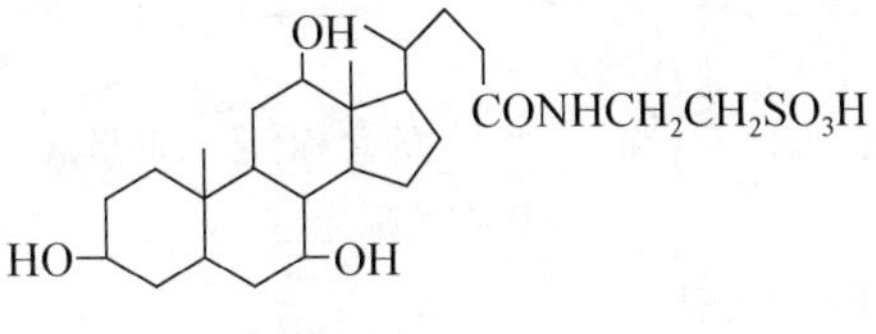

牛磺胆酸

胆汁酸在碱性胆汁中常以钠盐或钾盐的形式存在，称为胆盐。它能使油脂在肠中乳化，易于水解、消化和吸收。胆汁酸盐分子中既有亲水的羧基和磺酸基，又有疏水的甾环，是良好的乳化剂，使脂肪乳化为微粒并稳定地分散于消化液中，增加了脂肪与脂肪酶的接触机会，从而加速脂肪的水解，以利于脂肪的消化吸收。乳化的脂肪不仅容易消化，而且一部分高度乳化的脂肪微粒可不经消化而直接由肠黏膜吸收。临床上使用的利胆药胆酸钠，就是甘氨胆酸钠和牛磺胆酸钠的混合物，主要用于由胆汁酸分泌缺少而引起的疾病。

3. 性激素　性激素是高等动物性腺的分泌物，有控制性生理、促进动物发育、维持第二性征（如声音、体形等）的作用。它们的生理作用很强，很少量就能产生极大的影响。性激素可分为雄性激素和雌性激素两大类，两类性激素都有很多种，在生理上各有特定的生理功能。雄性激素有睾酮、甲睾酮等；雌性激素有雌二醇、黄体酮等。

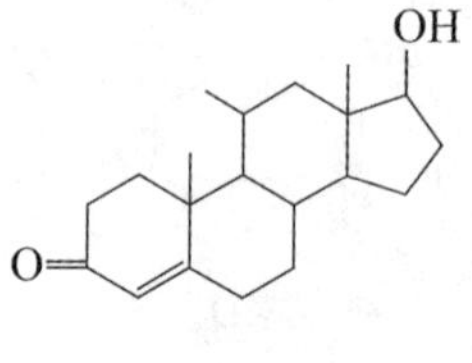

睾酮

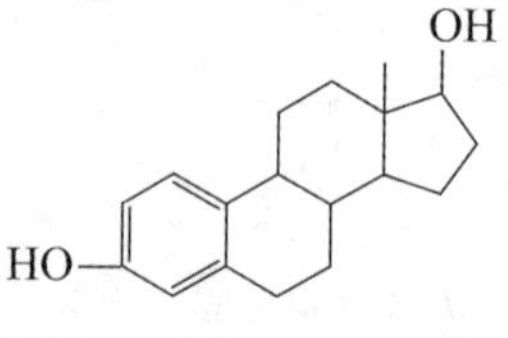

雌二醇

4. 肾上腺皮质激素　肾上腺皮质激素是哺乳动物的肾上腺皮质所分泌的甾族激素的总称。所有肾上腺皮质激素都有相同的骨架，都是含21个碳原子的类固醇，C_3 为羰基，C_4 和 C_5 间为双键，C_{17} 连有一个2-羟基乙酰基。现已提取出二十余种甾醇类激素，对体内水、盐、糖和蛋白质的代谢具有重要作用。按生理作用，肾上腺皮质激素分为盐皮质激素和糖皮质激素两大类。在医药上，肾上腺皮质激素主要用作甾族抗炎药物，如可的松、氢化可的松等。

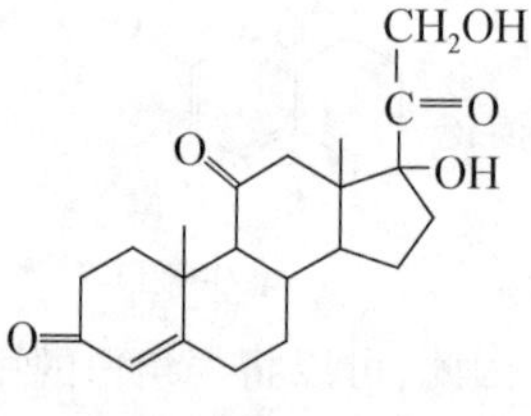

可的松

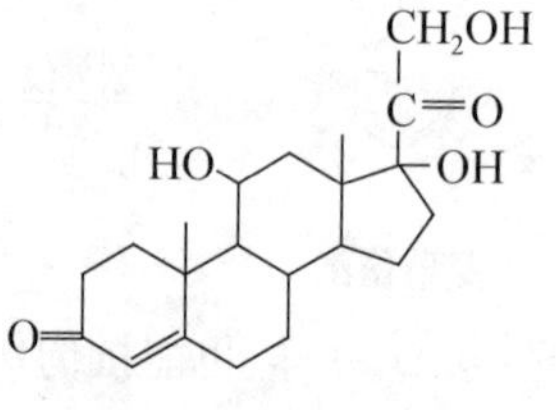

氢化可的松

通过改变可的松和氢化可的松的结构，可以得到高效低毒的甾族抗炎药物，这种改变分子结构以取得较理想药物的方法是开发新药的一条途径。

目标检测

一、填空题

1. 从结构上可看，酯是由________基和________基连接而成的化合物。
2. 酯在酸性条件下发生水解反应，生成________和________，所以该反应是________反应的逆反应。
3. 油脂是________和________的总称，常温下呈液态的称为________。呈固态的称为________。
4. 必需脂肪酸包括________、________、________。
5. 完全皂化1g油脂所需氢氧化钾的毫克数称为________。
6. ________g油脂所能吸收碘的克数称为碘值。碘值与油脂的不饱和程度成________。
7. 中和________g油脂中游离脂肪酸所需要氢氧化钾的毫克数称为酸值。酸值越大，说明油脂________越严重。

二、单项选择题

1. 一元羧酸酯的结构通式是(　　)

   A. RCOR′　　B. ROR

   C. R—COOH　　D. RCOOR′

2. 使油脂硬化常用的方法是(　　)

   A. 加氢　　B. 加溴

C. 加碘　　D. 加氯化氢

3. 加热油脂与氢氧化钾溶液的混合物,可以生成甘油和高级脂肪酸钾,这个反应称为油脂的(　　)

A. 酯化　　B. 乳化

C. 氢化　　D. 皂化

4. 下列不属于营养必需脂肪酸的是(　　)

A. 油酸　　B. 亚油酸

C. 亚麻酸　　D. 花生四烯酸

5. 油脂碘值的大小可以用来判断油脂的(　　)

A. 相对分子质量　　B. 酸败程度

C. 不饱和程度　　D. 溶解度

6. 要使酯完全彻底水解,需要的条件是(　　)

A. 加氢氧化钠　　B. 加硫酸

C. 加有机溶剂　　D. 加水

7. 油脂皂化值的大小可以用来判断油脂的(　　)

A. 平均相对分子质量

B. 酸败程度

C. 不饱和程度

D. 在水中的溶解度

8. 防止佝偻病的发生,可以(　　)

A. 多晒太阳　　B. 多喝水

C. 多运动　　D. 多休息

9. 甾体化合物的基本结构是(　　)

A. 多氢菲　　B. 环己烷多氢菲

C. 环戊烷多氢菲　　D. 环戊烷多氢蒽

10. 脑磷脂充分水解后,水解液中不存在的化合物是(　　)

A. 甘油　　B. 胆碱

C. 磷酸　　D. 脂肪酸

三、简答题

1. 甾族化合物的基本骨架是什么？请列举几种重要的甾族化合物。

2. 如何用化学方法区别三油酸甘油酯和三硬脂酸甘油酯？

(赵桂欣)

第14章 糖　　类

学 习 目 标

1. 掌握糖类化合物的概念、分类；单糖的主要化学性质。
2. 熟悉二糖的结构和化学性质的异同点。
3. 了解多糖的性质和用途。

糖类化合物(简称糖类)又称碳水化合物,来源于绿色植物的光合作用,广泛存在于自然界,是构成动、植物体的重要组成成分,也是生物体维持生命活动所需能量的主要来源。另外,有些糖类具有抗菌、抗病毒、抗肿瘤活性等特殊生理功能,是人类最重要的药物之一。例如,输液用的葡萄糖、右旋糖酐作代血浆制剂、肝脏中的肝素具有抗凝血作用等。

从分子结构上看,糖类是多羟基醛、多羟基酮和它们的脱水缩合物。根据糖类能否水解以及水解产物的情况分为单糖、低聚糖和多糖三类。单糖是不能水解的糖,如葡萄糖、果糖、核糖、脱氧核糖等。低聚糖又称寡糖,是能水解生成 2 ~ 10 个单糖分子的糖。低聚糖中以二糖最为重要,如蔗糖、麦芽糖、乳糖等。多糖是水解能生成 10 个以上单糖分子的糖,大多是天然高分子化合物,如淀粉、糖原、纤维素等。

第1节　单　　糖

单糖是不能水解的最简单的糖类。从结构上看,单糖是多羟基醛或多羟基酮。所含碳原子数一般为3~6 个,所以根据分子中的碳原子数目,单糖可分为丙糖、丁糖、戊糖和己糖;根据是否含有醛基或酮基可分为醛糖和酮糖。最简单的醛糖是甘油醛,为丙醛糖,最简单的酮糖是二羟基丙酮,为丙酮糖。

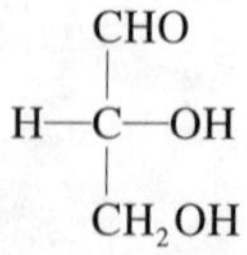

D-甘油醛

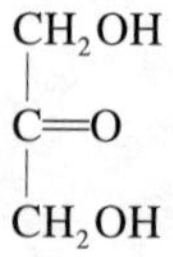

二羟基丙酮

其中与医学关系密切的单糖主要有葡萄糖、果糖、核糖和脱氧核糖等。

一、单糖的结构

(一) 葡萄糖的结构

1. 开链式结构　葡萄糖的化学式 $C_6H_{12}O_6$,为 2,3,4,5,6-五羟基己醛,属于己醛糖。其结构为:

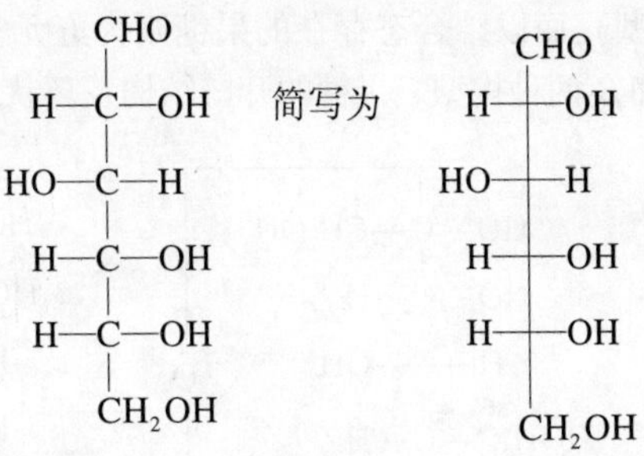

D-葡萄糖

2. 氧环式结构　大量实验事实表明葡萄糖在溶液中并非以开链式结构存在，而主要以环状结构存在。葡萄糖溶液中开链式结构和环状结构平衡共存，开链式结构很少。因为醛和醇可生成半缩醛或缩醛，所以同时含有醛基和羟基的葡萄糖也可在分子内生成半缩醛。它是由 C_5 上的—OH 与 C_1 的—CHO 反应形成环状的半缩醛，该半缩醛含有由六个原子（五个碳和一个氧）组成的类似于吡喃的六元环，比较稳定。其中 C_1 上新生成的半缩醛羟基（—OH）也称为苷羟基。由于 C_1 所连的苷羟基与氢原子在空间上有两种不同的排列方式，苷羟基在右侧的为 α-葡萄糖，苷羟基在左侧的为 β-葡萄糖。

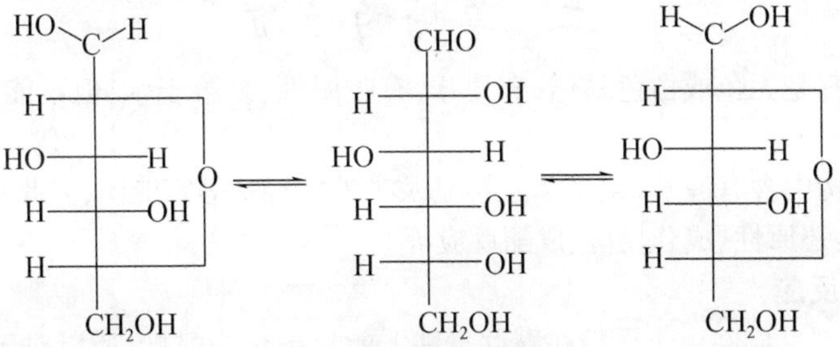

β-D-葡萄糖　　链状葡萄糖　　α-D-葡萄糖
64%　　(<0.2%)　　36%

葡萄糖的上述结构中，过长而又弯曲的碳氧键不太合理，为了更真实并形象地表示葡萄糖的空间结构，化学上常采用哈沃斯式（Haworth）。哈沃斯式是由一个氧原子和五个碳原子（C_1、C_2、C_3、C_4、C_5）构成的垂直于纸平面的平面六边形，其中粗线表示的键在纸平面的前方，细线表示的键在纸平面的后方；环上其他碳原子所连的基团，除了 C_5 上所连的羟甲基和氢原子分别在环平面的上方和下方外，原来在投影式左边的，处在环平面的上方，原来在投影式右边的，处在环平面的下方。苷羟基与羟甲基在异侧的为 α-葡萄糖，苷羟基与羟甲基在同侧的则是 β-葡萄糖。

α-D-葡萄糖　　β-D-葡萄糖

（二）果糖的结构

果糖的分子式为 $C_6H_{12}O_6$，属己酮糖，与葡萄糖是同分异构体，在自然界中存在的是 D-果糖。

与葡萄糖相似，D-果糖既有链状结构，又有环状结构。分子中酮基两侧 C_1 和 C_3 均与羟基相连，受其影响，酮基活性提高，能与 C_5、C_6 上的羟基分别发生反应生成半缩醛，当 D-果糖链状结构中的 C_5、C_6 上的羟基与酮基加成时，分别形成呋喃环和吡喃环两种结构。自然界中以游离态存在的果糖主要为六元氧环式(吡喃型),而以结合态存在的果糖则为五元氧环式(呋喃型),无论是呋喃果糖还是吡喃果糖又都有 α-和 β-两种构型。果糖的开链结构及环状结构如下所示:

考点提示: 糖的定义和分类;葡萄糖和果糖的结构

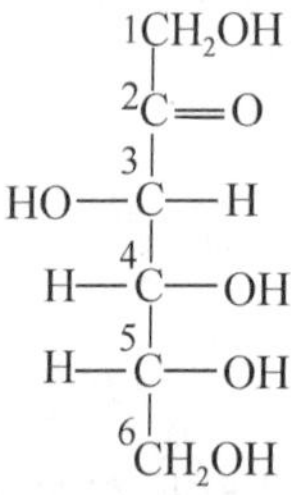

D-果糖

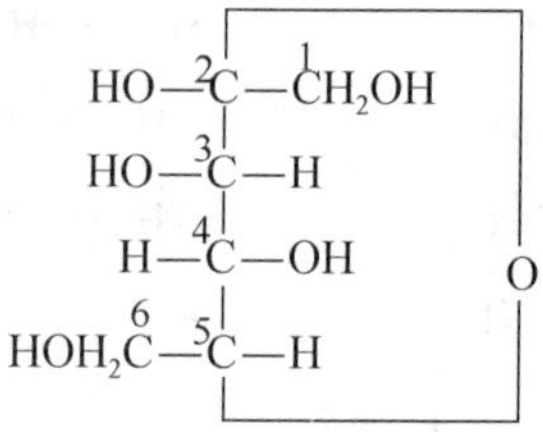

β-D-呋喃果糖

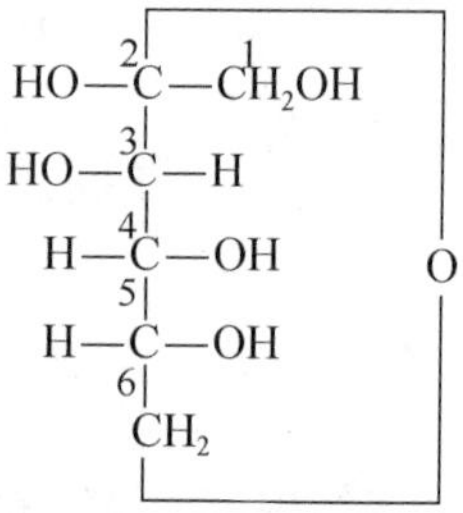

β-D-吡喃果糖

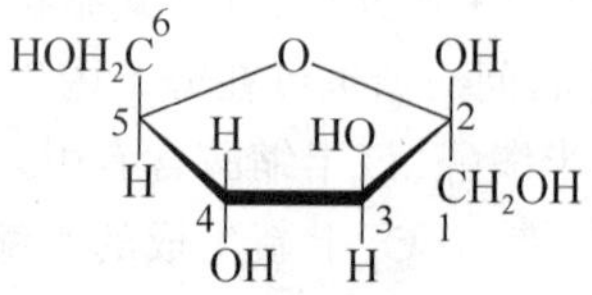

β-D-呋喃果糖

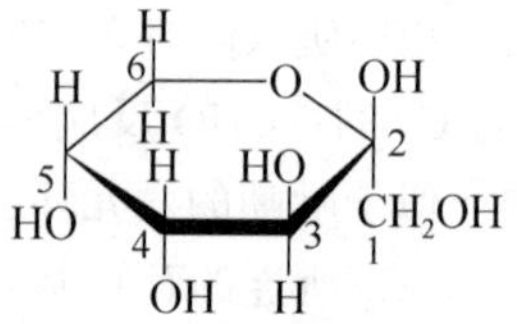

β-D-吡喃果糖

二、单糖的性质

纯净的单糖都是无色或白色晶体,有甜味,有吸湿性,易溶于水,但不能溶于乙醇、乙醚、丙酮等有机溶剂。

单糖分子结构中含有醛基(或酮基)、羟基及半缩醛羟基等官能团,因此具有与醛、酮和醇相似的性质,如有还原性、成苷反应、成酯反应等。

(一) 氧化反应

1. 与弱氧化剂反应　由于酮糖在碱性条件下能异构化为醛糖,所以对于单糖,无论是醛糖还是酮糖都容易被碱性弱氧化剂氧化。常用的碱性弱氧化剂有托伦(Tollens)试剂、斐林(Fehling)试剂和班氏(Benedict)试剂。

(1) 与托伦试剂作用:与醛相似,单糖可与托伦试剂发生反应,生成银镜。

$$\text{单糖} + [Ag(NH_3)_2]^+ \xrightarrow[\triangle]{OH^-} \text{复杂氧化产物} + Ag\downarrow$$

(2) 与班氏试剂作用:班氏试剂与单糖在加热的条件下生成砖红色氧化亚铜沉淀,单糖本身被氧化成复杂的氧化产物。在临床上常用这一反应来检验尿液中的葡萄糖,借以诊断糖尿病。

$$\text{单糖} + Cu^{2+}(\text{配离子}) \xrightarrow[\triangle]{OH^-} \text{复杂氧化产物} + Cu_2O\downarrow$$

凡是能跟托伦试剂、班氏试剂或斐林试剂作用的糖称为还原糖,反之,称为非还原糖。所有的单糖均为还原糖。

班氏试剂及应用

班氏试剂是由硫酸铜、碳酸钠、柠檬酸钠配成的蓝色溶液,同斐林试剂一样都含有二价铜的配离子,但它比斐林试剂稳定,不需要现用现配,使用方便。临床上常用班氏试剂来检验患者尿液中是否含有葡萄糖,并根据产生的 Cu_2O 沉淀的颜色深浅以及量的多少来判断葡萄糖的含量;也用于制作尿糖试纸。

链接

2. 与酸性氧化剂的反应　醛糖可被温和的酸性氧化剂如溴水氧化,生成相应的糖酸,而酮糖在室温下不易被氧化。这是区别醛糖和酮糖的一种方法。

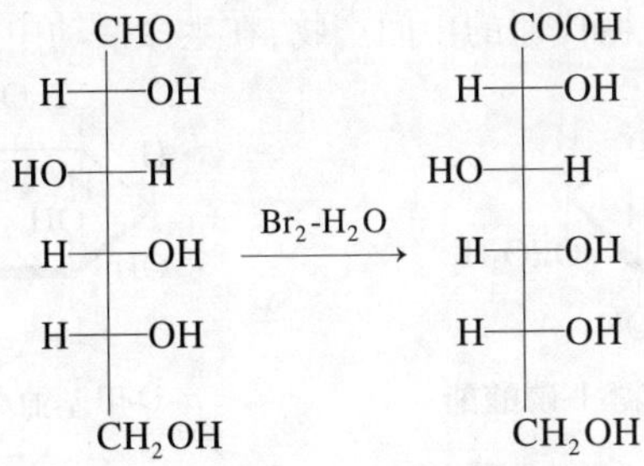

D-葡萄糖酸

人体内的D-葡萄糖可在酶的催化下转化为葡萄糖醛酸。它在肝脏内可与某些醇、酚等有毒物质结合,产物随尿排出,达到解毒作用。

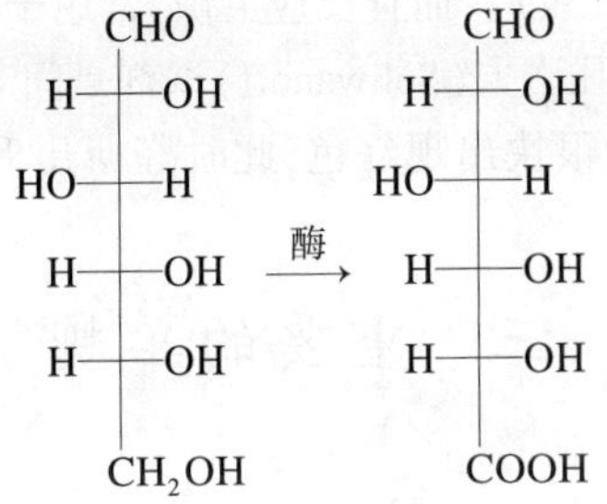

D-葡萄糖醛酸

(二)成苷反应

单糖的苷羟基能够在干燥HCl催化作用下与一分子醇的羟基脱水生成缩醛(酮),生成的缩醛(酮)又称糖苷。例如,D-葡萄糖与甲醇作用生成*α*-D-甲基葡萄糖苷或*β*-D-甲基葡萄糖苷。

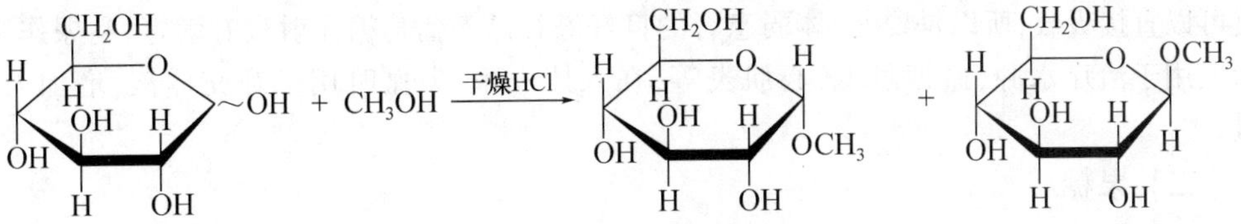

α-D-甲基葡萄糖苷　　*β*-D-甲基葡萄糖苷

糖苷与其他缩醛(酮)一样,在碱性条件下比较稳定,不与碱性弱氧化剂作用。糖苷的结构分两部分,一是糖苷基(糖的部分),另一部分是配糖基(非糖部分),联结糖苷基与配糖基的化学键称为糖苷键。

糖苷广泛存在于自然界,是许多中草药的有效成分,如水杨苷、洋地黄苷、苦杏仁苷、熊果苷等。

熊果苷的生理作用

熊果苷又名熊果素,呈白色针状结晶或粉末。熊果苷萃取自熊果的叶子,能够加速黑色素的分解与排泄,从而减少皮肤色素沉积,祛除色斑和雀斑,同时还有杀菌、消炎的作用,主要用于高级化妆品的制备。

链接

(三)成酯反应

单糖分子中含有多个羟基,可与羧酸或无机含氧酸反应生成酯,其中最重要的酯是磷酸酯。

人体内的葡萄糖在酶的作用下可与磷酸反应生成葡萄糖-1-磷酸酯、葡萄糖-6-磷酸酯和葡萄糖-1,6-二磷酸酯,它们是糖代谢的中间产物,在生命活动中具有重要作用。

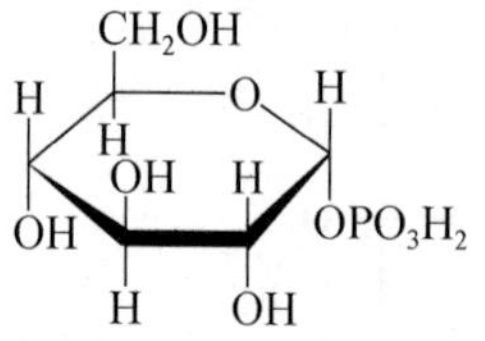

α-D-甲基葡萄糖-1-磷酸酯

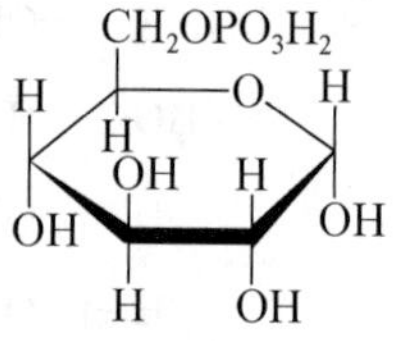

α-D-甲基葡萄糖-6-磷酸酯

(四) 颜色反应

1. 莫立许反应　在糖的水溶液中加入莫立许(Molisch)试剂(α-萘酚的乙醇溶液),然后沿管壁慢慢加入浓硫酸,不要振摇。在浓硫酸与糖溶液的交界面处很快出现紫色环,这就是莫立许反应。所有糖均能发生此反应,而且反应灵敏,常用于糖类化合物的鉴定。

2. 塞利凡诺夫反应　塞利凡诺夫(Seliwanoff)试剂是间苯二酚的盐酸溶液。向酮糖溶液中加入塞利凡诺夫试剂并加热,很快出现红色,此时醛糖几乎没有变化。所以可用该方法区别醛糖和酮糖。

考点提示: 单糖的性质

三、重要的单糖

(一) 葡萄糖

葡萄糖因最初从葡萄汁中分离结晶而得名,广泛存在于动植物体内。血液中的葡萄糖称为血糖,正常人的血糖含量为3.9~ 6.1mmol · L^{-1}(或0.70~1.10g · L^{-1})。

纯净的葡萄糖是白色结晶或颗粒性粉末,熔点为146℃,无臭,味甜,易溶于水,微溶于乙醇,不溶于乙醚。

葡萄糖是体内重要的营养物质,在体内代谢可产生能量供人体所需。因葡萄糖不需要消化就可以直接吸收,所以是婴儿、体弱患者的良好滋补品。葡萄糖注射液有解毒、利尿作用,临床上用于治疗水肿、血糖过低、心肌炎等,在人体失水、失血时用于补充体液,增加人体能量。

(二) 果糖

果糖的化学式为 $C_6H_{12}O_6$,属己酮糖,与葡萄糖是同分异构体。纯净的果糖是白色晶体,易溶于水。果糖是天然糖中最甜的糖,常以游离态存在于蜂蜜和水果中,以结合态存在于蔗糖中。某些植物中含有一种多糖称为菊根粉,是由果糖组成的。动物的前列腺和精液中也含有果糖。

(三) 核糖和脱氧核糖

核糖的化学式为 $C_5H_{10}O_5$,脱氧核糖的化学式为 $C_5H_{10}O_4$,均属戊醛糖,主要以五元氧环式结构存在。

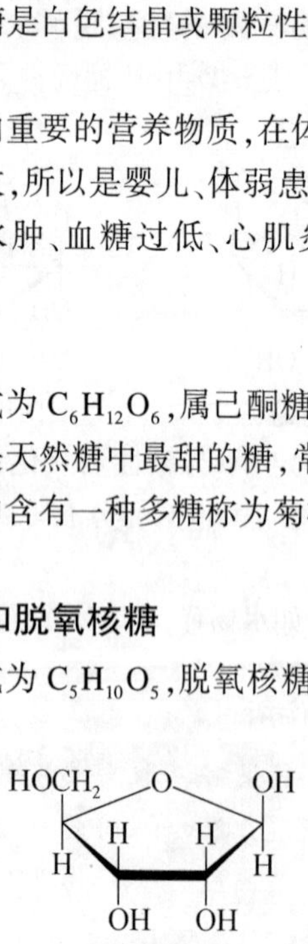

β-D-核糖

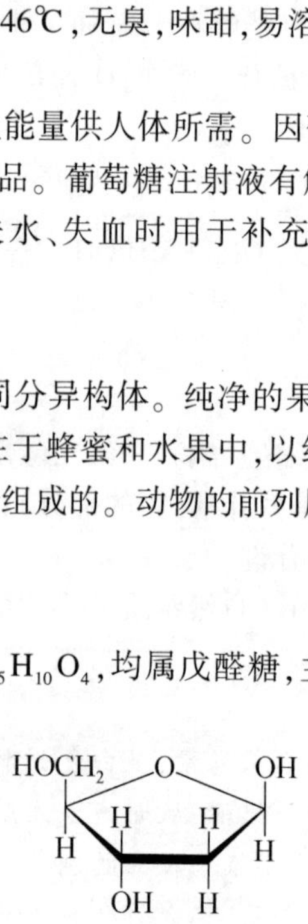

β-D-脱氧核糖

核糖是核糖核酸(RNA)的重要组成成分,脱氧核糖是脱氧核糖核酸(DNA)的重要组成成分。DNA是生物遗传信息的载体,其绝大部分存在于细胞核内。RNA与蛋白质的合成密切相关,主要分布在细胞质中。

第2节 二 糖

二糖是最简单的低聚糖，是由两分子单糖通过糖苷键结合而成。自然界中最重要的二糖有麦芽糖、蔗糖和乳糖，它们的化学式均为 $C_{12}H_{22}O_{11}$，互为同分异构体。

二糖可以看成是由两分子的单糖脱水缩合而成的糖，其中脱水方式有两种情况：一种是一个单糖的苷羟基与另一单糖的醇羟基间脱水，生成的二糖中仍然保留一个苷羟基，仍具有还原性，称为还原性二糖，如麦芽糖和乳糖等；另一种是两分子单糖的苷羟基间脱水，生成无苷羟基的二糖，因此无还原性，称为非还原性二糖，如蔗糖等。

一、麦 芽 糖

麦芽糖主要存在于发芽的谷粒和麦芽中，是饴糖的主要成分，甜度约为蔗糖的 40%。纯净的麦芽糖为白色晶体或结晶性粉末，溶于水，微溶于乙醇。

麦芽糖具有丰富的营养价值，具有养颜、补脾益气、润肺止咳、通便、治疗脾胃虚弱、气短乏力等作用，也可用作糖果以及细菌的培养基。

人体在消化食物的过程中，淀粉先经淀粉酶作用水解成麦芽糖，然后再经过麦芽糖酶的作用水解成 D-葡萄糖。所以麦芽糖是淀粉水解过程的中间产物。

从结构上看，麦芽糖可以看成是由一分子 α-D-葡萄糖 C_1 上的 α-苷羟基和另一分子 D-葡萄糖 C_4 上的羟基之间脱水缩合的产物。

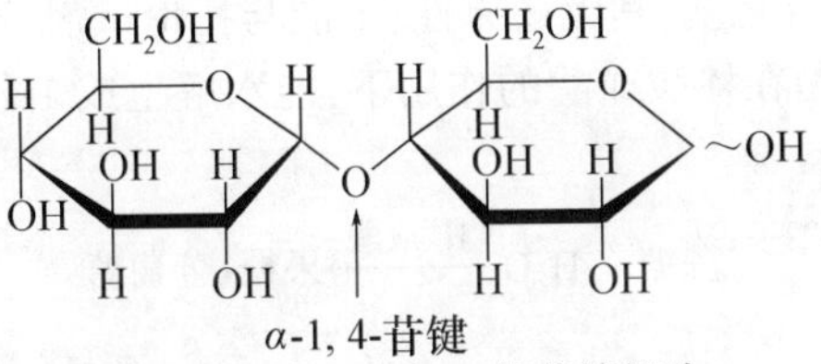

α-D-葡萄糖部分　　α-D-葡萄糖部分

由于麦芽糖分子中仍保留一个苷羟基，性质与葡萄糖相似，能与托伦试剂、班氏试剂等碱性弱氧化剂作用，是还原性二糖，能发生成酯和成苷反应。另外，在稀酸或酶的作用下，1 分子麦芽糖能水解生成 2 分子葡萄糖。

$$麦芽糖 + H_2O \xrightarrow{H^+或酶} 葡萄糖+葡萄糖$$

二、乳 糖

乳糖存在于哺乳动物和人的乳汁中，人乳中含 50~70g · L^{-1}，牛乳中含 40~60g · L^{-1}。乳糖是白色粉末，微溶于水，其甜味不大，是奶酪工业的副产品。乳糖广泛用于制造婴儿食品、糖果、人造奶油等，在医药上可用作矫味剂和填充剂。

从结构上看，乳糖可以看成是由一分子 β-D-半乳糖 C_1 上的 β-苷羟基和另一分子 D-葡萄糖 C_4 上的羟基之间脱水缩合的产物。

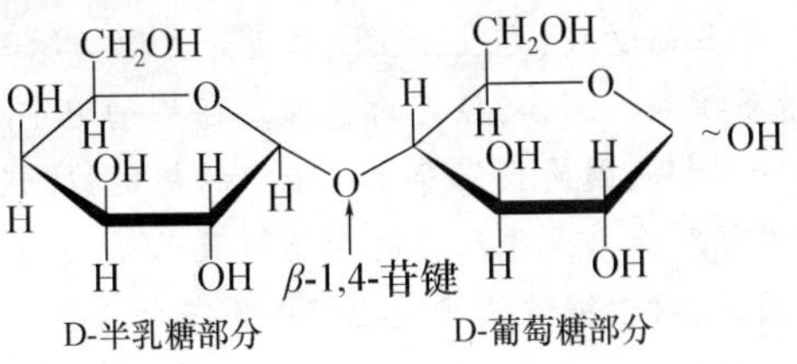

D-半乳糖部分　　D-葡萄糖部分

由于乳糖分子中仍保留一个苷羟基，也是还原性二糖，性质与麦芽糖相似，能与托伦试剂、班氏试剂等碱性弱氧化剂作用，能发生成酯和成苷反应。另外，在稀酸或酶的作用下，1分子乳糖能水解生成1分子D-半乳糖和1分子D-葡萄糖。

$$乳糖 + H_2O \xrightarrow{H^+或酶} 半乳糖 + 葡萄糖$$

三、蔗　糖

蔗糖是植物中分布最广的二糖，广泛存在于甘蔗和甜菜中。纯净的蔗糖是白色结晶，易溶于水，甜度仅次于果糖。我们日常食用的白糖、红糖和冰糖的主要成分都是蔗糖。蔗糖是重要的食品调味剂，将蔗糖加热制成褐色焦糖可用作饮料和食品着色剂。在医药上，蔗糖可用作营养剂或矫味剂，常制成糖浆应用。

从结构上来看，蔗糖可以看成是由一分子 α-D-葡萄糖 C_1 上的 α-苷羟基和另一分子 β-D-果糖 C_2 上的 β-苷羟基之间脱水，通过 α-1，2-苷键（也可称为 β-2，1-苷键）连接而成的糖苷。

考点提示： 麦芽糖、乳糖和蔗糖的结构组成及化学性质的异同。

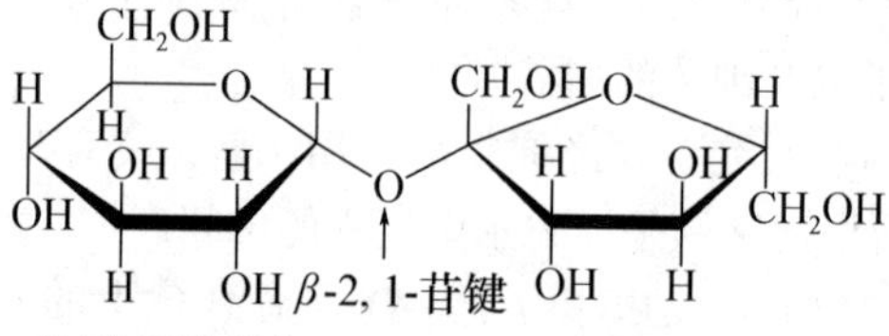

由于蔗糖分子中没有苷羟基，其无还原性，不能与托伦试剂、班氏试剂等弱氧化剂作用，是非还原性糖。1分子蔗糖在稀酸或酶的作用下，能水解生成1分子D-葡萄糖和1分子D-果糖。

$$蔗糖 + H_2O \xrightarrow{H^+或酶} 果糖+葡萄糖$$

第3节　多　糖

多糖是指能水解产生10个以上单糖分子的糖。自然界中常见的多糖有淀粉、糖原和纤维素，它们是由成千上万个葡萄糖分子之间脱水，通过苷键相连缩合而成的天然高分子化合物。它们的组成可用 $(C_6H_{10}O_5)_n$ 表示，但由于 n 值不同，相对分子质量也不同，所以它们不是同分异构体。

多糖具有重要的生理功能，与人类的生命活动密切相关。例如，淀粉、糖原是生物体供能、储能的物质；纤维素和甲壳质是构成动植物骨架的主要材料；黄芪多糖可促进人体的免疫功能；香菇多糖具有明显抑制肿瘤生长的作用；鹿耳多糖可抗溃疡等。

糖链的功能

糖链是葡萄糖、半乳糖等糖类分子按特定序列形成的链状物。科学家研究发现，糖链不仅能为人类提供能量，而且与受精、免疫、发育、衰老等生理功能密切相关。如果糖链的结构发生改变，就会引发很多疾病。例如，癌变的原因是在癌细胞中存在一种特殊的糖链，癌细胞的转移或者病毒的侵入都是因为我们身体细胞中的糖链被"误用"了。利用这个特性，研究人员现在正积极开发研究能杀灭癌细胞的疫苗以及长效胰岛素等药物。此外，糖链还能决定细胞的类型等。因此，对于糖链的研究已经成为当今的热点课题。

链接

由于多糖分子的苷羟基几乎都被结合为苷键，因此，多糖和单糖、双糖的性质有很大的区别，多糖无还原性，属于非还原性糖，不能与托伦试剂、班氏试剂等作用。多糖大多为无定型粉末，无甜味，一般不溶于水，少数能溶于水而成胶体溶液。在酸或酶的作用下，多糖逐步水解，水解的最终产物为单糖。例如，淀粉、糖原、纤维素水解的最终产物均为葡萄糖。

一、淀　粉

淀粉是绿色植物进行光合作用的产物，是植物储存葡萄糖的一种形式，大量存在于植物的种子和块茎等部位。大米、小麦、玉米及薯类中的淀粉含量较丰富，是人类最主要的食物。其中大米中约含淀粉 80%（质量分数），小麦中约含淀粉 70%，玉米中约含淀粉 65%，马铃薯中约含淀粉 20%。淀粉是无臭无味的白色粉末状物质，是由 α-D-葡萄糖脱水缩合而成的多糖。

（一）淀粉的分类

天然淀粉由直链淀粉和支链淀粉组成。例如，玉米淀粉中，直链淀粉占 27%，其余为支链淀粉；糯米几乎全部是支链淀粉；有些豆类的淀粉则全是直链淀粉。直链淀粉比支链淀粉容易消化，直链淀粉又称为可溶性淀粉，溶于热水呈胶状溶液，是一种没有分支的长链多糖。支链淀粉不溶于热水，遇热水成糊状，故又称不溶性淀粉或胶淀粉。

（二）淀粉的结构

1. 直链淀粉　直链淀粉一般是由数百至数千个葡萄糖残基以 α-1，4-苷键连接而成的链状化合物，分子长链卷曲成螺旋状。

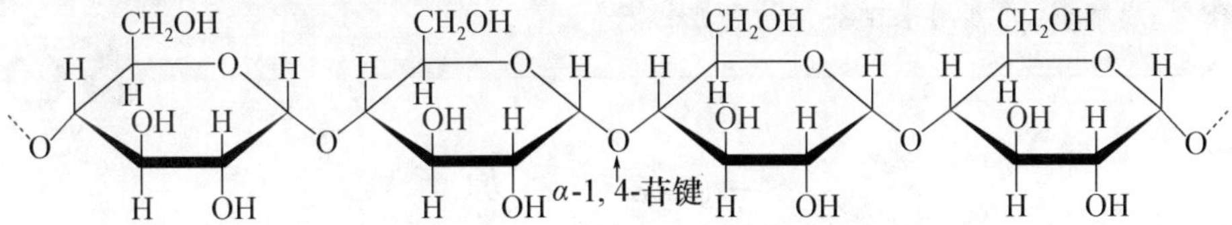

2. 支链淀粉　支链淀粉分子很大，它是以数千个 α-D-葡萄糖残基中的一部分通过 α-1，4-苷键连接成的一条长链为主链，再通过 α-1，6-苷键与由 20~25 个 α-D-葡萄糖残基构成的短链相连形成支链，支链上每隔 6~7 个 α-D-葡萄糖残基再形成分支、呈树状分支结构。支链淀粉的结构示意图如图 14-1 所示。

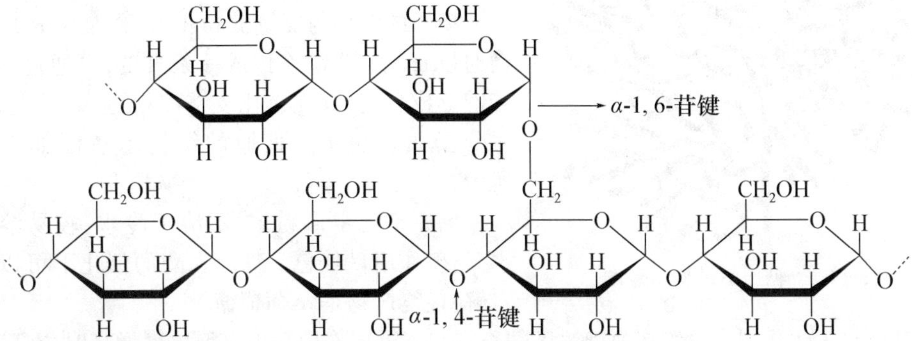

3. 淀粉的性质

（1）与碘的作用：直链淀粉遇碘显深蓝色，加热至沸则褪色，冷却后颜色复现。支链淀粉遇碘显蓝紫色。此反应非常灵敏，常用于淀粉与碘的相互检验。

（2）水解反应：淀粉在稀酸的作用下，先水解生成相对分子质量比其小得多的多糖片段，称为糊精。糊精具有还原性,遇碘显红色的称为红糊精,红糊精再水解为相对分子质量更小的糊精,遇碘不变色的称为无色糊精,无色糊精进一步水解为麦芽糖,麦芽糖水解生成 α-葡萄糖。

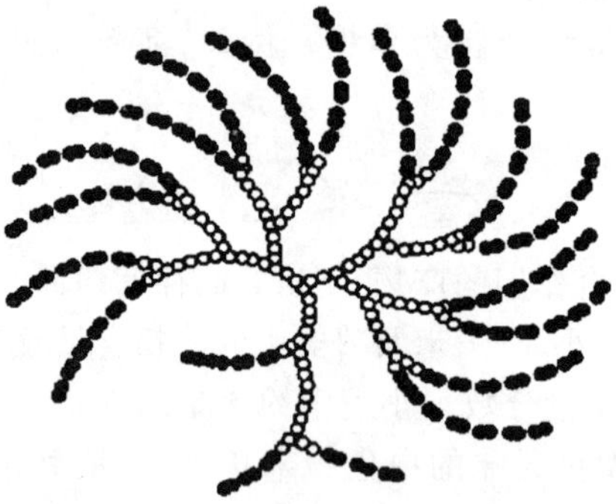

图 14-1 支链淀粉的结构示意图

$$\underset{\text{淀粉}}{(C_6H_{10}O_5)_n} \rightarrow \underset{\text{糊精}}{(C_6H_{10}O_5)_m} \longrightarrow \underset{\text{麦芽糖}}{C_{12}H_{22}O_{11}} \longrightarrow \underset{\alpha\text{-葡萄糖}}{C_6H_{12}O_6}$$

人体中淀粉在淀粉酶的作用下先水解成麦芽糖,麦芽糖进一步水解生成葡萄糖。

淀粉的用途

淀粉是人类的主要食物,在人体内水解成葡萄糖,葡萄糖在体内进一步氧化生成 CO_2 和 H_2O。淀粉可作为酿酒、制醋等的原料。淀粉在制药业可作为稀释剂(填充剂)、黏合剂、崩解剂,并可用来制备糊精和淀粉浆。

链 接

二、糖 原

考点提示: 淀粉、糖原与碘的作用;多糖的生理学意义。

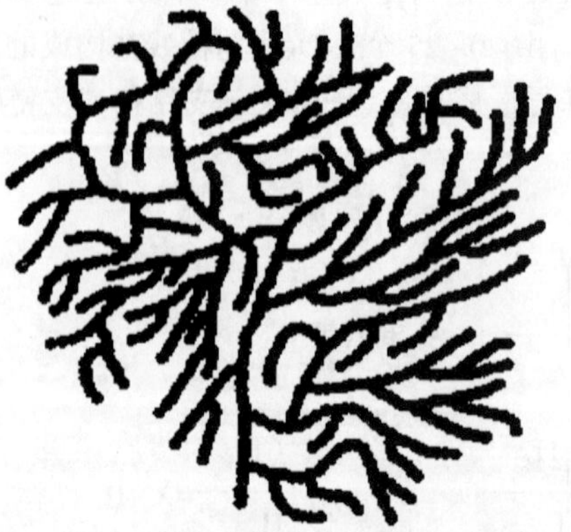

图 14-2 糖原的结构示意图

糖原是在人和动物体内储存的一种多糖,又称为动物淀粉或肝糖,是葡萄糖在体内缩合而成的一种多糖。它主要存在于肝脏和肌肉中,因此又有肝糖原和肌糖原之分。

糖原的结构与支链淀粉相似,也是由 α-D-葡萄糖通过 α-1,4-苷键连接成一条直链,再通过 α-1,6-苷键形成分支,其支链比支链淀粉更多、更稠密,相对分子质量更大。糖原的结构示意图如图 14-2 所示。

糖原是无定形粉末,不溶于冷水,较易溶于热水,与碘作用呈红色。糖原在酶的催化下可以发生水解,最终产物是 α-葡萄糖。

糖原在人体代谢中对维持血糖浓度的稳定起着重要作用。当血糖浓度增高时,在胰岛素的作用下,肝脏把多余的葡萄糖转化为糖原储存起来;当血糖浓度降低时,体内肾上腺素分泌增强,在高血糖素的作用下,肝糖原分解为葡萄糖而进入血液,以保持血糖浓度正常。

三、纤 维 素

纤维素是在自然界分布最广、蕴藏量最大的多糖,是构成植物细胞壁的主要成分。棉、麻、木材等物质主要由纤维素组成,棉花中的纤维素含量可达90%以上,木材约含50%,脱脂棉和滤纸几乎都是纤维素。

纤维素的组成单元是β-葡萄糖,一般由一万个左右β-葡萄糖结构单元以β-1,4-苷键连接而成长链化合物,一般无支链。纤维素的结构如下:

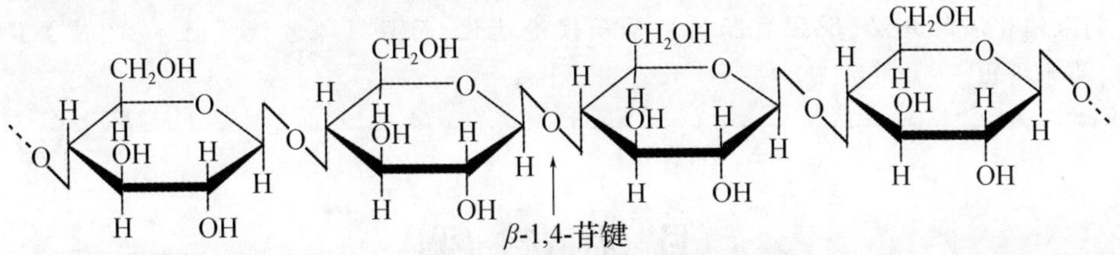

纤维素的结构与直链淀粉相似,但没有螺旋,排列更紧密,纤维素分子链相互间通过氢键作用,分子之间形成束状,几个纤维束又可扭绞在一起形成绳索状,如图14-3所示。因此,纤维素表现出纤维的特性,具有很好的机械强度和化学稳定性,在植物内作为骨架起着支撑作用。

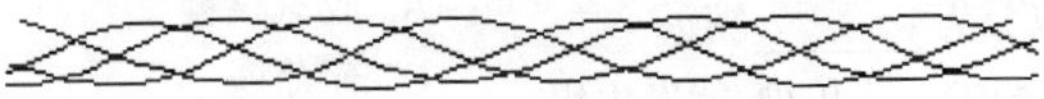

图14-3 纤维素结构示意图

纤维素是白色物质,不溶于水,韧性很强,在高温、高压下经酸水解的最终产物是β-葡萄糖。由于人体内只存在能水解α-1,4-苷键的酶,而不存在水解纤维素β-1,4-苷键的酶,所以纤维素不能被人体消化吸收,不能作为人的营养物质。但食草动物如牛、马、羊等的胃中能分泌纤维素水解酶,可以将纤维素水解为葡萄糖,因此纤维素可作为食草动物的营养物质。虽然纤维素不能为人提供养分,但食物中少量的纤维素能刺激肠道加强蠕动,也促进消化液的分泌,有利食物的消化,促进粪便的排泄,防止便秘。同时减少了有毒物质在结肠中的积累,有助于预防结肠炎及结肠癌的发生。某些食物纤维素能与食物中的胆固醇、甘油三酯结合,减少脂类的吸收,降低冠心病的发病率。

纤维素用途很广,可以用来制造纸张、纺织品、玻璃纸、火棉胶、电影胶片等,在医学上常用于制作药棉、纱布。

糖的生理作用

糖类是人体热能最主要的来源,具有多种重要的生理功能。

1. 氧化供能　这是糖的主要功能。人体所需热能的60%~70%由糖氧化分解供应,每1g糖在体内完全氧化可产生16.7kJ能量。

2. 组织细胞的重要组分　糖参与人体细胞的多种代谢活动。例如,核糖和脱氧核糖是细胞中核酸的组成成分;糖与脂类形成的糖脂是组成神经组织与细胞膜的重要成分;黏多糖与蛋白质合成的黏蛋白是构成结缔组织的基础;糖与蛋白质结合生成的糖蛋白如免疫球蛋白、某些酶和激素等可参与免疫、细胞识别和生物信息传递等过程。

3. 节省蛋白质　糖类摄入充足时,会减少蛋白质作为热能来源的消耗,有利于发挥

链接

蛋白质特有的生理功能。

4. 保护肝脏并提高其解毒能力　肝内糖原储备充足时,肝细胞对某些有毒的化学物质和各种致病微生物产生的毒素有较强的解毒和抵抗能力。

5. 抗酮作用　当糖类供给不足,或因病(如糖尿病)不能利用糖供能时,机体所需热能将大部分由脂肪供给。脂肪代谢过程中必须有一定量的糖类存在才能完全氧化,而不致产生过多的酮体。

6. 促进肠蠕动　蔬菜、水果中的纤维素和果胶(多糖类)不能被人体消化吸收,但是能刺激消化液的分泌,增强胃肠的蠕动而促进消化,而且纤维素能吸收水分,使粪便变软,易于排出。

链接

目标检测

一、名词解释

1. 糖类　2. 低聚糖　3. 多糖

二、填空题

1. 根据水解情况,糖类可以分为________糖、________糖和________糖。葡萄糖属于单糖,能发生银镜反应,具有________性;蔗糖属于低聚糖,与班氏试剂不________反应,无________性。
2. 正常成人的血糖浓度为________$mmol \cdot L^{-1}$。
3. 水解能生成两分子单糖的低聚糖称为________糖。
4. 糖原有________和________之分。
5. 麦芽糖是由________糖的苷羟基和另一分子________糖________上的羟基脱去一分子水所缩合而成的化合物。
6. 淀粉水解的最终产物是________,分子的主键是________。

三、单项选择题

1. 葡萄糖是一种单糖的主要原因是(　　)
   A. 不能再水解成更简单的糖
   B. 葡萄糖是还原糖
   C. 糖类中结构最简单
   D. 分子中只有一个醛基
2. 下列物质不属于单糖的是(　　)
   A. 麦芽糖　B. 果糖
   C. 葡萄糖　D. 脱氧核糖
3. 单糖不能发生以下哪种反应(　　)
   A. 氧化反应　B. 酯化反应
   C. 成苷反应　D. 水解反应
4. 临床上用于检验尿中葡萄糖的试剂是(　　)
   A. 希夫试剂　B. 班氏试剂
   C. 溴水　D. 硫酸
5. 人体中称为血糖的是(　　)
   A. 脱氧核糖　B. 核糖
   C. 葡萄糖　D. 糖原
6. 蔗糖水解的产物是(　　)
   A. 半乳糖和葡萄糖　B. 葡萄糖和果糖
   C. 半乳糖和果糖　D. 葡萄糖
7. 乳糖是(　　)
   A. 单糖　B. 多糖
   C. 还原性糖　D. 非还原性糖
8. 下列物质是非还原糖的是(　　)
   A. 麦芽糖　B. 葡萄糖
   C. 果糖　D. 蔗糖
9. 既能发生水解反应,又能与班氏试剂作用的物质是(　　)
   A. 蔗糖　B. 麦芽糖
   C. 乙酸乙酯　D. 乙酰胺
10. 下列各组糖中互为同分异构体的是(　　)
   A. 果糖与葡萄糖　B. 乙醇与乙醚
   C. 淀粉与纤维素　D. 糖原与淀粉
11. 互为同分异构体且可以用银氨溶液将两者区分开的是(　　)
   A. 乙醇和甲醚　B. 蔗糖和麦芽糖
   C. 丙酮和丙醇　D. 淀粉和纤维素
12. 在人体内糖的储存形式为(　　)
   A. 乳糖　B. 核糖
   C. 糖原　D. 葡萄糖
13. 遇碘不能显色的物质是(　　)
   A. 糖原　B. 纤维素

C. 直链淀粉 D. 支链淀粉

14. 人体不能消化吸收的物质是( )

A. 淀粉 B. 蔗糖

C. 脂肪 D. 纤维素

15. 下列说法正确的是( )

A. 糖类都符合通式 $C_n(H_2O)_m$

B. 糖类都有甜味

C. 糖类含有 C、H、O 三种元素

D. 糖类都能水解

四、简答题

1. 写出 α-D-葡萄糖和 β-D-葡萄糖的哈沃斯结构式。

2. 用化学方法区别以下各组物质：

(1)葡萄糖、蔗糖；(2)纤维素、糖原。

3. 简述如何用化学方法检验糖尿病患者尿液中的葡萄糖。

(冯 瑞)

第15章　氨基酸和蛋白质

学 习 目 标

1. 掌握α-氨基酸的结构及等电点。
2. 熟悉α-氨基酸的主要化学性质和蛋白质的结构。
3. 了解蛋白质的性质及其应用。

蛋白质是构成生命的最基本物质之一，是一类具有重要功能的高分子化合物。从最简单的病毒、细菌等微生物直至高等生物都是由蛋白质组成，并且蛋白质具有多种生物学功能。可以说没有蛋白质就没有生命，一切生命活动都与蛋白质有关。

人类早已发现，一切蛋白质水解的最终产物都有α-氨基酸，即α-氨基酸是构成蛋白质的结构单元，要认识蛋白质，必须首先认识氨基酸。

第1节　氨　基　酸

一、氨基酸的结构、分类和命名

（一）氨基酸的结构和分类

从结构上看，氨基酸是羧酸分子中烃基上的氢原子被氨基（$—NH_2$）取代后形成的化合物，或者说分子结构中既含有氨基又含有羧基，带有复合官能团的化合物称为氨基酸。其中羧基（—COOH）是酸性基团，氨基（$—NH_2$）是碱性基团。氨基酸的结构通式如下：

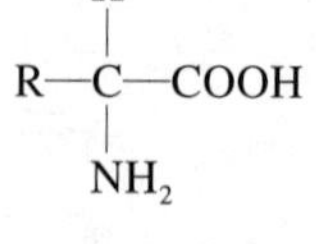

氨基酸的种类很多，根据烃基的类型可分为脂肪族氨基酸、芳香族氨基酸、杂环氨基酸；根据分子中氨基和羧基的相对数目，可分为中性氨基酸（羧基和氨基数目相等）、酸性氨基酸（羧基数目大于氨基数目）、碱性氨基酸（氨基数目多于羧基数目）；根据氨基和羧基的相对位置，氨基酸可分为α-氨基酸、β-氨基酸、γ-氨基酸。

目前发现的天然氨基酸约有几百种，其中构成蛋白质的氨基酸有20余种（表15-1），均属α-氨基酸。

表 15-1 常见的 *α*-氨基酸

分类	名称	中文缩写	英文缩写	结构式	等电点
非极性氨基酸	丙氨酸 (*α*-氨基丙酸)	丙	Ala	$CH_3-\underset{^+NH_3}{CH}-COO^-$	6.00
	缬氨酸* (*β*-甲基-*α*-氨基丁酸)	缬	Val	$(CH_3)_2CH-\underset{^+NH_3}{CH}COO^-$	5.96
	亮氨酸* (*γ*-甲基-*α*-氨基戊酸)	亮	Leu	$(CH_3)_2CHCH_2-\underset{^+NH_3}{CH}COO^-$	5.98
	异亮氨酸* (*β*-甲基-*α*-氨基戊酸)	异亮	Ile	$CH_3CH_2\underset{CH_3}{CH}-\underset{^+NH_3}{CH}COO^-$	6.02
	苯丙氨酸* (*β*-苯基-*α*-氨基丙酸)	苯丙	Phe	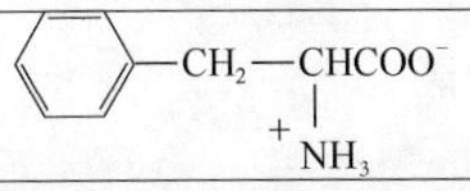	5.48
	色氨酸* [*β*-(3-吲哚)-*α*-氨基丙酸]	色	Trp	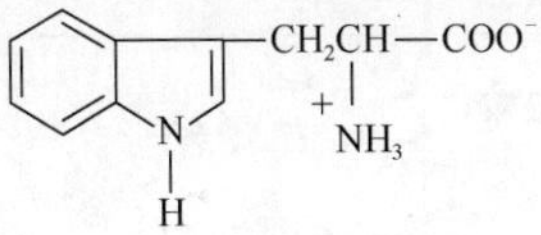	5.89
	蛋氨酸* (*α*-氨基-*γ*-甲硫基丁酸)	蛋	Met	$CH_3SCH_2CH_2CH_2-\underset{^+NH_3}{CH}COO^-$	5.74
	脯氨酸 (*α*-吡咯啶甲酸)	脯	Pro	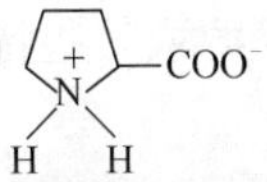	6.30
非电离极性氨基酸	甘氨酸 (*α*-氨基乙酸)	甘	Gly	$\underset{^+NH_3}{CH_2}-CHCOO^-$	5.97
	丝氨酸 (*α*-氨基-*β*-羟基丙酸)	丝	Ser	$HOCH_2-\underset{^+NH_3}{CH}COO^-$	5.68
	苏氨酸* (*α*-氨基-*β*-羟基丁酸)	苏	Thr	$CH_3\underset{OH}{CH}-\underset{^+NH_3}{CH}COO^-$	5.60
	半胱氨酸 (*α*-氨基-*β*-巯基丙酸)	半胱	Cys	$HSCH_2-\underset{^+NH_3}{CH}COO^-$	5.05
	酪氨酸 (*α*-氨基-*β*-对羟苯基丙酸)	酪	Tyr	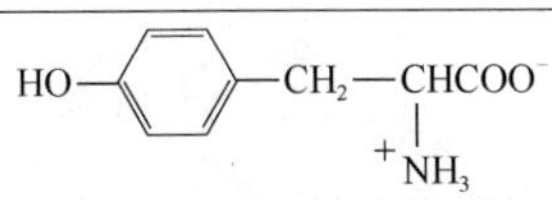	5.66
	天冬酰胺 (*α*-氨基丁酰胺酸)	天胺	Asn	$H_2N-\overset{O}{\overset{\parallel}{C}}-CH_2\underset{^+NH_3}{CH}COO^-$	5.41
	谷氨酰胺 (*α*-氨基戊酰胺酸)	谷胺	Gln	$H_2N-\overset{O}{\overset{\parallel}{C}}-CH_2CH_2\underset{^+NH_3}{CH}COO^-$	5.65

续表

分类	名称	中文缩写	英文缩写	结构式	等电点
碱性氨基酸	组氨酸 [β-(5-咪唑基)-α-氨基丙酸]	组	His	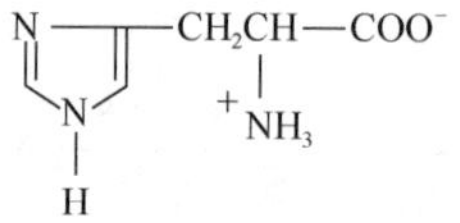	7.59
	赖氨酸* (α,ω-二氨基己酸)	赖	Lys	$^{+}NH_3CH_2CH_2CH_2CH_2CH(NH_2)COO^-$	9.74
	精氨酸 (α-氨基-δ-胍基戊酸)	精	Arg	$H_2N-C(=^{+}NH_2)-NHCH_2CH_2CH_2CH(NH_2)COO^-$	10.76
酸性氨基酸	天冬氨酸 (α-氨基丁二酸)	天冬	Asp	$HOOCCH_2CH(^{+}NH_3)COO^-$	2.77
	谷氨酸 (α-氨基戊二酸)	谷	Glu	$HOOCCH_2CH_2CH(^{+}NH_3)COO^-$	3.22

带“*”为必需氨基酸。

(二) 氨基酸的命名

氨基酸一般根据其来源或某些特性而采用俗名。例如,天门冬氨酸来源于天门冬植物;甘氨酸具有甜味等。

氨基酸的系统命名法是以羧酸为母体,氨基作为取代基,氨基的位置既可以用阿拉伯数字表示,习惯上也可以用希腊字母 α、β、γ 等表示,并写在氨基酸名称的前面。

$HOOCCH_2CH(NH_2)COOH$

α-氨基丁二酸或 2-氨基丁二酸

(天门冬氨酸)

$CH_2(NH_2)-COOH$

氨基乙酸

(甘氨酸)

有时还用中文或英文缩写符号表示。例如,天冬氨酸的缩写符号,中文为“天”,英文为“Asp”;甘氨酸的缩写符号,中文为“甘”,英文为“Gly”。

考点提示: 简单氨基酸的结构和命名

自然界中存在的几百种氨基酸中,构成蛋白质的氨基酸只有 20 多种,其中大多数氨基酸在人体内能自身合成,只有 8 种氨基酸在人体内不能合成或合成量不足,必须通过食物摄取,这些氨基酸称为营养必需氨基酸。

二、氨基酸的性质

α-氨基酸一般为无色晶体,熔点较高,一般为 200~300℃(许多氨基酸在接近熔点时分解放出 CO_2)。一般能溶于水,都能溶于强酸、强碱溶液中,难溶于乙醇、乙醚等有机溶剂。有的氨基酸有甜味、有的无味甚至有苦味,谷氨酸的钠盐味道鲜美,是调味品“味精”的主要成分。

由于氨基酸分子中既存在羧基又存在氨基,两种官能团又相互影响,因此不仅表现出两种官能团的性质,同时也具有一些特殊性质。此外,各种氨基酸中所含的其他多种化学活性基团能各自产生多种化学反应。其主要特殊性质有以下几方面。

(一) 两性电离与等电点

氨基酸分子中含有酸性的羧基和碱性的氨基,因此既能与碱反应,也能与酸反应,是两性化合物。氨基酸分子中氨基和羧基可以相互作用生成内盐,又称为两性离子或偶极离子。

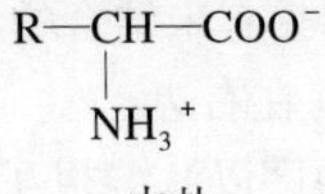

内盐

氨基酸在水溶液中可以发生两性电离。羧基给出质子(H^+)形成阴离子称为酸式电离,氨基接受质子(H^+)形成阳离子称为碱式电离。在不同 pH 水溶液中,氨基酸的带电情况不同,在酸性溶液中主要以阳离子状态存在而向负极移动,在碱性溶液中主要以阴离子状态存在而向正极移动。在某一特定 pH 时,氨基酸的酸式电离和碱式电离程度相同,分子中阳离子和阴离子数目相等,氨基酸主要以中性的偶极离子存在,在电场中既不向正极移动也不向负极移动,这个特定 pH 称为氨基酸的等电点,常用 pI 表示。

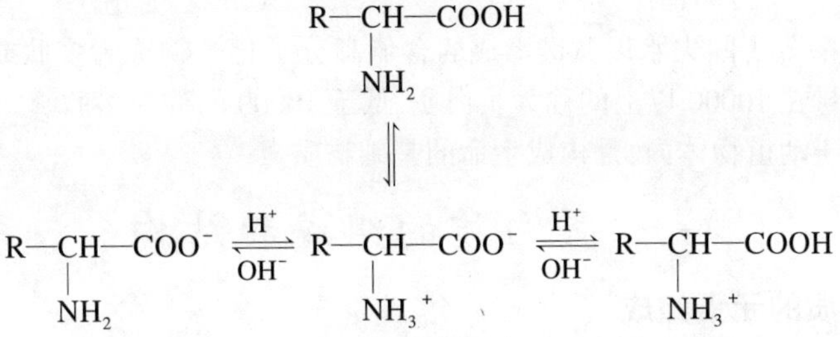

阴离子 两性离子 阳离子

pH>pI pH=pI pH<pI

当溶液的 pH<pI 时,氨基酸主要以阳离子形式存在,在电场中向负极移动;当溶液的 pH>pI 时,氨基酸主要以阴离子形式存在,在电场中向正极移动。处于等电状态(pH=pI)的氨基酸,在电场中不向任何电极移动。

不同氨基酸的等电点不同(表 15-1)。中性氨基酸的等电点一般为 5.0~6.5,酸性氨基酸为 2.8~3.2,碱性氨基酸为 7.6~10.8。在等电点时,氨基酸呈电中性,在水中溶解度最小,最易从溶液中析出沉淀,利用此性质,通过调节溶液的 pH 可分离、提纯氨基酸。

(二) 成肽反应

在适当的条件下,一分子 α-氨基酸的羧基与另一分子 α-氨基酸的氨基脱去一分子水缩合生成具有酰胺键(—CONH—)结构化合物的反应,称为成肽反应,所生成的化合物称为肽。由一分子氨基酸中氨基上的—H 与另一分子氨基酸中羧基上的—OH 脱水生成的肽称为二肽(二缩氨基酸)。例如:

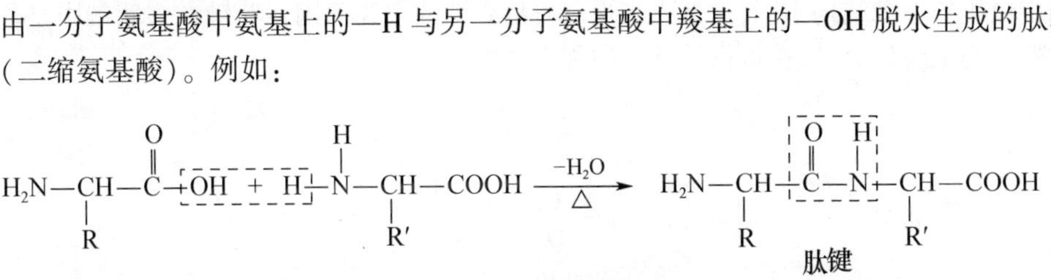

二肽分子中的酰胺键(—CONH—)称为肽键。由于二肽分子中还存在氨基和羧基,还可进一步脱水成三肽、四肽、五肽……,由多个氨基酸分子间脱水缩合生成的肽称为多肽。

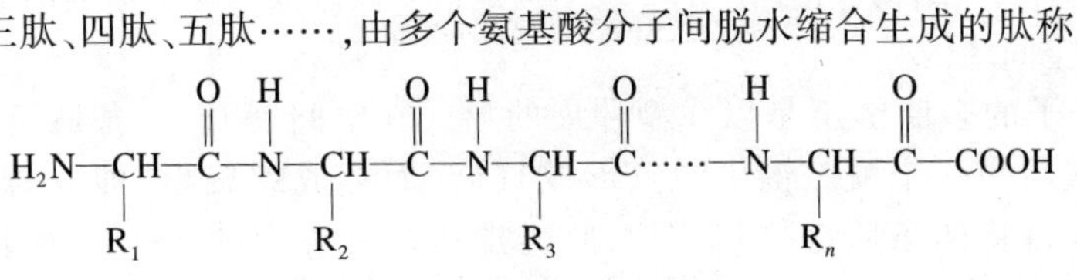

多肽

肽链中每个氨基酸单位称为氨基酸的残基,由于 C=O 双键中 π 键的原因,构成肽键的

6个原子共处于一个平面，称为肽键平面，含肽键平面的链称为主链，连接在主链上的烃基（R_1、R_2、R_3、R_n）称为侧链。肽链的一端具有未结合的氨基，称为N端，通常写在左边，链的另一端有未结合的羧基，称为C端，通常写在右边。

考点提示： 氨基酸的两性电离和等电点；成肽反应

由多种氨基酸分子按不同的排列顺序以肽键相互结合，可以形成许许多多大小不同的多肽。它们都具有一定的生物活性，有的是抗生素，有的是激素，如催产素、加压素、胰岛素等。

（三）茚三酮反应

α-氨基酸的水溶液与茚三酮水合物共热，生成蓝紫色的化合物。此反应灵敏，现象明显，是鉴别α-氨基酸最迅速、简单、常用的方法。

第2节　蛋　白　质

多个α-氨基酸分子间失水以肽键形成的含氮高分子化合物称为多肽或蛋白质。人们通常把相对分子质量在10000以上的称为蛋白质，低于10000的称为多肽。

蛋白质存在于动植物体内，是构成生命的基础物质。

一、蛋白质的组成和结构

（一）蛋白质的元素组成

蛋白质是由许多α-氨基酸通过肽键连接而成的高分子化合物，相对分子质量为一万至数千万，但元素组成较简单，主要含有C、H、N、O、S，有些蛋白质还有P、Fe、Mg、I、Cu、Zn等。

生物体中的N元素几乎都存在于蛋白质中，称为蛋白氮，且含量近似恒定，即100g蛋白质含有16g氮，1g氮存在于6.25g蛋白质中，这个6.25称为蛋白质系数。化学分析中可通过测定生物体中的氮含量来计算蛋白质的含量。

（二）蛋白质的结构

蛋白质的性质及其生物功能都依赖于它的结构，不同的生物体或生物体的不同部位所含蛋白质的成分和结构不同。蛋白质的结构可分为一级结构、二级结构、三级结构和四级结构。蛋白质的一级结构又称初级结构，蛋白质的二、三、四级结构合称蛋白质的空间结构。

1. 蛋白质的一级结构　组成蛋白质的20多种氨基酸按一定顺序和方式进行连接，称为蛋白质的一级结构，又称为初级结构。

考点提示： 蛋白质的一级结构

不同蛋白质的一级结构不同，这是决定蛋白质特异性的主要原因。肽键在多肽链中是连接氨基酸残基的主要化学键，在蛋白质结构中称为主键。

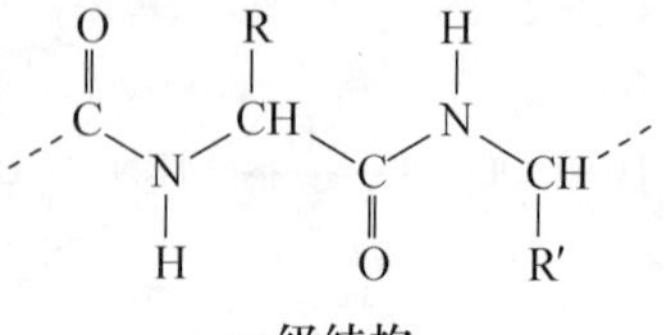

一级结构

2. 蛋白质的二级结构　蛋白质的二级结构是指多肽链依靠氢键形成的或卷曲螺旋或折叠的有规律的空间结构。

蛋白质分子的多肽链不是以线型伸展的形式在空间展开，一条肽链可以通过一个酰胺键中的氧与另一个酰胺键中的氢形成氢键，而形成螺旋形，即α-螺旋（图15-1），还可以依靠氢键将两条肽链拉到一起，肽链排列在折叠形的各个平面上，两条肽链可以是走向相同（两条链均为由N端→C端）的平行，也可以是走向相反（一条是由N端→C端，另一条是由C端→N端）的平行，此种结构称为β-折叠结构（图15-2）。α-

螺旋及 β-折叠是蛋白质空间结构的重要形式，α-螺旋主要是由肽链内形成的氢键构成的，而 β-折叠主要是由肽链间形成的氢键构成的。很多蛋白质分子常常既有卷曲又有折叠结构，并且多次重复这两种空间结构。

可见，氢键在维持和固定蛋白质二级构象中起到了重要作用。此外，其他化学键按照一定的方式进一步折叠盘曲，形成更为复杂的三级、四级空间结构。

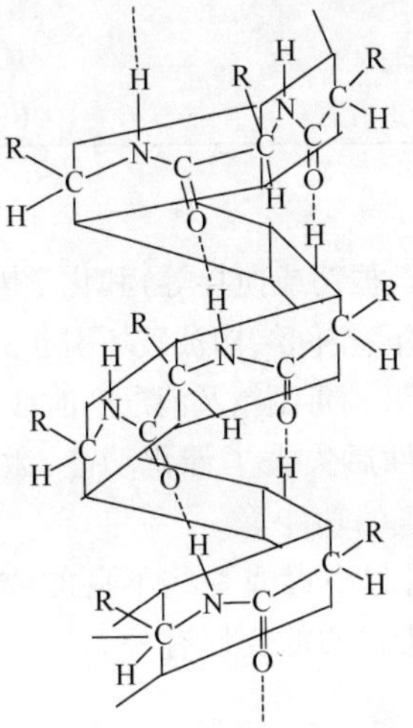

图 15-1　α-螺旋结构

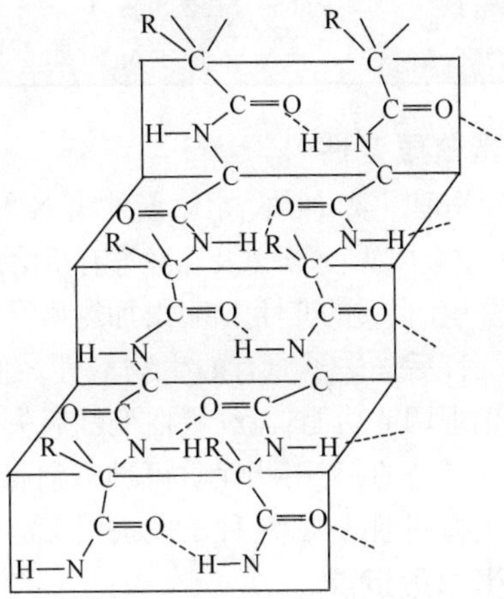

图 15-2　β-折叠结构

二、蛋白质的性质

蛋白质分子中存在游离的氨基和羧基，其性质与氨基酸相似。蛋白质是高分子化合物，又具有一些特性。

（一）两性电离及等电点

蛋白质分子中除多肽链两端存在的氨基和羧基外，分子中还有很多游离的氨基和羧基等碱性和酸性基团。与 α-氨基酸相似，蛋白质也具有两性，在水溶液中产生酸式电离、碱式电离和两性电离。

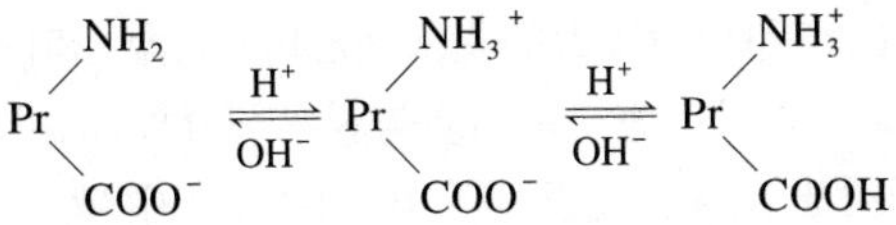

阴离子　　两性离子　　阳离子

pH>pI　　等电点（pI）　　pH<pI

式中，H_2N—Pr—COOH 表示蛋白质分子，羧基代表分子中所有的酸性基团，氨基代表所有的碱性基团，Pr 代表其他部分。

同样地，蛋白质也有特征常数等电点（pI），不同的蛋白质其等电点不同。见表 15-2。在等电状态下，蛋白质的净电荷为零，主要以两性离子存在，在电场作用下不向任何电极做定向泳动，且溶解度最小，在溶液中易析出沉淀。利用这一性质可以分离、提纯蛋白质。

表 15-2 某些蛋白质的等电点值

蛋白质	等电点(pI)	蛋白质	等电点(pI)
人血清清蛋白	4.64	牛乳清蛋白	5.1~5.2
α1 球蛋白	5.06	α2 球蛋白	5.06
β 球蛋白	5.12	γ 球蛋白	6.85~7.5
兔血红蛋白	6.7~7.1	纤维蛋白质	5.40
肌凝蛋白	6.2~6.6	肌红蛋白	7.0
牛胰岛素	5.3~5.35	丝蛋白	2.0~2.4

（二）蛋白质变性

蛋白质在物理因素(加热、高压、紫外线、X 射线、超声波、振荡或搅拌等)和化学因素(强酸、强碱、强氧化剂、重金属盐、尿素以及乙醇等有机溶剂)的影响下,空间结构被破坏引起的生物学活性丧失的现象称为蛋白质的变性。例如,加热鸡蛋、紫外线杀菌、消毒酒精及消毒剂消毒等。

蛋白质变性后失去了原有的生物活性。例如,酶变性后失去了催化功能;激素变性后失去了相应的生理调节功能;血红蛋白变性后失去了输送氧的功能等。

变性是不可逆的,利用此性质可进行消毒,但也能引起中毒或一些不良的改变。重金属中毒,菌种、生物制剂的失效,种子失去发芽能力等均与蛋白质的变性有关。

（三）蛋白质沉淀

与胶体溶液相似,在一定 pH 的溶液中,同种蛋白质都带有同种电荷,且分子表面形成一层厚厚的水化膜,能形成稳定的高分子溶液。如果蛋白质溶液的稳定因素被破坏,蛋白质粒子就凝聚成固体而析出,即蛋白质沉淀。蛋白质沉淀的方法有以下几种。

1. 盐析　在蛋白质溶液中加入大量的电解质(如氯化钠、硫酸镁、硫酸铵等),使蛋白质沉淀而析出,这种作用称为盐析。其原因是加入的电解质中和了蛋白质颗粒所带的电荷,破坏了蛋白质分子的水化膜,从而使胶体凝聚。

蛋白质的盐析是一个可逆过程,在一定条件下,盐析出来的蛋白质仍可再溶于水,恢复原有的生理性质。蛋白质盐析所需盐的最小浓度称为盐析浓度。不同的蛋白质具有不同的盐析浓度,利用这一性质,采用逐渐加大盐浓度的方法,使同一溶液中的不同蛋白质从溶液中分段析出,达到分离的目的,这种操作方法称为分段盐析。

2. 加入脱水剂　对水的亲和能力较大的脱水剂乙醇(低温)和丙酮等,能破坏蛋白质的水化膜,使蛋白质沉淀析出。沉淀后如果迅速将蛋白质与脱水剂分离,仍可保持蛋白质原来的性质。

3. 加入重金属盐　蛋白质在 pH 大于其等电点的溶液中带负电荷,因此可与 Hg^{2+}、Cu^{2+}、Pb^{2+}、Ag^{+}等重金属离子结合成不溶性的沉淀。重金属的杀菌作用是由于它能沉淀蛋白质。急救铅、汞等重金属盐中毒时,服用生蛋清或牛奶以解毒,也是根据这一原理,使蛋白质与铅盐、汞盐结合成沉淀,而阻止进入组织。

（四）蛋白质显色反应

蛋白质与一些试剂作用产生某种颜色的反应称为蛋白质的显色反应。蛋白质的显色反应可用于蛋白质的定性、定量分析。

1. 茚三酮反应　蛋白质分子中含有 α-氨基酸残基,可以与茚三酮水合物反应呈紫蓝色,利用这一反应可以鉴别蛋白质。

2. 缩二脲反应　蛋白质与新配的碱性硫酸铜溶液作用呈红紫色,称为缩二脲反应。

3. 黄蛋白反应　含有苯环的蛋白质(如酪氨酸、苯丙氨酸、色氨酸)与浓硝酸混合加热产生沉淀,继续加热沉淀变为黄色,该反应称为黄蛋白反应。

4. 米伦反应　蛋白质分子中含有酪氨酸残基时，在溶液中加入米伦试剂（硝酸亚汞、硝酸汞的硝酸溶液）即产生白色沉淀，继续加热变为暗红色沉淀，此反应称为米伦反应。该反应是含酪氨酸蛋白质的特有反应。

（五）蛋白质水解反应

考点提示：蛋白质的变性、沉淀、颜色反应

蛋白质在酸、碱或酶的催化下被水分解的反应称为蛋白质的水解反应。水解反应是肽键逐步断裂水解，肽链逐渐缩短成低分子肽，最后生成 α-氨基酸等结构单元。

蛋白质→脲（初解蛋白质）→胨（消化蛋白质）→多肽→二肽→α-氨基酸

三、酶

酶是一类由生物细胞产生，以蛋白质为主要成分的生物催化剂。酶是细胞赖以生存的基础，能在生物体十分温和的条件下高效率地催化各种生物化学反应，对生物体的新陈代谢过程起着非常重要的作用。酶的种类很多，有 4000 余种，酶的选择性很强，一种酶只对一种或一类物质的反应起催化作用；酶的催化活性极高，酶催化反应在较温和的条件下进行。由于酶是蛋白质，高温、紫外线、乙醇、重金属、强酸、强碱等条件都能使蛋白质变性，使酶失去催化活性。

目标检测

一、名词解释

1. 氨基酸　2. 等电点　3. 盐析　4. 必需氨基酸

二、填空题

1. 氨基酸是________分子中烃基上的氢原子被________取代后的产物。氨基酸分子中既有酸性基团________，又有碱性基团________，所以氨基酸具有________。
2. 蛋白质主要是由________、________、________、________4 种元素构成，它的一级结构是多个 α-氨基酸通过________结合而成的。
3. 每 100g 蛋白质平均含氮________g，蛋白质系数是________。
4. 在球蛋白溶液中加入大量饱和硫酸铵，在溶液中会出现________现象。
5. 苯丙氨酸的 pI＝5.84，其溶液调节在 pH＝4.2 时，主要以________离子存在。
6. 在等电点时，氨基酸或蛋白质在溶液中以________存在，溶解度________。
7. 谷氨酸的 pI＝3.22，在 pH 为 5.3 的溶液中，其存在的结构形式为________。

三、单项选择题

1. 氨基酸在等电点时具有的特点是（　　）
   A. 不带正电荷　　B. 不带负电荷
   C. 溶解度最小　　D. 在电场中泳动
2. 与茚三酮水合物作用呈蓝紫色的是（　　）
   A. 羟基酸　　B. 酮酸
   C. 脂肪酸　　D. 氨基酸
3. 蛋白质分子中的主要化学键为（　　）
   A. 酯键　　B. 肽键
   C. 氢键　　D. 二硫键
4. 重金属盐中毒急救措施是给患者服用大量的（　　）
   A. 牛奶　　B. 生理盐水
   C. 消毒酒精　　D. 醋
5. 欲使蛋白质沉淀且不变性，宜选用（　　）
   A. 有机溶剂　　B. 重金属盐
   C. 浓硫酸　　D. 硫酸铵
6. 在组成蛋白质的氨基酸中，人体必需氨基酸有几种（　　）
   A. 9　　B. 8
   C. 7　　D. 6

四、简答题

1. 在蛋白质溶液中加入饱和硫酸铵溶液时，产生的现象是什么？
2. 消毒灭菌是利用蛋白质的什么性质？
3. 将 pI＝4.6 的胱氨酸加入 pH＝6.5 的水溶液中，在电场作用下，其向何极移动？为什么？

（穆春旭）

实　验

化学实验须知

化学是一门以实验为基础的自然科学。通过实验，我们可以亲眼看见大量生动、有趣的化学现象，可以亲自动手进行实验技能的操作。一方面可以巩固和加深我们对所学化学理论知识的理解和记忆，掌握化学实验操作的基本技能和方法；另一方面，可以培养和提高我们观察、动脑、动手的能力，提高发现问题、分析问题、解决问题的能力，培养实事求是的科学态度和严谨治学、一丝不苟的工作作风。为使实验课能安全、有序地进行，我们要熟知以下规则。

一、实验规则及注意事项

1. 实验前　应认真预习实验教材有关内容，明确实验目的、实验原理，弄清实验步骤、操作方法和注意事项，做到心中有数。

2. 按时进入实验室并保持肃静。实验开始前，应先检查仪器、药品是否齐全，若有缺少应报告实验教师。弄清仪器的使用方法和药品的性能，否则不得开始实验。

3. 实验过程中，要严格按照教材所规定的步骤、试剂的规格和用量进行操作。学生若有新的见解或建议，要改变实验步骤和试剂规格及用量时，须征得教师同意后，才可改变。

4. 做实验时精神要集中，操作要认真，观察要细致，并积极地进行思考。对于实验的内容、观察到的现象和得出的结论等，都要如实地随时做好记录。

5. 在实验室中，必须注意安全，严格遵守操作规程和实验室安全规则。谨慎、妥善地处理腐蚀性药品和易燃有毒的药品。实验进行时不得擅自离开操作岗位。

6. 爱护公物和仪器设备，注意节约试剂和水电。实验室内的一切物品未经教师批准，不准带出室外。仪器若有破损，必须向教师报告，办理登记换领手续。

7. 实验过程中，要保持实验台和地面的整洁。实验完毕，把仪器洗刷干净，放回原处，整理好药品和实验台。废物、废液等应放入废物桶内，严禁倒入水槽或随地乱扔。检查水、电、门、窗是否关好方可离开。

8. 做完实验后，根据实验记录，按要求认真写出实验报告。

二、试剂的使用须知

1. 取试剂时要看清楚试剂瓶标签上的名称和浓度，切勿拿错。

2. 试剂瓶上的滴管不可插乱，造成“张冠李戴”，吸管不可伸到试剂瓶中，以免污损试剂或改变试剂的浓度。

3. 按需用量取用试剂，已取出的试剂不准再倒回原试剂瓶中，应倒入教师指定的容器中。

4. 取用固体试剂应使用干净的药匙，不得与手接触。用过的药匙须洗净后才可再次使用。试剂用后应立即盖好瓶盖，以免盖错。

5. 取用液体试剂应使用滴管或吸管。滴管应保持垂直，不可倒立，防止试剂接触橡皮帽而污染试剂，用完后立即插回原瓶。滴管不得接触到所使用的容器壁。

6. 对于共用试剂,未经允许,不得挪动位置。

三、实验室安全规则

1. 熟悉实验室环境,了解与安全有关的一切设施(如电闸、水管阀门、消防用品等)的位置和使用方法。

2. 易燃、易爆的试剂要远离火源和高温物体,妥善保管,以免引起灾害。

3. 稀释浓硫酸时,应将浓硫酸慢慢注入水中,并不断搅拌,切记不要把水注入浓硫酸中。

4. 装有液体的试管加热时,试管口不得对着他人或自己,以免被溅出的液体烫伤。

5. 需要闻气体的气味时,鼻子不能直接对着容器口,而应该用手扇闻。

6. 未经教师允许,不能随意混合各种化学试剂;不得尝试化学试剂的味道。

7. 凡做有毒或有恶臭物质的实验,需在通风橱内进行。

8. 每次实验完毕都要洗净双手。离开实验室前必须将水、电及门窗关好。

四、实验室意外事故处理

1. 若轻微划伤,可在伤口处涂抹红药水。如果伤口被污染,可先用3% 的双氧水洗涤伤口,严重者立即送往医院救治。

2. 若酸(或碱)液沾到皮肤上,立即用水冲洗,然后用 $20g \cdot L^{-1}$ 碳酸氢钠溶液(或 $20g \cdot L^{-1}$ 乙酸)冲洗。最后外敷氧化锌软膏(或硼酸软膏)。

3. 当因乙醇、乙醚、汽油等有机溶剂引起着火时,不得用水灭火,应立即用沙土或湿布覆盖。

4. 若电器设备着火,要立即切断电源,用二氧化碳或四氯化碳灭火,不可用水和泡沫灭火器。必要时应报警。

5. 金属钠、钾起火,用沙子盖灭,不能用水、二氧化碳灭火器,也不能用四氯化碳灭火器。

6. 若不慎将温度计水银球碰破,为防止汞蒸气中毒,应用硫粉覆盖。

(陈哲洪)

化学实验基本操作技术

一、常用玻璃仪器的洗涤和干燥

(一) 玻璃仪器的洗涤

为了保证实验结果的准确,实验所用的玻璃仪器都应该洁净,所以要学会玻璃仪器的洗涤方法。根据实验要求、污物性质和污染程度选用适当的洗涤方法。

1. 用水刷洗　一般的玻璃仪器可先用自来水冲洗,再用试管刷洗。刷洗时,将试管刷在器皿里转动或上下移动,然后用自来水冲洗几次,最后用少量蒸馏水淋洗 1~2 次。此方法可洗去器皿上的可溶物,但往往洗不去油污和有机物质。

2. 用去污粉或洗涤剂洗　先将器皿用水润湿,然后用试管刷蘸少量去污粉或洗涤剂刷洗,再依次用自来水、蒸馏水冲洗,此方法适用于洗涤油污。

3. 用铬酸洗液洗　当定量实验对仪器的洁净程度要求很高,而且仪器污染严重时,可用铬酸洗液洗涤。洗液有很强的氧化性和去污能力,也有强烈的腐蚀性。洗涤仪器时,先向仪器中加入少量洗液,然后将仪器倾斜并缓慢转动,使仪器内壁全部被洗液浸润,稍后将洗液倒回原瓶,再用自来水将残留在仪器壁上的洗液洗去,最后用蒸馏水冲洗2~3次。把洗涤过的仪器倒置,如果观察内壁附有一层均匀的水膜,证明已洗干净。

(二)玻璃仪器的干燥

1. 晾干　不急用的仪器可放置于干燥处,任其自然晾干。

2. 烘干　把仪器内的水倒干后放于电烘箱内烘干。

3. 烤干　急用的烧杯、蒸发皿等可置于石棉网上用小火烤干,试管可直接烤干,但要从底部加热,试管口向下,以免水珠倒流炸裂试管。不断来回移动试管,不见水珠后,将试管口向上赶尽水汽。

4. 吹干　带有刻度的计量仪器,不能用加热的方法进行干燥,而用电吹风吹干,若不急用可晾干。

二、加热仪器和加热方法

(一)加热仪器

化学实验常常需要加热,加热的仪器主要有以下几种。

1. 酒精灯　酒精灯的加热温度一般为400~500℃,适用于温度不需要太高的实验。要用火柴点燃酒精灯,绝不能用另外一燃着的酒精灯来点火,否则,一旦洒出酒精会引起火灾,加热完毕后用盖子熄灭,不能用嘴吹灭。添加酒精时,要先熄火,再借助于漏斗添加。

2. 酒精喷灯　酒精喷灯的火焰温度可达800~900℃。有一个储存酒精的灯座和一个燃烧酒精用的预热盆。使用前,先往预热盆中注入一些酒精,点燃酒精使灯管受热,酒精接近烧完时,开启开关使酒精进入灯管受热汽化,并与进入孔内的空气混合,点燃即可得到高温火焰。实验完毕,关闭开关,即可熄灭。

3. 电烘箱　常见电烘箱的温度可控制为50~300℃,此范围内任意选定的温度可由箱内自动控温系统控制。电烘箱可用于烘干各种玻璃器皿,也可用于干燥药品和干燥剂等。电烘箱内不能放易燃、易爆、易挥发和具有腐蚀性的物品,当被烘干物水分含量很大时,开始干燥时可将箱门稍开,先挥发掉一些水分再将门关上。

4. 电炉　电炉为实验室常用的加热仪器,有500W、800W、1000W、2000W等不同规格,可根据需要进行选择。电炉可用于烧杯、蒸发皿等器皿的加热。使用时可垫上石棉网,以利于受热均匀。应防止物质溅到电炉上,造成腐蚀或短路。

5. 水浴锅　水浴锅用于试管和烧杯的加热,其加热温度不超过100℃。

(二)加热方法

1. 液体的加热　液体的加热分为直接加热和间接加热。直接加热的液体在高温下稳定又无燃烧危险,当盛有液体的试管在火焰上直接加热时,应用试管夹夹住试管的中上部,管口应向斜上方,不能对着人和自己,要先加热液体的中上部,慢慢移动试管,加热至下部,再不停地上下移动和摇动,使液体均匀受热;间接加热时,可根据温度的不同,选用水浴(温度不超过100℃)、沙浴或油浴(温度高于100℃)。

2. 固体的加热　当固体量少时,可直接用试管加热,固体的量不能超过试管的1/3。加热时,可将管口稍向下倾斜,以免凝结在管口的水珠流向灼热的试管底,使试管炸裂。当固体的量较多时,可用蒸发皿加热,注意搅拌均匀。当需要高温加热固体时,可使用坩埚,用坩埚加热时,温度应逐渐升高。

三、液体和固体试剂的取用

通常固体试剂装在广口瓶内,液体试剂盛在细口瓶和滴瓶中。见光易分解的试剂(如硝酸银、碘化钾等)应装在棕色试剂瓶中。盛碱液的瓶子不要用玻璃塞,要用橡皮塞或软木塞。所有试剂瓶都应贴有标签,以标明试剂的名称和规格等。

(一) 液体试剂的取用

从平顶塞试剂瓶中取用试剂时,先取下瓶塞并将其仰放在实验台上,以免沾污。拿试剂瓶时注意让瓶上的标签贴着手心,倒出的试剂应沿容器壁流入容器,然后缓慢竖起试剂瓶,将瓶塞盖好,并将试剂瓶放回原处。

从滴瓶中取用试剂时,要用滴瓶中的滴管,不允许用别的滴管。取用时提起滴管,使管口离开液面,用手指捏紧管上部乳胶帽排出空气,再把滴管深入试剂管中吸取试剂。往试管中滴加试剂时,切勿使滴管深入试管中,以免沾污滴管。滴加完毕,应立即将滴管插回原滴瓶中。

(二) 固体试剂的取用

取用固体试剂一般用药匙,药匙必须干净并专用。往湿的或口径小的试管中加入固体试剂时,可将试剂放在事先用干净白纸折成的角形纸条上(纸条以能放入试管且长于试管为宜),然后小心送入试管底部,直立试管,再将纸条抽出。

要求称取一定量固体时,用药匙取出的固体应放在纸上或表面皿上,根据要求在台称或天平上称量。易潮解或具有腐蚀性的固体只能放在玻璃容器中称量。所有取出的试剂都不能再倒回原试剂瓶中,可放入指定的回收瓶中。

四、托盘天平的使用

托盘天平(实验图 1-1)用于精密度不高的称量,能称准到 0.1g。它附有一套砝码,放在砝码盒中。砝码的总质量等于天平的最大载重量。砝码必须用镊子夹取。托盘天平的使用步骤如下:

(1) 调零点:使用时,先检查天平的指针是否停在刻度盘上的中间位置,若不在中间,可调节天平下面的螺旋钮,使指针在中间的零点。

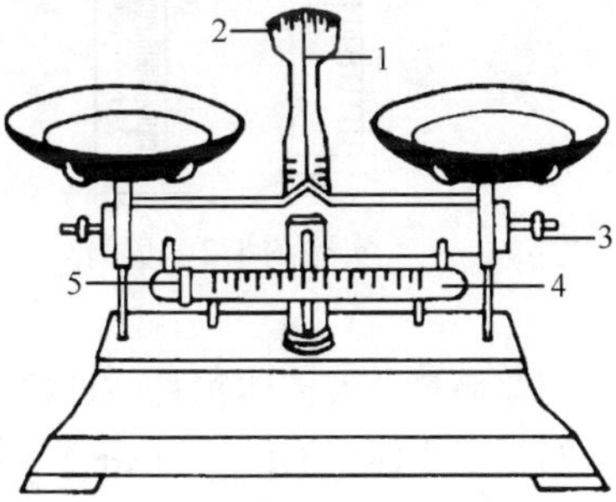

实验图 1-1　托盘天平

(2) 称量:左盘放物品,右盘放砝码。如果要称量一定质量的药品,则先在右盘加够砝码,然后在左盘加减药品,使天平平衡;如果称量某药品的质量,则先将药品放在左盘,然后在右盘加减砝码,使天平至平衡。有些托盘天平附有游码及刻度尺,称少量药品可用游码,游码标度尺上每一大格表示 1g。称量时,不可将药品直接放在天平盘上,可在两盘放等量的纸片或用已称量过质量的小烧杯盛放药品。

(3) 称量后,把砝码放回砝码盒中,并将天平两盘重叠在一起,以免天平摆动磨损刀口。

五、电子天平的使用

电子天平是精密仪器,使用时应遵守使用规则,方法如下:

(1) 调水平:天平开机前,应观察天平水平仪内的水泡是否位于圆环的中央,否则应通过天平的地脚螺栓调节,左旋升高,右旋下降。

(2) 接通电源,天平自检。当显示屏上出现“OFF”时,自检结束。

(3) 按“开机”键,显示屏上出现“正在加热”,倒计时满 30min 后,天平自动开机。天平在初次接通电源或长时间断电后开机时,至少需要 30min 的预热时间,因此,实验室电子天平在通常情况下,不要经常切断电源。

(4) 显示全亮后显示型号,完毕后显示“0.000g”,则天平处于可操作状态。

(5) 称量:天平应处于零位,否则按去皮键。折好称量纸,打开天平门将称量纸放入秤盘中,关上天平门,待读数稳定后按下“TARE”键,使显示值为零,即去皮重。开始称量样品,将样品缓慢抖入称量纸,直至读数显示为所需要的质量为止。关上天平门,待读数稳定后记录数据。将称量纸中的样品转移至烧杯中,再用洗瓶吹洗称量纸数次。将秤盘上的物品拿开后,天平显示负值,按“TARE”键天平显示为零。

(6) 关机:称量结束后,按“ON/OFF”键关机。显示器背景灯熄灭,显示屏上出现“OFF”,天平进入屏保状态。使用完毕后检查天平内外是否清洁、侧门是否关好。将使用情况登记在天平使用登记本上,最后罩好天平。

六、几种常用量器的使用

(一) 量筒

量筒(实验图 1-2)是常用的有刻度的玻璃量器,用于粗略地量取一定体积的液体。根据其量度的最大容积,分为 5ml、10ml、50ml、100ml、500ml、1000ml 等规格。实验中可根据所量液体的体积来选用。量取液体时,量筒应竖直放置或用手直持,量取指定体积的液体时,应先倒入接近所需体积的液体,然后改用胶头滴管滴加。读数时,视线与量筒内液体凹液面处于同一水平,若视线偏高或偏低,都会造成误差(实验图 1-3)。

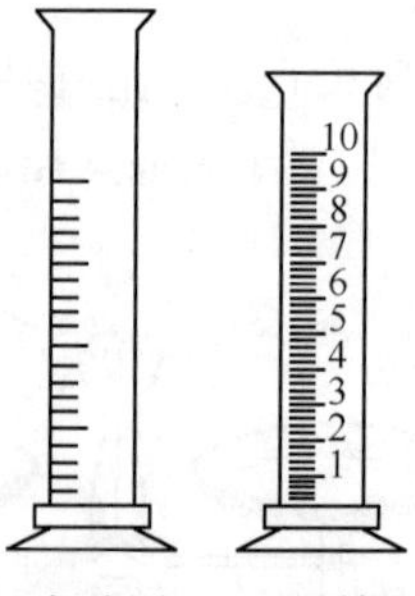

实验图 1-2 量筒

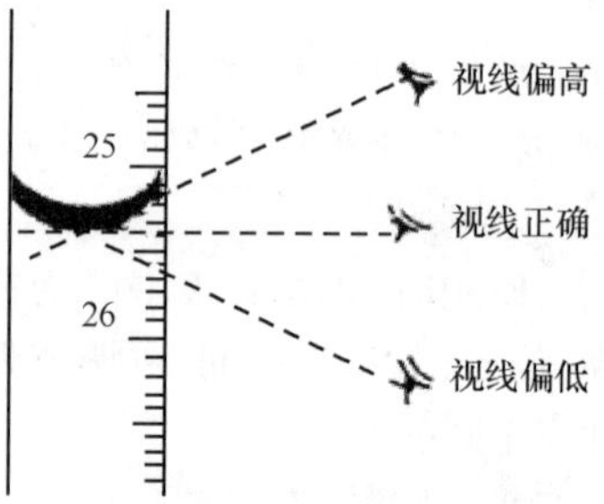

实验图 1-3 量筒的读数

用量筒量取液体体积是一种粗略的计量法,所以在使用时必须选用合适的规格,不要用大量筒量取小体积的液体,也不要用小量筒多次量取大体积的液体,否则都会引起较大的误差。量筒不能加热,不能量取热的液体,也不能作为反应容器。

(二) 容量瓶

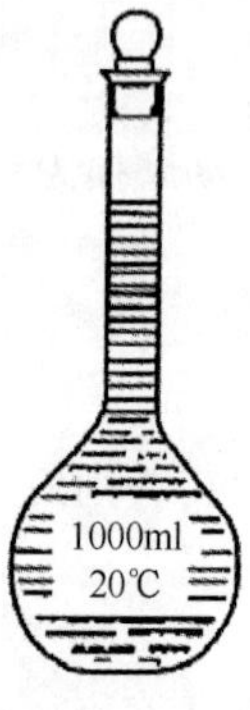

实验图 1-4 容量瓶

容量瓶为细颈、梨形、平底的玻璃瓶,颈部有一环形标线,瓶口有磨口的玻璃塞,瓶体上标有容量和温度。在指定温度下,当溶液充满至液面与标线相切时,所容纳液体的体积等于瓶体上标示的体积。按容积的大小,容量瓶有 10ml、50ml、100ml、250ml、500ml、1000ml(实验图 1-4)等规格。容量瓶的塞子必须用橡皮筋固定在瓶颈上,以防止损坏和丢失。

容量瓶主要用于准确配制一定体积的溶液。使用前首先要检查是否完好无损,瓶口处是否漏水。检查方法是,往瓶内加入一定量水,塞好瓶塞,用食指摁住瓶塞,另一只手托住瓶底,把容量瓶倒立过来,观察瓶塞周围是否有水漏出。如果不漏水,将瓶正立并将瓶塞旋转 90°后塞紧,倒立一次,检查是否漏水。经检查不漏水的容量瓶才能使用(实验图 1-5)。

配制溶液时，若试剂是固体，先将称好的试剂在小烧杯中溶解，然后在玻璃棒引流下，将溶液转移到容量瓶中（实验图 1-6），再用少量蒸馏水洗涤小烧杯 2～3 次，并将洗液移入容量瓶，继续往容量瓶中加蒸馏水至液面距标线 1～2cm 处，改用滴管加蒸馏水，至凹液面最低处与标线相切。若试剂是液体，用吸量管或移液管量取并移入容量瓶中，加蒸馏水的方法相同。最后，盖好瓶塞，用食指摁住瓶塞，其余四指握住瓶颈，另一只手的手指尖托住瓶底，将瓶反复倒置摇荡，使溶液充分混匀（实验图 1-7）。

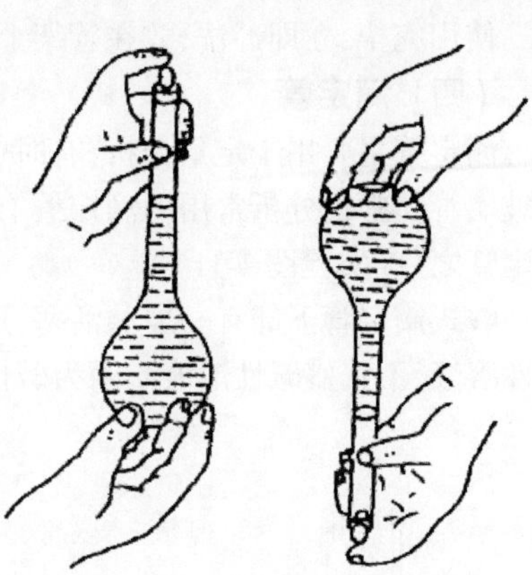
实验图 1-5　容量瓶的漏水检查

特别注意：在溶解或稀释过程中有明显热量变化时，必须待溶液的温度恢复到室温后才能向容量瓶中转移。

容量瓶使用完毕，应洗涤干净、晾干，瓶塞与瓶口处垫张小纸条，以免瓶塞与瓶口粘连。

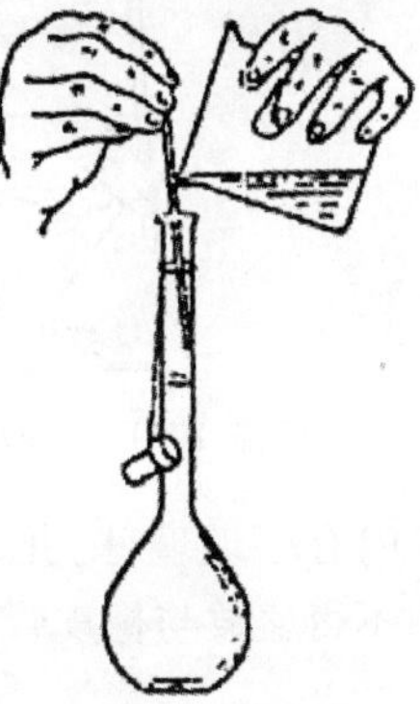
实验图 1-6　向容量瓶转移溶液

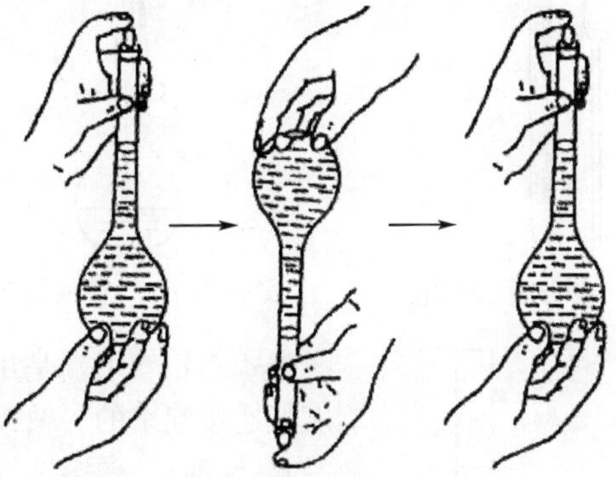
实验图 1-7　混匀容量瓶中的液体

（三）吸量管和移液管

吸量管和移液管是准确量取一定体积液体的量具（实验图 1-8），移液管为中间膨大的玻璃管，管上端有一环形标线，管上膨大部分标有规格和温度，又称肚形吸管。常用的规格有 5ml、10ml、25ml、50ml 等。吸量管刻有细小的刻度，也称刻度吸管，常用的规格有 0.1ml、0.5ml、1ml、5ml、10ml 等规格。

使用前，先检查管尖是否完整，有破损的不能使用。洗涤干净后还要用待量溶液洗 2～3 次（每次 2～3ml），以保证待量溶液浓度不变。

吸取液体时，用右手拇指及中指捏住吸量管（或移液管）刻度线以上部分，左手拿洗耳球，将吸量管（或移液管）插入待吸溶液。先把洗耳球内的空气压出，然后把球的尖端紧接吸量管（或移液管）管口，慢慢松开左手指，使液体吸入管内（实验图 1-9）。当液面上升到刻度线（或标线）以上时，移去洗耳球，迅速用右手的食指按住管口，左手放下洗耳球，将吸量管（或移液管）离开液面，管的末端仍靠在盛溶液器皿的内壁上，略微松动食指，稍减食指压力，同时用拇指和中指来回捻动吸量管（或移液管），使液面平稳下降，直到溶液的凹液面与标线相切时，立即用食指压紧管口，使溶液不再流出。然后把吸量管（或移液管）移至另一容器中，松开食指，使溶液沿容器壁自动流下（实验图 1-10），待溶液流尽后，等待 15s，取出吸量管（或移液管），管内尚存的少量液体切勿吹出。吸量管上有“吹”字的，最后一滴要吹出。

使用完毕，立即冲洗，放在管架上备用。

（四）滴定管

滴定管主要用于定量分析，有时也能用于精确加液。它是刻有精密刻度而内径均匀的细长玻璃管。常量分析常用的滴定管有 25ml 和 50ml 两种规格。滴定管有酸式滴定管和碱式滴定管之分（实验图 1-11）。

酸式滴定管下部有一玻璃活塞，用以控制流出的液滴。酸式滴定管用来盛酸性溶液和氧化性溶液，不宜盛碱性溶液。因为碱性溶液能腐蚀玻璃，使活塞粘住，不易转动。

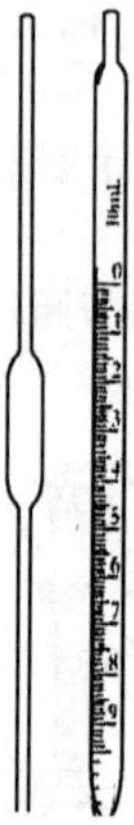

实验图 1-8　吸量管和移液管

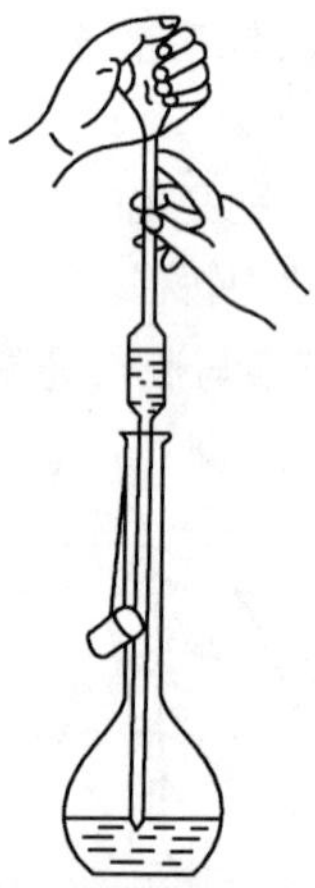

实验图 1-9　移液管吸液

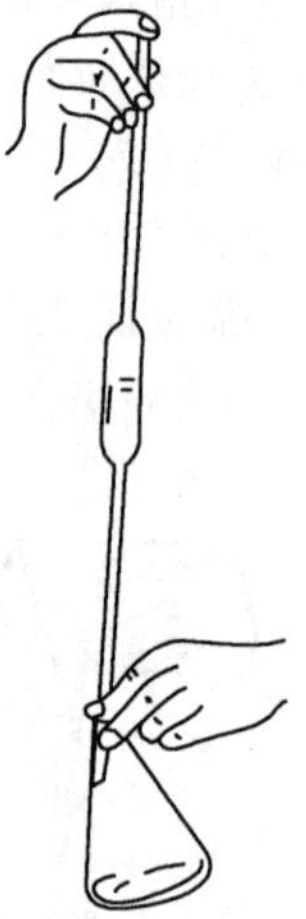

实验图 1-10　移液管放液

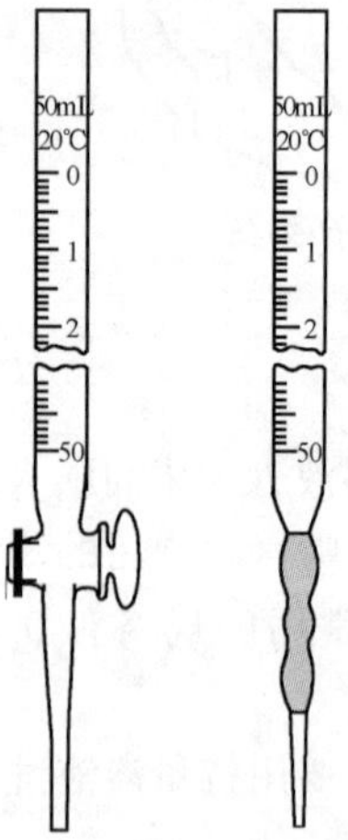

(a)酸式滴定管　(b)碱式滴定管

实验图 1-11　滴定管

碱式滴定管下端是用橡皮管（内有一玻璃球）把玻璃尖嘴和刻度管连接起来的。碱式滴定管内不得盛放与橡皮管起反应的溶液，如高锰酸钾、碘溶液等。

滴定管的使用方法如下：

使用前先要检验滴定管是否漏水：将滴定管盛水固定在滴定管夹上，看活塞部位或橡皮管连接处是否有水渗出。如果酸式滴定管漏水，应把活塞卸下，用干布将活塞四周和塞槽内壁擦干净，重新涂凡士林（注意不要堵塞活塞塞孔）装好（实验图 1-12）。如果碱式滴定管漏水，则应更换橡皮管或玻璃珠。经检查滴定管不漏水后，依次用铬酸洗液（碱式滴定管要去掉橡皮管）、自来水、蒸馏水洗涤滴定管，然后用滴定液润洗三次，滴定管方可使用。

滴定管的"0"刻度在上，往下刻度标数越来越大，全部容积大于它的最大刻度值，因为下面没有刻度。装液时将溶液直接由试

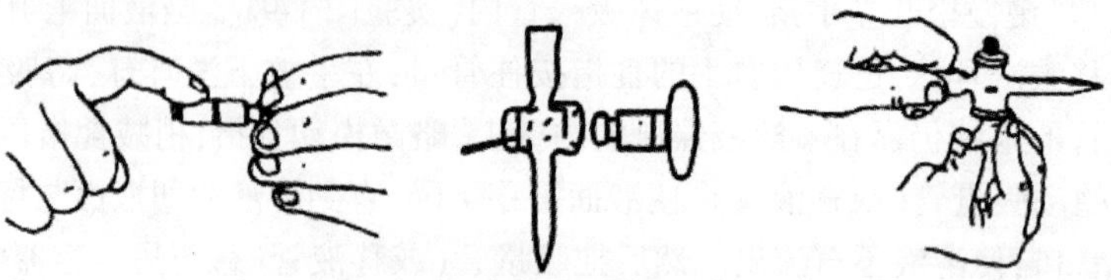

(a) 活塞涂油　(b) 活塞套涂油处　(c) 转动活塞

实验图 1-12　酸式滴定管涂凡士林油

剂瓶移入滴定管中,使液面在“0”刻度以上,开启活塞或挤压玻璃圆球,驱逐出滴定管下端的气泡。将酸式滴定管稍微倾斜,开启活塞,气泡随溶液流出而被驱出。对于碱式滴定管,可将橡皮管稍向上弯曲,挤压玻璃圆球,使溶液从玻璃圆球和橡皮管之间的缝隙中流出,气泡即被驱出。然后将多余的溶液滴出,使管内液面处在“0.00”刻度线或以下(实验图 1-13)。

使用酸式滴定管时,左手拇指在活塞的前面,食指和中指在活塞的后面,一起控制活塞。转动活塞时,手指微微弯曲并轻轻向手心扣住,手心不要顶住活塞小头,以免活塞松动而漏液。操作碱式滴定管时,用左手的拇指、食指和中指一起挤捏玻璃珠所在的部位,使玻璃珠与橡皮管之间形成一条缝隙,液体就可以流出。利用挤捏时缝隙的大小,可控制液体流出的速度。

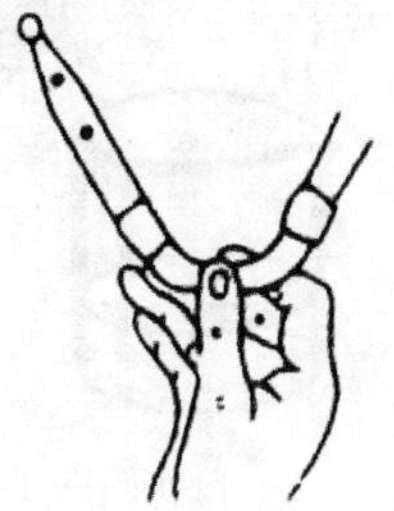

实验图 1-13　碱式滴定管排气泡

在滴定过程中,左手控制活塞,右手振荡锥形瓶,眼睛观察锥形瓶中溶液颜色的变化。左手控制流量,右手拿住锥形瓶的颈部,使锥形瓶向同一方向做圆周运动,以加速瓶内液体的反应,但不能使瓶里的液体溅出。接近终点时,滴入速度要慢,每次只能加入 1 滴或半滴,并不断摇动,直至达到终点。停止滴定后,必须等待 1~2min,让附着在滴定管内壁的溶液流下后,再读取滴定管中液面的读数,读数应精确到小数点后两位。

七、蒸发、浓缩和结晶

(一) 蒸发和浓缩

当溶液很稀,而所制备的无机化合物的溶解度又较大时,为了能从溶液中析出物质的晶体,可通过加热的方法使水分蒸发,溶液浓缩,待蒸发到一定程度时,冷却,就可析出晶体。当物质的溶解度较大时,须蒸发到溶液表面出现晶膜时才能停止蒸发。当物质的溶解度较小或高温时溶解度较大而室温溶解度较小时,则不必蒸发到液面出现晶膜就可冷却。蒸发是在蒸发皿中进行的,蒸发皿的面积越大,越有利于快速蒸发。蒸发皿中液体的量不要超过其容量的 2/3,可以随水分的蒸发而逐渐添加。若是对热较稳定的无机化合物,可以把蒸发皿放在明火上直接加热。

(二) 结晶和重结晶

将溶液蒸发至一定的浓度后冷却,就可析出溶质的晶体。析出晶体的颗粒大小与外界条件有关。若溶液的浓度较高,溶质的溶解度小,冷却得快,所析出的晶体就细小,成为非晶型沉淀。如果溶液浓度较稀,缓慢冷却或放置过夜,就能得到较大的晶体。搅拌溶液、摩擦器壁或静置溶液,可以得到较大的晶体颗粒。颗粒较大的晶体容易洗涤,但如果为了得到大粒晶体,溶液过稀,样品损失多,会影响产率。

当第一次结晶所得物质的纯度不符合要求时,可重新溶解,再蒸发和结晶。第二次结晶一般能达到要求,只不过产量和产率要低一些。

八、溶液与沉淀的分离

(一) 倾斜法

当沉淀的相对密度较大或晶体颗粒较大时,静置后能较快地沉降,常用倾斜法分离和洗涤沉淀(实验图 1-14),即将沉淀上部的清液缓缓倾入另一容器中,然后在盛沉淀的容器中加入少量蒸馏水,充分搅拌后静置沉降,倾去上面的液体。重复操作 2~3 次即可将沉淀洗净。

实验图 1-14　倾斜法

（二）过滤法

将沉淀与溶液分离最常用的方法是过滤法。过滤时，沉淀留在过滤器（漏斗）的滤纸上，溶液则通过滤纸流入另一容器中，所得溶液称为滤液。

过滤时，根据漏斗大小取滤纸一张（实验图 1-15），对折两次，第二次对折时，使滤纸两边相交成 10°的交角（若是方形滤纸，可将折好的滤纸一角朝下放入漏斗中，不要展开，紧贴漏斗内壁沿漏斗边缘，把滤纸向外压一弧形折痕，然后取出滤纸沿折痕稍下的地方剪去多余部分），展开滤纸使其呈现圆锥形，放在漏斗中用水润湿，使其紧贴在漏斗内壁上，并将漏斗固定在漏斗架或铁架台的铁圈上。另取一干净容器放在漏斗下面接收滤液。调节漏斗高度，使漏斗尖嘴靠在收集滤液容器的内壁，以加快过滤速度，并避免滤液溅出。

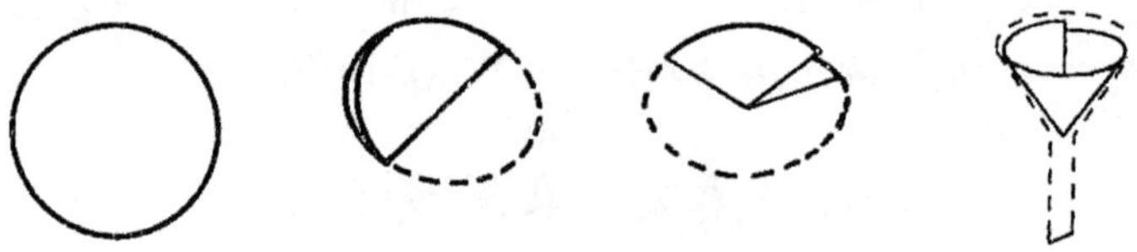

实验图 1-15　滤纸的折叠和叠放

用倾斜法先使溶液沿玻璃棒在三层滤纸一侧缓缓流入漏斗中，注意液面高度应低于滤纸边缘 1~2cm，然后转移沉淀。如果需要洗涤沉淀，可在溶液转移后，往盛沉淀的容器中加入少量蒸馏水，充分搅拌，待沉淀沉降后按倾斜法倾出沉淀。洗涤沉淀 2~3 次，最后将沉淀连同洗涤液一起移至滤纸上，进行再次过滤。

（于　辉）

实验 1　溶液的配制和稀释

【实验目标】

1. 掌握溶液浓度的计算和配制溶液的方法。
2. 学会托盘天平、量筒、移液管、容量瓶的使用方法。
3. 掌握常用玻璃仪器的洗涤方法。

【实验原理】

一定物质的量浓度、体积分数或质量浓度溶液的配制：首先计算配制溶液所需溶质的质量，然后称量、溶解，加入溶剂至所需的体积，混合均匀即得。

溶液稀释：准确量取（通过移液管或滴定管）一定体积的浓溶液，放入适当的容量瓶中，用纯化水稀释到刻度，即得到所需的溶液。

【仪器和试剂】

1. 仪器　托盘天平、烧杯（100ml）、量筒（100ml）、移液管（5ml）、容量瓶（100ml）、玻璃棒、洗耳球、滴管、称量纸、药匙、洗瓶

2. 试剂　氯化钠、碳酸钠、95%乙醇

【实验内容】

（一）溶液的配制

1. 一定质量浓度溶液的配制　配制 $9.0g \cdot L^{-1}$ 的氯化钠溶液（生理盐水）100ml（量筒定容）。

（1）计算：算出配制质量浓度为 $9.0g \cdot L^{-1}$ 的氯化钠溶液 100ml 时所需氯化钠的质量。

（2）称量：用托盘天平称取所需氯化钠置于 100ml 烧杯中。

（3）溶解：取纯化水约 20ml，倒入烧杯中溶解氯化钠，用玻璃棒搅拌，至其完全溶解。

（4）转移：将烧杯内的氯化钠溶液用玻璃棒引流至 100ml 的量筒内，再用少量纯化水冲洗烧杯 2 次。将冲洗液一并移入量筒中。

（5）定容：加纯化水接近标线时，用滴管定容，至溶液凹液面与 100ml 刻度线相切（视线应与液体凹液面最低处处于同一水平）。

（6）混匀：用玻璃棒搅匀，将配好的溶液倒入试剂瓶中，贴签、备用。

2. 一定物质的量浓度溶液的配制　配制 $0.25mol \cdot L^{-1}$ 的碳酸钠溶液 100ml（容量瓶定容）。

（1）计算：算出配制 $0.25mol \cdot L^{-1}$ 的碳酸钠溶液 100ml 时所需碳酸钠的质量。

（2）称量：用托盘天平称取所需碳酸钠置于 100ml 烧杯中。

（3）溶解：取纯化水约 20ml，倒入烧杯中溶解碳酸钠，用玻璃棒搅拌，至其完全溶解。

（4）转移：将烧杯内的碳酸钠溶液用玻璃棒引流至 100ml 的容量瓶内，再用少量纯化水冲洗烧杯 2 次。将冲洗液一并移入容量瓶中。

（5）定容：加纯化水接近标线时，用滴管定容，至溶液凹液面与标线相切。

（6）混匀：盖好瓶塞，将溶液混匀。将配好的溶液倒入试剂瓶中，贴签、备用。

（二）溶液的稀释

1. 乙醇的稀释　用体积分数为 95% 的乙醇配制体积分数为 75% 的乙醇 50ml（量筒定容）。

（1）计算：算出配制体积分数为 75% 的乙醇 50ml 需用 95% 乙醇的体积。

（2）量取：用 50ml 量筒量取所需 95% 乙醇的体积。

（3）定容：加纯化水接近标线时，用滴管定容，至溶液凹液面与 50ml 刻度线相切（视线应与液体凹液面最低处处于同一水平）。

（4）混匀：用玻璃棒搅匀，将配好的溶液倒入试剂瓶中，贴签、备用。

2. 氯化钠溶液的稀释　用 $1mol \cdot L^{-1}$ 的氯化钠溶液配制浓度为 0.1mol/L 的氯化钠溶液 100ml（容量瓶定容）。

（1）计算：算出配制 $0.1mol \cdot L^{-1}$ 的氯化钠溶液 100ml 需用 $1mol \cdot L^{-1}$ 氯化钠溶液的体积。

（2）移取：用 10 ml 移液管量取所需 $1mol \cdot L^{-1}$ 氯化钠溶液的体积，移入 100ml 的容量瓶中。

（3）定容：往容量瓶中加蒸馏水至离标线约 1cm 处，改用滴管滴加蒸馏水至溶液凹液面与标线相切。

（4）混匀：盖好瓶塞，将溶液混匀，并将配好的溶液倒入试剂瓶中，贴签、备用。

目标检测

1. 稀释浓 H_2SO_4 时，为什么将浓 H_2SO_4 缓缓倒入水中，不断搅拌，而不能将水倒入浓 H_2SO_4 中？
2. 用固体 NaOH 配制溶液，称量时为什么要操作迅速？溶解 NaOH 能在量筒中进行吗？
3. 用含结晶水的固体试剂配制溶液时，应注意什么？

（郭丽霞）

实验 2　药用氯化钠的制备

【实验目标】

1. 掌握氯化钠的制备原理和方法。
2. 熟悉称量、溶解、过滤、沉淀、蒸发浓缩等基本操作。
3. 了解有关杂质离子的定性鉴定方法。

【实验原理】

药用氯化钠是以粗盐为原料提纯的。粗盐中本身带有泥沙等不溶性杂质和可溶性杂质，如 K^+、Ca^{2+}、Mg^{2+}、SO_4^{2-}、CO_3^{2-} 等。其中不溶性杂质可用过滤的方法除去，而对于可溶性杂质，可加入 $BaCl_2$、Na_2CO_3 和 HCl 等试剂，使它们与 Ca^{2+}、Mg^{2+}、SO_4^{2-} 反应形成沉淀化合物而滤除。

首先在溶液中加入稍过量的 $BaCl_2$ 溶液，将 SO_4^{2-} 转化为 $BaSO_4$ 沉淀，过滤后除去：

$$Ba^{2+}+SO_4^{2-} = BaSO_4\downarrow$$

然后向滤液中加入 NaOH-Na_2CO_3 混合溶液，溶液中的 Ca^{2+}、Mg^{2+} 和过量的 Ba^{2+} 将被沉淀，随即除去：

$$Ca^{2+} + CO_3^{2-} = CaCO_3\downarrow$$

$$2Mg^{2+}+2OH^-+CO_3^{2-} = Mg_2(OH)_2CO_3\downarrow$$

$$Ba^{2+}+CO_3^{2-} = BaCO_3\downarrow$$

向过滤后的溶液中加入 HCl，以中和过量的混合碱，同时除去上步带入的 CO_3^{2-} 和 OH^-：

$$CO_3^{2-} + 2H^+ = CO_2\uparrow + H_2O$$

$$H^+ + OH^- = H_2O$$

Br^-、I^-、K^+ 等少量可溶性杂质，在浓缩和结晶后仍留在母液中，可在后面抽气过滤中除去。

【仪器和试剂】

1. 仪器　试管、烧杯、量筒、蒸发皿、漏斗、布氏漏斗、抽滤瓶、酒精灯、电炉（或煤气灯）、石棉网、托盘天平

2. 试剂　粗食盐、$(NH_4)_2C_2O_4$（0.5mol·L^{-1}）、NaOH（6mol·L^{-1}）、HCl（6mol·L^{-1}）、$BaCl_2$（1mol·L^{-1}）、HAc（2mol·L^{-1}）、H_2SO_4（3 mol·L^{-1}）、饱和 Na_2CO_3、镁试剂、2∶1 乙醇水溶液

【实验内容】

1. 粗食盐提纯

（1）称取 10g 粗食盐于 100ml 烧杯中，加入 50ml 蒸馏水，加热并搅拌，使其充分溶解。将溶液加热至沸时，慢慢滴加 1mol·L^{-1} $BaCl_2$ 3.5ml 左右，并不断搅拌，继续加热 5min，使其沉淀不断析出。静置沉淀，取少量上清液，依次滴加 2 滴 HCl（6mol·L^{-1}）和 1～2 滴 $BaCl_2$（1mol·L^{-1}）溶液检验是否有浑浊现象，若有，则证明还有 SO_4^{2-} 存在，需再加入适量 $BaCl_2$ 直至不再出现浑浊。将溶液过滤，弃去沉淀。

（2）将所得滤液转移至另一干净的烧杯中，加热煮沸，滴加饱和 Na_2CO_3 溶液并不停地搅拌，直到溶液无沉淀生成为止，继续滴加 0.5ml Na_2CO_3 溶液，静置。取上清液加入干净的试管中，滴加 2 滴 H_2SO_4（3 mol·L^{-1}）溶液，若溶液出现浑浊现象，则表明尚有 Ba^{2+} 存在，需继续加入 Na_2CO_3 溶液，直至除尽，静置。

(3) 将上步静置后所得滤液重新转移至干净烧杯中,滴加 HCl($6mol \cdot L^{-1}$)溶液,调节溶液 pH 为 3~4。将溶液转移至蒸发皿中,小火加热,蒸发浓缩至原体积的 1/3,冷却结晶。

(4) 待结晶完全后抽滤,用少量 2∶1 乙醇水溶液洗涤晶体,抽滤至布氏漏斗下端无水滴。

(5) 将结晶转移至干净的蒸发皿中,微火加热,烘干。冷却后称量,计算产率。

2. 产品质量检验

取粗食盐和提纯后的 NaCl 各 0.5g,分别溶解于 5ml 蒸馏水中,并分别盛放于三支试管中,以粗盐和产品溶液为一组,均分成三组。第一组,向两支试管中加入 2 滴 HCl($6mol \cdot L^{-1}$)和 3~4 滴 $BaCl_2$($1mol \cdot L^{-1}$);第二组,加入 HAc($2mol \cdot L^{-1}$)使其呈酸性,再分别加入 $(NH_4)_2C_2O_4$($0.5mol \cdot L^{-1}$)溶液;第三组,先分别滴加 2~3 滴 NaOH($6mol \cdot L^{-1}$)溶液,调节溶液呈碱性,再分别滴加 2~3 滴镁试剂。观察各组试管中溶液的现象,并说明原因。

目标检测

1. Ca^{2+}、Mg^{2+}、SO_4^{2-}等离子的顺序能否倒置过来,为什么?
2. 在提纯粗盐过程中,K^+将在哪一步操作中除去?
3. 如果产率过高,可能的原因是什么?

(罗小叶)

实验 3 电解质溶液

【实验目标】

1. 加深对强电解质和弱电解质概念的理解并学会区别方法。
2. 熟练使用酸碱指示剂、pH 试纸测定溶液的酸碱性。
3. 进一步理解同离子效应的概念。

【实验原理】

在水溶液中,强电解质完全电离成离子,其过程不可逆。弱电解质部分电离成离子,大部分以电解质分子形式存在,其过程可逆。

酸碱指示剂电离后的离子和未电离的分子具有不同的颜色,利用指示剂在溶液中所呈现的不同颜色可以确定溶液的酸碱性或 pH。

在弱电解质溶液中加入具有相同离子的强电解质,使弱电解质的电离度减小的现象,称为同离子效应。

【仪器和试剂】

1. 仪器 试管若干、试管夹、量筒、玻璃棒、药匙、酒精灯、火柴、白色点滴板

2. 试剂 $0.1\ mol \cdot L^{-1}$ HCl、$0.1\ mol \cdot L^{-1}$ HAc、$0.1\ mol \cdot L^{-1}$ $NH_3 \cdot H_2O$、锌粒、NaAc 固体、NH_4Cl 固体、甲基橙试液、酚酞试液、pH 试纸

【实验内容】

1. 强弱电解质的比较

(1) 向白色点滴板的凹穴内分别滴加 $0.1\ mol \cdot L^{-1}$ HCl 溶液和 $0.1\ mol \cdot L^{-1}$ HAc 溶液,用 pH 试纸分别测其 pH。

(2) 取两支试管,各加入一粒同样大小的锌粒,分别滴加 $0.1\ mol \cdot L^{-1}$HCl 溶液和 0.1

$mol \cdot L^{-1}$HAc 溶液 1ml。

观察现象,比较结果并解释原因。

2. 同离子效应

(1) 取两支试管,各加入 2ml 0.1 $mol \cdot L^{-1}$ HAc 溶液和甲基橙试液 1 滴,观察溶液的颜色;在其中一支试管中加入少量 NaAc 固体,振荡后比较两支试管中溶液的颜色。

(2)取两支试管,各加入 0.1 $mol \cdot L^{-1}$ $NH_3 \cdot H_2O$ 和酚酞试液 1 滴,观察溶液的颜色;在其中一支试管中加入少量 NH_4Cl 固体,振荡后比较两支试管中溶液的颜色。

说明上述变化的原因。

目标检测

1. 强弱电解质的电离有何不同?
2. 如何判断同离子效应的发生?

(范　宏)

实验 4　缓冲溶液的配制和性质

【实验目标】

1. 加深对缓冲溶液原理及性质的理解。
2. 熟悉缓冲溶液的配制方法及吸量管的使用方法。
3. 掌握用 pH 计测定溶液 pH 的方法。

【实验原理】

由弱酸及其共轭碱或弱碱及其共轭酸组成、具有一定的 pH,而且不因稀释或加入少量强酸或强碱而使 pH 有明显改变的溶液,称为缓冲溶液。配制缓冲溶液,主要根据缓冲溶液 pH 的计算公式:

$$pH = pK_a + \lg \frac{[共轭碱]}{[弱酸]} \quad 或 \quad pH = pK_a + \lg \frac{V[共轭碱]}{V[弱酸]}$$

由公式可知,缓冲溶液的 pH 由[共轭碱]/[弱酸]的比值决定,因此稀释时其值几乎不受影响。但缓冲溶液的缓冲能力都有一定的限度,如果加入强酸、强碱或水的量超过了缓冲。

【仪器和试剂】

1. 仪器　试管、试管架、5ml 和 10ml 刻度吸量管、pH 计

2. 试剂　0.1$mol \cdot L^{-1}$乙酸、0.1$mol \cdot L^{-1}$乙酸钠、0.10$mol \cdot L^{-1}$盐酸、0.10$mol \cdot L^{-1}$氢氧化钠、0.10 $mol \cdot L^{-1}$氯化钠、磷酸盐标准缓冲液、饱和 KCl 溶液、硼砂标准缓冲液、邻苯二甲酸氢钾标准缓冲液、混合指示剂、pH 酸度计

【实验内容】

1. pH 计测定溶液 pH 的方法

接通 pH 计电源,预热仪器 30min。取下饱和甘汞电极上的橡皮塞及橡皮套,必要时补充饱和 KCl 溶液,检查下端瓷芯是否阻塞,然后安装于(+)极。同时将在蒸馏水中浸泡 24h 后的玻璃电极安装于(-)极,其下端应比甘汞电极下端略高。用蒸馏水清洗电极,用滤纸吸去电极上的水。

用磷酸盐标准缓冲液(pH=6.86)校准定位,pH 误差不应超过±0.1。校准方法如下:①小

心地将两电极浸入待测样品溶液中,轻轻晃动烧杯,使溶液均匀分布;②检查电表指针是否在 pH=6.86 处,否则,调节"零点调节器",使指针指在 pH=6.86;③待测溶液的温度应与校正用的标准 pH 缓冲溶液的温度相同,否则应将"温度补偿器"调节至与待测溶液的温度一致。

以磷酸盐标准缓冲液(pH=6.86)为定位液,如果测定溶液为碱性,以硼砂标准缓冲液(pH=9.18)为复核液;如果测定溶液为酸性,用邻苯二甲酸氢钾标准缓冲液(pH=4.00)校正仪器后测定供试液,按照上述操作程序测定溶液的值。

重取供试液再测,直至 pH 读数在 1min 内改变不超过±0.05 为止;然后用硼砂标准缓冲液(pH=9.18)校正仪器,如上法测定;两次 pH 读数相差应不超过 0.1,取两次读数的平均值为其 pH。

测定完毕,抬起"读数"开关,将"量程"开关转至"0",关上"电源"开关,拔去电源。用蒸馏水冲洗电极,将甘汞电极浸入饱和 KCl 溶液中(或将甘汞电极颈端橡皮塞塞上,弯管口套上橡皮帽),将玻璃电极浸入蒸馏水中备用。

2. 缓冲溶液的配制

先用理论方法计算出按下表所示的量所配溶液的 pH,填入表中。然后取三支洁净的大试管,标上序号,再用吸量管按下表的量量取 0.1 mol·L^{-1}乙酸和 0.1 mol·L^{-1}乙酸钠加入试管中,振荡均匀后,用 pH 计测量溶液的 pH。

试管号	乙酸(ml)	乙酸钠(ml)	计算 pH	pH 计测量溶液 pH
1	8	2		
2	5	5		
3	2	8		

3. 缓冲溶液的性质

(1) 缓冲溶液的稀释。用吸量管按下表的量量取所用的溶液,同样用 pH 计测量溶液的 pH

试管号	2 号缓冲溶液(ml)	蒸馏水(ml)	pH 计测量溶液 pH
1	0	2	
2	2	0	
3	1	1	
4	1	10	

(2) 缓冲溶液的抗酸、抗碱作用。按下表的量进行实验:

试管号	试液和指示剂用量	颜色	试液显酸色或碱色时加酸或碱的滴数	颜色
1	蒸馏水 2ml,溴酚蓝 1 滴		0.1mol·L^{-1} HCl____滴	
2	蒸馏水 2ml,酚酞 1 滴		0.1mol·L^{-1} NaOH___滴	
3	缓冲溶液(1)2ml,溴酚蓝 1 滴		0.1mol·L^{-1} HCl____滴	
4	缓冲溶液(1)2ml,酚酞 1 滴		0.1mol·L^{-1} NaOH___滴	
5	缓冲溶液(2)2ml,溴酚蓝 1 滴		0.1mol·L^{-1}HCl____滴	
6	缓冲溶液(2)2ml,酚酞 1 滴		0.1mol·L^{-1} NaOH___滴	
7	缓冲溶液(3)2ml,溴酚蓝 1 滴		0.1mol·L^{-1} HCl____滴	

续表

试管号	试液和指示剂用量	颜色	试液显酸色或碱色时加酸或碱的滴数	颜色
8	缓冲溶液(3)2ml,酚酞1滴		$0.1mol \cdot L^{-1}$ NaOH ___滴	
9	$0.1mol \cdot L^{-1}$ NaCl 2ml,溴酚蓝1滴		$0.mol \cdot L^{-1}$ HCl____滴	
10	$0.1mol \cdot L^{-1}$ NaCl 2ml,酚酞1滴		$0.1mol \cdot L^{-1}$NaOH___滴	

解释上表中实验所产生各种现象的原因,归纳缓冲溶液的性质。

目标检测

1. 缓冲溶液的pH受哪些因素影响?
2. $0.1mol \cdot L^{-1}$氯化钠和$0.1mol \cdot L^{-1}$盐酸能配成缓冲溶液吗?为什么?

(李兆君)

实验5 乙醇的常压蒸馏

【实验目标】

1. 掌握常压蒸馏的基本操作。
2. 了解常压蒸馏的原理及应用。

【实验原理】

液体物质具有一定的蒸气压,随着温度的升高其蒸气压增大,当蒸气压等于外界大气压时液体开始沸腾,此时的温度为该液体的沸点。蒸馏就是将液态物质加热至沸腾,液体变为蒸气,再将蒸气冷却为液体的过程。在常压(101.3kPa)下进行的蒸馏,称为常压蒸馏。

由于混合液中的各组分具有不同的沸点,因此,混合液体在蒸馏过程中,低沸点的组分先蒸出,高沸点的组分后蒸出,不挥发的物质留在容器中,从而达到分离或提纯的目的。用常压蒸馏方法分离液态有机物时,只有两组分的沸点相差30℃以上,才能达到较好的分离效果。

用常压蒸馏的方法可以测定液态的沸点,一般所用样品液在10ml以上。

【仪器和试剂】

1. 仪器　圆底烧瓶、蒸馏头、温度计套管、温度计、直形冷凝管、接液管、锥形瓶、量筒
2. 试剂　75%乙醇、沸石

【实验内容】

1. 蒸馏装置的安装

简单蒸馏装置主要由热源(水浴或电热套)、蒸馏烧瓶、温度计、直形冷凝管、接液管和接收器(锥形瓶)组成,如实验图5-1所示。

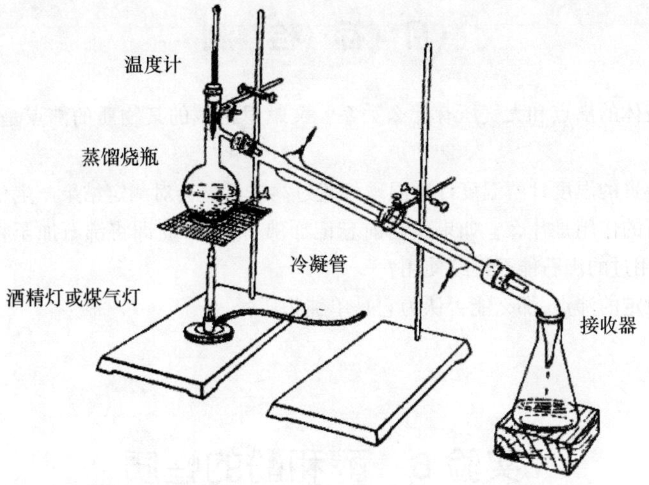

实验图 5-1 简单蒸馏装置图

1）蒸馏烧瓶的选择

根据蒸馏物的量，选择大小合适的蒸馏烧瓶（蒸馏物液体的体积通常不超过蒸馏烧瓶容积的 2/3，不少于 1/3）。

2）仪器安装

安装原则一般为先下后上，先左后右。整个安装包括三个部分：

（1）汽化部分安装：根据热源高度，将蒸馏瓶固定在铁架台上，使蒸馏瓶轴心与台面保持垂直。用铁夹夹住蒸馏瓶支管上部的瓶颈处，瓶口配一个单孔塞子，孔内插入温度计，使温度计水银球的上端与蒸馏烧瓶的支管下端在同一水平线上。

（2）冷凝部分安装：在另一个铁架台上先夹住冷凝管的重心部位（中上部），不要夹得太紧，以稍能转动为宜。通过铁架台上的铁夹调整冷凝管在铁架台上的高低位置，使冷凝管与烧瓶支管相连接，保持冷凝管和蒸馏烧瓶的支管在同一直线上。冷凝管下端的进水口与自来水龙头连接，上端的出水口用胶管连接后导入水槽。

（3）接收部分安装：冷凝管的尾部与接液管连接，接液管直接插入接收器（锥形瓶）中，装置不能密闭。

2. 蒸馏操作

（1）加料：将待蒸馏液（75% 乙醇）通过玻璃漏斗小心倒入蒸馏瓶中，注意不要使液体从支管流出。加入 2~3 粒沸石，安装好带温度计的塞子，调整温度计水银球的上端与蒸馏烧瓶的支管下端在同一水平线上。

（2）加热：仔细检查整套装置，打开水龙头，缓缓通入冷凝水。开启热源开始加热，观察蒸馏烧瓶中的现象及温度计读数的变化。当液体沸腾，蒸气逐渐上升，蒸气的顶端到达温度计水银球部位时，温度计读数急剧上升。当水银球上出现液滴后，接液管末端随即出现第一滴馏出液，蒸馏开始。调节加热温度，控制蒸馏速度，以每秒 1~2 滴为宜。在温度未达到待蒸馏物（75% 乙醇）沸点之前，常有少量较低沸点液体先被蒸出，称为前馏分。弃去少量前馏分，更换一只干净的、干燥的锥形瓶，继续收集馏分。

若维持加热温度，当温度计读数突然下降时，即可停止加热。

（3）拆除蒸馏装置：蒸馏完毕，应先撤出热源，然后关闭冷凝水，最后拆除蒸馏装置，拆除装置与安装顺序正好相反。

目标检测

1. 什么是沸点？液体的沸点和大气压有什么关系？文献里记载的某物质的沸点是否即为你们那里的沸点温度？
2. 如何安装蒸馏装置的温度计？温度计感温球位置过高或过低会对测定结果产生什么影响？
3. 蒸馏时加入沸石的作用是什么？如果蒸馏前忘记加沸石，能否立即将沸石加至将近沸腾的液体中？当重新蒸馏时，用过的沸石能否继续使用？
4. 如果液体具有恒定的沸点，那么能否认为它是单纯物质？

（穆春旭）

实验6　醇和酚的性质

【实验目标】

1. 验证醇和酚的主要化学性质。
2. 掌握伯醇、仲醇、叔醇、苯酚等物质的鉴别方法。

【实验原理】

醇的官能团是羟基，其化学反应主要发生在羟基及与羟基相连的碳上。醇能与活泼金属、氢卤酸发生反应，能发生脱水反应（分子内及分子间），伯、仲醇能被重铬酸钾等氧化剂氧化。

由于酚羟基氧原子上的未共用电子对与苯环的 π 电子形成了 p-π 共轭体系，使氧原子上的电子云密度降低，增强了氢氧键的极性，所以苯酚显弱酸性。大多数酚类都能和三氯化铁溶液发生显色反应。

【仪器和试剂】

1. 仪器　试管、烧杯、酒精灯、水浴锅

2. 试剂　无水乙醇、金属钠、酚酞试液、正丁醇、仲丁醇、叔丁醇、3 $mol \cdot L^{-1}$硫酸、0.17 $mol \cdot L^{-1}$重铬酸钾溶液、卢卡斯试剂、2.5 $mol \cdot L^{-1}$氢氧化钠、饱和碳酸氢钠溶液、苯酚、0.2 $mol \cdot L^{-1}$苯甲醇溶液、0.06 $mol \cdot L^{-1}$三氯化铁溶液、0.03 $mol \cdot L^{-1}$高锰酸钾溶液

【实验内容】

1. 醇与金属钠的反应　取干燥试管1支，加入无水乙醇0.5ml，再加入新切的金属钠一粒（黄豆大小），观察和解释实验现象。冷却后，加入纯化水少许，再加入酚酞试液1滴，观察和解释实验现象。

2. 醇的氧化　取试管4支，分别加入正丁醇、仲丁醇、叔丁醇、蒸馏水各3滴。然后在4支试管中分别加入3$mol \cdot L^{-1}$硫酸、0.17$mol \cdot L^{-1}$重铬酸钾溶液各2~3滴，振摇，观察和解释实验现象。

3. 与卢卡斯试剂的反应　取试管3支，分别加入正丁醇、仲丁醇、叔丁醇各3滴，在50~60℃水浴中预热片刻。然后同时向3支试管中加入卢卡斯试剂1ml，振摇，观察和解释实验现象。

4. 酚的弱酸性试验　取试管2支，分别加入苯酚少许和1ml水，振摇，观察现象。往一支试管中加2.5$mol \cdot L^{-1}$氢氧化钠溶液数滴，振摇，观察现象；往另一支试管中加饱和碳酸氢钠溶液1ml，振摇，观察和解释实验现象。

5. 酚与三氯化铁的反应 取试管 3 支，分别加入 0.2mol·L^{-1}苯酚溶液、0.2mol·L^{-1}邻苯二酚溶液、0.2mol·L^{-1}苯甲醇溶液各数滴，再各加 0.06mol·L^{-1}三氯化铁溶液 1 滴，振摇，观察和解释实验现象。

6. 酚的氧化 在试管中加入 2.5mol·L^{-1}氢氧化钠溶液 5 滴、0.03mol·L^{-1}高锰酸钾溶液 1~2 滴，再加入 0.2mol·L^{-1}苯酚溶液 2~3 滴，观察和解释实验现象。

目标检测

1. 为什么乙醇与金属钠作用时必须使用干燥试管和无水乙醇？
2. 卢卡斯试剂的组成是什么？可否用其鉴别醇和其他化合物？

（穆春旭）

实验 7 醛和酮的性质

【实验目标】

1. 进行醛和酮主要化学性质验证的实验操作。
2. 掌握醛和酮的鉴别方法。
3. 学会托伦试剂和费林试剂的配制。

【实验原理】

醛、酮分子中都含有羰基，统称为羰基化合物，它们具有许多相同的性质。因为羰基中的π电子云偏向于电负性较大的氧原子，使氧原子带部分负电荷，碳原子带部分正电荷，易发生亲核加成反应。例如，醛、酮都易与 2,4-二硝基苯肼加成，生成黄色的 2,4-二硝基苯腙沉淀；与饱和亚硫酸氢钠溶液作用生成白色沉淀等。这些反应常用于羰基化合物的鉴定。

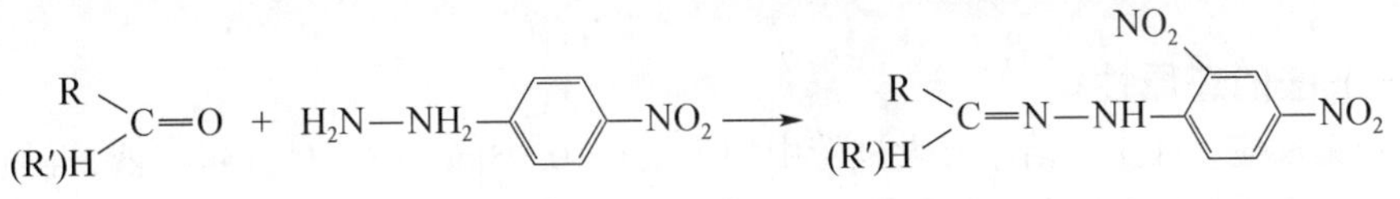

2,4-二硝基苯腙

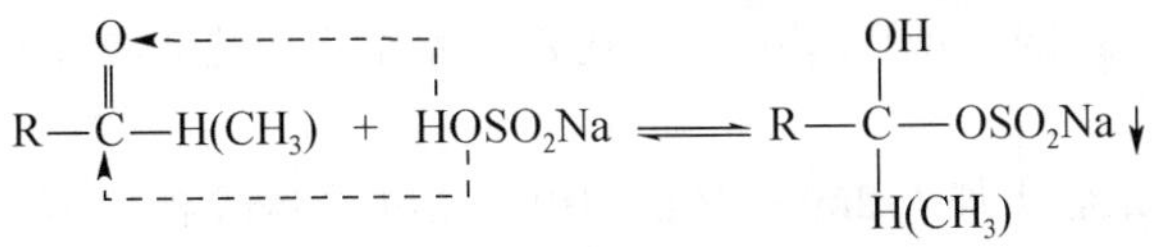

α-羟基磺酸钠

醛、酮分子中的α-H 由于受到羰基的影响，具有很大的活性。乙醛、甲基酮、乙醇及具有 $CH_3CH(OH)R$ 结构的醇均可发生碘仿反应，生成淡黄色的碘仿。

$$CH_3-\overset{\overset{O}{\|}}{C}-R(H) + 3I_2 + 4NaOH \rightleftharpoons \underset{\text{碘仿}}{CHI_3}\downarrow + (H)R-\overset{\overset{O}{\|}}{C}-ONa + 3NaI + 3H_2O$$

由于羰基所连的基团不同，因此醛、酮具有不同的性质。例如，醛能被弱氧化剂托伦(Tollens)试剂、费林(Fehling)试剂(只有脂肪醛与该试剂反应)所氧化，能与希夫(Schiff)试剂产生颜色反应等，而酮不能，由此可区别醛和酮。另外，甲醛因还原性强，与费林试剂反应形成铜镜；甲醛与希夫试剂所产生的颜色加硫酸后不消失，而其他醛所产生的颜色加硫酸后则褪去,因此用以上两种方法可以将甲醛与其他醛区别开。

$$(Ar)R—CHO+2[Ag(NH_3)_2]OH \xrightarrow{\triangle} (Ar)R—COONH_4+2Ag\downarrow+3NH_3+H_2O$$

$$R—CHO+2Cu^{2+}+2OH^- \longrightarrow R—CHOO^-+Cu_2O\downarrow+H_2O$$

$$H—CHO+Cu^{2+}+2OH^- \longrightarrow H—COO^-+Cu\downarrow+H_2O$$

有些酮可发生某些特殊的反应。例如,丙酮在碱性溶液中能与亚硝酰铁氰化钠发生颜色反应,此反应用于检验丙酮的存在。

【仪器与试剂】

1. 仪器 大试管、小试管、烧杯、温度计(100℃)、石棉网、酒精灯

2. 药品 甲醛、甲醛水溶液、乙醛、苯甲醛、丙酮、乙醇、2,4-二硝基苯肼试剂、饱和亚硫酸氢钠溶液、碘试剂、2mol · L^{-1}氢氧化钠溶液、0.05mol · L^{-1}硝酸银溶液、0.5mol · L^{-1}氨水溶液、费林试剂甲、费林试剂乙、0.05mol · L^{-1}亚硝酰铁氰化钠、希夫试剂

【实验内容】

(一)醛、酮的加成反应

1. 与饱和亚硫酸氢钠的反应 取3支试管,分别加入5滴乙醛、苯甲醛和丙酮,再各加入新制的饱和亚硫酸氢钠溶液1 ml,将试管放入冰水浴中冷却,观察现象并写出有关化学反应式。

2. 与2,4-二硝基苯肼的反应 取4支试管,分别加入3滴甲醛、乙醛、丙酮、苯甲醛,再各加入10滴2,4-二硝基苯肼试剂,充分振荡后,静置片刻,观察有无沉淀析出。若无沉淀,可用玻璃棒摩擦试管内壁,促使晶体析出。观察现象并写出有关化学反应式。

(二)活泼 α-H 的反应——碘仿反应

取4支试管,分别加入5滴甲醛、乙醛、丙酮、乙醇,再各加入10滴碘试剂,然后分别滴加2 mol · L^{-1}氢氧化钠溶液至碘的颜色恰好褪去。振荡,观察有无沉淀生成,若无沉淀,可在60℃左右的温水浴中温热数分钟,冷却后再观察,记录并解释发生的现象,写出有关化学反应式。

(三)醛的还原性

1. 银镜反应 在1支洁净的大试管中加入2 ml 0.05mol · L^{-1}硝酸银溶液,再加入1滴2mol · L^{-1}氢氧化钠溶液,此时有褐色的氧化银沉淀生成。然后边振荡边滴加0.5 mol · L^{-1}氨水,直至生成的沉淀恰好溶解为止(即得托伦试剂)。然后将托伦试剂分装到4支洁净的试管中,再分别加入2滴甲醛、乙醛、丙酮、苯甲醛,放在80℃水浴中加热2~3min,观察现象并写出有关化学反应式。

2. 费林反应 在大试管中加入2ml费林试剂甲和2ml费林试剂乙,混合均匀(即得费林试剂),然后分装到4支洁净的试管中,再分别加入4滴甲醛、乙醛、丙酮、苯甲醛,振荡,放在80℃水浴中加热2~3min,观察现象并写出有关化学反应式。

(四)醛的显色反应——希夫反应

取4支试管,分别滴加5滴甲醛、乙醛、乙醇、丙酮,然后再各加入10滴希夫试剂,记录并解释发生的现象。

(五)丙酮的鉴别反应

取2支试管,各加入1ml 0.05mol · L^{-1}亚硝酰铁氰化钠和2滴2mol · L^{-1}氢氧化钠溶液,摇匀,再分别加入5滴乙醛和丙酮,记录并解释发生的现象。

目标检测

1. 鉴别醛、酮有哪些简便的方法?
2. 通过实验,你认为银镜反应成功的关键是什么?
3. 试述碘仿反应的应用范围。
4. 进行银镜反应时要注意哪些事项?
5. 用简单方法鉴别下列化合物:苯甲醛、甲醛、乙醛、丙酮、异丙醇。

(陈　霞)

实验 8　糖、蛋白质的性质

【实验目标】

1. 验证和巩固糖类物质和蛋白质的主要化学性质。
2. 熟悉糖类、蛋白质的某些鉴定方法。
3. 观察并解释蛋白质的盐析和变性。

【实验原理】

糖是多羟基醛、多羟基酮或它们的脱水缩合物。单糖及分子结构中含有苷羟基的二糖都有还原性,能将班氏试剂还原生成砖红色 Cu_2O 沉淀,也能与托伦试剂作用产生银镜。蔗糖等不含苷羟基的糖则无还原性。蔗糖在酸或酶的存在下水解,生成葡萄糖和果糖,因此其水解液具有还原性。

多糖是由许多单糖分子缩合而成的高分子化合物,无还原性。但多糖在酸或酶的存在下水解,可生成单糖,所以其水解液具有还原性。淀粉与碘液作用呈现蓝色。当淀粉水解时,分子由大逐渐变小,生成各种糊精、麦芽糖,最终产物是葡萄糖。淀粉水解液与碘作用呈现的颜色也由蓝色向紫色、红色变化,最终为无色,因此可用碘液来检验淀粉的水解程度。

糖在浓硫酸存在下,与 α-萘酚反应显紫色,此颜色反应称为莫利许反应,常用于糖类化合物的检验。醛糖和酮糖可用塞利凡诺夫试验鉴别。

蛋白质分子中某些基团与显色剂作用,可生成特定颜色。蛋白质多为亲水胶体,水化膜和双电层是其稳定的两个重要因素,破坏这些因素则导致蛋白质沉淀。蛋白质变性后,空间结构被破坏,易析出沉淀。

【仪器和试剂】

1. 仪器　试管、烧杯、玻璃棒、白瓷点滴板、试管夹、滴管、酒精灯、离心管、离心机

2. 试剂 $0.1mol \cdot L^{-1}$ 葡萄糖、$0.1mol \cdot L^{-1}$ 果糖、$0.05mol \cdot L^{-1}$ 蔗糖、$0.05mol \cdot L^{-1}$ 麦芽糖、$20g \cdot L^{-1}$ 淀粉、$0.1mol \cdot L^{-1}$ $AgNO_3$、$1mol \cdot L^{-1}$ Na_2CO_3、NaOH($1mol \cdot L^{-1}$、$2.5mol \cdot L^{-1}$、$5mol \cdot L^{-1}$)、$2mol \cdot L^{-1}$ $NH_3 \cdot H_2O$、班氏试剂、碘试液、莫利许试剂、塞利凡诺夫试剂、浓硫酸、浓盐酸、蛋白质、茚三酮、浓硝酸、95%乙醇、$10g \cdot L^{-1}$ $CuSO_4$、$2mol \cdot L^{-1}$ NaOH、$(NH_4)_2SO_4$(固体、饱和)、$0.1mol \cdot L^{-1}$ $AgNO_3$、$20g \cdot L^{-1}$ $Pb(Ac)_2$、蒸馏水

【实验内容】

1. 糖的化学性质

1) 糖的还原性

(1) 与班氏试剂反应:取 5 支试管,各加入 1ml 班氏试剂,再分别加入 10 滴 $0.1mol \cdot L^{-1}$

葡萄糖、0. 1mol · L^{-1}果糖、0. 05mol · L^{-1}蔗糖、0. 05mol · L^{-1}麦芽糖和 20g · L^{-1}淀粉。摇匀后，将试管放在沸水浴中加热数分钟，观察哪几支试管中生成砖红色沉淀，解释所观察到的现象。

（2）与托伦试剂反应：取 2ml0. 1mol · L^{-1} $AgNO_3$溶液置于洁净试管中，加入 2 滴 1mol · L^{-1} NaOH 溶液，在振荡下逐滴加入 2mol · L^{-1} NH_3 · H_2O 至生成的沉淀刚刚溶解为止（注意：氨水不能过量）。将制得的托伦试剂分置于 4 支洁净的试管中，分别加入 10 滴 0. 1mol · L^{-1}葡萄糖、0. 1mol · L^{-1}果糖、0. 05mol · L^{-1}蔗糖、0. 05mol · L^{-1}麦芽糖，摇匀后放置 1min，如无变化可在水浴（50～60℃）中加热数分钟，观察和记录现象，并解释。

2）糖的显色反应

（1）莫立许反应：取 4 支试管，分别加入 1ml0. 1mol · L^{-1}葡萄糖、0. 1mol · L^{-1}果糖、0. 05mol · L^{-1}蔗糖和 20g · L^{-1}淀粉，各加入 2 滴新配制的莫立许试剂，摇匀后，将试管倾斜呈 45°角，分别沿管壁徐徐注入 1ml 浓硫酸（切勿摇动）。然后小心竖起试管，可见糖溶液和浓硫酸清楚地分为两层，注意观察两溶液界面处有无紫色环出现。若无紫色环出现，可在水浴中温热后再进行观察。

（2）塞利凡诺夫试验：取 4 支试管，各加入塞利凡诺夫试剂 1ml，再分别加入 10 滴 0. 1mol · L^{-1}葡萄糖、0. 1mol · L^{-1}果糖、0. 05mol · L^{-1}蔗糖、0. 05mol · L^{-1}麦芽糖，摇匀，在沸水浴中加热 1～2min，观察现象，并比较结果。

（3）淀粉与碘的作用：取 1 支试管，加 4ml 蒸馏水，再加入 2 滴 20g · L^{-1}淀粉溶液，然后加入 1 滴碘试液，摇匀，观察呈现的颜色。将此试管加热至沸有何现象？放冷后，又有什么变化，为什么？

3）糖的水解

（1）蔗糖的水解：取 2 支试管，各加入 1ml 0. 05mol · L^{-1}蔗糖，然后于第一支试管中加入 3 滴浓盐酸，第二支试管中加入 3 滴蒸馏水，摇匀后，将 2 支试管同时放在沸水浴中加热 5～10min，取出冷却后，在第一支试管中加入 1mol · L^{-1} Na_2CO_3溶液，中和至呈弱碱性（加到无气泡产生为止）。然后在 2 支试管中各加入 10 滴班氏试剂，摇匀，再放入沸水浴中加热 2～3min，观察现象，并比较结果。

（2）淀粉的水解：取 1 支试管，加入 2ml20g · L^{-1}淀粉溶液，再加入 3 滴浓盐酸，摇匀，在沸水浴中加热 10～15min，加热时每隔 2～3min 用滴管吸出 1 滴反应液，置于点滴板上的 1 个凹穴中，加碘试液 1 滴，注意观察其颜色的变化，待反应液与碘试液不再显色时，继续加热 1～2min。取出试管，冷却后，用 1mol · L^{-1} Na_2CO_3溶液中和至呈弱碱性，加入 5～10 滴班氏试剂，摇匀，再放入沸水浴中加热 2～3min 观察结果。

2. 蛋白质的化学性质

1）颜色反应

（1）茚三酮反应：取 1 支试管，加入 1ml 蛋白质溶液，滴加 2～3 滴茚三酮，在沸水浴中加热 10～15min，观察并解释现象。

（2）黄蛋白反应：取 1 支试管，加入 1ml 蛋白质溶液，滴加 6～8 滴浓硝酸，放在沸水中加热，观察现象。放冷后，再各加 5mol · L^{-1} NaOH 至溶液呈碱性，观察并解释所发生的现象。

（3）缩二脲反应：取 1 支试管，加入 1ml 蛋白质溶液，滴加 2. 5mol · L^{-1} NaOH 1ml，再滴入 3 滴 10g · L^{-1} $CuSO_4$溶液，振荡，观察颜色变化。

2）蛋白质的盐析

取 1 支试管，加入蛋白质溶液和饱和硫酸铵溶液各 2ml，振荡后静置 5min，球蛋白将析出。将其离心，离心后的上层清液用滴管移至另一离心管中，慢慢加硫酸铵粉末，每加一次，均用玻璃棒充分搅拌，直到粉末不再溶解为止。静置 10min，则可见清蛋白沉淀析出，离心并吸去上层清液。向上述两离心管沉淀中分别加入蒸馏水 2ml，用玻璃棒搅拌，观察沉淀能否溶解。

3）蛋白质的变性

（1）乙醇对蛋白质的作用：取 1 支试管，加入 1ml 蛋白质溶液，然后沿试管壁慢慢滴加 95% 乙醇 20 滴，不要摇动，观察两溶液界面处是否有浑浊，说明原因。

（2）重金属盐对蛋白质的作用：取 2 支试管，各加入 1ml 蛋白质溶液，再分别加入 5 滴 $0.1mol \cdot L^{-1} AgNO_3$ 和 $20g \cdot L^{-1} Pb(Ac)_2$ 溶液，观察并解释实验现象。继续向这 2 支试管中各加 3ml 蒸馏水，振荡，观察沉淀是否溶解，解释原因。

（3）加热对蛋白质的作用：取 1 支试管，加入 2ml 蛋白质溶液，加热，有何现象发生？解释原因。

目 标 检 测

1. 什么是还原糖和非还原糖？它们在结构上有何特征？如何鉴别？
2. 在蛋白质的缩二脲反应中，为什么要控制硫酸铜溶液的加入量？硫酸铜过量会导致什么结果？

（冯 瑞）

实验 9 乙酰水杨酸的制备

【实验目标】

1. 掌握酰化反应的基本原理。
2. 熟悉重结晶、抽滤等有机合成中常用的基本方法。
3. 了解乙酰水杨酸中杂质的来源及纯化方法。

【实验原理】

乙酰水杨酸俗称阿司匹林，为白色针状或片状结晶，熔点为 136℃，微溶于水，易溶于乙醇，是常用的解热镇痛药。其结构式为

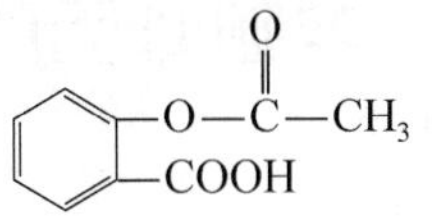

合成乙酰水杨酸通常用水杨酸与乙酸酐作用，通过酰化反应，使水杨酸分子中羟基上的氢原子被乙酰基取代，生成乙酰水杨酸。为了加速反应的进行，通常加入少量的浓硫酸作催化剂，其作用是破坏水杨酸分子中羧基与酚羟基间形成的氢键，从而加快反应速率。反应方程式为

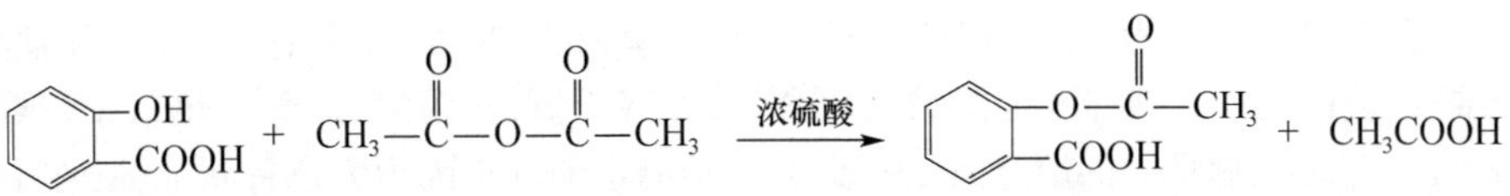

【仪器和试剂】

1. 仪器　锥形瓶（50ml、100ml、150ml）、恒温水浴锅、布氏漏斗、抽滤装置、量筒（50ml、100ml）、烧杯（100ml）、温度计、玻璃棒、台秤、剪刀、滤纸等

2. 试剂　水杨酸、乙酸酐、浓硫酸、无水乙醇、50% 乙醇，$0.06\ mol \cdot L^{-1} FeCl_3$ 溶液

【实验内容】

1. 合成　称取 6g 水杨酸置于干燥的 150ml 锥形瓶中，缓慢加入 8ml 乙酸酐，加入 4 滴浓硫酸，塞紧胶塞，轻轻振摇，使水杨酸全部溶解。将锥形瓶放在 50～60℃水浴中加热 10～15min。水浴加热过程中要注意不断摇动锥形瓶。

将反应液冷却至室温，待晶体析出后，加入纯化水 90ml，用玻璃棒轻轻搅拌，继续冷却直至大量的结晶完全析出。

2. 抽滤　将布氏漏斗安装在抽滤瓶上，选择合适的滤纸置于布氏漏斗中，先湿润滤纸，再打开减压泵，滤纸抽紧后，将上述待滤结晶溶液缓慢地倾入漏斗中，抽滤。得到的晶体用 18ml 纯化水分 3 次快速洗涤，并尽量压紧抽干，即得粗制的乙酰水杨酸。

取少量的乙酰水杨酸粗品溶解于 10 滴无水乙醇中，加入 2 滴 0.06 $mol \cdot L^{-1}$ $FeCl_3$ 溶液，观察颜色的变化。

3. 精制　将粗制的乙酰水杨酸置于干燥的 50ml 锥形瓶中，加入无水乙醇 18ml，于水浴上微热溶解；另在 100ml 锥形瓶中加入纯化水 48ml，加热至 60℃；将粗品乙醇溶液倒入热水中，若有颜色，加少量的活性炭脱色，趁热抽滤，滤液中若有固体析出，则加热至溶解；将滤液倒入一干净的小烧杯中，放置，自然冷却至室温，即慢慢析出白色针状结晶，过滤，用 50% 乙醇 6ml 洗涤 2 次，抽干。置红外灯下干燥（不超过 60℃为宜），即得纯化的乙酰水杨酸。称量，计算产率。

4. 纯度鉴定　取少量的精制乙酰水杨酸溶解于 10 滴无水乙醇中，加入 2 滴 0.06$mol \cdot L^{-1}$ $FeCl_3$ 溶液，观察颜色的变化。检验乙酰水杨酸的纯度。

目标检测

1. 本实验使用的仪器为什么必须是干燥的？
2. 重结晶提纯的原理是什么？
3. 通过实验，你认为在制备乙酰水杨酸的过程中，应注意哪些问题才能保证有较高的产率？

（赵桂欣）

实验 10　茶叶中咖啡因的提取（选做）

【实验目标】

1. 掌握索氏提取的原理。
2. 熟练安装索氏提取装置并进行操作。
3. 进一步熟悉萃取、蒸馏、升华等基本操作。

【实验原理】

茶叶中含有多种生物碱，其中以咖啡因为主，占 1%～5%，另外，还含有丹宁（又称鞣酸）、色素、纤维素、蛋白质等。咖啡因是弱碱性化合物，可溶于氯仿、丙醇、乙醇和热水中，难溶于乙醚和苯（冷）。无水咖啡因的熔点为 234.5℃，含结晶水的咖啡因为无色针状晶体，在 100℃时失去结晶水并开始升华，120℃时显著升华，178℃时迅速升华。利用这一性质可纯化咖啡因。

咖啡因是杂环化合物嘌呤的衍生物，其化学名称为 1,3,7-三甲基-2,6-二氧嘌呤，其结构式如下：

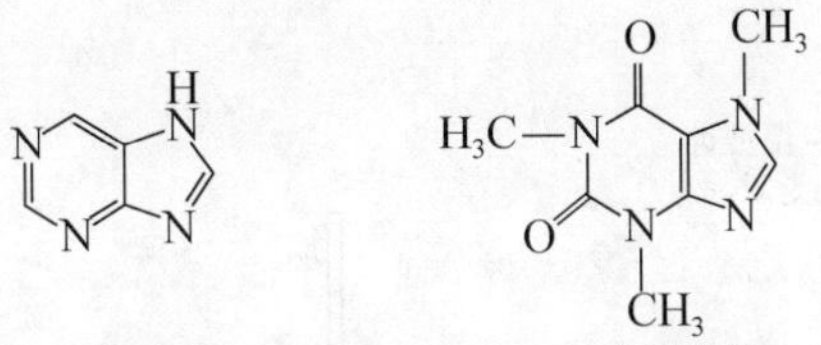

嘌呤　　咖啡因

咖啡因(1,3,7-三甲基-2,6-二氧嘌呤)是一种温和的兴奋剂,具有刺激心脏、兴奋中枢神经和利尿等作用。

为了提取茶叶中的咖啡因,往往利用适当的溶剂(如氯仿、乙醇、苯等)在索氏提取器中连续萃取,然后蒸出溶剂,即得粗咖啡因。粗咖啡因中还含有一些生物碱和杂质,利用升华法可进一步纯化。

索氏(Soxhlet)提取器由烧瓶、提取筒、回流冷凝管3部分组成,装置如实验图10-1所示。索氏提取器是利用溶剂的回流及虹吸原理,使固体物质每次都被纯的热溶剂所萃取,减少了溶剂用量,缩短了提取时间,因而效率较高。萃取前,应先将固体物质研细,以增加溶剂的浸溶面积。然后将研细的固体物质装入滤纸筒内,再置于提取筒中,烧瓶内盛溶剂并与提取筒相连,提取筒上端接冷凝管。溶剂受热沸腾,其蒸气沿提取筒侧管上升至冷凝管冷凝为液体,滴入滤纸筒中,并浸泡筒中样品。当液面超过虹吸管最高处时,即虹吸流回烧瓶,从而萃取出溶于溶剂的部分物质。如此多次重复,把要提取的物质富集于烧瓶内。

本实验以乙醇为溶剂,用索氏提取器提取,再经浓缩、中和、升华,得到较纯净的咖啡因。

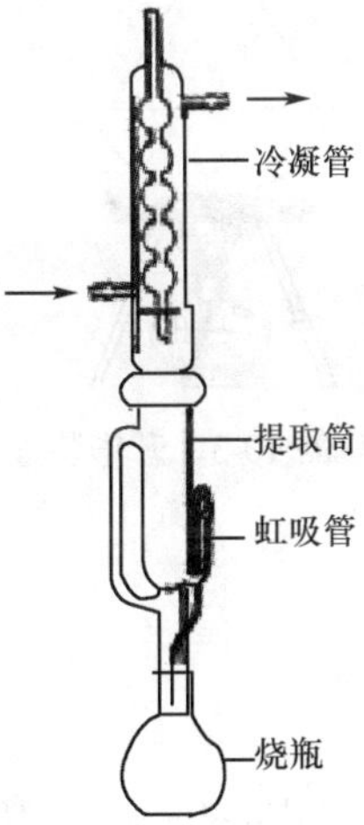

实验图 10-1　索氏提取器

【仪器和试剂】

1. 仪器　滤纸、圆底烧瓶、冷凝管、索氏提取器、烧杯、坩埚、漏斗、表面皿、酒精灯、电热套等

2. 试剂　茶叶、乙醇、生石灰等

【实验内容】

1. 萃取法提取粗咖啡因　用滤纸制作圆柱状滤纸筒,称取10g茶叶,用研钵捣成茶叶末,装入滤纸筒中,上下端封好,装入索氏提取器中。将250ml圆底烧瓶安装于电热套上,放入2粒沸石,加入95%乙醇150ml,安装好索氏提取装置,打开电源,加热回流。实验时能够观察到,随着回流的进行,当提取筒中回流下的乙醇液的液面稍高于索氏提取器的虹吸管顶端时,提取筒中的乙醇液发生虹吸并全部流回到烧瓶内。然后再次回流、虹吸,记录虹吸次数。茶叶每次都能被纯溶剂所萃取,使茶叶中的可溶物质富集于烧瓶中。待提取器中的溶剂基本上呈无色或微呈青绿色时(一般8~10次),可以停止提取,但必须待提取器中的提取液刚刚虹吸下去后,方可停止加热。然后移去电热套,冷却提取液,拆除索氏提取器(若提取筒中仍有少量提取液,倾斜使其全部流到圆底烧瓶中)。

2. 蒸馏　稍冷,将仪器改装成蒸馏装置,如实验图10-2所示,加热回收大部分乙醇。然后趁热将残留液(10~15ml)倾入蒸发皿中,烧瓶用少量乙醇洗涤,洗涤液也倒入蒸发皿中,蒸发至近干。加入4g生石灰粉,搅拌均匀,用电热套加热(100 ~120V),蒸发至干,除去全部水分,冷却后,擦去沾在边上的粉末,以免升华时污染产物。

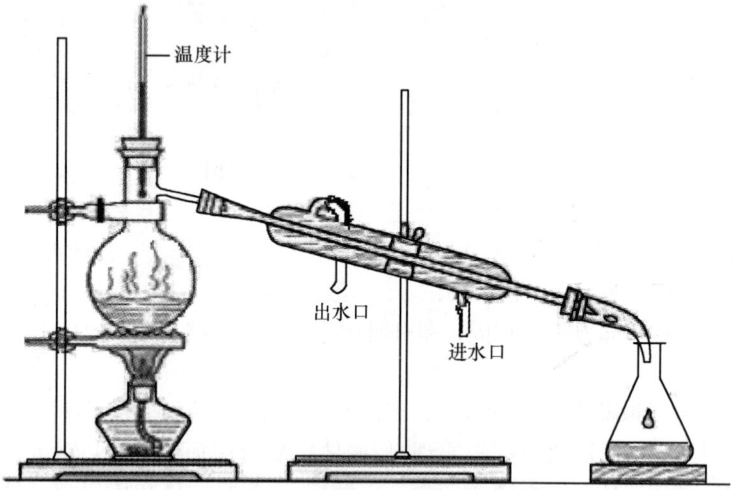

实验图 10-2　蒸馏装置

实验图 10-3　升华装置

3. 升华　将一张刺有许多小孔的圆形滤纸盖在蒸发皿上，取一只大小合适的玻璃漏斗罩于其上，漏斗颈部疏松地塞一团棉花，如实验图 10-3 所示。

小心加热蒸发皿，慢慢升高温度，使咖啡因升华。咖啡因通过滤纸孔遇到漏斗内壁凝为固体，附着于漏斗内壁和滤纸上。当纸上出现白色针状晶体时，暂停加热，让其自然冷却至不太烫手时，揭开漏斗和滤纸，仔细用小刀把附着于滤纸及漏斗壁上的咖啡因刮入表面皿中。将蒸发皿内的残渣加以搅拌，重新放好滤纸和漏斗，用较高的温度再加热升华一次。此时，温度也不宜太高，否则蒸发皿内大量冒烟，产品既受污染又遭损失。合并两次升华所收集的咖啡因。

目标检测

1. 索式提取器的优点是什么？
2. 加入生石灰粉的作用是什么？
3. 升华装置中，为什么要在蒸发皿上覆盖刺有小孔的滤纸？漏斗颈为什么塞棉花？

（马　浩）

医用化学教学大纲

一、课程简介

化学是研究物质的组成、结构、性质及其变化规律的一门科学，医用化学是医学及医学相关专业的一门重要基础课。医用化学不仅是生物化学、生理学、药理学等课程的基础，而且与医学有密切的关系，医学中的一些形态和机能学科都需要大量的化学知识。

医用化学是由无机化学、有机化学中与医学关系较为密切的基础理论知识、基本技能组合而成，主要教学内容有溶液浓度及溶液的配制、渗透压、缓冲溶液、电解质溶液、配位化合物、电极电势；各类有机物的结构特征、重要的理化性质及其应用等。总学时为 72 学时，其中理论课 57 学时，实验课 15 学时。

通过本课程的学习，使学生掌握后续课程学习和工作岗位所必需的化学基础理论、基本知识和基本技能，培养学生运用化学知识解释医学实际问题的能力和方法。

二、课程教学目标

（一）知识教学目标

（1）掌握溶液浓度的表示方法及溶液的配制、缓冲溶液、电解质溶液及相关的主要运算，理解配位化合物、电极电势的基本知识。

（2）掌握本课程中的基本理论知识，能解释化合物的性质。掌握有机化合物的命名、结构及部分与医学相关化合物的结构特征、用途。

（3）学会常用实验仪器的使用，认真观察实验现象，正确书写实验报告。

（二）能力培养目标

（1）指导学生能综合运用所学的化学知识、技能和方法，形成分析和解决相关问题的能力。

（2）培养学生运用观察、实验、查阅资料等多种手段获取信息和对信息进行加工的能力。

（3）培养学生的自学能力、运用化学知识解释相关医学现象的能力。

（三）思想教育目标

（1）通过理论及实验教学，让学生树立辨证唯物主义世界观，养成实事求是的科学态度和工作作风。

（2）培养学生的创新意识，形成刻苦钻研、勇于探索的学习风气。

（3）使学生具有良好的职业道德修养、人际沟通能力和团结协作精神。培养学生良好的服务意识和社会实践能力。

三、教学内容和要求

(一) 理论教学内容

教学内容	教学要求			教学活动参考
	了解	理解	掌握	
一、绪论				理论讲授、
(一)化学的研究对象			√	PPT 演示
(二)化学与医学科学		√		
(三)学习要求与方法	√			
二、溶液				
(一)溶液的配制				
1. 物质的量			√	PPT 演示、
2. 溶液浓度的表示方法			√	理论讲授、
3. 溶液的配制和稀释				实验操作、
(1)溶液的配制			√	课后习题
(2)溶液的稀释			√	练习
(二)溶液的渗透压				
1. 渗透现象和渗透压		√		
2. 渗透压与溶液的浓度、温度的关系		√		
3. 渗透压在医学上的意义			√	
三、电解质溶液				
(一)酸碱质子理论				PPT 演示、
1. 酸碱的定义		√		理论讲授、
2. 酸碱反应		√		实验操作、
3. 酸碱的强度	√			课后习题
(二)水溶液的酸碱性				练习
1. 水的电离平衡	√			
2. 溶液的酸碱性和 pH			√	
3. 酸碱指示剂		√		
(三)弱电解质溶液				
1. 弱电解质的电离平衡		√		
2. 一元弱酸、弱碱溶液 pH 的近似计算		√		
四、缓冲溶液				PPT 演示、
(一)缓冲溶液的组成及原理				理论讲授、
1. 缓冲作用的概念和组成		√		实验操作、
2. 缓冲作用的原理			√	课后习题练习
(二)缓冲溶液 pH 的计算		√		
1. 缓冲溶液 pH 的计算公式				
2. 缓冲溶液 pH 的计算示例				
(三)缓冲容量与缓冲溶液的配制			√	
1. 缓冲容量				
2. 缓冲溶液的配制				
(四)缓冲溶液在医学上的意义			√	
五、胶体溶液				PPT 演示、
(一)分散系				理论讲授、
1. 分散系的概念		√		课后习题练习
2. 分散系的分类		√		
(二)溶胶				
1. 溶胶的性质		√		
2. 溶胶的稳定性和聚沉		√		
(三)高分子溶液				
1. 高分子化合物的概念		√		
2. 高分子溶液的特性		√		
3. 高分子溶液对溶胶的保护作用				
六、配位化合物				PPT 演示、
(一)配位化合物的基本概念				理论讲授、
1. 配位化合物的定义及其组成		√		课后习题练习
2. 配位化合物的分类	√			
3. 配位化合物的命名		√		
(二)配位平衡				
1. 配位平衡及稳定常数	√			
2. 配位平衡的移动	√			
(三)配位化合物在医学上的意义	√			

续表

教学内容	教学要求			教学活动参考
	了解	理解	掌握	
七、电极电势				PPT 演示、理论讲授、课后习题练习
(一)标准电极电势				
1. 原电池		√		
2. 标准电极电势		√		
(二)影响电极电势的因素				
1. 能斯特方程	√			
2. 影响电极电势的因素及有关计算	√			
(三)电极电势的应用				
1. 比较氧化剂和还原剂的相对强弱	√			
2. 判断氧化还原反应进行的方向	√			
3. 电势法测定溶液的 pH	√			
八、有机化合物概述和烃				PPT 演示、理论讲授、实验操作、课后习题练习
(一)有机化合物概述				
1. 有机化合物的概念	√			
2. 有机化合物的特点	√			
3. 有机化合物的分类	√			
(二)饱和链烃		√		
(三)不饱和链烃		√		
(四)芳香烃		√		
九、醇、酚、醚				PPT 演示、理论讲授、实验操作、课后习题练习
(一)醇				
1. 醇的结构、分类和命名			√	
2. 醇的性质			√	
3. 重要的醇	√			
(二)酚				
1. 酚的结构、分类和命名				
2. 酚的性质			√	
3. 重要的酚			√	
(三)醚	√			
1. 醚的结构、分类和命名	√			
2. 醚的理化性质				
3. 重要的醚	√			
十、醛和酮				PPT 演示、理论讲授、实验操作、课后习题练习
(一)醛、酮的结构、分类和命名				
1. 醛和酮的结构、分类		√		
2. 醛和酮的命名			√	
(二)醛和酮的性质				
1. 醛和酮的物理性质	√			
2. 醛和酮的性质		√		
(三)重要的醛和酮	√			
十一、羧酸和取代羧酸				PPT 演示、理论讲授、实验操作、课后习题练习
(一)羧酸				
1. 羧酸的结构、分类和命名			√	
2. 羧酸的化学性质			√	
3. 重要的羧酸	√			
(二)取代羧酸				
1. 羟基酸		√		
2. 酮酸	√	√		
十二、含氮有机化合物				PPT 演示、理论讲授、课后习题练习
(一)胺				
1. 胺的结构、分类和命名		√		
2. 胺的性质		√		
3. 重要的胺	√			
(二)酰胺				
1. 酰胺的结构和命名	√			
2. 酰胺的性质	√			
3. 重要的酰胺及其衍生物		√		
(三)含氮杂环化合物				
1. 杂环化合物的分类和命名	√			
2. 重要的含氮杂环化合物及其衍生物		√		
(四)生物碱				
1. 生物碱的概念	√			
2. 生物碱的一般性质	√			
3. 重要的生物碱	√			

续表

教学内容	教学要求			教学活动参考	教学内容	教学要求			教学活动参考
	了解	理解	掌握			了解	理解	掌握	
十三、酯和脂类				PPT 演示、	2. 单糖的性质			√	课后习
(一)酯				理论讲授、	3. 重要的单糖	√			题练习
1. 酯的结构和命名			√	课后习题	(二)二糖				
2. 酯的性质		√		练习	1. 麦芽糖		√		
(二)油脂					2. 乳糖		√		
1. 油脂的组成和结构		√			3. 蔗糖		√		
2. 油脂的化学性质		√			(三)多糖				
3. 油脂的生理意义		√			1. 淀粉	√			
(三)磷脂					2. 糖原	√			
1. 磷脂酸	√				3. 纤维素	√			
2. 重要的甘油磷脂	√				十五、氨基酸和蛋白质				PPT 演示、
(四)甾族化合物					(一)氨基酸				理论讲授、
1. 甾族化合物的基本结构	√				1. 氨基酸的结构、分类和命名		√		课后习题练习
2. 重要的甾族化合物	√				2. 氨基酸的性质		√		
十四、糖类				PPT 演示、	(二)蛋白质				
(一)单糖				理论讲授、	1. 蛋白质的组成和结构		√		
					2. 蛋白质的性质			√	
1. 单糖的结构		√		实验操作、	3. 蛋白质的生理作用		√		

(二) 实践教学内容

单元	教学内容	教学要求		
		初步学会	学会	熟练掌握
二、溶液	化学实验基本操作技术			
	溶液的配制和稀释		√	
三、电解质溶液	药用氯化钠的制备 电解质溶液		√	
四、缓冲溶液	缓冲溶液的配制和性质		√	
八、有机化合物概述和烃	乙醇的常压蒸馏		√	
九、醇、酚、醚	醇和酚的性质			√
十、醛和酮	醛和酮的性质			√
十一、羧酸和取代羧酸	乙酰水扬酸的制备		√	
十二、含氮有机化合物	胺和酰胺的制备			√
十四、糖类	糖的性质			√
十五、氨基酸和蛋白质	蛋白质的性质			√

四、教学大纲说明

（一）适用对象与参考学时

本教学大纲可供护理、助产、医学检验、口腔工艺技术、医学影像技术、药学类等相关专业使用，总学时为72个，其中理论教学57学时，实践教学15学时。

（二）教学要求

1. 本课程对理论教学部分的要求有掌握、理解、了解三个层次。掌握是指对化学中所学的基本知识、基本理论具有深刻的认识，并能灵活地应用所学知识分析、解释相关问题。理解是指能够解释、领会概念的基本含义并会应用所学技能。了解是指能够简单理解、记忆所学知识。

2. 本课程突出以培养能力为本位的教学理念，在实践技能方面分为熟练掌握和学会两个层次。熟练掌握是指能够独立娴熟地进行正确的实践技能操作。学会是指能够在教师指导下进行实践技能操作。

（三）教学建议

1. 在教学过程中要积极采用现代化教学手段、模型、实验、讨论等，加强直观教学，充分发挥教师的主导作用和学生的主体作用，调动学生学习的积极性和主观能动性，强化学生的动手能力和实践技能操作。注重理论联系实际，培养学生分析问题和解决问题的能力，使学生加深对教学内容的理解和掌握。

2. 教学评价应通过课堂提问、布置作业、单元目标测试、实践考核、期末考试等多种形式，对学生进行学习能力、实践能力和应用新知识能力的综合考核，以期达到教学目标提出的各项任务。

学时分配建议（72学时）

序号	教学内容	学时数		
		理论	实践	合计
1	绪论	1	0	1
2	溶液	6	3	9
3	电解质溶液	5	2	7
4	缓冲溶液	4	2	6
5	胶体溶液	2	0	2
6	配位化合物	3	0	3
7	电极电势	4	1	5
8	有机化合物概述和烃	6	2	8
9	醇、酚、醚	4	1	5
10	醛和酮	4	1	5
11	羧酸和取代羧酸	4	2	6
12	含氮有机化合物	4	0	4
13	酯和脂类	2	0	2
14	糖类	4	1	5
15	氨基酸和蛋白质	4	0	4
合计		57	15	72

参考文献

陈常兴 . 2011. 医用化学 . 第 6 版 . 北京:人民卫生出版社

陈蓁 . 2011. 医用化学 . 第 2 版 . 西安:世界图书出版社

冯务群 . 2014. 无机化学 . 第 3 版 . 北京:人民卫生出版社

李晓岚 . 2011. 医用化学 . 江苏:江苏科学技术出版社

刘斌,陈任宏 . 2013. 有机化学 . 第 2 版 . 北京:人民卫生出版社

牛秀明,吴瑛 . 2009. 无机化学 . 北京:人民卫生出版社

魏祖期 . 2013. 基础化学 . 第 8 版 . 北京:人民卫生出版社

薛会君,刘德云 . 2012. 医用化学 . 第 3 版 . 北京:科学出版社

杨艳杰,张明群 . 2013. 有机化学 . 北京:化学工业出版社

曾崇理 . 2011. 有机化学 . 北京:人民卫生出版社

目标检测参考答案

第2章

一、名词解释

(略)

二、填空题

1. n_B 摩尔 6.02×10^{23}

2. 溶液的浓度 溶质的量

3. 280~320 320 280

4. 半透膜存在 半透膜两边溶液存在浓度差

三、单项选择题

1. C 2. A 3. D 4. C 5. C 6. B 7. C 8. A

四、计算题

1. 解：$c_1V_1=c_2V_2$ $c_2=10\times200/1000=2\text{mol}\cdot\text{L}^{-1}$

2. 解：$n_{NaHCO_3}=\dfrac{m_{NaHCO_3}}{M_{NaHCO_3}}=\dfrac{8.4}{84}=0.1\text{mol}$

$$c_{NaHCO_3}=\frac{n_{NaHCO_3}}{V}=\frac{0.1}{0.2}=0.5\text{mol}\cdot\text{L}^{-1}$$

3. 解：$V_{NaCl}=10.0\times\dfrac{(23.0+23.5)}{23.0}\times\dfrac{1}{9.0}=2.8\text{L}$

$$\rho_{C_6H_{12}O_6}=\frac{m_{C_6H_{12}O_6}}{V}=\frac{10}{0.1}=100\text{g}\cdot\text{L}^{-1}$$

4. 解：

$$c_{C_6H_{12}O_6}=\frac{\rho_{C_6H_{12}O_6}}{M_{C_6H_{12}O_6}}=\frac{100}{180}=0.56\text{mol}\cdot\text{L}^{-1}$$

5. 解：

$$c_{B_1}=\frac{\rho_{B_1}}{M_{B_1}}=\frac{112}{112}=1\text{mol}\cdot\text{L}^{-1}\quad c_{B_1}V_1=c_{B_2}V_2\qquad 1\cdot V_1=\frac{1}{6}\times360$$

$V_1=60\text{ml}$

所需支数 60÷20=3 支

第3章

一、名词解释

1. 一定温度下，弱电解质在溶液中达到电离平衡时，已电离的弱电解质分子数与电离前该电解质分子总数的比率，称为该电解质的电离度。

2. 氢离子浓度的负对数，即 $pH=-\lg[H^+]$。

3. 在不同 pH 溶液中能显示不同颜色的化合物。

4. 在弱电解质溶液中加入一种与弱电解质具有相同离子的强电解质，可使弱电解质的电离度降低，这种现象称为同离子效应。

二、填空题

1. 酸　碱　质子

2. ① HCO_3^-　NH_4^+　CO_3^{2-}　NH_3　② HCO_3^-　Ac^-　H_2CO_3　HAc

3. $H_2PO_4^-$　HPO_4^{2-}

4. ① H_3O^+　OH^-　② H_3PO_4　HPO_4^{2-}。

5. $HAc+H_2O \rightleftharpoons H_3O^++Ac^-$　左　减小　同离子效应

三、单项选择题

1. D　2. C　3. C　4. A　5. A

四、简答题

1. (1)电离度减小，pH减小(2)电离度减小，pH增大(3)电离度增大，pH减小(4)电离度增大，pH增大

2. (1)解：已知 $c_a=0.010\ mol\cdot L^{-1}$　$K_a=1.76\times10^{-5}$

因 $K_ac_a=1.76\times10^{-5}\times0.010>20K_w$，$c_a/K_a=0.010/(1.76\times10^{-5})>500$，故可用最简式(3-2)计算：

$[H_3O^+]=\sqrt{K_ac_a}=\sqrt{1.76\times10^{-5}\times0.010}=4.2\times10^{-4}mol\cdot L^{-1}$

$pH=-lg[H_3O^+]=-lg(4.2\times10^{-4})=3.38$

(2)解：已知 $c_b=0.010\ mol\cdot L^{-1}$，$K_b=1.79\times10^{-5}$

因 $K_b\cdot c_b=1.79\times10^{-5}\times0.010>20K_w$，$c_b/K_b=0.010/(1.79\times10^{-5})>500$，故可用式(3-3)计算：

$[OH^-]=\sqrt{K_bc_b}=\sqrt{1.79\times10^{-5}\times0.010}=4.23\times10^{-4}mol\cdot L^{-1}$

$pOH=-lg[OH^-]=-lg(4.23\times10^{-4})=3.37$

$pH=14-pOH=14-3.37=10.63$

3. 解：已知 $c_{a1}=0.40\ mol\cdot L^{-1}$，$V_1=100.0ml$，$V_2=500.0ml$，根据稀释定律：

$c_1V_1=c_2V_2$

$c_{a2}=\frac{c_{a1}V_1}{V_2}=\frac{0.40\times100}{500}=0.08mol\cdot L^{-1}$

又因 $K_ac_a=1.37\times10^{-4}\times0.08>20K_w$，$c_a/K_a=0.08/(1.37\times10^{-4})>500$，故可用最简式(3-2)计算：

$[H_3O^+]=\sqrt{K_ac_a}=\sqrt{1.76\times10^{-5}\times0.010}=4.2\times10^{-4}mol\cdot L^{-1}$

$[H_3O^+]=\sqrt{K_ac_a}=\sqrt{1.37\times10^{-4}\times0.08}=3.31\times10^{-3}mol\cdot L^{-1}$

$pH=-lg[H_3O^+]=-lg(3.31\times10^{-3})=2.48$

第4章

一、1. pH = 5.27　2. pH = 10.25　3. pH = 8.88

二、血液中 $HCO_3^--CO_2(aq)$ 的 $pK_{a1}=6.10$

甲：pH = 7.4　正常

乙：pH = 7.28<7.35　酸中毒

丙：pH = 7.7>7.45　碱中毒

第5章

一、单项选择题

1. D　2. A　3. C　4. D　5. A　6. D　7. C

二、简答题

1. 分散在分散介质中的粒子,其大小在1~100nm间的分散状态称为胶体系统。胶体系统的主要特征是:高度分散的多相性和热运动稳定性。

2. 胶体粒子带电,溶剂化作用,布朗运动。

3. 在一定量的溶胶中加入适量的高分子溶液,可显著提高溶胶的稳定性,当受到外界因素作用时,不易发生聚沉的现象。

第6章

一、判断题

1. ×　2. √　3. √　4. √　5. ×

二、填空题

1. $[Co(NH_3)_4(H_2O)_2]^{3+}$　Cl^-　Co^{3+}　NH_3　H_2O　N　O　6　+3　简单

2. Cr^{3+}　NH_3　N　6　$[Cr(NH_3)_6]^{3+}$　Cl^-　氯化六氨合铬(Ⅲ)

3. (1) $[Co(NH_3)_4Cl_2]Cl$　(2) $H_2[PtCl_6]$

4. 离子　配位

三、单项选择题

1. A　2. B　3. C　4. C　5. C　6. C　7. B　8. D　9. C　10. D　11. C　12. D

四、简答题

1. (1) 显血红色。因铁铵矾为复盐,在溶液中完全解离,溶液中存在大量的 Fe^{3+},所以溶液中加入KSCN后生成血红色的 $[Fe(SCN)_6]^{3-}$。

(2) 不显色。因为溶液中的 Fe^{3+} 几乎全部以配离子 $[Fe(CN)_6]^{3-}$ 的形式存在,且稳定性远大于 $[Fe(SCN)_6]^{3-}$。

2. $[Pt(NH_3)_6]Cl_4$, $[Pt(NH_3)_6Cl_3]Cl$

第7章

一、填空题

1. 氧化还原　电极　盐桥

2. 锌　铜　铜　锌　还原　氧化

3. 氧化性　还原性

4. 强　弱　强　弱

5. Ag^+　Zn

二、单项选择题

1. B　2. B　3. A　4. C　5. D　6. A　7. A　8. C　9. C　10. D

三、简答题

1. (1) $KMnO_4 > Cl_2 > FeCl_3 > I_2 > FeCl_2$

(2) $Sn > Pb > Cu > SnCl_2 > KBr$

2. 电极反应:负极　$Sn^{2+} - 2e = Sn^{4+}$

正极　$Fe^{3+} + e = Fe^{2+}$

电池组成式: $(-)Pt \mid Sn^{2+}(c_1), Sn^{4+}(c_2) \parallel Fe^{2+}(c_3), Fe^{3+}(c_4) \mid Pt(+)$

第8章

一、填空题

1. 碳氢化合物及其衍生物
2. 碳(C)　氢(H)　氧(O)　氮(N)
3. 可燃性　熔点低　易溶于有机溶剂　稳定性差　反应速率较慢　反应产物复杂
4. 四　一　二。
5. 分子式　结构
6. 能决定一类有机化合物化学特性的原子或原子团
7. 碳　氢　碳氢化合物
8. 18
9. 伯碳原子　仲碳原子 叔碳原子　季碳原子　伯氢原子　仲氢原子　叔氢原子

10、C_nH_{2n}　碳碳双键(或 ＞C═C＜)　π　加成

11. C_nH_{2n-2}　碳碳叁键(或 —C≡C—)

12. 无　芳香　液　不　取代　加成　氧化

13. C_nH_{2n-6}(n≥6)

二、单项选择题

1. D　2. B　3. C　4. D　5. C　6. C　7. B　8. D　9. A　10. D　11. C　12. B　13. C　14. D　15. A　16. B　17. C　18. B

三、命名下列化合物

1. 2,4-二甲基戊烷　2. 2,5-二甲基-3-乙基己烷
3. 1-丁烯　4. 3-甲基-1-丁炔　5. 5-甲基-2-庚烯
6. 2,4,4-三甲基-2-戊烯　7. 乙苯　8. 间二甲苯(1,3-二甲苯或 m-二甲苯)

四、写出下列化合物的结构简式

1. 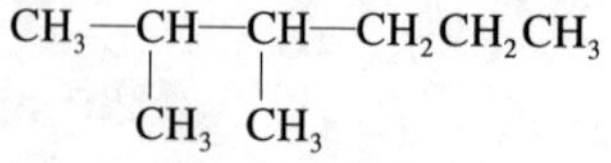
2. 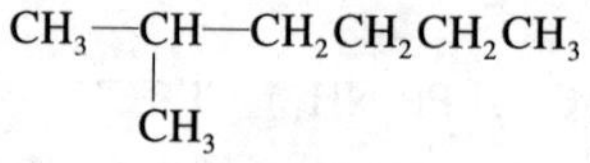
3. 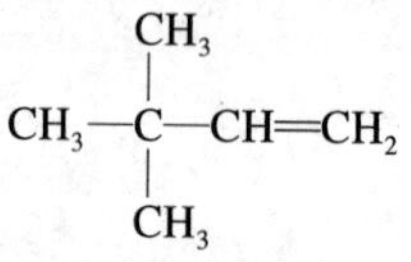
4. 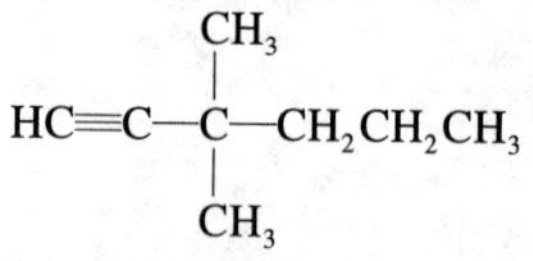
5. 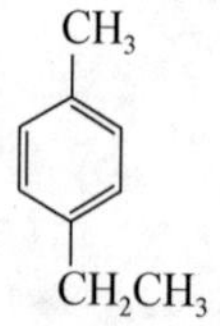
6. 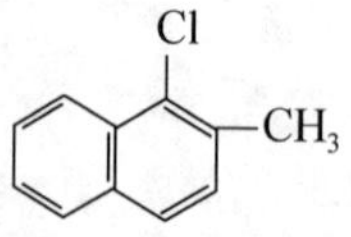
7. 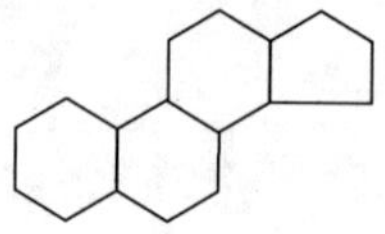
8. 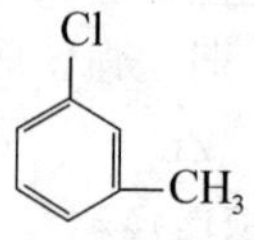

五、完成下列反应式

1. $CH_3CH_2CH_3$
2. 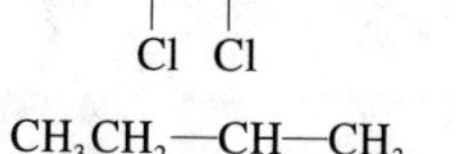
3. 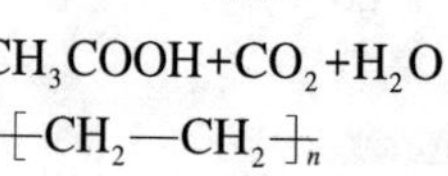
4. $CH_3COOH+CO_2+H_2O$
5. $\left[\!-CH_2-CH_2-\right]_n$

6. 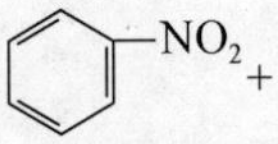 + H_2O　　7. 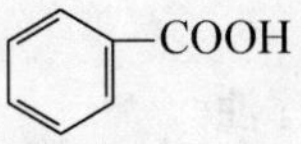

六、用化学方法鉴别下列各组化合物

1. 取样品少许分装在两支试管中，分别滴加高锰酸钾（或溴水溶液），使溶液的颜色褪去的是乙烯，另外一个是乙烷。

2. 各取样品少许，分装在两支试管里，分别滴加高锰酸钾溶液，使溶液颜色褪去的是甲苯，另一个则是苯。

3. 取样品少许分装在两支试管中，分别滴加溴水，使溶液的颜色褪去的是苯乙烯，另外一个是乙苯。

七、推断题

1. 结构式：$CH_3CH{=}CHCH_3$

反应方程式：$CH_3CH{=}CHCH_3 \xrightarrow{KMnO_4/H^+} 2CH_3COOH$

2. A. 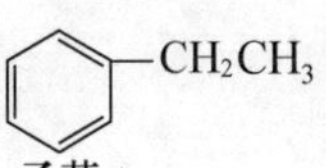
乙苯

B. 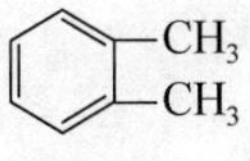
邻二甲苯

第 9 章

一、填空题

1. 醇　酚
2. 伯　仲　叔
3. 叔　仲　伯
4. HI HBr HCl
5. 分子内　分子间
6. 深蓝色甘油铜
7. 叔　仲　伯

二、单项选择题

1. B　2. A　3. A　4. A　5. D　6. D　7. B　8. D　9. C　10. B　11. B　12. A　13. C　14. B　15. B　16. B

三、写出下列化合物的名称

1. 5-甲基-3-已醇　　2. 邻甲酚　　3. 苯甲醚

4. 对苯二酚　　5. 2-甲基-4-甲氧基已烷　　6. 环乙醚（环氧乙烷）

四、写出下列化合物的结构简式

1. CH_3CH_2OH　　2. CH_3OH　　3. 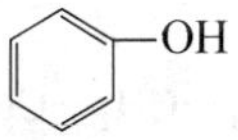

4. 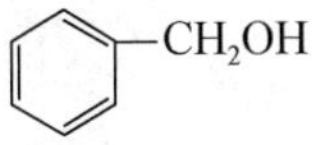　　5. $CH_2OH—CH(OH)—CH_2OH$　　6. 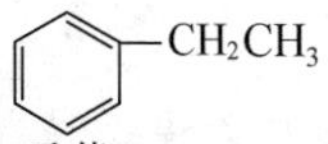
乙苯

7. $CH_3CH_2OCH_2CH_3$　　8. $CH_3CH_2CH(OH)CH_3$（OH 连在第三个碳上）

五、用化学方法鉴别下列各组化合物

1. 苯酚、苯甲醇 $\xrightarrow{FeCl_3}$ 苯酚显色，苯甲醇无现象

2. 正丁醇、仲丁醇、叔丁醇 $\xrightarrow[\text{室温}]{\text{卢卡斯试剂}}$ 正丁醇：无现象；仲丁醇：放置数钟后出现浑浊；叔丁醇：立即产生浑浊

六、完成下列化学反应式

1. $CH_3CH(Cl)CH_3$ +HCl　2. $CH_3C(=O)CH_2CH_3$　3. $CH_3CH{=}CHCH_2CH_3$ + H_2O

4. $CH_3{-}O{-}CH_3$ + H_2O　5. 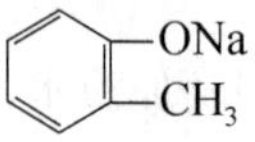 + H_2O　6. 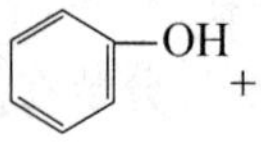 + C_2H_5I

七、推断题

A $CH_3CH(OH)CH_3$　B $CH_3CH{=}CH_2$　C $CH_3CH(Br)CH_3$

第10章

一、填空题

1. 伯醇　仲醇
2. $[Ag(NH_3)_2]OH$　$Cu(OH)_2$
3. 银镜　脂肪　芳香
4. 紫红
5. 40%甲醛水溶液
6. 醛 酮

二、单项选择题

1. D　2. B　3. C　4. D　5. A　6. D　7. A　8. C　9. D　10. D

三、写出下列化合物的名称

1. 4-甲基戊醛　2. 丁醛　3. 丙酮
4. 4-甲基-2-戊酮　5. 苯甲醛　6. 苯乙酮

四、写出下列化合物的结构简式

1. $CH_3CH(CH_3)CH_2CHO$　2. $CH_3{-}C(=O){-}CH(CH_3){-}CH(CH_3){-}CH_3$

3. $CH_3{-}C(=O){-}CH_2{-}CH(CH_3){-}CH_2CH_3$　4. 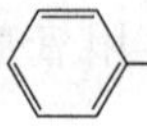$-CH_2CH_2CHO$

5. 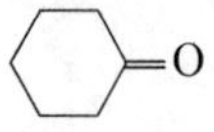　6. $CH_3{-}CH_2{-}CH(C_2H_5){-}CH(CH_3){-}CHO$

五、完成反应方程式

1. $CH_3CH_2{-}CH(OH){-}CN$
2. CH_3CH_2OH
3. $CH_3{-}CH(OH){-}CH_3$

4. $CH_3COONH_4+Ag+NH_3+H_2O$

5. $CH_3—C═N—OH$
$\quad\quad\ \ |$
$\quad\ CH_2CH_3$

6. $CHI_3\downarrow+CH_3CH_2COONa$

六、用化学方法区别下列各组化合物

1. 取样品少许分装在3支试管中，分别加入托伦试剂并加热，有银镜产生的是丙醛，无变化的是丙酮和丙醇；在另外两支试管中加入亚硝酰铁氰化钠和NaOH溶液，溶液呈现鲜红色的是丙酮，不反应的是丙醇。

2. 取样品少许分装在3支试管中，加入I_2和NaOH溶液共热，有黄色沉淀产生的是乙醛，不反应的是甲醛和苯甲醛；在另外两支试管中加入费林试剂并加热，有铜镜生成的是甲醛，不反应的是苯甲醛。

3. 取样品少许分装在3支试管中，加入I_2和NaOH溶液共热，有黄色沉淀生成的是2-戊酮，无现象的是3-戊酮和戊醛；在另外两支试管中加入托伦试剂并加热，有银镜生成的是戊醛，不反应的是3-戊酮。

4. 取样品少许分装在3支试管中 滴加$FeCl_3$溶液，溶液显紫色的是苯酚，无现象的是苯甲醛和苯甲醇；在另外两支试管中滴加托伦试剂并加热，有银镜生成的是苯甲醛，不反应的是苯甲醇。

第11章

一、填空题

1. 脂肪酸　芳香酸　一元酸　二元酸　多元酸
2. 醋酸　草酸　蚁酸
3. β-丁酮酸　β-羟基丁酸　丙酮
4. 水杨酸　酚羟　紫　乙酰水杨酸　解热镇痛　心、脑血管疾病
5. 羧　醛　酸　还原
6. 乳酸　丙酮酸

二、单项选择题

1. C　2. A　3. C　4. C　5. D　6. C　7. B　8. D　9. B　10. C

三、命名下列化合物

1. 4-甲酸戊酸(γ-甲酸戊酸)　　2. 环戊基乙酸
3. 3-羟基丁酸(β-羟基丁酸)　　4. 3-丁酮酸(β-丁酮酸)
5. 苯甲酸　　6. 丁二酸

四、写出下列化合物的结构简式

1. HCOOH　　2. CH_3COOH　　3. C_6H_5COOH

4. HOOC—COOH　　5. $HOOCCH_2CH_2COOH$　　6. 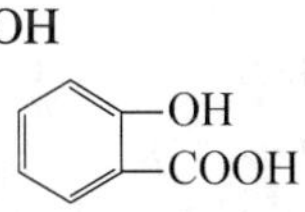

五、完成反应方程式

1. $CH_3COONa+H_2O$
2. $CH_3COONa+CO_2+H_2O$
3. $CH_3COOCH_2CH_3+H_2O$
4. $HCOOH+CO_2$
5. $(CH_3CO)_2O+H_2O$

六、推断结构式

1. 推断思路：该有机物能溶于氢氧化钠和碳酸氢钠，说明具有酸性，含有羧基；遇三氯化铁溶液显色，说明结构中可能含有酚羟基；能使溴的四氯化碳溶液褪色，说明有不饱和键存在；根据最后用高锰酸钾氧化得到的对羟基苯甲酸，结合以上三步的推理和化学式 $C_9H_8O_3$，判断出该化合物的结构式为

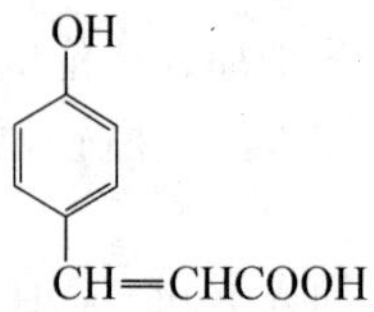

2. A. β-丁酮酸　　B. 丙酮　　C. β-羟基丁酸

根据题意思路如下：

(1) $CH_3-\overset{\overset{O}{\|}}{C}-CH_2-COOH + NaHCO_3 \longrightarrow CH_3-\overset{\overset{O}{\|}}{C}-CH_2-COONa + H_2O$

A

(2) $\underset{A}{CH_3-\overset{\overset{O}{\|}}{C}-CH_2-COOH} \xrightarrow{\triangle} \underset{B}{CH_3-\overset{\overset{O}{\|}}{C}-CH_3} + H_2O$

(3) $\underset{A}{CH_3-\overset{\overset{O}{\|}}{C}-CH_2-COOH} \xrightarrow[酶]{+2H} \underset{C}{CH_3-\overset{\overset{OH}{|}}{CH}-CH_2-COOH}$

第 12 章

一、填空题

1. 酰胺　氮原子　酰化

2. 烃基　R—NH$_2$　氨基(—NH$_2$)　R—NH—R′　亚氨基(—NH—)　$R-\overset{\overset{R''}{|}}{N}-R'$　次氨基或叔氮原子($-N\langle$)

3. 碱　生物碱盐　易溶于水的生物碱盐

4. 羟　氨　弱碱　难溶于

5. 二氧化碳　氨或铵

6. 缩二脲　缩二脲反应

二、单项选择题

1. C　2. A　3. D　4. A　5. D　6. C

三、命名下列化合物

1. *N*-甲基-*N*-乙基苯胺　2. *N*-甲基苯胺　3. 邻甲基苯胺　4. 尿素

5. 邻甲基苯甲酰胺　6. 吡啶

四、写出下列化合物的结构简式

1. 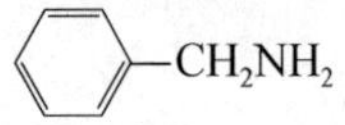　2. $CH_3N(CH_2CH_3)_2$　3. 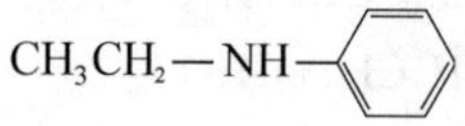

4. 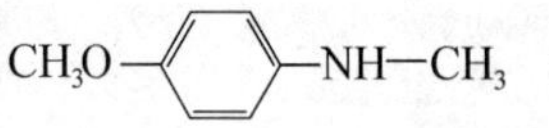　5. $C_6H_5-\overset{\overset{O}{\|}}{C}-NHCH_3$　6. $C_6H_5-NH-\overset{\overset{O}{\|}}{C}-CH_3$

五、简答题

1. 生物碱是一类存在于生物体内,具有明显生理活性的含氮碱性有机化合物。生物碱具有碱性,大多能发生沉淀反应与显色反应。

2. 氢氧化四甲胺>甲胺>氨>苯胺>甲酰胺。

第 13 章

一、填空题

1. 酰　烃氧。

2. 羧酸　醇　酯化

3. 油　脂肪　油　脂肪

4. 亚油酸　亚麻酸　花生四烯酸

5. 皂化值

6. 100　正比

7. 1　酸败

二、单项选择题

1. D　2. A　3. D　4. A　5. C　6. A 7. A　8. A　9. B　10. B

三、简答题

(略)

第 14 章

一、名词解释

1. 糖类是多羟基醛、多羟基酮和它们的脱水缩合物。

2. 低聚糖又称寡糖,是能水解生成 2~10 个单糖分子的糖。

3. 多糖是水解能生成 10 个以上单糖分子的糖。

二、填空题

1. 单　低聚　多　还原　还原

2. 3. 9~ 6. 1

3. 二

4. 肝糖原　肌糖原

5. 一分子 α-D-葡萄　D-葡萄　C4

6. α-葡萄 糖　α-1,4-苷键

三、单项选择题

1. A　2. A　3. D　4. B　5. C　6. B 7. C　8. D　9. B　10. A

11. B　12. C　13. B　14. D　15. C

四、简答题

1.

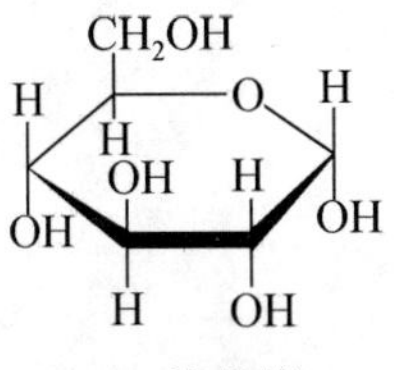

α-D-葡萄糖

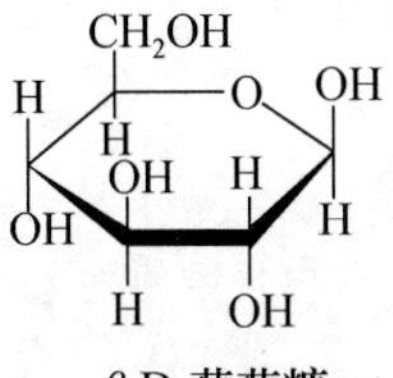

β-D-葡萄糖

2. 用化学方法区别以下各组物质:

(1) 取上述物质少许放在两支试管中,再分别加入托伦试剂,能生成光亮银的为葡萄糖,没有明显现象的为蔗糖。

(2) 取上述物质少许放在两支试管中,再分别加入碘,呈红色的为糖原葡萄糖,没有明显现象的为纤维素。

3. 因为班氏试剂与葡萄糖反应生成砖红色氧化亚铜沉淀。所以临床上常用班氏试剂来检验患者尿液中是否含有葡萄糖,借以诊断糖尿病,并根据产生的 Cu_2O 沉淀的颜色深浅以及量的多少来判断葡萄糖的含量。

第 15 章

一、名词解释

(略)

二、填空题

1. 羧酸　氨基　羧基　氨基　复合官能团

2. C　H　O　N 肽键

3. 16　6. 25

4. 盐析

5. 阳

6. 偶极离子　最小

7. 阴离子

三、单项选择题

1. C　2. D　3. B　4. A　5. A　6. B

四、简答题

(略)